现代数学译丛 41

金融计量学精要

The Elements of Financial Econometrics

〔美〕范剑青 〔英〕姚琦伟 著

李 元 李建波 张兴发 译

科学出版社

北 京

内 容 简 介

本书系统地介绍了金融计量学的相关知识和实际数据分析案例. 全书由两个部分组成, 共 9 章内容. 第一部分由前 4 章组成, 聚焦于金融计量学的时间序列分析模型, 包含线性时间序列模型、异方差波动率模型和多元时间序列分析模型. 第二部分由第 5—9 章组成, 着重讨论交叉学科的相关主题, 包含有效投资组合与资本资产定价模型、因子定价模型、投资组合配置与风险评估、基于基本资产定价模型的消费和现值模型.

本书可作为高等院校统计学、应用数学、金融工程、数据科学、金融学、经济学、管理学等相关专业研究生金融计量学入门教材, 旨在帮助他们掌握这一领域的基础知识和技能.

图书在版编目 (CIP) 数据

金融计量学精要 / (美) 范剑青 (Jianqing Fan), (英) 姚琦伟 (Qiwei Yao) 著; 李元, 李建波, 张兴发译. -- 北京 : 科学出版社, 2025. 6. -- ISBN 978-7-03-080541-6

Ⅰ. F830

中国国家版本馆 CIP 数据核字第 2025UG8454 号

责任编辑: 胡庆家 贾晓瑞 / 责任校对: 彭珍珍
责任印制: 张 伟 / 封面设计: 陈 敬

科 学 出 版 社 出版

北京东黄城根北街 16 号
邮政编码: 100717
http://www.sciencep.com

北京华宇信诺印刷有限公司印刷
科学出版社发行 各地新华书店经销

*

2025 年 6 月第 一 版 开本: 720×1000 1/16
2025 年 6 月第一次印刷 印张: 21 3/4
字数: 435 000
定价: 168.00 元
(如有印装质量问题, 我社负责调换)

译 者 序

　　我们与范剑青教授和姚琦伟教授相识已久, 深知他们在统计学和经济学领域的卓越成就. 多年来, 我们一直对他们在这两个领域的造诣深感敬佩. 随着金融经济的日新月异, 社会对金融经济领域的人才需求也日益旺盛. 为了响应这一社会发展趋势, 范剑青教授和姚琦伟教授于 2014 年携手完成了这本教材的编写. 他们的这一举措, 无疑填补了金融计量领域教材的空白. 2015 年, 中国科学院数学与系统科学研究院的陈敏研究员向我们推荐了这本教材, 并表达了希望我们将其翻译成中文的意愿. 经过与范剑青教授和姚琦伟教授的沟通, 他们非常慷慨地同意了我们的请求, 允许我们将这本教材翻译为中文版, 为国内相关专业的研究生和入门从业者提供基础资料参考.

　　金融计量学的发展一直以来都是受金融数据实际需求的推动. 时间序列研究的发展也正在与各个领域进行深度融合, 越来越重视与其他领域学者的合作. 金融计量学从时间序列模型出发, 充分利用传统时间序列模型、波动率模型、多维时间序列模型的对时序数据灵活有效的刻画优势, 探索资产组合的优化配置, 并开发有效的资产定价模型. 我们相信, 只有从量化的角度理解金融投资数据才能真正认清资本运行的本质规律性, 才能深层运用科学的计量手段有效提升资本投资的收益率, 有效降低投资风险.

　　范剑青教授和姚琦伟教授在统计学和金融学的基础理论研究领域有着深厚的造诣, 他们在国际众多领域都堪称领军人物. 这本书的原版在正式出版之前, 已经在普林斯顿大学、复旦大学等国内外知名高校中被广泛采用. 读者不需要具备经济和金融学的理论背景, 只需具备微积分、线性代数、统计学与概率论的基础知识就能比较顺利地学习本书. 同时, 本书包含了大量的金融、投资实践案例, 实用性非常强, 因此读者覆盖面非常广. 本书强调如何运用统计学思想来解决金融计量的问题, 强调从金融投资实际问题出发构建有效的统计模型.

　　本书共九章, 由李元负责第 1 章至第 3 章的翻译, 李建波负责第 4 章至第 7 章的翻译, 张兴发负责第 8 章至第 9 章的翻译. 此外, 广州大学经济与统计学院和江苏师范大学数学与统计学院的研究生也参与了本书的初步翻译工作. 最后, 李元负责全书的统一定稿.

　　衷心感谢范剑青教授和姚琦伟教授的授权, 以及科学出版社的编辑们对本书翻译工作的大力支持, 让这本著作得以顺利地与中文读者见面.

由于翻译时间较为紧张, 可能存在不当之处, 敬请读者批评指正. 我们希望广大读者能够喜欢本书, 并且希望本书能够帮助推动我国相关专业的人才培养, 同时有助于推动金融计量研究与应用的深入开展.

李元, 广州大学

李建波, 江苏师范大学

张兴发, 广州大学

2024 年 2 月 16 日

前　　言

　　这是一本专为硕士研究生打造的金融计量学入门教材, 旨在帮助他们掌握这一领域的基础知识和技能. 本书假定读者已经具备微积分、线性代数、统计学与概率论等方面的基础知识, 这些知识在本科阶段均有所涉及. 虽然对于经济和金融方面的知识有所了解将更有助益, 但并非必需. 本书将为您揭示金融计量学领域的奥秘, 帮助您深入理解和掌握这一学科的核心概念和模型. 无论您是金融学、经济学、数据分析等相关领域的学生或从业人员, 本书都将为您打开通往金融计量学的大门.

　　本书由范剑青教授和姚琦伟教授所著, 其内容源于作者自 2003 年起在普林斯顿大学为金融专业硕士研究生以及自 2011 年起在复旦大学为金融工程专业硕士研究生教授的金融计量学课程. 课程与本书的听众背景各异, 包括数学、物理、计算机科学、经济学或金融学等领域的学生. 这些才华横溢的听众希望通过学习金融计量学的基本知识, 为他们在未来的金融行业工作或攻读相关领域的博士学位做好准备. 课程的挑战在于如何让这些学生在完成课程后能掌握足够的金融计量学知识. 我们撰写本书的目标就是希望能够帮助实现这一伟大的目标.

　　我们坚信, 本书将点燃初次涉足这一领域以及那些已具备一定经济与金融知识但渴望进一步提升量化技能读者的热情. 同时, 对于那些已具备强大量化技能并希望学习如何将技能应用于金融领域的专业人士, 本书也将备受青睐. 以实际应用为导向的分析师会发现本书的价值非凡, 因为它着重强调了方法论, 并引入了大量真实数据集的案例研究. 我们保留了适度的数学水平, 让读者无需深陷复杂的技术细节便可以理解量化方法的核心原理. 此外, 我们避免了传统的"烹饪书"式的写作风格, 因为我们深知对金融学中统计和计量原理的深入理解, 将使读者能够将所学知识应用于更为广泛的问题.

　　本书充分运用了实际金融数据的数值示例, 帮助读者更好地理解和应用所学知识. 我们还为读者提供了在可能情况下找到实现各种方法的 R 代码的相关提示, 以方便读者进行实践操作. 由于金融领域的复杂性和深度, 本书偶尔会涉及更复杂的数学方法. 为了照顾初学者的需求, 我们在这些章节中特别用 "*" 标出, 读者可以选择跳过这些部分, 且不会影响对后续内容的理解. 为了充分展示金融计量的方法和原理, 我们在各章的后面提供了补充材料, 其中包含大多数技术性证明和详细步骤. 这些补充材料对于深入理解和掌握相关技能非常有帮助.

金融计量学是一门交叉学科, 其应用统计学方法、经济学理论来定量地解决金融学中的各种问题. 它涵盖了金融领域的各个方面, 如建立金融模型、检验金融经济学理论、模拟金融系统、波动率估计、风险管理、资本资产定价、衍生品定价、投资组合配置、自营交易、投资组合和衍生品的套期保值等. 金融计量学是金融学、经济学、概率论、统计学和应用数学相结合的一个活跃的研究领域. 它不仅涉及金融活动的各个方面, 还涉及经济学提供的理论基础和指导. 统计学、概率论和应用数学等定量方法则是解决金融定量问题的重要工具. 随着金融活动的不断发展, 金融专业人士在投资组合管理、自营交易、衍生品定价、金融咨询、证券监管和风险管理中经常使用复杂的统计技术和现代计算能力来解决各种问题. 因此, 金融计量学在当今金融领域中具有非常重要的地位和作用.

在 2003 年, 当我们第一次开设这门课程时, 关于金融计量学的书籍并不多. 这对于我们准备讲稿产生了很大的影响. 在众多参考书籍中, Campbell 等 (1997) 与 Fan 和 Yao (2003) 给予了我们极大的帮助. 在一个学期的教学过程中, 我们只能涵盖金融计量学的一些重要元素. 我们选择以此作为书名, 因为这也反映了本书在模量方面的特点. 我们希望能够进一步扩展本书, 以涵盖其他基础材料. 例如, "金融模拟方法" 和 "连续时间的金融计量学" 这两门课程在普林斯顿大学讲授过, 但本书并未包含这些内容. 由于时间的限制, 复旦大学的金融工程课程也并未包含这两门课程. 除此之外, 我们希望在未来的版本中涵盖高频金融数据分析这一主题. 这一主题在当前的金融研究中正受到越来越多的关注, 对于理解和分析金融市场具有重要意义.

本书由两个完整的部分组成. 前四章聚焦于金融计量学的时间序列内容, 而后五章则着重探讨交叉学科的相关主题. 第 1 章作为引言, 拉开了本书的序幕. 我们通过应用两个金融价格时间序列来展示金融收益率的风格特征. 第 2 章简要介绍了线性时间序列模型, 包括 ARMA 模型、随机游走以及趋势推断. 此外, 我们还概述了金融行业中广泛应用的基于指数平滑的趋势和动量的预测技术. 第 3 章详细介绍了各种异方差波动率模型, 而附录则简要介绍了包括卡尔曼滤波和粒子滤波在内的状态空间模型的相关技术. 第 4 章涉及多元时间序列分析中的一些选择主题. 在向量自回归的背景下, 我们探讨了诸如格兰杰因果关系、脉冲响应函数以及协整等概念, 因为它们在经济学和金融学中扮演着重要的角色.

第二部分从第 5 章开始. 第 5 章介绍了投资组合理论, 并推导出了著名的**资本资产定价模型**. 我们也介绍了检验这个著名模型的统计技术, 并提供了大量的实证研究. 第 6 章将资本资产定价模型推广到多因子定价模型, 也介绍了因子模型的应用以及关于这些定价模型有效性的计量经济学检验. 此外, 还简单讨论了主成分分析和因子分析. 第 7 章涉及投资组合配置和风险评估的几个实际层面. 本章的重点包括大型投资组合的风险评估、总风险敞口约束下的投资组合配置, 以及使用因子模型和协方差正则化的大波动率矩阵估计. 第 8 章是从消费、投资和储蓄的角度出发推导资本资产定价模型. 这给学生从不同的视角来看金融资产价格来自哪里, 并有机会从金融衍生品定价中体会其不同之处. 第 9 章是计算收益率模型蕴含的价格. 它让我们了解股票的基本价格是什么, 以及价格与股息支付和短期利率的关系.

许多人为本书的出版提供了巨大的帮助. 首先, 大约五百名学生早期接触的书稿, 以及我们众多热心的读者, 他们的反馈和建议对完善本书起到了关键的作用. 我们特别感谢以下人员在普林斯顿大学慷慨的帮助, 他们讲授的金融计量学课程为我们提供了宝贵的启示: Yingying Fan、Yue Niu、Jingjing Zhang、Feng Yang、Weijie Gu、Xin Tong、Wei Dai、Jiawei Yao、Xiaofeng Shi, 以及 Weichen Wang. René Carmona 教授无私地提供了他的金融计量学课程大纲, 这为本书的选题和组织提供了很大的帮助. 本书中 ARIMA 模型部分的撰写受到了 George Tiao 教授讲稿的启发, 他们的贡献对本书的完善起到了重要的作用. Alex Furger 和 Michael Lachans 在本书的最终版本校对上花费了大量的宝贵时间, 我们对他们的贡献和慷慨表示由衷的感谢. 我们还要感谢 Yacine Ait-Sahalia 和 Yazhen Wang 就这个主题进行的富有启发性的讨论, 以及 Shaojun Guo 对本书参考文献格式化的帮助. Jiaan Yan 给予了我们鼓励和支持, 推动我们在中国出版本书, 我们对他的支持表示深深的感谢. 同时, 也要感谢 Xiongwen Lu 邀请我们在复旦大学开设这门课程. 最后, 我们要感谢陈玉琢提供的各种编辑协助, 她的帮助对本书的出版起到了重要的作用.

Jianqing Fan 的研究得到了美国国家自然科学基金、美国国立卫生研究院以及中国科学院数学与系统科学研究院和中国科学院国家数学与交叉科学中心的慷慨支持.

Jianqing Fan, 普林斯顿

Qiwei Yao, 伦敦

2014 年 12 月

目　　录

《现代数学译丛》已出版书目

第 1 章　资产收益率

在金融市场投资的主要目的是不承担过多风险而获取利润. 最常见的投资包括购买金融资产, 如股票、债券等或银行存款, 并持有一段时间. 如果持有的资产在持有期结束时价格高于购买时的价格 (我们暂且忽略交易费用), 则产生正收益. 显然, 收益的大小取决于三个因素: (i) 初始资本 (即购买资产的数量); (ii) 持有期的长短; (iii) 资产价格在持有期的变化. 一个成功的投资是在给定的初始资本下追求收益最大化, 这可以通过所谓的**收益率**来给出显式的度量. 收益率是一个百分比, 定义为价格变化相对于初始价格的一个分式. 事实上, 资产收益率比资产价格本身表现出更具有吸引力的统计性质. 因此分析收益率数据比分析价格序列具有更多的统计意义.

1.1　收　益　率

令 P_t 为资产在时刻 t 时的价格. 我们首先介绍资产收益率的几种不同的定义.

1.1.1　单期简单收益率和总收益率

持有一资产从时刻 $t-1$ 到时刻 t, 其资产价值从 P_{t-1} 变为 P_t. 假设这一时期内没有分红, 则单期简单收益率定义为

$$R_t = (P_t - P_{t-1})/P_{t-1}. \tag{1.1}$$

这是从时刻 $t-1$ 到 t 持有资产的利润率. 通常记 $R_t = 100R_t\%$, 因为 $100R_t\%$ 是相对于初始资本 P_{t-1} 增益的百分比. 当时间单位很小的时候 (如一天或一小时), 这特别有用. 在这种情况下, R_t 通常取非常小的值. 像债券这样低风险的资产, 其收益率在短时间内会更小, 常常以 $10000R_t$ 为基点来报价.

单期总收益率定义为 $P_t/P_{t-1} = R_t + 1$. 它是持有期结束时的新市场价值与初始市场价值的比率.

1.1.2　多期收益率

投资的持有期可能多于一个时间单位. 对于任意整数 $k \geqslant 1$, k 期的收益率可以用类似的方式定义. 例如, 从时刻 $t-k$ 到 t 的 k 期简单收益率为

$$R_t(k) = (P_t - P_{t-k})/P_{t-k},$$

以及 k 期总收益率为 $P_t/P_{t-k} = R_t(k) + 1$. 易见多期收益率可以用单期收益率来表示:

$$\frac{P_t}{P_{t-k}} = \frac{P_t}{P_{t-1}}\frac{P_{t-1}}{P_{t-2}}\cdots\frac{P_{t-k+1}}{P_{t-k}}, \tag{1.2}$$

$$R_t(k) = \frac{P_t}{P_{t-k}} - 1 = (R_t + 1)(R_{t-1} + 1)\cdots(R_{t-k+1} + 1) - 1. \tag{1.3}$$

若所有的单期收益率 $R_t, \cdots, R_{t-k+1}$ 都很小, 则 (1.3) 蕴含着一个近似

$$R_t(k) \approx R_t + R_{t-1} + \cdots + R_{t-k+1}. \tag{1.4}$$

当时间单位很小的时候 (如一天、一个小时或一分钟), 这是一个有用的近似.

1.1.3   对数收益率和连续复利

除了简单收益率 R_t 外, 常用的一个单期对数收益率定义为

$$r_t = \log P_t - \log P_{t-1} = \log(P_t/P_{t-1}) = \log(1 + R_t). \tag{1.5}$$

注意, 对数收益率是一个总收益率的对数 (自然数底), $\log P_t$ 称为对数价格. 使用对数收益率一个直接的好处是多期对数收益率的可加性, 即 k 期对数收益率 $r_t(k)$ $\equiv \log(P_t/P_{t-k})$ 是 k 个单期对数收益率的和:

$$r_t(k) = r_t + r_{t-1} + \cdots + r_{t-k+1}. \tag{1.6}$$

在时刻 $t-k$ 初始资本为 A 的一项投资, 其在时刻 t 获得的资本收益为

$$A\exp\{r_t(k)\} = A\exp(r_t + r_{t-1} + \cdots + r_{t-k+1}) = Ae^{k\bar{r}},$$

这里 $\bar{r} = (r_t + r_{t-1} + \cdots + r_{t-k+1})/k$ 是单期对数收益率的平均. 除非特别说明, 本书中的收益率均指对数收益率.

注意, 等式 (1.6) 可以与 (1.4) 进行对比, 后者仅当单位时间很小时才有效. 的确在这些值非常小时, 这两个收益率近似相等

$$r_t = \log(1 + R_t) \approx R_t.$$

然而, $r_t < R_t$.

图 1.1 绘制了 1985 年 1 月—2011 年 2 月苹果公司股票价格的对数收益率对简单收益率的散点图. 收益率是基于三个持有期, 即一天、一周和一个月的日收盘

价来计算的. 从图上可以看出, 这两种定义在日收益率上几乎相同, 特别是对那些在 −0.2 和 0.2 之间的值. 然而当持有期增加到一个星期或一个月时, 这两个定义之间的差异就显示出来了, 简单收益率总是大于相应的对数收益率.

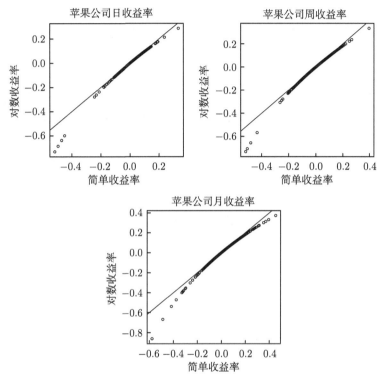

图 1.1　1985 年 1 月—2011 年 2 月苹果公司股票价格的对数收益率对简单收益率的散点图. 实直线标记两个收益率相同的位置

由于对数收益率 r_t 与复利率或利率的概念联系紧密, 因此又称其为 **连续复利收益率**. 对于银行存款账户, 报价利率通常是指 "单利". 例如, 在市场上每六个月支付利率 5% 将被看作年单利为 10%. 然而, 如果一个初始资本为 1 美元的账户持有 12 个月且利率保持不变, 则从 (1.2) 可以得到两期总收益率为

$$1 \times (1 + 0.05)^2 = 1.1025,$$

即年简单收益率是 $1.1025 - 1 = 10.25\%$, 称其为 **复收益率**, 且其大于 10% 的报价年利率. 这是由于在第二个六个月期间的 "利上加利" 的收益.

现假设报价的年单利是 r 且保持不变, 同时收益支付更加频繁, 例如每年 m 次 (当然每次的利率为 r/m).

例如, 当 $m = 4$ 时, 账户持有人每季度获支付利息一次; 当 $m = 12$ 时, 则每月一次; 而当 $m = 365$ 时, 则每天一次. 假设 m 连续增加, 且收益连续支付. 则一年后的总收益率为

$$\lim_{m \to \infty} (1 + r/m)^m = e^r.$$

更一般地, 如果初始资本为 C, 投资于债券的连续复利的年利率为 r, 那么在时间 t 的投资价值为

$$C \exp(rt).$$

因此年对数收益率为 r, 它是总收益率的对数. 这表明市场上报价的年单利 r 实际上为当利息是连续复利时的年对数收益率. 注意到, 如果利息只是年终支付一次, 那么简单收益率将是 r, 且对数收益率将为 $\log(1+r)$, 其总是小于 r.

总之, 市场上报价的简单年利率有两个解释: 如果仅在年底一次性支付利息, 就是简单年收益率; 如果连续复利支付, 就是年对数收益率.

1.1.4　股息调整

许多资产, 例如一些蓝筹股, 时常向股东分红. 股息通常是按每股一个固定的金额分配. 因此, 计算收益率时必须要做出调整以解释股息对收益的贡献. 假设 D_t 为在时刻 $t-1$ 和 t 间支付的股息, 则收益率现在定义如下:

$$R_t = (P_t + D_t)/P_{t-1} - 1, \quad r_t = \log(P_t + D_t) - \log P_{t-1},$$

$$R_t(k) = \big(P_t + D_t + \cdots + D_{t-k+1}\big)/P_{t-k} - 1,$$

$$r_t(k) = r_t + \cdots + r_{t-k+1} = \sum_{j=0}^{k-1} \log\left(\frac{P_{t-j} + D_{t-j}}{P_{t-j-1}}\right).$$

上述定义假设所有的股息都可变现, 且不进行资产再投资.

1.1.5　债券收益与价格

债券以年化收益来报价. 所谓的零息债券指的是一种以低于面值 (也称为票面价值或本金) 的价格购买的债券, 其面值在到期日时偿还. 它不会定期支付利息 (即息票), 因此称为 "零息". 现在我们考虑一个面值为 1 美元的零息债券. 如果当期收益率为 r_t, 剩余的持有期是 D 单位时间, 按连续复利计算, 则当期价格 B_t 应该满足条件

$$B_t \exp(Dr_t) = 1 \text{ 美元},$$

也就是说价格 $B_t = \exp(-Dr_t)$ 美元. 因此债券的年化对数收益率为

$$\log(B_{t+1}/B_t) = D(r_t - r_{t+1}). \tag{1.7}$$

这里, 我们忽略 B_{t+1} 的到期日比 B_t 少一个单位时间这一事实.

假设我们有这样两篮子债券: 一个是高收益债券, 另一个是投资级债券 (即相对低违约风险的债券), 每一个的平均期限为 4.4 年. 我们给出了这两种债券相对于具有类似到期日的美国长期国库券的收益率价差 (也就是利差), 并绘制在图 1.2 上. 债券的日收益率可以由 (1.7) 推导出, 它是收益率的变化乘以持续时间. 国库券收益的日变化通常很小. 因此收益率价差的变动可以直接用来代替收益率

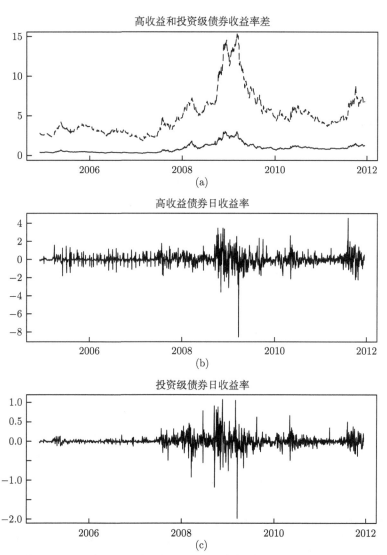

图 1.2 2004 年 11 月 29 日—2014 年 12 月 10 日, 高收益债券 (虚曲线) 和投资级债券 (实曲线) 收益率差 (面板顶部), 以及它们相应的日收益率 (第 2 个和第 3 个图) 时间序列图

的变动. 正如预期的那样, 高收益债券的收益率比投资级债券收益率高, 但波动性也高 (约 3 倍). 随着 2008 年 9 月 15 日雷曼兄弟申请破产保护, 发生了金融危机, 其后的一段时间内, 收益率价差显著扩大. 这反映出公司债券的违约风险更高.

1.1.6　超额收益率

在许多应用中, 使用超额收益率非常方便, 它定义为 $r_t - r_t^\star$, 这里 $r_t^\star$ 是一个参考利率. 常用的参考利率有银行利率、LIBOR 利率 (伦敦银行同业拆借利率: 伦敦的主要银行向其他银行放贷时的平均利率)、无风险资产的对数收益率 (例如 3 个月的美国国库券这样的短期政府债券的收益率) 或市场投资组合 (例如 S&P 500 指数或 CRSP 值加权指数, 这是在三大交易所上市的所有股票市值的加权指数, 由芝加哥大学证券价格研究中心创建).

对于债券, 收益率价差是超额收益率, 其定义为债券收益率与有类似到期日的像美国短期国库券这样的参考债券的收益率之差.

1.2　金融收益率数据的行为

为了构建有用的金融收益率统计模型, 我们首先收集一些经验证据. 为此, 我们考察 1985 年 1 月到 2011 年 2 月的 S&P 500 日收盘指数和苹果公司股票的日收盘价 (美元). 对所有拆分和分红数据进行调整, 并从雅虎财经网上下载.

S&P 500 是基于美国 500 家交易活跃的大市值普通股票价格计算的加权指数. 自 1957 年发布以来, 它一直采用当前的编制方法; 但其历史可以追溯到 1923 年. 当时它不过是一个基于 90 只股票的值加权指数. 它被看作是美国经济的风向标. 许多共同基金、交易所指数基金、养老基金等在设计时就跟踪 S&P 500 的表现. 图 1.3 中的第一个面板是 S&P 500 日收盘指数的时间序列图. 它清楚地显示, 在 1985—1987 年 S&P 500 日收盘指数有一个缓慢而稳定的增长势头. 在 2000 年 3 月 24 日, 该指数在互联网泡沫期间则达到了历史最高. 但在 2002 年股市持续低迷期间, 它也因此损失了大约 50% 的价值. 在遭受源于 2008—2010 次级抵押贷款的信用危机之前, 指数于 2007 年 10 月 9 日再次达到高峰. 图 1.3 的另外三个面板分别展示了指数的日、周和月对数收益率. 虽然三张图的轮廓相似, 但是月收益率曲线却是例如日收益率曲线一个 "光滑" 版本, 而后者呈现出更大的波动. 特别地, 2008—2010 年的高波动性在日收益率图中更生动地被描绘出来. 与价格相比, 收益率在一个接近于 0 的恒定水平上振荡. 此外, 高振荡倾向于聚集在一起, 反映了市场处于更加不稳定时期. 收益率数据的这些特性也在图 1.4 苹果公司的股票上显现出来. 苹果公司的股票价格从时间上来看也是非平稳的, 即在不同的时间段价格变动是不同的. 例如在 1985—1998 年, 它的价格总是停留在低水平. 随后它经历了一个稳定的增长, 直到 2000 年 9 月 29 日由于四季度的盈利预警, 造成了苹果公司股价减了一半. 尽管在次贷危机期间经历了波动, 但由于其产品 iPod、iPhone 和 iPad 在移动消费电子市场上取得成功, 苹果公司后期的股票价格急剧上涨.

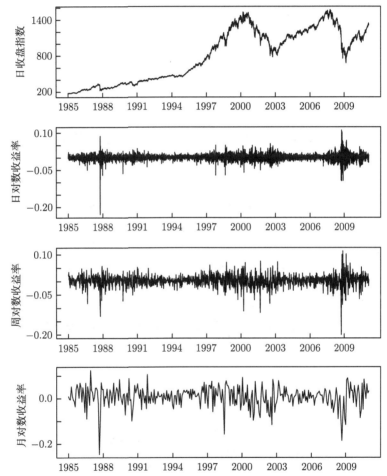

图 1.3 1985 年 1 月—2011 年 2 月 S&P 500 指数的日收盘指数, 日、周和月对数收益率时间序列图

我们在图 1.5 绘制了 S&P 500 指数的日、周和月对数收益率的标准化的直方图. 直方图上叠加了具有相同均值和方差的正态密度函数. 在图 1.5 中也绘制了三个收益率的 Q-Q 图 (参见 1.5 节的 Q-Q 图介绍). 很明显, 在给定持有期内的收

益率并不服从正态分布. 特别是收益率分布的尾部比正态分布的尾部要厚, 这在
Q-Q 图中表现明显: 左尾 (空圈) 低于 (更小) 直线, 且右尾 (空圈) 在 (更大) 直线
上方. 我们也注意到, 当持有期从一天增加到一周, 一个月时, 分布的尾部在变薄.
特别是月收益率分布的上尾和正态分布的大约同样厚 (空圈和直线近似相同). 由
于几个绝对值较大的负值使得所有的分布都是左偏的. 直方图也显示月收益率的
分布比周收益率和日收益率的分布更接近正态分布. 苹果公司的收益率数据也可
观察到类似的情景, 参见图 1.6.

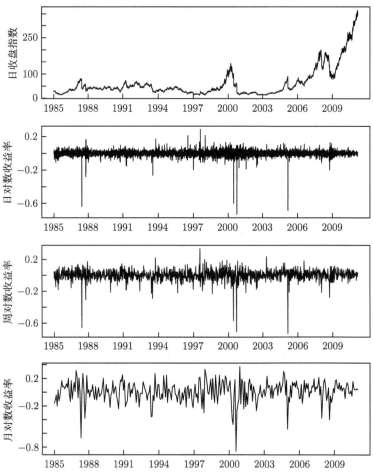

图 1.4　1985 年 1 月—2011 年 2 月苹果公司股票的日收盘指数, 日、周和月对数收益率时间
序列图

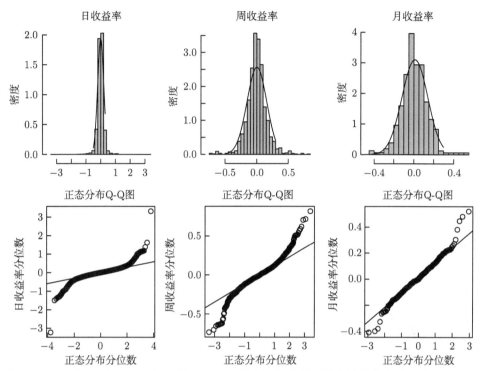

图 1.5   1985 年 1 月—2011 年 2 月 S&P 500 的日、周和月对数收益率直方图 (面板顶部) 和
Q-Q 图 (面板底部). 在直方图上添加了具有相同均值和方差的正态密度曲线

图 1.7 和图 1.8 绘制了对数收益率、对数收益率平方和对数收益率绝对值的样本自相关函数 (ACF) $\widehat{\rho}_k$ 对滞后阶数 k 的图形. 给定一个收益率序列 $r_1, \cdots, r_T$, 样本自相关函数定义为 $\widehat{\rho}_k = \widehat{\gamma}_k / \widehat{\gamma}_0$, 其中

$$\widehat{\gamma}_k = \frac{1}{T} \sum_{t=1}^{T-k} (r_t - \bar{r})(r_{t+k} - \bar{r}), \qquad \bar{r} = \frac{1}{T} \sum_{t=1}^{T} r_t. \qquad (1.8)$$

$\widehat{\gamma}_k$ 是滞后 k 阶的样本自协方差. 它与成对观测 $\{(r_t, r_{t+k})\}_{t=1}^{T-k}$ 的样本相关系数大致相同 (差别在于样本协方差计算中的样本均值的定义). 可以以同样的方式定义收益率平方和收益率绝对值的样本自相关函数, 只是分别用 r_t^2 和 $|r_t|$ 代替 r_t. 对于图 1.7 和图 1.8 中的每个 ACF 图, $\pm 1.96/\sqrt{T}$ 的两条水平虚线为当 $\rho_k = 0$ 为真时, ρ_k 的 95% 置信区间的边界. 因此当 ρ_k 的估计 $\widehat{\rho}_k$ 落在这两条线之间时, 则认为 ρ_k 与 0 无显著差异. 从图 1.7 和图 1.8 可以清楚地看到, S&P 500 和苹果公司股票的所有日、周和月收益率都表现出无显著自相关, 支持金融资产的收益率在时间跨度上是不相关的假设. 然而, 收益率平方则有少部分是显著自相关的, 收益率绝对值则有更多. 此外, 日数据比周和月数据的自相关性更明显和更持久. 由

于相关系数是线性相关的一种度量, 所以上述实证结果表明, 尽管在不同的时滞上可能存在非线性相关性, 但是金融资产的收益率却是相互线性无关的. 特别是日收益率绝对值表现出显著和持续的自相关——所谓的长记忆过程的特征.

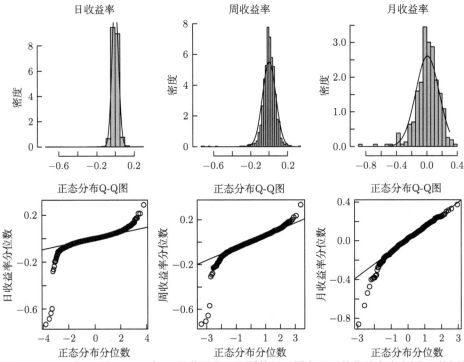

图 1.6　　1985 年 1 月—2011 年 2 月苹果公司股票的日、周和月对数收益率直方图 (面板顶部) 和 Q-Q 图 (面板底部). 直方图上叠加了具有相同均值和方差的正态密度曲线

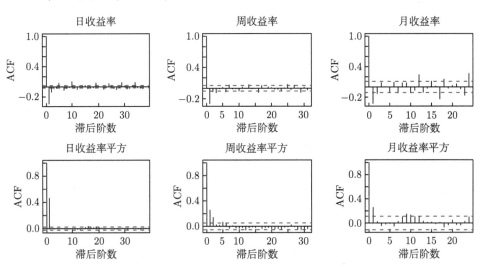

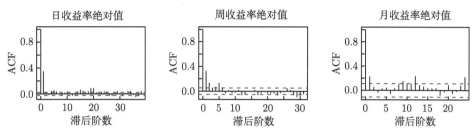

图 1.7 1985 年 1 月—2011 年 2 月 S&P 500 的日、周和月对数收益率, 对数收益率平方, 对数收益率绝对值的自相关图

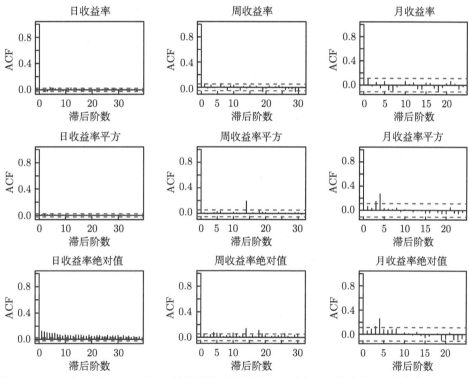

图 1.8 1985 年 1 月—2011 年 2 月苹果公司股票的日、周和月对数收益率, 对数收益率平方, 对数收益率绝对值的自相关图

金融收益率的典型特征

上面两个真实数据集的调查结果符合所谓的金融收益率序列的典型特征, 这些序列可以从不同种类的资产包括股票、投资组合、债券和货币中观察到. 可参见例如 Rydberg (2000). 我们总结这些特征如下.

(i) 平稳性. 由于经济的稳定增长、技术创新带来的生产力的增加、经济衰退和金融危机等因素, 按照时间记录的资产价格通常是非平稳的. 然而它们的收益率, 用 r_t, $t \geqslant 1$ 表示, 通常围绕一个恒定的水平波动, 表明其均值相对于时间为一常量, 见图 1.3 和图 1.4. 事实上, 大多数收益率序列可以看作一个至少前两阶矩不随时间变化的随机过程 (即宽平稳, 见 2.1 节). 一个简单的 (也许是过于简单化) 方法是假设一个收益率序列的所有有限维分布是不随时间变化的.

(ii) 厚尾. 收益率 r_t 的概率分布往往表现出尾部比正态分布的要厚. 图 1.5 和图 1.6 提供了分位数-分位数图或者说 Q-Q 图来检验正态性. 详见 1.5 节. 一个常用的检验正态性 (包括厚尾) 的统计量是 1.5 节中给出的 Jarque-Bera 检验. 尽管对于一个给定的资产实际存在多少阶矩是有争议的, 但是我们仍然假定 r_t 通常至少存在二阶矩 (即 $E(r_t^2) < \infty$).

自由度为 ν 的 t 分布的密度为

$$f_\nu(x) = d_\nu^{-1} \left(1 + \frac{x^2}{\nu} \right)^{-(\nu+1)/2}, \tag{1.9}$$

其中 $d_\nu = B(0.5, 0.5\nu)\sqrt{\nu}$ 为标准化常数, B 为贝塔函数. 该分布通常记为 $t(\nu)$ 或者 t_ν. 它的尾部具有多项式阶 $f_\nu(x) \asymp |x|^{-(\nu+1)}$ (当 $|x| \to \infty$), 比正态密度的尾部要厚. 注意, 对于任何随机变量 $X \sim t(\nu)$, 有 $E\{|X|^\nu\} = \infty$, 且对于任意的 $\delta \in (0, \nu]$, $E\{|X|^{\nu-\delta}\} < \infty$.

当 ν 很大时, $t(\nu)$ 接近正态分布. 事实上, 基于容量为 2500 的样本 (约 10 年的日数据), 利用诸如 Kolmogorov-Smirnov 检验 (R 中的 KS.test 函数) 等方法是无法区分 $t(10)$ 和正态分布的. 然而, 它们的尾部行为有很大的不同: 一个 5 标准差 (SD) 事件在正态分布下每 14000 年发生一次, 在 t_{10} 下每 15 年发生一次, 在 $t_{4.5}$ 下每 1.5 年发生一次. 计算过程如下: 在正态分布下, 得到一个日振荡 -5 SD 或更剧烈的事件的概率为 2.8665×10^{-7} (即 $P(Z < -5)$, 其中 $Z \sim N(0, 1)$), 或者说是 3488575 天中的 1 天. 这个除以每年大约 252 个交易日的结果是 13844 年. 可以用各种不同的 t 分布进行类似的计算. 如果股票收益率的尾部表现像 $t_{4.5}$——典型的日 S&P 500 收益率的左尾, 则 -5 SD 事件的发生比我们想象的还要频繁.

图 1.9 给出了 1985 年 1 月—2011 年 2 月 S&P 500 收益率的分位数对 $t(\nu)$ 分布的分位数图形, 其中 $\nu = 2, 3, \cdots, 7$. 可以清楚看到, S&P 500 收益率的尾部比 $t(5)$ 的尾部要厚, 但比 $t(2)$ 的尾部要薄 (可能也比 $t(3)$ 的薄). 因此假定 S&P 500 收益率的二阶矩有限, 而 5 阶矩无穷是合理的.

(iii) 非对称性. 收益率 r_t 的分布往往呈负偏态 (图 1.5 和图 1.6). 这反映出金融市场的低迷往往比经济复苏更陡峭的事实. 投资者对于负面新闻的反应比对正面新闻的反应更强烈.

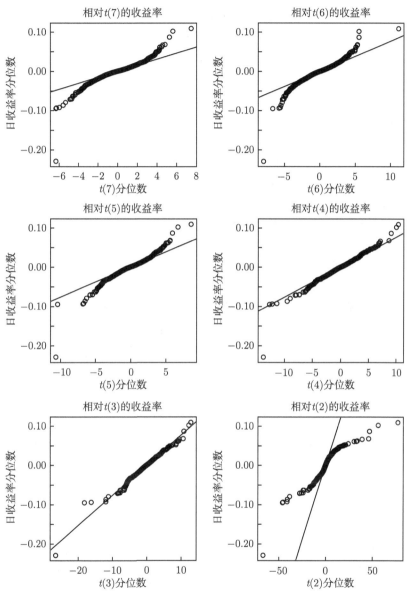

图 1.9　1985 年 1 月—2011 年 2 月 S&P 500 收益率的分位数对自由度在 2 和 7 之间的
t 分布的分位数图

(iv) 波动集聚性. 这个术语指的是大的价格变化 (即大绝对值的收益率) 成簇
发生, 参见图 1.3 和图 1.4. 事实上, 大的价格变化后跟随着大的价格变化, 且高波
动期与低波动期交替出现. 由图 1.3 可以很容易地看到时变的波动. 从 2004 年 11
月 29 日到 2007 年 12 月 31 日, S&P 500 收益率的标准差 (在 2008 年 3 月 17

日摩根大通表示愿意以每股 \$2 的价格收购贝尔斯登的 3 个月前) 是 0.78%, 而自 2008 年以来收益率的标准差为 1.83%. S&P 500 在 2005 年和 2006 年的波动率仅仅是 0.64%, 而在 2008 年金融危机最严重时期 (2008 年 9 月 15 日到 2009 年 3 月 16 日, 即从雷曼兄弟公司坠落的前一个月到后 6 个月) 到达了 3.44%.

(v) **加总高斯**. 注意, k 天的收益率只不过是 k 个日收益率的和, 见 (1.6). 随着时间的增加, 中心极限定理就成立了, 从而一段很长时间 (如一个月) 的收益率的分布趋向于一个正态分布, 参见图 1.5 和图 1.6.

(vi) **长相依**. 收益率本身很少表现出序列相关性. 然而这并不意味着它们是独立的. 事实上, 日收益率平方和日收益率绝对值常表现出小的但是显著的自相关性. 对于收益率绝对值来说, 自相关性是持续的, 说明可能具有长记忆性. 值得注意的是, 当抽样间隔从一天增加到一周, 一个月时, 自相关性变小和持续性变弱, 参见图 1.7.

(vii) **杠杆效应**. 资产收益率与其波动率的变化是负相关的 (Black, 1976; Christie, 1982). 随着资产价格的下跌, 公司变得杠杆加大 (负债权益比率增加) 且风险更高, 因此它们的股票价格变得更加不稳定. 另一方面, 当股票价格变得更加不稳定的同时, 投资者要求高回报, 因此股票价格下跌. 价格下跌引起的波动通常大于由减少波动带来的升值. 为了检验杠杆效应, 我们使用 VIX 指数代替 S&P 500 指数的波动率, 它是一个月内到期的 S&P 500 平价期权隐含波动率的替代品. 图 1.10 显示了 VIX 和 S&P 500 指数 (左面板) 以及 S&P 500 指数的收益率对波动率变化 (右面板) 的图形. 尽管 VIX 不是 S&P 500 指数的波动率的一个

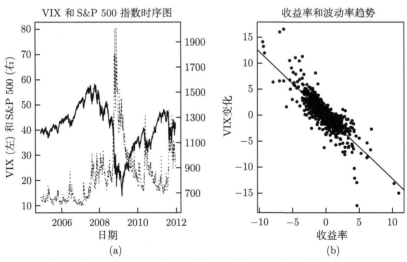

图 1.10　2004 年 11 月 29 日—2011 年 12 月 14 日的 VIX 图 (实线) 和 S&P 500 指数 (虚线), 以及 S&P 500 日收益率 (百分比) 相对于 VIX 的变化 (右面板) 图

完美度量, 包括波动率风险溢价 (Ait-Sahalia et al., 2013), 但是杠杆效应还是很强的.

1.3 有效市场假说和收益率统计模型

在金融学中, 有效市场假说 (EMH) 假定资产价格是公平的, 信息对每个人而言都可以获得, 并很快将其消化以调整价格, 且个体 (包括交易员) 都是理性的. 因此价格 P_t 包含了到时刻 t 的所有相关信息, 个体在信息获取上没有相对优势. 价格变动 $P_t - P_{t-1}$ 仅仅是由于 $t-1$ 到 t 之间的 "消息" 引起的. 因此个体没有机会进行一个投资而获得比承担资产风险的公平支付还高的收益. EHM 的一个简略表达: 价格合理, 无套利机会.

上面描述的是 EMH 的强形式: 交易资产的证券价格迅速反映了所有可获得的、公开的或非公开的信息. 半强形式是证券价格有效地反映了所有的公开信息, 并为内幕信息的价值留出空间. 弱形式仅假设证券价格反映了所有过去的公开信息.

在 EHM 下, 一个资产收益率过程可以表示为

$$r_t = \mu_t + \epsilon_t, \quad \epsilon_t \sim (0, \sigma_t^2), \tag{1.10}$$

其中 μ_t 是 r_t 在时刻 $t-1$ 的理性预期, ϵ_t 表示在时刻 $t-1$ 到 t 发生的不可预测 "消息" 导致的收益. 从这个意义上讲, ϵ_t 是一个新息——一个时间序列文献中常用的术语. 我们用记号 $X \sim (\mu, \nu)$ 来表示一个分别具有均值 μ 和方差 ν 的随机变量 X. $E\epsilon_t = 0$ 的假设反映了这样的信念: 对数价格的实际变化在平均意义上等于期望 μ_t.

结合 EHM 模型 (1.10) 与 1.2 节中所述的典型特征, 金融收益率最常用的统计模型具有形式

$$r_t = \mu + \epsilon_t, \quad \epsilon_t \sim \mathrm{WN}(0, \sigma^2), \tag{1.11}$$

这里 $\mu = Er_t$ 是期望收益率, 假设其为一常数. 记号 $\epsilon_t \sim \mathrm{WN}(0, \sigma^2)$ 表示 $\epsilon_1, \epsilon_2, \cdots$ 构成一个 $E\epsilon_t = 0$ 且 $\mathrm{var}(\epsilon_t) = \sigma^2$ 的白噪声过程, 见下面的 (i). 这里我们假设 $\mathrm{var}(\epsilon_t) = \mathrm{var}(r_t) = \sigma^2$ 为一个有限的正常数, 并注意在图 1.3 和图 1.4 中的收益率图内的大多数变化的波动可以用下面鞍差假设 (ii) 的条件异方差来表示. 假设 (1.11) 成立, 1.2 节的实证分析支持这一假设.

关于 (1.11) 中的新息 $\{\epsilon_t\}$ 由弱到强有三种不同类型的假设.

(i) 白噪声新息: $\{\epsilon_t\}$ 是白噪声, 记为 $\epsilon_t \sim \mathrm{WN}(0, \sigma^2)$. 在此假设下, 对所有的 $t \neq s$, 有 $\mathrm{Corr}(\epsilon_t, \epsilon_s) = 0$.

(ii) 鞅差新息: ϵ_t 构成一个鞅差序列, 意味着对于任意的 t 有

$$E(\epsilon_t|r_{t-1}, r_{t-2}, \cdots) = E(\epsilon_t|\epsilon_{t-1}, \epsilon_{t-2}, \cdots) = 0. \tag{1.12}$$

对于鞅差新息, 最常用的表示方式之一如下

$$\epsilon_t = \sigma_t \eta_t, \tag{1.13}$$

这里 $\eta_t \sim \text{IID}(0, 1)$ (见下面的 (iii)), 且 σ_t 是一个可预测的波动过程, 在时刻 $t-1$ 已知, 满足条件

$$E(\sigma_t|r_{t-1}, r_{t-2}, \cdots) = \sigma_t.$$

注意, ARCH 和 GARCH 过程是 (1.13) 的特殊情况.

(iii) IID 新息: ϵ_t 是独立同分布的, 记为 $\epsilon_t \sim \text{IID}(0, \sigma^2)$.

IID 新息的假设是最强的. 它蕴含了新息是鞅差. 另一方面, 如果 $\{\epsilon_t\}$ 满足 (1.12), 则对于任意的 $t > s$, 有

$$\text{cov}(\epsilon_t, \epsilon_s) = E(\epsilon_t \epsilon_s) = E\{E(\epsilon_t \epsilon_s|\epsilon_{t-1}, \epsilon_{t-2}, \cdots)\}$$
$$= E\{\epsilon_s E(\epsilon_t|\epsilon_{t-1}, \epsilon_{t-2}, \cdots)\} = 0.$$

所以 $\{\epsilon_t\}$ 是一白噪声序列. 因此, 新息的三种类型之间具有如下关系:

$$\text{IID} \Rightarrow \text{鞅差 (martingale differences)} \Rightarrow \text{白噪声 (white noise)}.$$

这种关系可以用图 1.11 来概括.

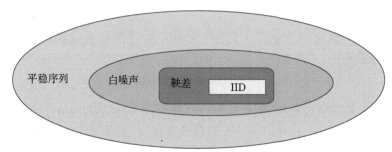

图 1.11 不同过程间的关系: 平稳过程最大, 其次是白噪声, 鞅差 (MD) 和独立同分布过程. 在平稳过程和白噪声过程之间有很多有用的过程, 在第 2 章和第 3 章中将详细说明

在金融收益率数据中经常可以观测到白噪声这一假设. 它与图 1.7 和图 1.8 中展示出的典型特征是一致的. EMH 隐含着白噪声假设, 这是因为 ϵ_{t+1} 与其滞后值之间的非零相关性的存在将会导致在理性预期 μ 基础上对 r_{t+1} 的预测的改进.

这违反了在时刻 t, ϵ_{t+1} 不可预测的假设. 为了说明这一点, 假设 $\text{Corr}(\epsilon_{t+1}, \epsilon_s) = \rho \neq 0$, 对于 $s \leqslant t$. 则在时刻 t, r_{t+1} 的一个合理预测是 $\tilde{r}_{t+1} = \mu + \rho(r_s - \mu)$. 而在 EMH 下, 在时刻 t, 对 r_{t+1} 的一个合理预测是 $\widehat{r}_{t+1} = \mu$. 则容易看到

$$E\{(\widehat{r}_{t+1} - r_{t+1})^2\} = \text{var}(\epsilon_{t+1}) = \sigma^2,$$

而

$$E\{(\tilde{r}_{t+1} - r_{t+1})^2\} = E\{(\rho\epsilon_s - \epsilon_{t+1})^2\} = (1 - \rho^2)\sigma^2 < \sigma^2,$$

即 $\tilde{r}_{t+1}$ 的均方预测误差要小一些. 因此在 EMH 下, 白噪声的假设是适当的, 无疑也是必要的. 这只是说明了资产收益率不能被任何线性规则所预测. 然而除了前两阶矩以外, 它没有说明任何事情, 且对于交易资产的收益率能否由非线性规则或它复杂的策略来预测也没有说明.

另一方面, 1.2 节中给出的实证表明, IID 的假设太强, 限制太严以至于通常很难成立. 例如, S&P 500 指数和苹果公司股票的收益率平方和收益率绝对值都表现出显著的序列相关. 这表明 $r_1, r_2, \cdots$ 不相互独立, 从而 $\epsilon_1, \epsilon_2, \cdots$ 不相互独立, 见图 1.7 和图 1.8.

注意到 $r_t = \log(P_t/P_{t-1})$. 由 (1.11) 式有

$$\log P_t = \mu + \log P_{t-1} + \epsilon_t. \tag{1.14}$$

因此, 在新息 ϵ_t IID 的假设下, 对数价格 $\log P_t$, $t = 1, 2, \cdots$ 形成一个随机游走, 且价格 P_t, $t = 0, 1, 2, \cdots$ 是一个几何随机游走. 因为未来独立于现在和过去, 所以 EMH 在最严格的意义下也是成立的, 且基于当前可获取的信息对未来预测不了任何事情. 如果我们进一步假设 ϵ_t 为正态, 则 P_t 服从对数正态分布. 那么价格过程 P_t, $t = 0, 1, 2, \cdots$ 是一个对数正态几何随机游走. 当时间单位的长度收缩到零时, 则周期数趋于无穷, 适当标准化的随机游走 $\log P_t$ 收敛到布朗运动, 且几何随机游走 P_t 收敛到一个几何布朗运动. 由此可以推导出著名的 Black-Scholes 公式. 股票市场价格发展遵循随机游走的这一概念至少可以追溯到法国数学家 Louis Bachelier 1900 年的博士论文.

随机游走的一个较弱形式是放宽 ϵ_t 的要求, 例如为鞅差. 鞅差的假设在白噪声和 IID 之间提供了一个中间情形. 虽然保留了白噪声 (即线性无关) 特性, 但是它并没有排除一些非线性相关的可能性, 即 $\{r_t\}$ 是不相关的, 但 $\{r_t^2\}$ 或 $\{|r_t|\}$ 可能相关. 在这个假设下, 模型 (1.11) 可以像 (1.13) 那样满足条件异方差. 事实上, 很多波动率模型, 包括 ARCH, GARCH 和随机波动率模型都是 ϵ_t 为鞅差时的 (1.11) 和 (1.13) 的特殊情况.

鞅差的假定保留了新息 ϵ_{t+1} 在时刻 t 是不可预测的这一假设, 至少就点预测而言是这样的. (后面我们将会看到 ϵ_{t+1} 的区间预测, 或者更准确地说, 风险 ϵ_{t+1}

可以通过结合其滞后值信息更好地预测.) 基于 $r_t, r_{t-1}, \cdots, r_{t+1}$ 最佳点预测是条件期望

$$\widehat{r}_{t+1} = E(r_{t+1}|r_t, r_{t-1}, \cdots) = \mu + E(\epsilon_{t+1}|\epsilon_t, \epsilon_{t-1}, \cdots) = \mu,$$

它是 EMH 下 r_{t+1} 合理预期. 该表达式最后一个等式可由 (1.12) 得到. 我们称 $\widehat{r}_{t+1}$ 是最佳的, 指的是在所有基于 $r_t, r_{t-1}, \cdots$ 的点预测中, 其均方预测误差达最小. 进一步的细节, 参见 2.9.1 节.

综上所述, **鞅假设**, 即假设模型 (1.11) 带有鞅差序列 ϵ_t, 保证了资产收益率不能以任何规则进行预测, 但允许波动率是可预测的. 这是有效市场假说最恰当的数学形式.

1.4　有效市场假说的相关检验

金融计量学中的一个基本问题是有效市场假说是否与经验数据是一致的. 验证这个假设的一种方法是检验收益率是不是可预测的. 我们将在下文介绍两种统计检验, 从不同的角度解决这个问题.

1.4.1　白噪声检验

从前面的讨论中, 我们已经了解到若收益率是不可预测的, 则它们至少应该是白噪声. 另一方面, 收益率 IID 这个假设显然又太强了. 图 1.7 和图 1.8 的收益率平方及收益率绝对值的自相关性清楚地表明, 不同时刻的收益率并不是相互独立的. 尽管有大量的 IID 统计检验 (例如, 参见 Hallin 和 Puri (1988) 的基于秩的检验, 也可参见 Campbell 等 (1997) 的 2.2 节), 但我们关注的是检验白噪声假设, 即收益率是线性独立的, 但可以某种非线性形式相互依赖. 白噪声检验是统计学中最古老和最重要的检验之一, 因为线性模型中的许多检验问题都可以转化为白噪声检验. 有相当多的检验方法, 参见 Fan 和 Yao (2003) 的 7.4 节和引用的参考文献. 下面我们介绍一个简单的和常用的**综合性**检验, 即 **Ljung-Box 合成检验**. r_t 和 r_{t-k} 之间的线性依赖关系完全由 r_t 和 r_{t-k} 的相关函数来刻画:

$$\rho_k \equiv \mathrm{Corr}(r_t, r_{t-k}) = \frac{\mathrm{cov}(r_t, r_{t-k})}{\sqrt{\mathrm{var}(r_t)\mathrm{var}(r_{t-k})}}.$$

实际上, 如果 $\rho_k = 0$, 则 r_t 和 r_{t-k} 是线性独立的, 且 $\rho_k = \pm 1$, 当且仅当 $r_t = a + br_{t-k}$, 其中 a 和 b 为某个常数. 当 $\{r_t\}$ 是一个白噪声序列时, 对于所有的 $k \neq 0$, 有 $\rho_k = 0$. 实际中我们并不知道 ρ_k. 基于观测到的收益率 $r_1, \cdots, r_T$, 我们用估计 $\widehat{\rho}_k = \widehat{\gamma}_k/\widehat{\gamma}_0$ 来代替, 其中 $\widehat{\gamma}_k$ 由 (1.8) 给出. Ljung-Box Q_m 统计量定

义为

$$Q_m = T(T+2) \sum_{j=1}^{m} \frac{1}{T-j} \widehat{\rho}_j^2, \tag{1.15}$$

其中 $m \geqslant 1$ 是一个给定的整数. 注意, 尽管当 $T \gg m$ 时, 其权重大致相同, 但是 Q_m 本质上是一个前 m 个时滞的样本 ACF 平方的加权和. 直观上讲, 对于较大的 Q_m, 我们拒绝白噪声的假设. 而多大才算是大取决于原假设下 Q_m 的理论分布, 这会出现很多问题, 见下面. 实际中通常使用卡方近似: 对于 $\alpha \in (0,1)$, 令 $\chi_{\alpha,m}^2$ 表示自由度为 m 的 χ^2 分布的上 α 分位数.

Ljung-Box 合成检验　在显著性水平为 α 时, 若 $Q_m > \chi_{\alpha,m}^2$, 或由 $P(Q > Q_m)$ 计算得到的 P 值小于 α, 其中 $Q \sim \chi_m^2$, 则拒绝 $\{r_t\}$ 是白噪声的假设.

在实际中, 需要选择 (1.15) 式里的 m. 由于序列相关在滞后阶数小时是最强的, 所以通常的做法是选用较小的 m. 这也避免了样本 ACF 在较大滞后阶数时大的估计误差以及 (1.15) 中求和的累积误差问题. 然而, 使用过小的 m 可能会漏掉那些超过时滞 m 的自相关信息. 实际上, 常常同时使用不同的 m 值来进行 Ljung-Box 检验.

执行 Ljung-Box 检验的 R-函数是 Box.test(x, lag=m, type="Ljung"), 这里 x 是一个数据向量. 命令 Box.test(x, lag=m, type="Box") 执行的是 Box-Pierce 检验, 其统计量为 Q_m^*.

我们将 Ljung-Box 检验应用于图 1.3 底部所展示的 S&P 500 指数月对数收益率序列. 样本是 $T = 313$. 检验结果如表 1.1 所示. 因为 $m = 1, 6, 12$ 和 24 时检验均不显著, 所以我们不能拒绝对数收益率数据是白噪声的假设. 与此相反, 绝对收益率的检验是显著的, 其 P 值不大于 0.3%, 表明收益率绝对值不是白噪声序列. 而对于收益率平方的检验则不那么清晰, 其当 $m = 1$ 时 P 值最小, 是 0.019, 当 $m = 24$ 时 P 值最大, 是 0.492. 月数据显示的相关性的确要比日数据更弱些. 这也可从图 1.7 右边一列的三个图形中看到.

表 1.1　关于 S&P 500 数据的 Ljung-Box 检验下的 P 值

		1	6	12	24
	m				
收益率	Q_m	2.101	5.149	8.958	14.080
	P 值	0.147	0.525	0.707	0.945
收益率平方	Q_m	5.517	12.292	16.964	23.474
	P 值	0.019	0.056	0.151	0.492
收益率绝对值	Q_m	8.687	39.283	49.721	76.446
	P 值	0.003	0.000	0.000	0.000

一个不同但又与之相关的方法是考虑标准化的 Q_m^* 统计量:

$$\frac{1}{\sqrt{2m}} \left\{ T \sum_{j=1}^{m} \widehat{\rho}(j)^2 - m \right\}.$$

Hong (1996) 针对 IID 数据, Hong 和 Lee (2003) 针对鞅差序列 (参见 Durlauf (1991) 和 Deo (2000)) 以及 Shao (2011), Xiao 和 Wu (2011) 针对其他非-IID 的白噪声过程, 在 $m \to \infty$ 及 $m/T \to 0$ 条件下建立了这个统计量的渐近正态性. 然而, 这些收敛通常是缓慢或非常缓慢的, **导致了基于渐近正态性检验水平的失真**. 此外, 正如上文中指出的, 当 j 很大时, ρ_j 会趋于偏小. 因此包含 $\widehat{\rho}_j^2$ 这些项只会增加检验统计量的噪声而不是增加信号. 如何选择一个恰当的 m 使得应用这种方法时变得更加复杂. Horowitz 等 (2006) 基于 Q_m^* 统计量提出了一种双分块 bootstrap 方法来进行非-IID 白噪声检验.

1.4.2　Ljung-Box 检验的注记

Ljung-Box 检验统计量的近似卡方零分布基于以下事实: 当 $\{r_t\}$ 为一个 IID 序列时, $\widehat{\rho}_1, \cdots, \widehat{\rho}_m$ 渐近独立, 且它们中的每一个变量都有一个渐近分布 $N(0, 1/T)$ (Fan 和 Yao (2003) 的定理 2.8(iii)). 因此

$$Q_m^* \equiv T \sum_{j=1}^{m} \widehat{\rho}_j^2 \sim \chi_m^2 \qquad 对足够大的 T 近似成立.$$

容易看到, 当 T 很大时, $(T+2)/(T-j) \approx 1$, 从而 Q_m 与 Q_m^* 近似相等. 因此, 在零假设下, 它也服从 χ_m^2 分布. 事实上, Q_m^* 统计量是由 Box 和 Pierce (1970) 提出的. 然而, Ljung 和 Box (1978) 随后发现, 即使当 T 达到像 100 一样大时, Q_m^* 的近似 χ^2 分布并不总是恰当的. 他们建议用 Q_m 代替, 因为它的分布更接近 χ_m^2. 可参见 Davies 等 (1977).

应用 Ljung-Box 检验的一个更基本的问题是定义统计量本身是来检测白噪声偏离的. 但是渐近 χ^2 分布仅在 IID 的假设下得到了证明. **因此, 正如上文所述, 它不应该用来检验收益率是白噪声而不是 IID 的假设, 因为那样 $\widehat{\rho}(k)$ 的渐近零分布依赖于 r_t 的基础分布的高阶矩**. 对固定的 m, Q_m 或 Q_m^* 的渐近零分布可能不具有已知的形式, 在这种意义上来讲, 这些渐近零分布通常会太复杂以致不能直接使用, 参见 Romano 和 Thombs (1996). 不幸的是, 这个问题也适用于大多数 (如果不是全部的话) 其他**综合性的**白噪声检验.

一种选择是对白噪声过程的结构加一个显式假设 (如 GARCH 结构). 然后可以用一些重抽样的方法去模拟 Q_m 的零分布. 此外, 如果我们愿意对白噪声的一

种可能偏离的参数形式加一些假设, 那么就可以应用似然比检验. 似然比检验比**综合性**的非参数检验更有效, 因为后者尝试对各种不同的可能来检测偏离 (对白噪声). 与此可以类比的是, 一个通用的工具通常比一个特定任务下定做的工具的作用要弱一些. 定做工具的一个例子是下节的 Dicky-Fuller 检验. 然而找到相关的假设本身就是一个挑战. 这就是像 Ljung-Box 这样的**综合性**检验在实际中经常使用的原因, 尽管它们在错误指定显著性水平方面存在潜在的问题.

1.4.3 随机游走检验

检验 EMH 的另一种方法是对对数价格 $X_t \equiv \log P_t$, 考虑随机游走模型 (1.14). 一般地, 我们可以假设对数价格服从一个自回归模型

$$X_t = \mu + \alpha X_{t-1} + \epsilon_t. \tag{1.16}$$

检验模型 (1.14) 的正确性等价于在上述模型中检验假设 $H_0 : \alpha = 1$. 这是单位根检验的一个特殊情况, 我们将在后面再次看到. 我们在这里介绍的 Dickey-Fuller 检验实际上可以处理三种不同的情况: (i) 带有漂移项的模型 (1.16); (ii) 不带漂移项的模型

$$X_t = \alpha X_{t-1} + \epsilon_t; \tag{1.17}$$

以及 (iii) 既有漂移项又有线性趋势项的模型

$$X_t = \mu + \beta t + \alpha X_{t-1} + \epsilon_t. \tag{1.18}$$

基于观测 $X_1, \cdots, X_T$, 令 $\hat{\alpha}$ 为 α 的最小二乘估计, $\mathrm{SE}(\hat{\alpha})$ 为 $\hat{\alpha}$ 的标准差. 这些很容易从任何一个最小二乘软件包中获得. 则 Dickey-Fuller 统计量定义为

$$W = (\hat{\alpha} - 1)/\mathrm{SE}(\hat{\alpha}). \tag{1.19}$$

如果 W 小于由检验的显著水平和 H_0 下 W 的分布所确定的临界值, 则拒绝 $H_0 : \alpha = 1$. 这个单边检验直观上可以像下面这样来理解: 当 $\alpha < 1$ 的证据具有压倒性优势时, 这个随机游走检验才具有重要意义. 只有当统计证据支持 $H_1 : \alpha < 1$ 时, 我们才拒绝 $H_0 : \alpha = 1$. 对于模型 (1.16) 和 (1.17), 假设 H_1 意味着 X_t 是一个平稳和因果的序列 (见下面的 2.2.2 节). 此外, 变化量 $\{X_t - X_{t-1}\}$ 是一个自相关过程. 对于模型 (1.14) 而言, 这意味着收益率 $r_t = \log P_t - \log P_{t-1}$ 是自相关的, 从而它不是白噪声. 当 $\alpha > 1$ 时, 过程 X_t 是爆炸性的. 这意味着 $r_t = \mu + \gamma \log P_{t-1} + \epsilon_t$, 其中 γ 为一个正常数. 后面的方程除了可以用于金融泡沫建模的工具外, 在实际金融价格的建模中用处不大, 参见 Phillips 和 Yu (2011).

最小二乘估计 $\widehat{\alpha}$ 容易通过显式表达式计算. 例如, 在 (1.16) 条件下, 其最小二乘估计为

$$\widehat{\alpha} = \sum_{t=2}^{T}(X_t - \bar{X}_T)(X_{t-1} - \bar{X}_{T-1})\Big/ \sum_{t=2}^{T}(X_{t-1} - \bar{X}_{T-1})^2,$$

这里

$$\bar{X}_T = \frac{1}{T-1}\sum_{t=2}^{T}X_t, \qquad \bar{X}_{T-1} = \frac{1}{T-1}\sum_{t=2}^{T}X_{t-1}.$$

更进一步, 令 $\widehat{\mu}$ 为 (1.16) 中 μ 的最小二乘估计, 则

$$\text{SE}(\widehat{\alpha})^2 = \frac{1}{T-3}\sum_{t=2}^{T}(X_t - \widehat{\mu} - \widehat{\alpha}X_{t-1})^2\Big/ \sum_{t=2}^{T}(X_{t-1} - \bar{X}_{T-1})^2.$$

在模型 (1.17) 条件下,

$$\widehat{\alpha} = \frac{\sum_{t=2}^{T}X_t X_{t-1}}{\sum_{t=2}^{T}X_{t-1}^2}, \quad \text{SE}(\widehat{\alpha}) = \frac{\sum_{t=2}^{T}(X_t - \widehat{\alpha}X_{t-1})^2}{(T-2)\sum_{t=2}^{T}X_{t-1}^2}.$$

也存在一个基于检验统计量 $T(\widehat{\alpha} - 1)$ 的 Dickey-Fuller 系数检验. 该检验的渐近零分布是复杂的, 但可以列表. 在显著性水平为 $\alpha = 0.05$ 下, 检验模型 (1.17)(无漂移项) 和模型 (1.16)(有漂移项) 的临界值分别为 -8.347 和 -13.96.

虽然 Dickey-Fuller 统计量具有 t 统计量的形式 (见 (1.19)), 但是 t 分布却不能用于这个检验, 这是因为三个模型在 H_0 下都是非平稳的 (见下面的 2.1 节). 事实上, Dickey-Fuller 检验统计量服从某些非标准化的渐近零分布, 且在模型 (1.16)—(1.18) 下这些分布是互不相同的. 幸运的是这些分布的分位数或临界值在许多地方都制成了表, 例如, 可参见 Fuller (1996). 表 1.2 列出了用样本量 $T = 100$ 模拟得到的最常用的临界值. 大样本量会导致临界值的绝对值稍微变小, 而小样本量将在某种程度上导致临界值变大.

表 1.2   (增广的) Dickey-Fuller 检验的临界值

模型	显著性水平		
	10%	5%	1%
(1.17) 或 (2.66): 无漂移项, 无趋势项	-1.61	-1.95	-2.60
(1.16) 或 (2.67): 有漂移项, 无趋势项	-2.25	-2.89	-3.51
(1.18) 或 (2.68): 有漂移项和趋势项	-3.15	-3.45	-4.04

R-代码 "aDF.test.r" 定义了一个函数 aDF.test, 这个函数执行 (增广的) Dickey-Fuller 检验: aDF.test(x, kind=i, k=0), 其中 x 是一个数据向量, i 应该在模型 (1.16) 中设为 2, 在模型 (1.17) 中设为 1, 在模型 (1.18) 中设为 3.

我们现在在对图 1.3 中的日、周和月对数收益率进行 Dickey-Fuller 检验. 由于收益率 (即对数价格的差分) 在 0 附近波动且没有呈现出线性趋势, 因此我们倾向基于模型 (1.16) 或模型 (1.17) 进行检验. 但为了示例目的, 我们也给出基于模型 (1.18) 的检验. 用这三个模型对日、周和月价格的检验的 P 值在下面列出.

使用的模型	(1.17)	(1.16)	(1.18)
日	> 0.9	0.392	0.646
周	> 0.9	0.336	0.698
月	> 0.9	0.413	0.791

由于这些检验没有一个是统计上显著的, 因此我们不能拒绝 S&P 500 的对数价格是随机游走的假设. 这适用于日、周和月的数据. 我们也对日、周和月收益率 (即对数价格差分) 重复以上运算, 得到的结果是所有情形下的 P 值均小于 0.01. 这表明经过差分的收益率已不是随机游走.

Dickey-Fuller 检验最初是由 Dickey 和 Fuller (1979) 提出的. 它已经进一步适用于在模型 (1.16)—(1.18) 中包含一些自回归项的情况, 见下面 2.8.2 节.

1.4.4 Ljung-Box 检验和 Dickey-Fuller 检验

Ljung-Box 检验和 Dickey-Fuller 检验都可以用来验证有效市场假设的某些方面. 首先, Ljung-Box 的输入是资产收益率, 而 Dickey-Fuller 检验利用的是对数价格. 其次, Ljung-Box 的备择假设是非参数的, 它只需要相关的过程是平稳的, 而 Dickey-Fuller 检验致力于检验参数备择假设, 它是一个平稳的 AR(1) 过程. 因此, Ljung-Box 检验更**综合**, 而 Dickey-Fuller 更具体. 将两者应用在资产收益率方面, 这两个问题的零假设是相同的: 收益率表现像不相关的白噪声. 然而 Ljung-Box 的备择假设更大, 如图 1.12 所示.

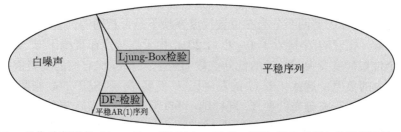

图 1.12 就收益率而言, Ljung-Box 和 Dickey-Fuller 检验 (DF-检验) 的零假设是一样的. 然而, Ljung-Box 的备择假设更大些

1.5　附录: Q-Q 图和 Jarque-Bera 检验

1.5.1　Q-Q 图

Q-Q 图是基于分位数来比较两个概率分布函数的图方法. 它对揭示两个分布厚尾的差异非常有效.

对任意的分布函数 F 和 $\alpha \in (0, 1)$, F 的 α 分位数定义为

$$F^{-1}(\alpha) = \max\{x : F(x) \leqslant \alpha\}. \tag{1.20}$$

任意两个概率分布函数 F 和 G 的分位数图 (或 Q-Q 图) 为二维平面上 $F^{-1}(\alpha)$ 对 $G^{-1}(\alpha)$ 的曲线, 其中 $0 < \alpha < 1$.

可以证明, 如果一个分布函数是另一个分布函数的一个位置尺度变换, 即

$$F(x) = \sigma^{-1} G\left(\frac{x - \mu}{\sigma}\right),$$

其中 μ 和 $\sigma > 0$ 为常数, 那么它们的 Q-Q 图就是一条直线 (实际上反过来也对). 因此通过在**两个四分位数之间**画一条直线来突出两个分布尾部的差异是有用的.

我们通过一个用 S&P 500 日收益率的例子来说明 Q-Q 图的用处. 图 1.5 左下方的平面图是 F 和 G 的 Q-Q 图, 其中 F 是标准正态分布, G 是 S&P 500 指数的日收益率的经验分布, 它本质上给出了如下成对数据的散点图

$$\left(F^{-1}\left(\frac{i - 0.5}{n}\right), x_{(i)}\right), \qquad i = 1, \cdots, n,$$

其中 $x_{(i)}$ 是数据 $\{x_i\}_{i=1}^n$ 中的第 i 小的值, 表示经验的 i/n 分位数, 而 $F^{-1}((i - 0.5)/n)$ 是其对应的位置尺度变换的理论分位数的**模数**. 我们不用 $F^{-1}(i/n)$ 作为它的理论分位数是为了避免当 $i = n$ 时 $F^{-1}(i/n) = \infty$. 不同的软件对于上面的分位数有稍微不同的修正, 但是比较经验分位数和所参考分布的分位数的主要思想是一样的. 直线标志着两个分布在位置尺度变换下是否相同的位置. 图中左边的点是低分位数, 相应的 α 接近于 0 (见 (1.20)). 由于这些点在直线下方, 如果 G 是 F 的一个位置尺度变换, 则 G 的低分位数 (经验分位数) 比它们的期望值要小 (即绝对值更大的负值). 这意味着 G 的左尾比 F 的要厚, 称 S&P 500 指数的日收益率分布的左尾比正态分布的要厚. 同样地, 可以得到 S&P 500 指数的日收益率分布的右尾比正态分布的要厚这一结论. 然而, S&P 500 指数的日收益率分布尾部比自由度为 3 的 t 分布的尾部要薄, 如图 1.9 所示.

Q-Q 图可以使用 R-函数 qqplo, qqline 或 qqnorm 来生成.

1.5.2 Jarque-Bera 检验

Q-Q 图通过非正式的图形检查来检验正态性假设. 它们在揭示数据的尾部特征方面特别有效. 我们也可以构造正式的检验. 例如, 可以使用 Kolmogorov-Smirnov 检验来检验正态性. 一个流行的正态性检验是 Jarque-Bera (JB) 检验, 其定义为

$$\text{JB} = \frac{n}{6}[S^2 + (K-3)^2/4],$$

其中

$$S = \frac{\widehat{\mu}_3}{\widehat{\sigma}^3} = \frac{\sum_{i=1}^{n}(x_i - \bar{x})^3/n}{\left(\sum_{i=1}^{n}(x_i - \bar{x})^2/n\right)^{3/2}}$$

是**样本偏度**,

$$K = \frac{\widehat{\mu}_4}{\widehat{\sigma}^4} = \frac{\sum_{i=1}^{n}(x_i - \bar{x})^4/n}{\left(\sum_{i=1}^{n}(x_i - \bar{x})^2/n\right)^2}$$

是**样本峰度**, $\{x_i\}_{i=1}^{n}$ 为一给定的数据序列. 因此, JB-统计量实际上仅对正态分布的偏度和峰度有效.

在数据是从正态分布中独立抽取的这一零假设下, JB-统计量的渐近零分布为 χ_2^2 分布. 因此 P 值可以很容易由 χ_2^2 分布计算出来.

1.6 进一步阅读和软件实现

对我们的写作有很大影响的书籍是 Fan 和 Yao (2003) 与 Campbell 等 (1997) 写的著作. 前者强调非线性时间序列的先进理论和方法, 它对我们在时间序列方面的写作产生了影响. 后者强调在金融市场的计量结果的经济解释, 它形成了我们在本书的横截面数据方面的写作. 自准备 2004 年在普林斯顿大学讲授的金融计量学讲义的初稿以来, 许多这方面的书籍已经出版. 关于金融统计方面的介绍, 可参见 Ruppert (2004, 2010), Carmona (2004, 2013) 和 Franke 等 (2015). Tsay (2010, 2013) 针对金融时间序列分析提出了一个很好的且广泛的解释. Gourieroux 和 Jasiak (2001) 为那些已经熟悉计量经济学理论的人提供了一个很好的计量经济学简介. 侧重于投资学方面的金融计量学, 可参阅 Rachev 等 (2013).

本书中大部分计算是利用 R 软件包来实现的. R 软件包是免费且公开的, 其介绍和安装可参见 2.10 节. Ruppert (2010), Carmona (2013) 和 Tsay (2013) 书中的程序也是利用 R 来实现的. 我们鼓励读者在他们的应用和研究中使用本书所介绍的方法. 我们的目的是提供足够详细的信息, 以便读者可以创造他们自己的工具. 这对于新接触这个领域的学生和读者来说将是一个宝贵的训练. 为此我们将在本书中使用的所有数据和代码放在下面的网站:

http://orfe.princeton.edu/~jqfan/fan/FinEcon.html.

1.7 习   题

1.1 从雅虎财经网下载日、周和月的 Nasdaq 指数和 IBM 股票的价格. 使用 Nasdaq 指数和 IBM 股票的数据重新做出图 1.3—图 1.8.

1.2 考虑一个路径相依的支付函数 $Y_t = a_1 r_{t+1} + \cdots + a_k r_{t+k}$, 其中 $\{a_i\}_{i=1}^k$ 是给定的权重. 若收益率时间序列是宽平稳的, 即 $\mathrm{cov}(r_t, r_{t+j}) = \gamma(j)$. 证明

$$\mathrm{var}(Y_t) = \sum_{i=1}^{k} \sum_{j=1}^{k} a_i a_j \gamma_{i-j}.$$

这个方差的一个自然估计是下面的替换估计量

$$\widehat{\mathrm{var}}(Y_t) = \sum_{i=1}^{k} \sum_{j=1}^{k} a_i a_j \widehat{\gamma}_{i-j},$$

其中 $\widehat{\gamma}_{i-j}$ 由 (1.8) 式定义. 证明 $\widehat{\mathrm{var}}(Y_t) \geqslant 0$.

1.3 考虑下面出自 Myron Scholes 的论文导师 Eugene Fama 的话:

> 如果价格变化的总体确实服从正态, 那么从平均意义来说, 对于任何股票……, 一个超出偏离平均值五标准差的观察值应该每隔 7000 年观察到一次. 实际上这些观察值似乎每隔三或四年发生一次.

对于 $X \sim N(\mu, \sigma^2)$, $P(|X - \mu| > 5\sigma) = 5.733 \times 10^{-7}$, **由 Fama 给出的隐含假设来推断每年有多少个观察值.** 如果一年定义为 252 个交易日且日收益率服从正态分布, 那预计需要多少年才能获得一个五标准差事件? 当日收益率服从自由度为 4 的 t 分布时, 最后一个问题的答案会产生什么变化.

1.4 在很长一段时间 (如月度或季度) 对数收益率的 (边际) 分布接近正态分布吗? 简要解释.

1.5 生成一个服从自由度为 ν 的 t 分布的样本容量为 1000 的随机样本和一个服从标准正态分布的样本容量为 1000 的随机样本. 用 Kolmogorov-Smirnov 检验去检验它们是否来自相同分布. 给出当 $\nu = 5, 10, 15$ 和 20 时的结果.

1.6 运用 Jarque-Bera 检验对习题 1.1 的数据进行检验, 并给出 P 值. 基于这些 P 值你能得出什么结论?

1.7 当 $\nu = 5, 15$ 和 ∞ (即正态分布) 时, 生成一个服从自由度为 ν 的 t 分布的样本容量为 100 的随机样本. 用 Jarque-Bera 检验去检验正态性, 并给出检验的 P 值.

1.8 根据有效市场假说, 一个投资组合的收益率是否可预测? 一个投资组合的波动率是否可预测? 陈述有效市场假说的最恰当的数学形式.

1.9 若将 Ljung-Box 检验用于检验有效市场假说, 零假设是要检验什么? 如果 S&P 500 的月对数收益率的自相关函数的前 4 阶滞后值分别为

$$\widehat{\rho}(1) = 0.2, \quad \widehat{\rho}(2) = -0.15, \quad \widehat{\rho}(3) = 0.25, \quad \widehat{\rho}(4) = 0.12.$$

基于过去 5 年的数据, 有效市场假说是否是合理的?

1.10 设有独立的高斯白噪声序列 $\{r_t\}_{t=1}^T$, 其中 $T = 100$, 从它当中生成 400 个样本容量为 100 的时间序列. 对 $m = 3, 6$ 和 12 分别计算

$$Z = \sqrt{T}\widehat{\rho}(1), \quad Q_m, \quad Q_m^*.$$

做出 Z, Q_3, Q_3^* 和 Q_6 的直方图, 并与它们的渐近分布进行比较. 给出 400 个模拟数据中统计量 $|Z_1|, Q_3, Q_3^*, Q_6, Q_6^*, Q_{12}$ 和 Q_{12}^* 的第一、第五和第十的百分位数, 并与它们的理论 (渐近) 百分位数进行比较.

1.11 当 $T = 400$ 且 r_t 是由自由度为 5 的 t 分布生成时, 再做一次习题 1.10 中的实验.

1.12 关于随机游走序列的 Dickey-Fuller 检验的备择假设是什么? 假设基于最近的 120 个美国 GDP 的季度数据, 可以计算得到 $\widehat{\alpha} = 0.95$, 美国 GDP 是否为一个带漂移项的随机游走序列? 在显著性水平为 5%(临界值为 -13.96) 时, 对带有漂移项的模型使用 Dickey-Fuller 系数检验来回答这个问题.

1.13 (鞅假设的含义) 记 S_t 为某资产在 t 时刻的价格, EMH 的一种版本是假定任意一个资产的价格形成一个鞅过程, 即

$$E(S_{t+1}|S_t, S_{t-1}, \cdots) = S_t, \quad \text{对所有的 } t.$$

为了理解这一假设的含义, 我们考虑下面这个简单的投资策略. 初始资本为 C_0 美元, 在 t 时刻, 我们持有 α_t 美元的现金和价格为 S_t 的某种资产 β_t 股份. 因此, 我们在 t 时刻的投资价值为 $C_t = \alpha_t + \beta_t S_t$. 假设我们的投资是自筹资金的, 在这个意义下有

$$C_{t+1} = \alpha_t + \beta_t S_{t+1} = \alpha_{t+1} + \beta_{t+1} S_{t+1},$$

我们的投资策略 $(\alpha_{t+1}, \beta_{t+1})$ 完全取决于该资产在 t 时刻的价格. 证明: 若 $\{S_t\}$ 是一个鞅过程, 则不存在任何策略使得 $C_{t+1} > C_t$ 以概率 1 成立.

第 2 章　线性时间序列模型

在这个信息时代, 从按照时间顺序收集的观测中获得数据是常见的. 例如我们收集的日股票价格、周利率、月销售数据、季度消费者物价指数 (CPI) 和年度国内生产总值 (GDP) 数据. 这些按照时间收集的数据称为时间序列. 通常分析时间序列数据有双重目的: 一是要理解生成数据的随机机制, 二是要预测或预报时间序列的未来值. 本章介绍一类线性时间序列模型, 或者更确切地说, 是一类描述时间序列线性特征 (包括线性相依) 的模型. 这些线性模型和相关的推断技术为金融时间序列的线性动态结构的研究以及基于线性相依结构的未来值预测提供了基本的框架.

2.1　平　稳　性

时间序列分析的一个重要方面是使用收集的过去的数据预测未来. 如何能让历史数据有效地预测未来的事件? 这可以通过平稳性的假设来实现. 平稳性指的是基本过程的某种时间不变性质. 例如, 我们可以假定今天和明天的收益率之间的相关性与过去任何连续两天的收益率之间的相关性是一样的. 这使我们能够从过去的数据积聚的信息去了解相关性. 这种相关性在时间上不变就是所谓的**宽平稳**或**协方差平稳**的一个典型特征. 它有利于线性预测, 其本质上是基于一个预测变量及其预测器之间的相关性 (如线性回归). 一个更强的时间不变假设是在未来一周内收益率的联合分布与过去的任何一周的都是一样的. 换句话说, 预测总是基于一些随着时间的变化而不变的特性, 虽然这种不变性可能指的是过程的概率分布的某些特征, 或者是支配分布变化的规律. 下面我们更正式地介绍平稳性的概念.

随机变量序列 $\{X_t, t = 0, \pm 1, \pm 2, \cdots\}$ 称为随机过程, 并作为一个时间序列观察数据集的模型. 为方便起见, 把 $\{X_t\}$ 本身看成是一个时间序列. 众所周知, $\{X_t\}$ 完整的概率结构是由 $\{X_t\}$ 所有有限维分布的集合来确定的. 幸运的是, 我们所关心的大多数线性特征都依赖于 $\{X_t\}$ 的前两阶矩, 这正是线性时间序列模型所描述的主要对象. 当然, 如果 $\{X_t\}$ 是一个高斯过程, 即它的所有有限维分布都是正态的, 那么前两阶矩完全确定了 $\{X_t\}$ 的概率结构, 且 $\{X_t\}$ 是一个线性过程.

如果 $E(X_t^2) < \infty$, 且对于任意整数 k, $E(X_t)$ 和 $\mathrm{cov}(X_t, X_{t+k})$ 与 t 无关, 则称时间序列 $\{X_t\}$ 为**宽平稳的** (或**二阶平稳的**或**协方差平稳的**).

记 $\mu = E(X_t)$ 为宽平稳时间序列 $\{X_t\}$ 均值. 我们定义**自协方差函数** (ACVF) 为

$$\gamma(k) = \mathrm{cov}(X_k, X_{t+k}) = E\{(X_t - \mu)(X_{t+k} - \mu)\}, \tag{2.1}$$

定义**自相关函数** (ACF) 为

$$\rho(k) = \mathrm{Corr}(X_t, X_{t+k}) = \gamma(k)/\gamma(0), \tag{2.2}$$

其中, $k = 0, \pm 1, \pm 2, \cdots$. 注意 $\gamma(0) = \mathrm{var}(X_t)$ 不依赖于 t. 为简单起见, 当 $\{X_t\}$ 是宽平稳时, 我们称其为**平稳**, 即 $\{X_t\}$ 具有有限的且不随时间变化的前两阶矩. 容易看到, 对任意的平稳过程, 有 $\rho(0) = 1$ 和 $\rho(k) = \rho(-k)$, 且向量 $(X_t, \cdots, X_{t+k})$ 的方差-协方差矩阵为

$$\mathrm{var}(X_t, \cdots, X_{t+k}) = \begin{pmatrix} \gamma(0) & \gamma(1) & \gamma(2) & \cdots & \gamma(k-1) \\ \gamma(1) & \gamma(0) & \gamma(1) & \cdots & \gamma(k-2) \\ \vdots & \vdots & \vdots & & \vdots \\ \gamma(k-2) & \gamma(k-3) & \gamma(k-4) & \cdots & \gamma(1) \\ \gamma(k-1) & \gamma(k-2) & \gamma(k-3) & \cdots & \gamma(0) \end{pmatrix}.$$

因此对于任意线性组合, 有

$$\begin{aligned} \mathrm{var}\left(\sum_{i=1}^{k} a_i X_{t+i}\right) &= \sum_{i=1}^{k} \sum_{j=1}^{k} a_i a_j \mathrm{cov}(X_{t+i}, X_{t+k}) \\ &= \sum_{i=1}^{k} \sum_{j=1}^{k} a_i a_j \gamma(i-j) \geqslant 0. \end{aligned} \tag{2.3}$$

这样的函数 $\gamma(\cdot)$ 称为**半正定函数**.

白噪声是一类非常特殊的过程, 其扮演着数论中类似于零的角色. 当对于任意的 $k \neq 0$ 都有 $\rho(k) = 0$ 时, 称 $\{X_t\}$ 为**白噪声**, 记为 $X_t \sim \mathrm{WN}(\mu, \sigma^2)$, 这里 $\sigma^2 = \gamma(0) = \mathrm{var}(X_t)$. 换言之, 白噪声是一个具有相同均值和方差的不相关的随机变量序列. 白噪声过程是构造一般平稳过程的构建模块.

实际中, 我们利用观测样本 $X_1, \cdots, X_T$, 通过**样本 ACVF** 和**样本 ACF** 来估计 ACVF 和 ACF. 它们本质上是滞后样本对 $\{(X_{t-k}, X_k)\}_{t=k+1}^{T}$ 的样本协方差

和样本相关系数. 正式的定义如下

$$\widehat{\gamma}(k) = \frac{1}{T} \sum_{t=k+1}^{T} (X_t - \bar{X})(X_{t-k} - \bar{X}), \qquad \widehat{\rho}(k) = \widehat{\gamma}(k)/\widehat{\gamma}(0), \qquad (2.4)$$

这里, $\bar{X} = T^{-1} \sum_{1 \leqslant t \leqslant T} X_t$. 在估计量 $\widehat{\gamma}(k)$ 中, 分母我们用 T 而不是 $T - k$. 这是几乎所有统计程序包所采用的一种常见做法. 它确保函数 $\widehat{\gamma}(\cdot)$ 是半正定的 (练习 2.2), 该性质由 (2.3) 给出. 对于这种选择的进一步讨论, 可参见 Fan 和 Yao (2003) 的 42 页.

宽平稳性确实是平稳性的一个非常弱的概念. 例如, 如果 $\{X_t\}$ 是宽平稳的, 并不意味着 $\{X_t^2\}$ 也是平稳的. 然而后面的这个时间序列与金融收益率的波动有着非常强的联系. 因此我们需要如下更强版本的平稳性.

如果对于任意 $k \geqslant 1$ 和 t, $(X_1, \cdots, X_k)$ 与 $(X_{t+1}, \cdots, X_{t+k})$ 有相同的 k 维联合分布, 则称时间序列 $\{X_t, t = 0, \pm 1, \pm 2, \cdots\}$ 为**强平稳的** (或**严平稳的**).

在非线性预测中我们需要这个假设. 显然如果 $E(X_t^2) < \infty$, 则严平稳性蕴含了 (宽) 平稳性. 此外, $\{X_t, t = 0, \pm 1, \pm 2, \cdots\}$ 的严平稳性意味着时间序列 $\{g(X_t), t = 0, \pm 1, \pm 2, \cdots\}$ 也是严平稳的, 其中 g 为任意函数.

2.2   平稳 ARMA 模型

一个最常用的时间序列模型是**平稳自回归移动平均** (ARMA) 模型. 该模型经常用于金融资产和其他时间序列的动态建模.

2.2.1   移动平均过程

最简单的平稳时间序列大概就是移动平均 (MA) 过程. 它们也便于自协方差函数的计算. 一个简单的例子就是 k 期收益率 (1.6). 设 $\epsilon_t \sim \mathrm{WN}(0, \sigma^2)$. 对于一个给定的 $q \geqslant 1$, 如果 X_t 定义为如下 q 个相继 ϵ_t 的移动平均, 我们记 $X_t \sim \mathrm{MA}(q)$:

$$X_t = \mu + \epsilon_t + a_1 \epsilon_{t-1} + \cdots + a_q \epsilon_{t-q}, \qquad (2.5)$$

其中 $\mu, a_1, \cdots, a_q$ 为常系数, ϵ_t 为 t 时刻的新息, 且新息 $\epsilon_t, \epsilon_{t-1}, \cdots$ 是不可观测的. 移动平均方程 (2.5) 的直观意义可理解为: 新息 ϵ_t 表示 t 时刻对市场的冲击, X_t 表示直到 t 时刻的新息对收益率的影响. 系数 a_k 看作是滞后 k 阶新息 ϵ_{t-k} 的 "贴现" 因子. 例如, 对于 $a_k = b^k$ 且 $|b| < 1$, 则 ϵ_t 的影响随着时间的变化呈指数衰减.

实际上, 由于系数 $a_1, \cdots, a_q$ 不随时间变化, 所以 (2.5) 式定义的 X_t 总是平稳的, 且 $EX_t = \mu$. 我们首先使用一个简单的例子来说明如何计算 MA 过程的 ACVF 和 ACF.

例 2.1 对于 MA(1) 模型 $X_t = \mu + \epsilon_t + a\epsilon_{t-1}$, 有

$$\gamma(0) = \text{var}(X_t) = \text{var}(\epsilon_t) + \text{var}(a\epsilon_{t-1}) + 2\text{cov}(\epsilon_t, a\epsilon_{t-1}) = (1 + a^2)\sigma^2.$$

类似有

$$\gamma(1) = \text{cov}(X_t, X_{t-1}) = \text{cov}(\epsilon_t + a\epsilon_{t-1}, \epsilon_{t-1} + a\epsilon_{t-2}) = a\sigma^2,$$

这是因为在 X_t 和 X_{t-1} 中只有一个共同项 ϵ_{t-1}. 现在对于滞后 2 阶的 ACVF, 我们有

$$X_t = \mu + \epsilon_t + a\epsilon_{t-1},$$

上式与下式没有共同的新息

$$X_{t-2} = \mu + \epsilon_{t-2} + a\epsilon_{t-3}.$$

因此 $\gamma(2) = 0$. 类似地, 对于任意的 $k \geqslant 2$, 有 $\gamma(k) = 0$. 从而有

$$\rho(1) = a/(1 + a^2), \quad \rho(k) = 0, \quad \forall |k| > 1. \tag{2.6}$$

因为 $2|a| < 1 + a^2$, 所以对于任意的 MA(1) 过程, 有 $|\rho(1)| \leqslant 0.5$.

上述计算可以推广至更一般的情形. 对于一个定义为 (2.5) 的 MA(q) 过程, 有

$$\begin{aligned}
\text{var}(X_t) &= E\{(X_t - \mu)^2\} = E\{(\epsilon_t + a_1\epsilon_{t-1} + \cdots + a_q\epsilon_{t-q})^2\} \\
&= \sigma^2(1 + a_1^2 + \cdots + a_q^2),
\end{aligned} \tag{2.7}$$

不依赖于时间 t. 进一步, 注意到 X_{t+1} 和 X_t 包含共同的白噪声项是 $\epsilon_t, \cdots, \epsilon_{t+1-q}$, 于是

$$\begin{aligned}
&\text{cov}(X_{t+1}, X_t) \\
&= E\{(\epsilon_{t+1} + a_1\epsilon_t + \cdots + a_q\epsilon_{t-q+1})(\epsilon_t + a_1\epsilon_{t-1} + \cdots + a_q\epsilon_{t-q})\} \\
&= \sigma^2(a_1 + a_2 a_1 + \cdots + a_q a_{q-1}),
\end{aligned}$$

不依赖于时间 t. 一般地, 对 $\forall k, 1 \leqslant k \leqslant q$, X_{t+k} 和 X_t 中相同白噪声项有 $\epsilon_t, \cdots, \epsilon_{t+k-q}$. 因此

$$\text{cov}(X_{t+k}, X_t) = \sigma^2(a_k + a_{k+1}a_1 + \cdots + a_q a_{q-k}), \quad 0 \leqslant k \leqslant q. \tag{2.8}$$

记 $a_0 = 1$, 我们可将上述表达式推广到 $k = 0$ 情形. 对于 $k > q$, X_t 和 X_{t+k} 为 $\{\epsilon_t\}$ 的 2 个无重叠子集的移动平均. 因此 $\mathrm{cov}(X_{t+k}, X_t) = 0$. 由于 (2.8) 中的 **右端** 不依赖于时间 t, 所以 X_t 是总是平稳的. 因此任意的 MA(q) 模型都是平稳的, 其 ACF 满足

$$\rho(k) = \begin{cases} \dfrac{a_{|k|} + a_{|k|+1}a_1 + \cdots + a_q a_{q-|k|}}{1 + a_1^2 + \cdots + a_q^2}, & 0 \leqslant |k| \leqslant q, \\ 0, & |k| > q. \end{cases} \tag{2.9}$$

(2.9) 式中 $0 \leqslant |k| \leqslant q$ 的表达式可由 (2.8), (2.7) 和 ACF 的对称性而得到. ACF q 步截尾是 MA(q) 过程的特征, 意味着 MA(q) 过程的 (线性) 记忆仅仅持续 q 个时间单位.

对于任意的 MA(q) 过程, 其 ACF q 步截尾, 即对于 $|k| > q$, 有 $\rho(k) = 0$.

值得指出的是, ACF 仅依赖于系数 a_j, 与白噪声的方差 σ^2 无关. σ^2 的增大会导致 $\mathrm{var}(X_t)$ 的增大, 但是不会改变 X_t 和它的滞后值之间的相关性.

图 2.1 呈现了四个 MA 过程以及它们的样本 ACF 图形. 对于 $a = \pm 0.7$ 的两个 MA(1) 模型, 由 (2.6) 定义的样本 ACF $\widehat{\rho}(1)$ 非常接近于真实值

$$\rho(1) = \pm 0.7/(1 + 0.49) = \pm 0.47,$$

这里样本容量 $T = 100$, 参见图 2.1 中 **右边** 的前两个图形. 尽管对所有的 $k \geqslant 2$, 有 $\rho(k) = 0$, 但是 $\widehat{\rho}(k) \neq 0$. 还要注意的是, 图 2.1 中 MA(2) 和 MA(4) 模型的样本 ACF 并未表现出上述明显的截尾特性. 这是由有限样本中随机波动引起的估计误差所造成的. 对于 (2.5) 定义的 MA(q) 过程, 其中 $\epsilon_t \sim \mathrm{IID}(0, \sigma^2)$ 且 $E(\epsilon_t^4) < \infty$, 当 $T \to \infty$ 时, 有

$$\sqrt{T}\,\widehat{\rho}(k) \xrightarrow{D} N\left(0,\, 1 + 2\sum_{j=1}^{q} \rho(j)^2\right), \quad \forall k > q. \tag{2.10}$$

参见 Fan 和 Yao (2003) 定理 2.8(iii). 在图 2.1 的样本 ACF 图上, 我们添加了两条相对于 k 的置信区间边界

$$\pm 1.96 \left\{ 1 + 2\sum_{j=1}^{k-1} \rho(j)^2 \right\}^{1/2} \Big/ \sqrt{T} \tag{2.11}$$

于是对于 MA(q) 过程, 我们期望对于所有的 $k > q$, $\widehat{\rho}(k)$ 落在这两条边界的范围内 (以近似 95% 的概率). 本章 2.10 节中将介绍如何使用 R 模拟这些时间序列数据和如何生成这些图形.

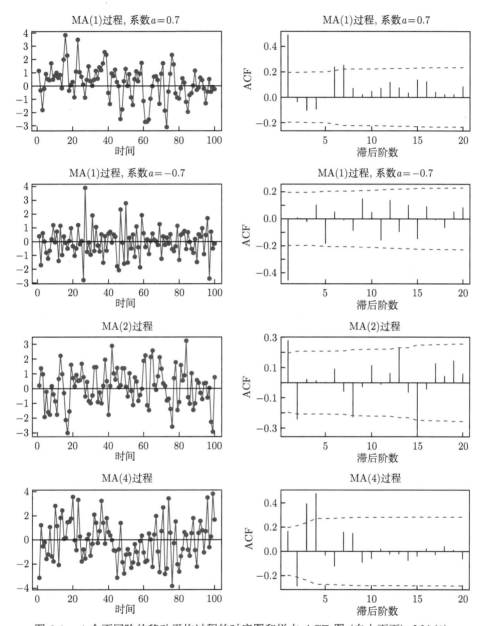

图 2.1　4 个不同阶的移动平均过程的时序图和样本 ACF 图 (自上而下): MA(1):
$X_t = \epsilon_t + 0.7\epsilon_{t-1}$; MA(1): $X_t = \epsilon_t - 0.7\epsilon_{t-1}$; MA(2): $X_t = \epsilon_t + 0.7\epsilon_{t-1} - 0.4\epsilon_{t-2}$ 和
MA(4): $X_t = \epsilon_t + 0.7\epsilon_{t-1} - 0.4\epsilon_{t-2} + 0.6\epsilon_{t-3} + 0.8\epsilon_{t-4}$, 这里, ϵ_t 是独立的 $N(0,1)$ 随机变
量. 每个时序图中的水平线标记了均值 EX_t 所在的位置, 每个 ACF 图中的两条虚线为滞后 k
阶处的两条置信区间边界 (2.11)

让我们再来看一个简单的 MA(1) 过程

$$X_t = \epsilon_t + a\epsilon_{t-1}. \tag{2.12}$$

现在我们知道 $\gamma(0) = \sigma^2(1+a^2)$, $\gamma(1) = \sigma^2 a$, 以及对于所有的 $k \geqslant 1$, 有 $\gamma(k) = 0$. 为了使这个模型根据 ACVF 可识别, 我们要求 (2.12) 式中的 $|a| \leqslant 1$. 这就排除了模型

$$Y_t = e_t + a^{-1}e_{t-1}, \quad e_t \sim \text{WN}(0, a^2\sigma^2),$$

其中 $|a| < 1$. 易见 Y_t 的 ACVF 和 (2.12) 中 X_t 的 ACVF 完全相同. 对于任一个由 (2.5) 定义的 MA(q), 我们在实际中通常强加了可逆性条件, 即 $a_1, \cdots, a_q$ 根据 ACF 是可识别的. 在可逆性条件下, 我们可以从观测值 $X_t, X_{t-1}, \cdots$ 恢复新息 $\epsilon_t, \epsilon_{t-1}, \cdots$, 因此称之为 "可逆性". 也可参见 2.2.3 节平稳性条件的讨论.

如果特征方程 $1 + a_1 x + \cdots + a_q x^q = 0$ 的 q 个根都在单位圆外, 则由 (2.5) 定义的 MA(q) 过程称为是**可逆的**.

一般地, 我们可以考虑一个 MA(∞) 模型

$$X_t = \mu + \epsilon_t + \sum_{j=1}^{\infty} a_j \epsilon_{t-j}, \tag{2.13}$$

其中系数 a_j 满足条件 $\sum_j a_j^2 < \infty$.(而 (2.13) **右端的无穷和可以看作是部分和的均方极限**.) 在这个条件下, $EX_t = \mu$, 且 X_t 的 ACVF 可表示为

$$\gamma(k) = \sigma^2 \sum_{j=0}^{\infty} a_j a_{j+|k|}, \quad k = 0, \pm 1, \pm 2, \cdots, \tag{2.14}$$

其中 $a_0 = 1$, 这可以由推导 (2.8) 式同样的方法得到. 实际上, 它是 (2.8) 式当 $q = \infty$ 的一个推广.

2.2.2　自回归过程

一个更直观的模型是自回归 (AR) 模型. 它将当前值 X_t 显式地表示为其滞后值的线性回归, 以新息 ϵ_t 作为噪声

$$X_t = c + b_1 X_{t-1} + \cdots + b_p X_{t-p} + \epsilon_t, \tag{2.15}$$

其中 $\epsilon_t \sim \text{WN}(0, \sigma^2)$, 且 $c, b_1, \cdots, b_p$ 为参数. 我们记为 $X_t \sim \text{AR}(p)$. 显然, 基于过去, X_t 的预测值是 $c + b_1 X_{t-1} + \cdots + b_p X_{t-p}$. 这使得预测工作更容易. 然而,

并非所有的自回归模型都是平稳的. 例如, AR(1) 模型 $X_t = 2X_{t-1} + \epsilon_t$ 呈现出爆炸性特征, 我们不会期望它是平稳的. 当平稳时, 通过对 (2.15) 式两边取期望容易得到

$$\mu \equiv E(X_t) = c/(1 - b_1 - \cdots - b_p).$$

于是 (2.15) 式可写为

$$X_t - \mu = b_1(X_{t-1} - \mu) + \cdots + b_p(X_{t-p} - \mu) + \epsilon_t. \tag{2.16}$$

下面我们首先考虑简单的 AR(1) 模型, 这也揭示了 AR 过程平稳性条件的本质.

例 2.2   对于 AR(1) 模型

$$X_t = bX_{t-1} + \epsilon_t, \quad t = 0, \pm 1, \pm 2, \cdots, \tag{2.17}$$

这里假设 ϵ_t 与 X_{t-k} 对于所有的 $k \geqslant 1$ 均是不相关的. 这在直观上是合理的, 因为新息 ϵ_t 只是在 t 时刻才进入系统. 因此对 **(2.17) 式两边平方后再取期望**, 可以得到

$$E(X_t^2) = b^2 E(X_{t-1}^2) + \sigma^2.$$

如果 $E(X_t^2) = E(X_{t-1}^2)$, 那么宽平稳的一个必要条件为

$$E(X_t^2) = \sigma^2/(1 - b^2)$$

或者 $|b| < 1$. 这表明如果 $|b| < 1$, X_t 只能是平稳的. 现在我们来证明 $|b| < 1$ 也是 (2.17) 式定义平稳 X_t 的充分条件.

当 $|b| < 1$ 时, MA(∞) 过程 $X_t = \sum_{j=0}^{\infty} b^j \epsilon_{t-j}$ 是平稳的, 且满足 (2.17). 因此它是 (2.17) 的平稳解. 另一方面, 对于由 (2.17) 定义的任意平稳的 X_t, 由递推代换可得

$$X_t = \epsilon_t + bX_{t-1} = \epsilon_t + b(\epsilon_{t-1} + bX_{t-2}) = \epsilon_t + b\epsilon_{t-1} + b^2 X_{t-2}$$

$$= \epsilon_t + b\epsilon_{t-1} + \cdots + b^k \epsilon_{t-k} + b^{k+1} X_{t-k-1} \to \sum_{j=0}^{\infty} b^j \epsilon_{t-j},$$

上面的收敛是在均方意义下的, 且

$$\lim_{k \to \infty} E\left\{ \left(X_t - \sum_{j=0}^{k} b^j \epsilon_{t-j} \right)^2 \right\} = \lim_{k \to \infty} |b|^{2(k+1)} E(X_{t-k-1}^2) = 0.$$

这表明一个平稳的 AR(1) 过程实质上是一个 MA(∞) 过程. 因此它的 ACF 不在有限滞后阶截尾, 参见 (2.14). 这是 AR 过程区别于 MA 过程的一个重要特征.

例 2.2 的递推代换可以用后退算子 B 来简洁表示, 后退算子定义如下

$$BX_t = X_{t-1}, \quad B^k X_t = X_{t-k}, \quad k = \pm 1, \pm 2, \cdots.$$

于是模型 (2.17) 可以表示为 $(1 - bB)X_t = \epsilon_t$. 由于 $(1 - bx)^{-1}$ 可以表示成无穷级数展式

$$(1 - bx)^{-1} = 1 + bx + b^2 x^2 + \cdots, \tag{2.18}$$

那么我们可以正式定义 $(1 - bB)^{-1} = 1 + bB + b^2 B^2 + \cdots$. 于是有

$$(1 - bB)^{-1}(1 - bB) = 1.$$

因此

$$
\begin{aligned}
X_t &= (1 - bB)^{-1} \epsilon_t \\
&= (1 + bB + b^2 B^2 + \cdots) \epsilon_t \\
&= \epsilon_t + b\epsilon_{t-1} + b^2 \epsilon_{t-2} + \cdots,
\end{aligned}
\tag{2.19}
$$

这是 (2.17) 式的平稳解.

例 2.3 平稳的 AR(1) 模型呈现出**均值回归**特征. 这对动态利率建模是非常重要的, 与离散时间观察到的 Vasicek (1977) 模型相对应. 由 (2.16) 式, 该模型的均值为 $\mu = c/(1 - b_1)$. AR(1) 模型可以表示为

$$X_t - X_{t-1} = -\kappa(X_{t-1} - \mu) + \epsilon_t,$$

其中 $\kappa = 1 - b_1 > 0$. 每当 X_{t-1} 超过它的均值时, 便会有一个负向力量使其降低 (这些值的变化是负的); 然而, 当 X_{t-1} 低于它的均值 μ 时, 就会有一个正向力量使其上升. 因此, 对带有均值回归特征的债券收益率建立 AR(1) 模型是恰当的.

上面的想法可以推广到高阶 AR 过程. 利用后退算子, (2.15) 中的 AR 模型可以写成

$$b(B)X_t = c + \epsilon_t, \tag{2.20}$$

其中特征多项式 $b(\cdot)$ 定义如下

$$b(x) = 1 - b_1 x - \cdots - b_p x^p.$$

记 $\alpha_1^{-1}, \cdots, \alpha_p^{-1}$ 为方程 $b(x) = 0$ 的根, 也即

$$b(x) = (1 - \alpha_1 x) \cdots (1 - \alpha_p x).$$

假设 $|\alpha_j| < 1$, $1 \leqslant j \leqslant p$. 则由 (2.18) 式, $b(x)^{-1}$ 可以表示为

$$b(x)^{-1} = \prod_{j=1}^{p}(1 - \alpha_j x)^{-1} = \prod_{j=1}^{p}(1 + \alpha_j x + \alpha_j^2 x^2 + \alpha_j^3 x^3 + \cdots).$$

上述的表达式可进一步表示为

$$b(x)^{-1} = 1 + \sum_{k=1}^{\infty} a_k x^k,$$

其中 a_k 的值是由 $\alpha_1, \cdots, \alpha_p$ 来确定, 且 $\sum_k |a_k| < \infty$. 事实上

$$|a_k| \leqslant \left(\max_{1 \leqslant j \leqslant p} |\alpha_j| \right)^k, \quad k = 1, 2, \cdots. \tag{2.21}$$

现在由 (2.20) 式可得

$$\begin{aligned} X_t &= b(B)^{-1}(c + \epsilon_t) \\ &= c + b(B)^{-1}\epsilon_t = c + \epsilon_t + \sum_{k=1}^{\infty} a_k \epsilon_{t-k}, \end{aligned} \tag{2.22}$$

也即 $X_t \sim \mathrm{MA}(\infty)$. 因此 X_t 是平稳的. 此外, 相对于一个记忆比 p 长得多的过程, 一个带有较小 p 的 $\mathrm{AR}(p)$ 模型提供了表达起来更节约参数的表示.

平稳 AR 过程的 $\mathrm{MA}(\infty)$ 表达式表明一个重要事实, 即 X_t 依赖于 ϵ_t 及其滞后值, 并且它与未来的白噪声项是不相关的. 这样的过程也称为**因果关系过程**. 由对称性, 任意可逆的 $\mathrm{MA}(q)$ 过程都是一个平稳的 $\mathrm{AR}(\infty)$ 过程.

为了计算一个平稳 AR 过程的 ACVF 和 ACF, 我们可以基于上述 $\mathrm{MA}(\infty)$ 表达式, 应用公式 (2.14). 虽然由自回归系数 b_k 去显式地计算移动平均系数 a_k 是很麻烦的, 但是我们可以从 (2.14) 和 (2.21) 看到, 当 $k \to \infty$ 时, $\gamma(k)$(进而 $\rho(k)$ 也是) 是以指数 (或几何) 速度收敛到 0 的. 换言之, AR 过程仅适用于**短期记忆**数据的建模. 这是平稳 AR 过程的一个重要特征, 也可以直接证明 (见习题 2.5).

如果特征方程 $1 - b_1 x - \cdots - b_p x^p = 0$ 的 p 个根都在单位圆外 (**所有复数根的模不超过 1**), 则由 (2.15) 定义的 $\mathrm{AR}(p)$ 过程是平稳的. 此外, 一个平稳 $\mathrm{AR}(p)$ 过程的 ACF 呈指数衰减, 即当 $k \to \infty$ 时, $\rho(k) = O(a^k)$, 其中 $a \in (0, 1)$ 一个常数.

例 2.4　让我们考虑如下的 AR(2) 模型

$$X_t = 0.26 + 0.5X_{t-1} + 0.24X_{t-2} + \epsilon_t, \quad \epsilon_t \sim \text{WN}(0, \sigma^2). \tag{2.23}$$

它的特征函数是

$$1 - 0.5x - 0.24x^2 = (1 - 0.8x)(1 + 0.3x),$$

它的两个根 $1/0.8$ 和 $-1/0.3$ 都在单位圆外. 因此, 上述方程定义了一个平稳的因果过程. 对 (2.23) 式两边取期望, 我们可以得到

$$\mu = EX_t = 0.26/(1 - 0.5 - 0.24) = 1.$$

我们现在来计算该过程的 ACVF. 由于未来时刻的白噪声和过去的数据是不相关的, 即对于任意的 $k \geqslant 1$, 有 $\text{cov}(X_{t-k}, \epsilon_t) = 0$, 由 (2.23) 式, 我们有

$$\text{cov}(X_{t-k}, X_t - 0.26 - 0.5X_{t-1} - 0.24X_{t-2}) = 0.$$

这意味着

$$\gamma(k) - 0.5\gamma(k-1) - 0.24\gamma(k-2) = 0, \quad \forall k \geqslant 1, \tag{2.24}$$

这就是著名的 Yule-Walker 方程. 上面迭代方程的初始值可以通过如下方式获得. 对于 $k = 0$, $\text{cov}(X_t, \epsilon_t) = \sigma^2$, 我们有

$$\gamma(0) - 0.5\gamma(-1) - 0.24\gamma(-2) = \sigma^2, \tag{2.25}$$

而 $\gamma(-k) = \gamma(k)$. 当 $k = 1$ 和 2 时, 利用 (2.25) 和 (2.24), 可得

$$\left\{ \begin{array}{l} \gamma(0) = 0.5\gamma(1) + 0.24\gamma(2) + \sigma^2, \\ \gamma(1) = 0.5\gamma(0) + 0.24\gamma(1), \\ \gamma(2) = 0.5\gamma(1) + 0.24\gamma(0). \end{array} \right. \tag{2.26}$$

解上述 3 个线性方程, 可得

$$\gamma(0) = 1.871\sigma^2, \quad \gamma(1) = 1.231\sigma^2, \quad \gamma(2) = 1.064\sigma^2.$$

对于 $k \geqslant 3$, $\gamma(k)$ 可以利用 (2.24) 进行递推计算.

上面的例子给出了一种基于 **Yule-Walker 方程**计算 ACVF 的方法:

$$\gamma(k) = b_1\gamma(k-1) + \cdots + b_p\gamma(k-p), \quad k \geqslant 1. \tag{2.27}$$

该式的获得类似于 (2.24). 注意, 对于 $k = 0$, 方程的**右端**会多出一个 σ^2, 这类似于 (2.25) 式. $\gamma(\cdot)$ 的 $(p+1)$ 个初始值可以由 $(p+1)$ 个线性方程的方程组获得, 与 (2.26) 式类似. 对于 $k > p+1$, $\gamma(k)$ 的值是使用 Yule-Walker 方程 (2.27) 进行递推计算的. 方程 (2.27) 同样适用于 ACF 函数. 例如 AR(1) 模型

$$X_t = bX_{t-1} + \epsilon_t,$$

(2.27) 式简化为

$$\rho(k) = b\rho(k-1) = b^k\rho(0) = b^k.$$

因此, 如同例 2.2 中的计算, $\mathrm{var}(X_t) = \sigma^2/(1-b^2)$.

由于 MA(q) 过程的 ACF 在 q 步截断, 因此 MA 过程的阶可以由它的 ACF 来刻画. 下面介绍的**偏自相关函数** (PACF) 对于 AR 模型来说起着同样的作用. 本质上讲, 滞后 k 阶的 PACF, 用 $\pi(k)$ 来表示, 是给定中间变量 $X_2, \cdots, X_k$ 条件下, X_1 和 X_{k+1} 的条件相关系数. 精确的定义有点技术性, 例如, 可参见 Fan 和 Yao(2003) 的 2.2.3 节. 这里我们给出一个刻画性结果, 也为应用数据估计 PACF 做个铺垫. 对于每一个给定的 k, 通过对于 $\boldsymbol{\beta}$, 最小化

$$E(X_{k+1} - \beta_0 - \beta_1 X_k - \cdots - \beta_k X_1)^2 \tag{2.28}$$

作线性回归. 回归系数依赖于 k, 用 $b_{k0}, \cdots, b_{kk}$ 来表示. PACF 则是 $\pi(k) = b_{kk}$, 即拟合中的最后一个回归系数.

对于 AR(p) 模型 (2.15), 当 $k > p$ 时, 对于 (2.28) 的最优拟合显然是 (见习题 2.6)

$$b_{k0} = c, b_{k1} = b_1, \cdots, b_{kp} = b_p, b_{k,p+1} = 0, \cdots, b_{kk} = 0.$$

因此, $\pi(k) = 0$.

对于平稳的 AR(p), PACF 在 p 步截尾, 即对于任意的 $k > p$, 有 $\pi(k) = 0$.

样本 PACF 是最小二乘估计定义的: $\widehat{\pi}(k) = \widehat{b}_{kk}$, 其中 $(\widehat{b}_{k1}, \cdots, \widehat{b}_{kk})$ 是最小化下面的和式得到的:

$$\sum_{t=k+1}^{T} (X_t - b_1 X_{t-1} - \cdots - b_k X_{t-k})^2.$$

这显然是 (2.28) 式的样本版本. 然而样本 PACF 不会恰好以 0 来截尾. 对于一个由 (2.15) 定义的 AR(p) 模型, 其中 $\epsilon_t \sim \mathrm{IID}(0, \sigma^2)$, $E(\epsilon_t^4) < \infty$, 当 $T \to \infty$ 时, 有

$$\sqrt{T}\,\widehat{\pi}(k) \xrightarrow{D} N(0,1), \quad \forall k > p. \tag{2.29}$$

见 Fan 和 Yao (2003) 的命题 3.1.

图 2.2 显示了四个平稳 AR 序列的时间序列图 (长度 $T = 100$) 以及它们的样本 PACF 图. 对于每一个 PACF 图, 我们也添加了置信区间边界 $\pm 1.96/\sqrt{T}$. 由 (2.29), 我们希望对于 AR(p) 过程, 对于大部分的 $k > p$ 时的 $\widehat{\pi}(k)$ 都位于两条边界内. 图 2.2 表明这一准则对这里所考虑的四个时间序列都是对的.

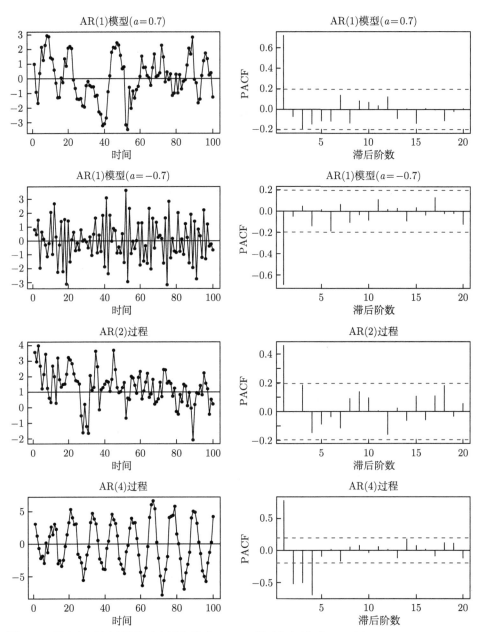

图 2.2　四个自回归过程的时序图和样本 PACF 图 (自上而下). AR(1): $X_t = 0.7X_{t-1} + \epsilon_t$;
AR(1): $X_t = -0.7X_{t-1} + \epsilon_t$; AR(2): $X_t = 0.26 + 0.5X_{t-1} + 0.24X_{t-2} + \epsilon_t$ 和 AR(4):
$X_t = 0.5X_{t-1} + 0.24X_{t-2} + 0.2X_{t-3} - 0.8X_{t-4} + \epsilon_t$. 这里 ϵ_t 是独立的 $N(0,1)$ 随机变量. 每
个时序图中的水平线标记了均值 EX_t 所在的位置, 每个 PACF 图中的两条虚线为两条置信区
间边界 $\pm 1.96/\sqrt{T}$

例 2.5 由 1926 年 1 月—1997 年 12 月 ($T = 864$) 的证券价格研究中心 (CRSP) 市值加权指数的月收益率, 可以计算得到

滞后阶数	1	2	3	4	5	6	7	8	9	10
PACF	0.11	−0.02	−0.12	0.04	0.07	−0.06	0.02	0.06	0.06	−0.01

由于置信区间边界为 $1.96/\sqrt{T} = 0.067$, 且当 $k > 5$ 时, $|\hat{\pi}(k)| < 0.066$, 所以我们可以选择阶数为 5. 注意到 $\hat{\pi}(5)$ 比 0.66 略大一点, 因此我们也可以选择阶数 $p = 3$, 从而得到一个更简洁的模型.

2.2.3 自回归移动平均过程

集成 AR 和 MA, 我们将得到一般的阶数为 (p, q) 的**自回归移动平均 (ARMA)** **模型**

$$X_t = c + b_1 X_{t-1} + \cdots + b_p X_{t-p} + \epsilon_t + a_1 \epsilon_{t-1} + \cdots + a_q \epsilon_{t-q}, \qquad (2.30)$$

其中 $\epsilon_t \sim \mathrm{WN}(0, \sigma^2)$, $c, b_1, \cdots, b_p, a_1, \cdots, a_q$ 为参数. 记

$$a(x) = 1 + a_1 x + \cdots + a_q x^q \quad \text{和} \quad b(x) = 1 - b_1 x - \cdots - b_p x^p.$$

那么, 模型 (2.30) 可以更简洁地表示为

$$b(B) X_t = a(B) \epsilon_t.$$

为了确保 (p, q) 是模型的真实阶数, 我们假设两个方程 $a(x) = 0$ 和 $b(x) = 0$ 没有共同的根. 否则我们可以消去上面方程的共同因子. 基于 2.2.1 节和 2.2.2 节的讨论, 有下面的结论.

平稳性 当 AR 模型的特征方程 $b(x) = 0$ 的 p 个根都在单位圆外时, 方程 (2.30) 定义了一个平稳过程 $\{X_t, t = 0, \pm 1, \pm 2, \cdots\}$, 它有一个 MA($\infty$) 表达式 (也见上述的 (2.22))

$$X_t = b(B)^{-1} a(B) \epsilon_t \sim \mathrm{MA}(\infty),$$

即这样一个平稳解也是因果的. 此外, $EX_t = c/(1 - b_1 - \cdots - b_p)$, 且当 $k \to \infty$ 时, 有 $\rho(k) \to 0$, 且以指数速度收敛. 换言之, ARMA 模型适用于短记忆过程.

Yule-Walker 方程 对于由 (2.30) 定义的平稳过程, 两边同时乘上 $(X_{t-k} - \mu)$ 后取期望, 利用 $\gamma(k) = EX_t(X_{t-k} - \mu)$, 我们有

$$\gamma(k) = b_1 \gamma(k-1) + \cdots + b_p \gamma(k-p), \quad \forall k > q.$$

这里, 施加条件 $k > q$ 是为了使得 X_{t-k} 比 $\epsilon_t, \cdots, \epsilon_{t-q}$ 发生得更早, 进而使得它们是不相关的. 上式两边同时除以 $\gamma(0)$, 对于 ACF, 我们有类似的方程

$$\rho(k) = b_1 \rho(k-1) + \cdots + b_p \rho(k-p), \quad \forall k > q. \tag{2.31}$$

由这个方程可以证明, 自协方差函数呈快速的指数衰减, $\rho(k) = O(a^k)$, 其中 a 是特征函数的根中模最小的模的倒数. 见习题 2.5.

可逆性 当 MA 模型的特征方程 $a(x) = 0$ 的 q 个根都在单位圆外时, 由 (2.30) 定义的过程 $\{X_t\}$ 在 $X_t \sim \text{AR}(\infty)$ 的意义下是可逆的.

图 2.3 给出了 5 个平稳时间序列的时序图 (每个图的 $T = 100$). 第一个图对应的是正态白噪声 $X_t \sim_{\text{i.i.d.}} N(1, 1.81)$. 其他四个来自以下 ARMA(1,1) 模型

$$X_t - \mu = b(X_t - \mu) + \epsilon_t + a\epsilon_{t-1}, \quad \epsilon_t \sim_{\text{i.i.d.}} N(0,1),$$

其中, 对于 MA(1), $(b, a) = (0, 0.9)$; AR(1), $(b, a) = (0.669, 0)$; 另一个 AR(1), $(b, a) = (-0.669, 0)$; 而对于 ARMA(1,1), $(b, a) = (0.5, 0.279)$. 我们总是设均值 $\mu = E(X_t) = 1$. a 和 b 的值是指定的, 这样 X_t 的边际分布在五个不同的假设下都是一样的. 我们给每一个图添加一条值为 1 的水平线, 其表示序列均值的位置.

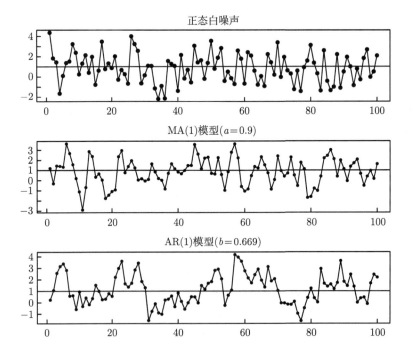

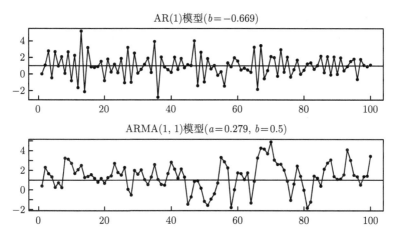

图 2.3 五个平稳时间序列 X_t 关于时间 t 的图, 它们有相同的边际分布 $X_t \sim N(1, 1.81)$

最上方图是无确定模式的, 这是因为点总是围绕着均值随机波动. 相反地, 在第二个图中, 由于 $\rho(1) = 0.9/(1 + 0.9^2) = 0.497$, 所以 MA(1) 过程的两个相继的点为正相关, 且 X_t 和 X_{t-1} 呈现出在均值的同一侧的趋势. 这个趋势在第三个图 $b = 0.669$ 的 AR(1) 过程和最下方的图 ARMA(1,1) 过程中更明显. 在这两种情况下, X_t 实际上是一个具有正系数的 MA(∞) 过程, 而且在恢复均值之前, 它往往需要很长的游走——明显地显示数据的序列相关. 第四个图展示了 AR(1) 不同的模式: 由于 $b = -0.669$, 所以 X_t 和 X_{t-1} 倾向于在均值附近互为相反的方向振荡.

如果时间序列图中序列相关的证据是细微的, 那么这样的证据在 ACF 和 PACF 图中则更加明显. 图 2.4 给出了图 2.3 中五个时间序列数据序列的样本 ACF 和样本 PACF 图.

ACF 图绘制了 $\hat{\rho}(k)$ 关于 k 的图形, 并带有增加的两条变化的置信区间边界

$$\pm \frac{1.96}{\sqrt{T}} \left\{ 1 + 2 \sum_{j=1}^{k-1} \hat{\rho}(j)^2 \right\}^{1/2}, \quad k = 1, 2, \cdots. \tag{2.32}$$

对于每一个 k, 如果 $X_t \sim \mathrm{MA}(k-1)$, 则 $\hat{\rho}(k)$ 应以大概 0.95 的概率落在两条边界线内, 见 (2.10). 因此, 如果有 $X_t \sim \mathrm{MA}(q)$, 我们希望 $k > q$ 中大约 95% 的 $\hat{\rho}(k)$ 落在上述两个边界之间. 图 2.4 显示确实如此. 对于 MA(1) 过程, $\hat{\rho}(k)$ 仅在滞后阶数 $k = 1$ 时超过边界线, 展示出截尾性质, 即 MA(1) 过程的 ACF 在滞后 1 阶处截尾. 而对于两个 AR(1) 过程和 ARMA(1,1) 过程, 它们的样本 ACF 呈指数衰减.

PACF 图绘制了 $\hat{\pi}(k)$ 关于 k 的图形, 并在 $\pm 1.96/\sqrt{T}$ 处增加了两条不变的

置信区间边界. 当 $X_t \sim \mathrm{AR}(p)$ 时, 我们希望所有 $k > q$ 的时刻中, 大约 95% 的 $\hat{\pi}(k)$ 落在上述两个边界之间, 见 (2.29). 图 2.4 表明, 对于两个 AR(1) 过程, $\hat{\pi}(1)$ 超出了边界; 显示 AR(1) 过程的 PACF 在滞后 1 阶处截尾的特性.

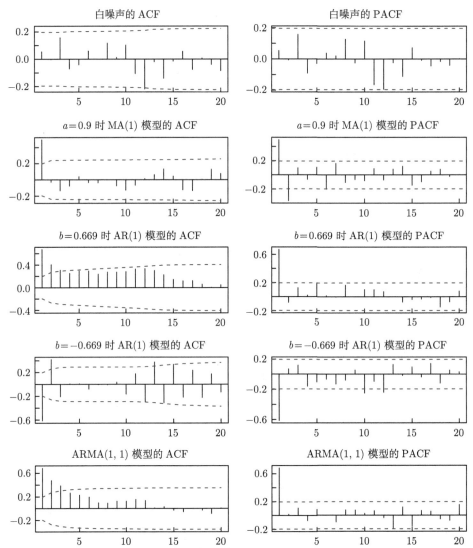

图 2.4　图 2.3 中五个平稳时间序列的样本 ACF 和 PACF 图, 在每一个 ACF 图中的两条虚线为置信区间的边界 (2.32), 在每一个 PACF 图中的两条虚线则是置信区间的边界 $\pm 1.96/\sqrt{T}$

例 **2.6**　下面我们计算 ARMA(1,1) 模型的自协方差函数. 对于 $k > 1$, 我们

有

$$\gamma(k) = b_1 \gamma(k-1) = \cdots = b_1^{k-1} \gamma(1),$$

该函数是呈指数衰减的. 为了确定 $\gamma(0)$ 和 $\gamma(1)$ 的值, 我们利用当前的白噪声与过去的历史数据是不相关的这一事实可得

$$\gamma(1) = \operatorname{cov}(X_t, X_{t-1}) = \operatorname{cov}(b_1 X_{t-1} + a_1 \varepsilon_{t-1}, X_{t-1}) = b_1 \gamma(0) + a_1 \sigma^2,$$

注意, X_{t-1} 包含了一项 ϵ_{t-1}. 类似的计算得

$$\gamma(0) = \operatorname{var}(X_t) = b_1^2 \gamma(0) + (1 + a_1^2)\sigma^2 + 2a_1 b_1 \sigma^2.$$

解上述的两个方程得

$$\gamma(0) = \frac{1 + a_1^2 + 2a_1 b_1}{1 - b_1^2}\sigma^2, \quad \gamma(1) = \frac{a_1 + b_1(1 + a_1^2 + a_1 b_1)}{1 - b_1^2}\sigma^2 \tag{2.33}$$

和

$$\gamma(k) = \gamma(1) b_1^{k-1}, \quad k \geqslant 1. \tag{2.34}$$

例 2.7 为了更深入地了解 ARMA 模型, 我们将 ARMA(1,1) 模型表示为 AR(∞) 模型. 假设 $|a| < 1$, 有

$$a(B) = (1 - aB)^{-1} = 1 + aB + a^2 B^2 + \cdots.$$

利用该式和 ARMA(1,1) 的方程 (2.30), 可得

$$(1 + aB + a^2 B^2 + \cdots)(X_t - b_1 X_{t-1} - c) = \varepsilon_t.$$

从而有

$$X_t + aX_{t-1} + a^2 X_{t-2} + \cdots - b_1(X_{t-1} + aX_{t-2} + \cdots) - \frac{c}{1-a} = \varepsilon_t.$$

将上述方程进行化简, 得

$$X_t = \frac{c}{1-a} + (b_1 - a)(X_{t-1} + aX_{t-2} + a^2 X_{t-3} + \cdots) + \varepsilon_t.$$

换句话说, 当前值是过去值的加权平均, 且权重是指数衰减的. 这种加权平均称为**指数平滑**.

平稳性, 因果关系及稳定性 * 在本书中, 如果由 (2.30) 定义的 ARMA 过程所对应的 AR 的特征方程 $b(x) = 0$ 的根都在单位圆外, 我们称该过程是**平稳的**. 在这种情形下, 该过程是 MA(∞) 的, 即 X_t 是 $\epsilon_t, \epsilon_{t-1}, \cdots$ 的一个线性组合. 因为 X_t 是由 t 时刻以及滞后的新息所产生的, 所以称其为**因果的**. 实际上, 若方程

$b(x) = 0$ 的根不在单位圆上, 模型 (2.30) 存在唯一平稳解 $\{X_t, t = 0, \pm 1, \pm 2, \cdots\}$
(见 Fan 和 Yao (2003) 的 2.1.2 节), 但是在本书中我们仅涉及因果平稳过程. 有
单位根的过程 (如随机游走和 ARIMA 过程) 是非平稳的, 这些将在下面的 2.8.1
节进一步讨论. 注意, 上述提到的平稳解是对于所有的 $-\infty < t < \infty$ 都能满足
模型 (2.30) 的过程. 不要将它混淆为一个带有 p 个任意初始值 $X_1, \cdots, X_p$ 的过
程. 对于后者, 由 (2.30) 定义的过程 $\{X_t, t > p\}$ 仅当 $b(x) = 0$ 的根都在单位圆
外时是**稳定的**. 随着 t 的增加, 这个稳定过程将与平稳过程合并在一起. 另一方
面, 如果没有单位根, 但至少有一个根在单位圆内, 则带有任意初始值 $X_1, \cdots, X_p$
并由 (2.30) 定义的过程 $\{X_t, t > p\}$ 是爆炸性的, 并且它不会收敛到 (2.30) 的平
稳解.

到目前为止, 我们已经介绍了许多平稳模型. 为了帮助我们理解, 图 2.5 描绘
了它们之间的关系. 平稳时间序列模型是一个大类, 包含了所有具有时不变二阶矩
的过程. 我们给出了有用模型的一个子类, 即平稳的 ARMA 模型. 在 ARMA 模
型的背景下, 没有人试图去描述一个超过二阶矩的白噪声过程的结构. 然而下一章
介绍的 GARCH 过程是白噪声. GARCH 过程的条件方差对理解金融时间序列的
波动性起着重要作用. 当然, 所有的独立同分步序列形成了 GARCH 过程的一个
子集, 这根本就没有任何的序列相关.

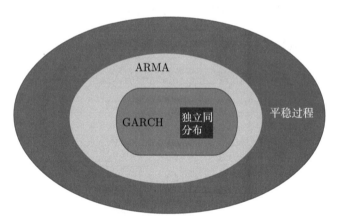

图 2.5　不同过程之间的关系: 平稳过程是最大的集合, 接着是 ARMA, ARMA-GARCH 和
独立同分布白噪声过程

2.3　非平稳和长记忆 ARMA 过程

平稳性要求时间序列的一些时不变特性, 这在实际中并不是总可观测到的. 例
如, 根据有效市场假说, 对数价格过程表现为随机游走.

2.3.1 随机游走

一个无漂移的随机游走 [见 (1.17)] 定义为

$$X_t = X_{t-1} + \epsilon_t, \quad t = 1, 2, \cdots, \tag{2.35}$$

其中, $\epsilon_t \sim \mathrm{WN}(0, \sigma^2)$. 因此, 随机游走是一个系数为 1 的 AR(1) 模型, 其特征方程 $b(x) = 1 - x$ 有一个单位根, 即有一个根在单位圆上. 我们可以假设过程在任意点 $X_0 = c$ 处开始, 则有

$$\mathrm{var}(X_t) = \mathrm{var}(X_{t-1} + \epsilon_t) = \mathrm{var}(\epsilon_1 + \cdots + \epsilon_t) = t\sigma^2,$$

它是随着时间 t 线性增加的. 因此 X_t 是非平稳的. 随机游走是一个 "醉汉" 位置的数学模型, 这个 "醉汉" 在 t 时刻以 ϵ_t 的大小沿着直线随机行走. 当 $\{\epsilon_t\}$ 相互独立且服从正态分布时, 它是一个离散型的布朗运动. 虽然随机游走的结构极其简单, 但对于一些具有复杂结构的时间序列的非平稳分量而言, 它是最常用的模型之一.

图 2.6 给出了由 (2.35) 式产生的长度为 300 的随机游走及其样本 ACF 图, 其中 ϵ_t 为标准正态分布. 这个时间序列图与金融资产价格形态相像. 例如, 可参见图 1.3 和图 1.4 中最上面的图. 由于 X_t 是非平稳的, 所以自相关函数 $\mathrm{Corr}(X_t, X_{t+k})$ 依赖于 t 和 k. 因为 $X_t = c + \sum_{1 \leqslant j \leqslant t} \epsilon_t$, 所以

$$\mathrm{cov}(X_t, X_{t+k}) = \mathrm{var}(X_t) = t\sigma^2, \qquad \forall k \geqslant 0.$$

因此容易看出, 当 $k \geqslant 1$ 时,

$$\mathrm{Corr}(X_t, X_{t+k}) = t\sigma^2 / \sqrt{t\sigma^2 \, (t+k)\sigma^2} = \{t/(t+k)\}^{1/2}, \tag{2.36}$$

这对于很小的 k 和很大的 t 时接近于 1. 这就解释了为什么 (2.2) 中定义的样本 ACF 在较小的滞后阶时接近于 1, 且随着滞后阶数的增加缓慢衰减, 参见图 2.6 中第二个图. 实际上这是存在单位根的非平稳过程的一个共同特征. 注意到随机游走的差分 $\nabla X_t = X_t - X_{t-1}$ 是白噪声, 其中 ∇ 为差分算子, 且对任意整数 $d \geqslant 2$, 有 $\nabla^d X_t \equiv \nabla(\nabla^{d-1} X_t)$.

2.3.2 ARIMA 模型和指数平滑

对于像金融资产的对数价格这样的非平稳的时间序列, 人们经常进行差分并希望得到的时间序列是平稳的. **自回归求和移动平均 (ARIMA) 模型**是一类有用的非平稳模型. 如果 $\nabla^d X_t$ 是平稳的 $\mathrm{ARMA}(p, q)$, 则称 $X_t \sim \mathrm{ARIMA}(p, d, q)$. 当然, 具有较小 p, d, q 的模型实际上更有用. 一个这样的例子是 ARIMA(0,1,1) 模型

$$X_t - X_{t-1} = \epsilon_t - \theta\epsilon_{t-1}, \quad \epsilon_t \sim \mathrm{WN}(0, \sigma^2), \tag{2.37}$$

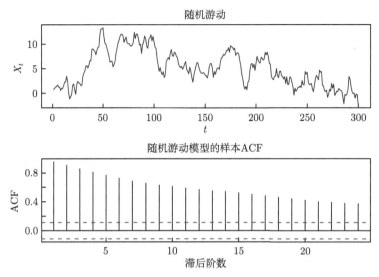

图 2.6　随机游走的时间序列图及样本 ACF 图

其中 $|\theta| < 1$. 虽然差分后的 X_t 是只有滞后一阶记忆的 MA(1) 模型, 但 X_t 的样本 ACF 表现出与图 2.6 中第二个图类似的图案. 注意到 (2.37) 可以写为

$$\epsilon_t = (1 - \theta B)^{-1}(1 - B)X_t = \{1 - (1 - \theta)(B + \theta B^2 + \theta^2 B^3 + \cdots)\}X_t.$$

因此

$$X_t = (1 - \theta)(X_{t-1} + \theta X_{t-2} + \theta^2 X_{t-3} + \cdots) + \varepsilon_t. \tag{2.38}$$

这是一个 $AR(\infty)$ 的形式, 其系数 $(1 - \theta)\theta^k$ 是指数衰减的. 因此, 在时刻 t, 对未来值 X_{t+1} 的 "最佳" 预测是

$$\widehat{X}_{t+1} = (1 - \theta)(X_t + \theta X_{t-1} + \theta^2 X_{t-2} + \theta_3^3 X_{t-3} + \cdots), \tag{2.39}$$

也即 $\widehat{X}_{t+1}$ 是过去值 $X_t, X_{t-1}, \cdots$ 的加权平均, 且越靠近当前时间 t 的值赋的权重越大. 注意到 $\sum_{j \geqslant 0}(1 - \theta)\theta^j = 1$, 也即所有的权重之和为 1. 预测器 (2.39) 是著名的指数平滑. 它在实际中已经获得了广泛的应用. 我们将在下面的 2.9.2 节中讨论它在资产价格预测中的应用.

图 2.7 绘制了平均期限为 4.4 年的一篮子高收益债券 (HY) 的日收益率图. 收益率本身看起来不像是平稳的. 滞后阶数超过 30 时它们的样本 ACF 仍接近于 1, 并且衰减得非常缓慢. 对数收益率差分后可能是 (也可能不是) 平稳的. 它们的样本 ACF 很小, 但在滞后 1 阶时是显著负相关的, 建议用 ARIMA(0,1,1) 对收益率建模. 注意, 在滞后 1 阶的负相关可能是由差分造成的, 这是因为 ∇X_t 和 ∇X_{t-1} 两者以相反的符号包含了 X_{t-1}.

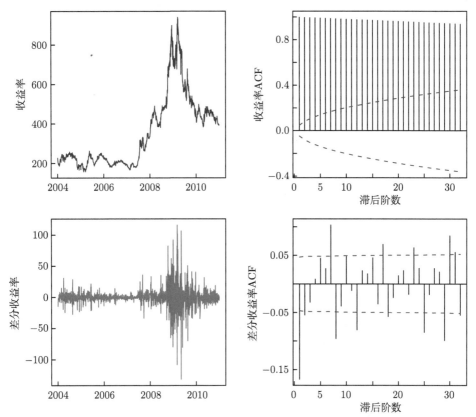

图 2.7 一篮子 HY 债券在 2004—2010 年的日收益率及它们的差分: 时间序列和样本 ACF 图. 在每个样本 ACF 图中的两条虚线曲线是置信区间边界 (2.32)

2.3.3 FARIMA 模型和长记忆过程 *

对于平稳的 ARMA 模型, 它的自相关函数以指数速度快速地衰减. 也存在一类平稳时间序列, 其自相关函数以代数速度衰减:

$$\rho(k) \sim Ck^{2d-1}, \quad \text{当 } k \to \infty, d < 0.5 \text{ 时}.$$

对于 $d \in (0, 0.5)$, 有 $\sum |\rho(k)| = \infty$. 这样的过程称为**长记忆过程**. 如图 1.7 和图 1.8 所示, S&P 500 和苹果公司股票的日收益率绝对值的自相关函数呈现出长记忆性, 对数价格也同样如此, 例如, 可参见后面的图 2.16.

一族具有 $\rho(k) \sim Ck^{2d-1}$ 的模型由下面的**分式差分**给出

$$(1 - B)^d X_t = \epsilon_t, \quad -0.5 < d < 0.5,$$

其中, 分式差分是通过无穷级数展开来定义的:

$$(1 - B)^d = 1 - dB + \frac{d(1-d)}{2!}B^2 - \cdots$$
$$- (-1)^k \frac{d(1-d)\cdots(k-1-d)}{k!}B^k - \cdots.$$

因此 X_t 有一个 AR(∞) 的表达式

$$X_t - dX_{t-1} + \cdots + (-1)^k \frac{d(1-d)\cdots(k-1-d)}{k!}X_{t-k} - \cdots = \epsilon_t.$$

对于上面定义的过程, 它有如下性质 (Hosking, 1981):

1. **ACF**　$\rho(k) = \dfrac{d(1+d)\cdots(k-1+d)}{(1-d)(2-d)\cdots(k-d)} \sim Ck^{2d-1}, k \to \infty.$

2. **PACF**　$\pi(k) = d/(k-d).$

3. **谱密度**　ACF 的傅里叶变换满足

$$f(\omega) \sim w^{-2d}, \quad \text{当 } \omega \to 0 \text{ 时}.$$

因此, d 可以通过具有较小 ω 的对数周期图来估计.

第一个性质确定了由分式差分引起的长记忆特征. 一般来说, 如果 $\{X_t\}$ 满足

$$b(B)(1-B)^d X_t = a(B)\epsilon_t,$$

则称它为 FARIMA(p, d, q), 或分式 ARIMA 模型. 注意到

$$b(B)X_t = a(B)\eta_t,$$

其中 $\eta_t = (1-B)^{-d}\epsilon_t$ 是一个长记忆过程. 这样, FARIMA 可视为一个由长记忆噪声驱动的 ARMA 模型.

2.3.4　时间序列模型综述

时间序列模型可以分为平稳和非平稳两大类. 在时间序列建模方面, 我们通常使用这些类中的一些感兴趣的子集. 图 2.8 给出了不同模型的示意图.

平稳时间序列模型的一个有用的**类**是 ARMA 模型族. 它们用于对具有短记忆的时间序列数据进行建模. FARIMA 模型可用于对具有长记忆的平稳时间序列进行建模.

非平稳时间序列模型也有各种**类**. 其中一个例子是 ARIMA 模型, 它包括随机游走作为特例. 其他的例子将在 2.8 节中给出. 带有季节性和时间趋势的时间序列是非平稳的. 剔除时间和季节趋势的技术见 2.8 节.

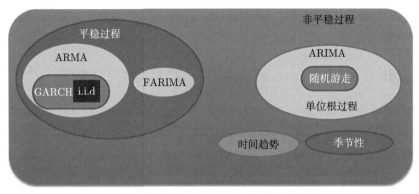

图 2.8　时间序列模型示意图

2.4　应用 ACF, PACF 和 EACF 进行模型选择 *

从 2.3 节中了解到, ACF 和 PACF 都提供了有效的工具来识别纯 MA(q) 或纯 AR(p) 模型. 我们将在下面介绍**扩展的自相关函数** (EACF), 它在确定 ARMA (p, q) 模型的阶数中扮演着类似的角色.

EACF 是由 Tsay 和 Tiao (1984, 1985) 提出的. 它的基本思想很简单. 设 X_t 是一个平稳的 ARMA(p, q) 过程. 为简单起见, 我们假设 $EX_t = 0$. 则

$$Z_t \equiv X_t - b_1 X_{t-1} - \cdots - b_p X_{t-p} \sim \mathrm{MA}(q).$$

因此, "残差"过程 Z_t 的 ACF 在滞后 q 处截尾. 自回归系数 $b_1, \cdots, b_p$ 可由 Yule-Walker 方程 (2.31) 进行估计. 由于 p 是未知的, 我们尝试依次用 $\ell = 0, 1, 2, \cdots$ 作为 AR 的阶数. 因此对每一个非负整数 ℓ, 可定义一个 EACF, 第 ℓ 个 EACF 记为 $\rho(\cdot; \ell)$, 其中 $\rho(k; \ell)$ 是拟合 ℓ 阶 AR 模型后的残差的 ACF 函数. 显然, $\rho(\cdot; 0) \equiv \rho(\cdot)$ 是初始的 ACF.

现在我们对给定的 $\ell \geqslant 0$ 来定义第 ℓ 个 EACF $\rho(\cdot; \ell)$. 它是 ACF $\rho(\cdot)$ 的一个函数. 因为 q 的值是未知的, 为了正确应用 (2.31), 我们还需要尝试不同的 k 值. 对 $k = 0, 1, 2, \cdots$, 设 $b_1^{(k)}, \cdots, b_\ell^{(k)}$ 是下面 ℓ 个 Yule-Walker 方程的解:

$$\rho(k + j) = b_1^{(k)} \rho(k + j - 1) + \cdots + b_\ell^{(k)} \rho(k + j - \ell), \quad j = 1, \cdots, \ell \qquad (2.40)$$

(这个解依赖于 ℓ, 但它的相关性受到了抑制), 且

$$Z_t^{(k)} = X_t - b_1^{(k)} X_{t-1} - \cdots - b_\ell^{(k)} X_{t-\ell}, \quad t = 0, \pm 1, \pm 2, \cdots \qquad (2.41)$$

是拟合 AR(ℓ) 后的残差. 如果 $\ell = p$ 为模型的真实 AR 阶数, 由 (2.31) 得

$$b_i^{(k)} = b_i, \quad i = 1, \cdots, p, \quad k > q.$$

因此, 对所有的 $k > q$, $\{Z_t^{(k)}\}$ 为一 MA(q) 过程. 现在, 在滞后 k 阶处的第 ℓ 个**扩展的自相关函数** (EACF) 定义为

$$\rho(k;\ell) = \{Z_t^{(k)},\ t = 0, \pm 1, \pm 2, \cdots\} \text{ 在滞后 } k \text{ 阶处的 ACF.} \tag{2.42}$$

则有下面的断言.

平稳 ARMA(p,q) 过程的第 p 个 EACF $\rho(\cdot\,;p)$ 在 q 处截尾. 即

$$\rho(k;p) = 0, \quad \forall k > q.$$

也许会有人认为, 因为最后 $\ell - p$ 个自回归系数等于 0 时, ARMA(p,q) 模型可视为 ARMA(ℓ,q) 模型, 所以上述性质可以推广到 $\rho(k;\ell) = 0$, 对于所有的 $k > q$, 当 $\ell > p$ 时. 不幸或幸运的是, 事实并非如此, 因为方程组 (2.40) 是**未定的**, 其样本版本不一定会产生相和估计. 相反, 对于 $\ell > p$ 时, ARMA(p,q) 模型的第 ℓ 个 EACF 在 $q + (\ell - p)$ 处截尾. 下面简单的 AR(1) 模型示例中也展示了这一性质.

例 2.8　考虑下 AR(1) 模型: $X_t = bX_{t-1} + \epsilon_t$, 其中 $|b| < 1$ 且 $\epsilon_t \sim \mathrm{WN}(0, \sigma^2)$. 则 $\rho(k;0) = \rho(k) = b^k$, 对于所有的 $k \geqslant 0$.

为了计算第 1 个 EACF $\rho(k;1)$, 设

$$Z_t^{(k)} = X_t - b_1^{(k)} X_{t-1},$$

其中, $b_1^{(k)}$ 是当 $\ell = 1$ 时 (2.40) 的解, 即 $b_1^{(k)} = \rho(k+1)/\rho(k) = b$. 从而 $Z_t^{(k)} = X_t - bX_{t-1} = \epsilon_t$ 是一个白噪声. 因此

$$\rho(k;1) = \{\epsilon_t\} \text{ 在滞后 } k \text{ 阶处的 ACF,}$$

对所有的 $k \geqslant 1$, 上式等于 0. 因此, AR(1)=ARMA(1,0) 的第 1 个 EACF 在 $q = 0$ 处截尾.

为了计算第 2 个 EACF $\rho(k;2)$, 设

$$Z_t^{(k)} = X_t - b_1^{(k)} X_{t-1} - b_2^{(k)} X_{t-2},$$

其中, $(b_1^{(k)}, b_2^{(k)})$ 是当 $\ell = 2$ 时方程 (2.40) 的解. 从而, 由 X_t 和 X_{t-1} 的定义得

$$Z_t^{(k)} = \epsilon_t + (b - b_1^{(k)}) X_{t-1} - b_2^{(k)} X_{t-2}$$

$$= \epsilon_t + (b - b_1^{(k)})\epsilon_{t-1} + (b^2 - b_1^{(k)}b - b_2^{(k)})X_{t-2}. \tag{2.43}$$

注意, (2.40) 中的 $(b_1^{(k)}, b_2^{(k)})$ 是**未定的**, 这是因为在 (2.40) 的两个方程可以**整理为**一个方程

$$b^2 = b_1^{(k)}b + b_2^{(k)}.$$

因此 (2.43) 的**右端**的最后一项为 0, 且

$$Z_t^{(k)} = \epsilon_t + (b - b_1^{(k)})\epsilon_{t-1} \sim \mathrm{MA}(1),$$

其中, $b_1^{(k)}$ 为一任意常数. 因为 $\rho(k; 2)$ 是 $Z_t^{(k)}$ 在滞后 k 阶处的 ACF, 所以对于所有的 $k > 1$, 有 $\rho(k; 2) = 0$, 即 $\mathrm{AR}(1) = \mathrm{ARMA}(1, 0)$ 过程的第 2 个 EACF 在 $q + (2 - 1) = 1$ 处截尾, 而不是在 $q = 0$ 处. 只有当 $b_1^{(1)} = b_1$ (相和估计) 时, 有 $\rho(1; 2) = 0$.

可以证明, 这个 $\mathrm{AR}(1)$ 过程的第 ℓ 个 EACF 在 $(\ell - 1)$ 处截尾.

在实际中, 我们用样本 ACF $\widehat{\rho}(\cdot)$ 代替 (2.40) 中的 $\rho(\cdot)$, 由此可以导出估计量 $\widehat{b}_j^{(k)}$. 在 (2.41) 中用 $\widehat{b}_j^{(k)}$ 代替 $b_j^{(k)}$, 我们可以得到 $\widehat{Z}_t^{(k)}$. 滞后 k 阶处的 $\widehat{Z}_t^{(k)}$ 的样本 ACF 作为滞后 k 阶处的第 ℓ 个样本 EACF, 记为 $\widehat{\rho}(k; \ell)$. Tsay 和 Tiao (1984) 建议以下面表格的形式列出样本 EACF. 注意, 第 (p, q) 位置的元素是 $\widehat{\rho}(q + 1; p)$. $\widehat{\rho}(k; 0) = \widehat{\rho}(k)$ 也是样本 ACF.

		MA				
		0	1	2	3	$\cdots$
	0	$\widehat{\rho}(1)$	$\widehat{\rho}(2)$	$\widehat{\rho}(3)$	$\widehat{\rho}(4)$	$\cdots$
	1	$\widehat{\rho}(1; 1)$	$\widehat{\rho}(2; 1)$	$\widehat{\rho}(3; 1)$	$\widehat{\rho}(4; 1)$	$\cdots$
AR	2	$\widehat{\rho}(1; 2)$	$\widehat{\rho}(2; 2)$	$\widehat{\rho}(3; 2)$	$\widehat{\rho}(4; 2)$	$\cdots$
	3	$\widehat{\rho}(1; 3)$	$\widehat{\rho}(2; 3)$	$\widehat{\rho}(3; 3)$	$\widehat{\rho}(4; 3)$	$\cdots$
	$\vdots$	$\vdots$	$\vdots$	$\vdots$	$\vdots$	

在 TSA 程序包中的 R-函数 eacf (见下面的 2.10.3 节) 自动计算出样本 EACF, 并且打印出像上面带有 $\widehat{\rho}(i, j)$ 的编码表. 如果 $|\widehat{\rho}(i, j)| > 1.96/\sqrt{T - i - j}$, 则用 "x" 替换, 否则用 "o" 替换. 对于 $\mathrm{ARMA}(p, q)$ 过程, 其样本 EACF 的 "**理想**" 图案是包含**一个三角形的 "o"**, 且其左上角的顶点是真实的 (p, q), 参见表 2.1. 这个三角形的形状是由以下性质隐含确定的: 平稳 $\mathrm{ARAM}(p, q)$ 过程的第 ℓ 个 EACF 在 $q + \ell - p$ 处截尾, 其中 $\ell = p, p + 1, \cdots$.

下面我们总结了一些基于样本 ACF, PACF 和 EACF 的模型识别的有用准则.

表 2.1　ARMA(p,q) 过程的样本 EACF 的"理想"图案

	0	1	$\cdots$	q	$q+1$	$q+2$	$q+3$	$\cdots$
0	x	x	$\cdots$	x	x	x	x	$\cdots$
1	x	x	$\cdots$	x	x	x	x	$\cdots$
			$\cdots$		$\cdots$			
$p-1$	x	x	$\cdots$	x	x	x	x	$\cdots$
p	x	x	$\cdots$	o	o	o	o	$\cdots$
$p+1$	x	x	$\cdots$	x	o	o	o	$\cdots$
$p+2$	x	x	$\cdots$	x	x	o	o	$\cdots$
$p+3$	x	x	$\cdots$	x	x	x	o	$\cdots$
			$\cdots$		$\cdots$			

1. 如果样本 ACF $\widehat{\rho}(k)$ 对所有小的 k 都接近 1, 且衰减缓慢, 则首先对数据进行差分.

2. 对于任意的 $k > q$, 如果样本 ACF $\widehat{\rho}(k)$ 被 (2.32) 的界所控制, 则用 MA(q) 模型对数据进行拟合.

3. 对于任意的 $k > q$, 如果样本 PACF $\widehat{\pi}(k)$ 被 $\pm 1.96/\sqrt{T}$ 所控制, 则用 AR(p) 模型对数据进行拟合.

4. 对于任意 $i \geqslant 0$ 和 $j > i$, 如果样本 PACF $\widehat{\rho}(q+j; p+i)$ 被 $\pm 1.96/\sqrt{T-i-j}$ 所控制, 则用 ARMA(p,q) 模型对数据进行拟合.

在同时满足准则 2, 3 和 4 的选择中, 我们选择具有最简洁表示的一个. 图 2.4 的样本 ACF 和 PACF 图非常符合上述准则. 例如, 白噪声序列的样本 ACF 和 PACF 所有的滞后阶 (除了一个) 都落在置信区间边界之间. 对于一个 MA 系数 $a = 0.9$ 的 MA(1) 过程, ACF 图建议是 MA(1), 而 PACF 图则表明是 AR(6); 两者都很有道理, 因为这是一个可逆过程, 它有一个 AR(∞) 表示, 其 AR 系数为 $b_k = (0.9)^k$. 对于 AR 系数为 $b = \pm 0.669$ 的两个 AR(1) 过程, 它们的 PACF 图都表明是 AR(1) 过程.

对于 $b = 0.5$ 和 $a = 0.279$ 的 ARMA(1,1) 模型, 图 2.4 的 ACF 图建议是 MA(5) 模型, 而 PACF 图则建议是一个 AR(3) 模型. 下面的 R 语言计算的 EACF 清楚地表明, 对于这个数据最简洁的模型是 ARMA(1,1). 这是可以通过 EACF 表如下确定: 我们寻找一个三角形, 类似于表 2.1 中绝大部分元素是由"o"组成的三角形, 三角形的左上角顶点是要识别模型的阶数 (p,q), 三角形的上边总是水平的, EACF 表的垂直边构成了三角形的另一边, 还有一边总是平行于主对角线. **我们尝试用 p 和 q 的最小值去识别这样的一个三角形**. 对于这样的例子, 下面的 EACF 表含有这样一个三角形, 其左上角的顶点在 **(1,1) 处**.

```
> x <- arima.sim(n=100, list(ar=0.5, ma=0.279))+1
```

```
> eacf(x)
AR/MA
  0 1 2 3 4 5 6 7 8 9 10 11 12 13
0 x x o o o o o o o o  x  x    x    o    o
1 x o o o o o o o o o  o    o    o    o
2 o x x o o o o o o o  o    o    o    o
3 o x x o o o o o o o  o    o    o    o
4 x o o x x o o o o o  o    o    o    o
5 o x o o o o o o o o  o    o    o    o
6 o x o o o o o o o o  o    o    o    o
7 x x o o o o o o o o  o    o    o    o
```

2.5　拟合 ARMA 模型: MLE 和 LSE

对观测得到的时间序列数据集用 ARMA 模型进行拟合, 现在通常是通过计算机来完成的. 例如, R-函数 `arima` 通过各种选项来完成这一拟合. 然而, 理解大多数计算机实现所基于的方法是很重要的. 下面我们介绍在 p 和 q 给定的条件下, 估计 ARMA(p, q) 模型参数的两种最常用方法.

2.5.1　最小二乘估计

我们首先考虑纯 AR 过程. 设 $X_1, \cdots, X_T$ 为 AR(p) 模型的观测值

$$X_t = c + b_1 X_{t-1} + \cdots + b_p X_{t-p} + \epsilon_t, \qquad \epsilon_t \sim \mathrm{WN}(0, \sigma^2).$$

$(c, \boldsymbol{b}) \equiv (c, b_1, \cdots, b_p)$ 的**最小二乘估计** (LSE) 定义如下

$$(\widehat{c}, \widehat{\boldsymbol{b}}) \equiv (\widehat{c}, \widehat{b}_1, \cdots, \widehat{b}_p)$$

$$= \arg\min_{c, \boldsymbol{b}} \sum_{t=p+1}^{T} (X_t - c - b_1 X_{t-1} - \cdots - b_p X_{t-p})^2.$$

这与线性回归模型的 LSE 是一样的, 估计量有显式表达式. 从而 σ^2 的 LSE 可定义为

$$\widehat{\sigma}^2 = \frac{1}{T - 2p - 1} \sum_{t=p+1}^{T} (X_t - \widehat{c} - \widehat{b}_1 X_{t-1} - \cdots - \widehat{b}_p X_{t-p})^2.$$

我们把上面的和式除以 $T - 2p - 1$, 这是因为有效样本容量是 $T - p$, 而待估参数的个数是 $p + 1$.

对于 ARMA(p, q) 模型

$$X_t = c + b_1 X_{t-1} + \cdots + b_p X_{t-p} + \epsilon_t + a_1 \epsilon_{t-1} + \cdots + a_q \epsilon_{t-q}, \tag{2.44}$$

新息 $\epsilon_1, \cdots, \epsilon_T$ 是不可观测的. 对于所有的 $1 \leqslant k \leqslant q$, 我们假设 $\epsilon_{p+1-k} \equiv 0$. 当样本量 T 很大时, 这个假设对我们估计的影响是有限的. 有了这些初始值和给定的参数 $\boldsymbol{a} = (a_1, \cdots, a_q)^{\mathrm{T}}$, $\boldsymbol{b} = (b_1, \cdots, b_p)^{\mathrm{T}}$ 及 c, 我们现在对 $t = p + 1, \cdots, T$ 进行递归计算, 得

$$\epsilon_t(c, \boldsymbol{a}, \boldsymbol{b}) = X_t - c - \sum_{j=1}^{p} b_j X_{t-i} - \sum_{i=1}^{q} a_i \epsilon_{t-i}(c, \boldsymbol{a}, \boldsymbol{b}), \tag{2.45}$$

$(c, \boldsymbol{a}, \boldsymbol{b})$ 的 LSE 定义如下

$$(\widehat{c}, \widehat{\boldsymbol{a}}, \widehat{\boldsymbol{b}}) = \arg\min_{c, \boldsymbol{a}, \boldsymbol{b}} \sum_{t=p+1}^{T} \{\epsilon_t(c, \boldsymbol{a}, \boldsymbol{b})\}^2. \tag{2.46}$$

不幸的是, 这是一个非线性优化问题. 一个可能的解就是迭代的线性近似: 从一个初始估计量 $(\widehat{c}_0, \widehat{\boldsymbol{a}}_0, \widehat{\boldsymbol{b}}_0)$ 开始, 我们定义第 k 个迭代估计量如下:

$$
\begin{aligned}
(\widehat{c}_k, \widehat{\boldsymbol{a}}_k, \widehat{\boldsymbol{b}}_k) = \arg\min_{c, \boldsymbol{a}, \boldsymbol{b}} \sum_{t=p+1}^{T} \Bigg\{ & X_t - c - \sum_{j=1}^{p} b_j X_{t-i} \\
& - \sum_{i=1}^{q} a_i \epsilon_{t-i}(\widehat{c}_{k-1}, \widehat{\boldsymbol{a}}_{k-1}, \widehat{\boldsymbol{b}}_{k-1}) \Bigg\}^2,
\end{aligned}
\tag{2.47}
$$

其中, $k = 1, 2, \cdots$, $\epsilon_t(\cdot)$ 如 (2.45) 中定义. 当两个相继的估计量相差很小时, 我们就停止迭代. 注意, $(\widehat{c}_k, \widehat{\boldsymbol{a}}_k, \widehat{\boldsymbol{b}}_k)$ 与线性回归模型的 LSE 有相同的显式表达式.

2.5.2　高斯极大似然估计

上面介绍的最小二乘估计方法相对容易计算. 然而它可能不是一个最有效的统计估计量. 它没有利用潜在分布的信息.

当 ϵ_t 分布已知时, 极大似然估计更为有效. (线性) 时间序列分析中最常见的假设是模型 (2.44) 中 ϵ_t 是独立的且服从 $N(0, \sigma^2)$ 分布. 为简单起见, 我们假设 (2.44) 中的 $c = 0$, 即 $\mu = EX_t = 0$. 这意味着我们在拟合数据前应该先将其中心化, 这是因为我们很难找到均值 μ 的比样本均值更好的估计. 在这些假设下, $\boldsymbol{X}_T \equiv (X_1, \cdots, X_T)$ 服从均值为 0 和协方差阵为 $\boldsymbol{\Sigma}$ 的正态分布, 其中协方差阵的第 (i, j) 元素是 $\gamma(i - j)$, 它依赖于模型的参数 $(\boldsymbol{a}, \boldsymbol{b}, \sigma^2)$, 记为 $\boldsymbol{\Sigma}(\boldsymbol{a}, \boldsymbol{b}, \sigma^2)$. 关于 ARMA$(1,1)$ 的详述, 参见例 2.6.

为了导出极大似然估计量 (见 2.5.4 节概述), 我们需要找到 $\boldsymbol{X}_T$ 的密度. 根据多元分析 (例如, 见 (Anderson, 2003)), $\boldsymbol{X}_T \sim N(\boldsymbol{\mu}, \boldsymbol{\Sigma})$ 的密度由下式给出

$$f(\boldsymbol{X}_T; \boldsymbol{\theta}) = (2\pi)^{-T/2}|\boldsymbol{\Sigma}|^{-1/2}\exp\big(-(\boldsymbol{X}_T - \boldsymbol{\mu})^{\mathrm{T}}\boldsymbol{\Sigma}^{-1}(\boldsymbol{X}_T - \boldsymbol{\mu})/2\big), \qquad (2.48)$$

其中 $\boldsymbol{\theta}$ 表示参数 $\boldsymbol{\mu}$ 和 $\boldsymbol{\Sigma}$. 将 $f(\boldsymbol{X}_T; \boldsymbol{\theta})$ 看作是 $\boldsymbol{\theta}$ 的函数, 得到似然函数 $L(\boldsymbol{\theta}) \equiv f(\boldsymbol{X}_T; \boldsymbol{\theta})$, 对数似然函数 $\ell(\boldsymbol{\theta}) = \log L(\boldsymbol{\theta})$. 把 (2.48) 中的常数因子去掉, 有

$$-2\ell(\boldsymbol{\theta}) = \log|\boldsymbol{\Sigma}| + (\boldsymbol{X}_T - \boldsymbol{\mu})^{\mathrm{T}}\boldsymbol{\Sigma}^{-1}(\boldsymbol{X}_T - \boldsymbol{\mu}).$$

在我们的应用中, $\boldsymbol{\mu} = 0$, $\boldsymbol{\Sigma} = \boldsymbol{\Sigma}(a, b, \sigma^2)$. 所以未知参数为 a, b 和 σ^2. 因此 (a, b, σ^2) 的**极大似然估计** (MLE) 定义为

$$(\widehat{a}, \widehat{b}, \widehat{\sigma}^2) = \arg\min_{a, b, \sigma^2}\big\{\boldsymbol{X}_T^{\mathrm{T}}\{\boldsymbol{\Sigma}(a, b, \sigma^2)\}^{-1}\boldsymbol{X}_T + \log\big|\boldsymbol{\Sigma}(a, b, \sigma^2)\big|\big\}. \qquad (2.49)$$

这是一个非线性优化问题, 涉及 $T \times T$ 矩阵 $\boldsymbol{\Sigma}(a, b, \sigma^2)$ 的逆矩阵和行列式的计算. 有一些计算似然函数的有效算法, 包括, 例如通过预白化的新息算法, 该算法避免了直接计算 $\boldsymbol{\Sigma}(a, b, \sigma^2)$ 的逆矩阵和行列式 (见 Fan 和 Yao (2003) 的 3.2 节), 以及通过对 ARMA 模型的状态空间表示的卡尔曼滤波 (见下面 3.6.2 节的 (3.75)). 结合这样的算法, MLE 可以用 Newton-Raphson 迭代的方式进行计算, 参见 Fan 和 Yao (2003) 的 3.3.1 节. 事实上, 基于高斯似然的 MLE 计算, 我们简称为**高斯 MLE**, 已经在大多数统计程序包中得以实现了.

如果 X_t 是因果的和可逆的, 而 ϵ_t 不一定是正态的 (Fan 和 Yao (2003) 的定理 3.2), 那么 (2.49) 中定义的高斯 MLE $(\widehat{a}, \widehat{b}, \widehat{\sigma}^2)$ 就是渐近无偏的和渐近正态的, **其极限协方差矩阵由 X_t 的 ACF 确定**. 这个协方差也可以由计算机软件产生 (见 2.5.4 节). 基于渐近正态性, 可以构造 a 和/或 b 的统计检验和置信区间.

当 ϵ_t 不服从正态分布时, 通常使用高斯 MLE. 由此产生的估计量实际上是一个**拟-MLE**.

例 2.9 对于 CRSP 指数在 1926—1997 年 ($T = 864$) 的月收益率, 根据例 2.5 的建议, 我们拟合一个 AR(3) 模型. 拟合模型为

$$r_t = 0.0103 + 0.104r_{t-1} - 0.010r_{t-2} - 0.120r_{t-3} + \epsilon_t,$$
$$\quad (0.002) \quad (0.034) \qquad (0.034) \qquad (0.034)$$

其中, 括号内的数字是估计系数的标准误差. 估计的截距是 $\widehat{c} = 0.0103$, 这似乎是非常小的. 为了检验假设 $H_0 : c = 0$, t 统计量为

$$T = \widehat{c}/\mathrm{SE}(\widehat{c}) = 0.0103/0.002 = 5.15.$$

因此, 单侧备择假设 $H_1 : c > 0$ 的 P 值为 $1 - \Phi(5.15) = 0$, 双侧备择假设 $H_1 : c \neq 0$ 的 P 值为 $2(1 - \Phi(5.15)) = 0$. 因此拒绝假设 $c = 0$ 的证据是压倒性的. 故我们得出结论 $c > 0$. 由 (2.16) 式, 月收益率的期望 $\mu \equiv Er_t$ 的估计为

$$\widehat{\mu} = \frac{\widehat{c}}{1 - \widehat{b}_1 - \widehat{b}_2 - \widehat{b}_3} = \frac{0.0103}{1 - 0.104 + 0.010 + 0.120} = 0.01, \qquad (2.50)$$

这是很小的, 但在统计上是显著为正的. 这意味着年化收益率的期望值是

$$(1 + 0.01)^{12} - 1 = 12.68\%,$$

而在 1926 年 1 月—1997 年 12 月整个时期的实际年化收益率是

$$\left\{ \prod_{t=1}^{864} (1 + R_t) \right\}^{12/864} - 1 = 10.53\%.$$

对 (2.50) 中的月收益率, 我们有点估计. 一个很自然的问题是如何求期望收益率的置信区间. 为此, 我们需要计算 $\widehat{\mu}$ 的标准误差. 由 (2.50), 我们可以将 $\widehat{\mu} = f(\widehat{\boldsymbol{\theta}})$ 记为 $\widehat{\boldsymbol{\theta}} = (\widehat{c}, \widehat{b}_1, \widehat{b}_2, \widehat{b}_3)^{\mathrm{T}}$ 的一个函数. 应用下面的 Delta 方法, 有

$$\mathrm{var}(\widehat{\mu}) \approx \dot{f}(\boldsymbol{\theta})^{\mathrm{T}} \mathrm{var}(\widehat{\boldsymbol{\theta}}) \dot{f}(\boldsymbol{\theta}), \qquad (2.51)$$

其中 $\dot{f}(\boldsymbol{\theta})$ 是 f 的梯度向量. 在这个问题中, 它是一个由 f 关于 c, b_1, b_2 和 b_3 的偏导数构成的长度为 4 的向量. 因为在 $\widehat{\boldsymbol{\theta}}$ 处计算的 $\dot{f}(\boldsymbol{\theta})$ 为 $\dot{f}(\boldsymbol{\theta})|_{\boldsymbol{\theta}=\widehat{\boldsymbol{\theta}}} = (0.9746, 0.0098, 0.0098, 0.0098)^{\mathrm{T}}$, 且

$$\mathrm{var}(\widehat{\boldsymbol{\theta}}) = \frac{1}{1000^2} \begin{pmatrix} 2^2 & 34 & 0 & 0 \\ 34 & 34^2 & 0 & 0 \\ 0 & 0 & 34^2 & 0 \\ 0 & 0 & 0 & 34^2 \end{pmatrix},$$

这可由类似于 R 这样的统计软件得到, 所以我们可以得到 $\mathrm{var}(\widehat{\mu}) = 4.7804 \times 10^{-6}$. 因此标准误差为 $\mathrm{SE}(\widehat{\mu}) = \sqrt{4.7804 \times 10^{-6}} = 0.2186\%$. 从而月收益率的期望的 95% 的置信区间为

$$1\% \pm 1.96 \times 0.2186\% = [0.57\%, \ 1.43\%].$$

Delta 方法　假设 k 维随机向量 $\widehat{\boldsymbol{\theta}}$ 是渐近正态的, 均值为 $\boldsymbol{\theta}$, 协方差阵为 $\boldsymbol{\Sigma}$. 设 $\mu = f(\boldsymbol{\theta})$ 是一个光滑函数, 且向量 $\dot{f}(\boldsymbol{\theta}) = \partial f / \partial \boldsymbol{\theta}$ 是非零的. 则 $\widehat{\mu} = f(\widehat{\boldsymbol{\theta}})$ 是渐近正态的, 均值为 $f(\boldsymbol{\theta})$, 方差为 $\dot{f}(\boldsymbol{\theta})^{\mathrm{T}} \boldsymbol{\Sigma} \dot{f}(\boldsymbol{\theta})$.

Delta 方法是推导渐近分布的标准方法之一. 直观地讲, 它遵循简单的泰勒展开式

$$\widehat{\mu} = f(\boldsymbol{\theta}) + \dot{f}(\boldsymbol{\theta})^{\mathrm{T}}(\widehat{\boldsymbol{\theta}} - \boldsymbol{\theta})\{1 + o_P(1)\}.$$

因此 $\widehat{\mu}$ 与 $\dot{f}(\boldsymbol{\theta})^{\mathrm{T}}(\widehat{\boldsymbol{\theta}} - \boldsymbol{\theta})$ 的渐近方差是渐近相同的, 后者的渐近方差为 $\dot{f}(\boldsymbol{\theta})^{\mathrm{T}}\boldsymbol{\Sigma}\dot{f}(\boldsymbol{\theta})$. 对于正式的证明, 我们建议参考例如 Lehmann (1999) 的定理 5.4.6.

2.5.3 黄金价格示例

作为示例, 我们用 ARIMA 模型对 SPDR 黄金股在 2011 年 1 月 1 日—11 月 23 日的每日收盘价 (美元) 进行拟合. 这个例子是在 2011 年 11 月 25 日完成的, 我们应用了所有到这一天可用的价格. 由于金融动荡, 黄金价格在 2011 年下半年波动剧烈, 与其他因素一起导致了欧元债务危机. 这期间有 $T = 188$ 个数据. 数据可以在雅虎财经网下载.

图 2.9 描述了每天的价格及其滞后 1 阶的差分数据的时序图、ACF 图和 PACF 图. 价格的动态有点像随机游走, 见图 2.9 和图 2.6 中的第一个图. 价格的 ACF 衰减缓慢, 这建议我们应对数据进行差分. 注意到差分的 ACF 在滞后 1 阶处并不显著, 进一步表明差分的适当性. 价格序列显然是非平稳的, 而价格差分后的序列是否平稳却值得商榷. 由于价格差分后的序列在例如滞后 9 阶处展现出显著的 ACF 和 PACF, 所以具有较小阶数的纯 AR 或 MA 模型不适用于这个数据集.

下面的 EACF 建议对于价格的变化, 可应用 ARMA(3,2) 模型, 即对原始的日价格应用 ARIMA(3,1,2) 模型.

```
AR/MA
  0 1 2 3 4 5 6 7 8 9 10 11 12 13
0 x x x x x x x x x x  x  x  x
1 o o o o o o o o x o  o  o  o
2 o o o o o o o x x o  o  o  o
3 o x o o o o o o o o  o  o  o
4 x x o o o o o o o o  o  o  o
5 x x o o o o o o o o  o  o  o
6 x x o o o o o x o o  o  o  o
7 o x x x o x o o o o  x  o  o  o
```

我们利用 R 软件应用这个模型对数据进行拟合. 假设每日价格已导入到 R 中, 记为 goldPrices. 下面这行命令返回一个对象 arima312 作为拟合模型

```
> arima312 = arima(goldPrices, order=c(3,1,2))
```

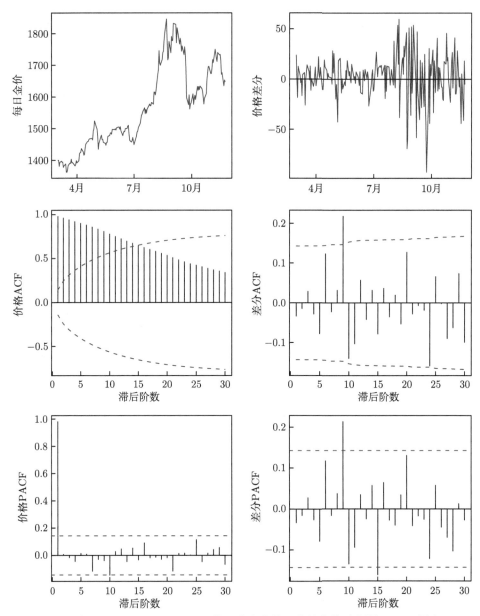

图 2.9　2011 年 1 月 1 日—11 月 23 日的日黄金价格及其差分的时序图、ACF 图和 PACF 图. 在每个 ACF 图中的两条虚线是置信区间边界 (2.32), 而在每个 PACF 的虚线则是边界 $\pm 1.96/\sqrt{T}$

　　为了用 2.5.1 节的 LSE 或 2.5.2 节的 MLE 方法去估计参数, 需要在上面的命令中分别添加 method= "CSS" 或 method= "ML". 没有这些选项, R 将使用

LSE 去获得一个初始值, 然后应用 MLE 去获得最终的估计. 对价格的差分拟合的
ARMA(3,2) 模型的估计系数和相应的标准误差为

	ar1	ar2	ar3	ma1	ma2
coef.	-1.4054	-1.0316	-0.1109	1.4371	1.0000
s.e.	0.0734	0.1002	0.0735	0.0395	0.0525

白噪声方差的估计值为 $\hat{\sigma}^2 = 442.5$.

为了对模型的优良程度有所了解, 我们考虑 11 月份 17 个价格的**样本外预测**. 更准确地说, 对于 $j = 17, 16, \cdots, 1$, 我们用 ARIMA(3,1,2) 模型拟合前面 $T = 188 - j$ 个日价格, 然后用拟合的模型来预测次日的价格. 我们对随机游走模型 (即 ARIMA(0,1,0)) 和指数平滑模型 (即 ARIMA(0,1,1)) 重复这个操作, 见 2.3.1 节. 对于如何应用 ARIMA 模型预测未来值的详细描述, 建议参考下面的 2.9.1 节. 图 2.10 显示了这 17 个真实值及它们基于三种不同模型的预测值. 我们 也在图 2.10 中给出了近似 95% 的预测区间:

$$预测值 \pm 2 \times 标准预测误差.$$

注意, 随机游走模型只是简单地由今天的价格来预测明天的价格. 预测值和它们的标准误差可以通过 R 命令 predict(arima312, n.ahead=1) 获得, 其中 arima312 是使用 arima 拟合时的一个输出, 见上面结果. 三个模型表现非常相似. 它们在 11 月 1, 4, 10, 14 和 23 日的价格预测都很好. 这三个模型都把 17 个真实值包含在它们近似 95% 的预测区间内. ARIMA(3,1,2) 模型的平均绝对预测误差是 17.08 美元, 随机游走模型是 17.74 美元, 指数平滑模型是 17.54 美元. 这表明在三个方法中 ARIMA(3,1,2) 提供了最佳**后样本预测**.

值得指出的是, 应用一个更复杂的模型并不一定会导致**后样本预测**的改进. 例如, 用 ARIMA(2,1,2) 模型对上述数据进行预测的平均绝对误差是 18.44 美元, 比那些简单的随机游走模型 ARIMA(0,1,0) 和指数平滑模型 ARIMA(0,1,1) 的平均绝对误差还大.

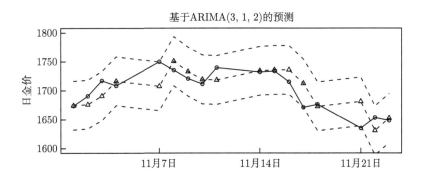
基于ARIMA(3, 1, 2)的预测

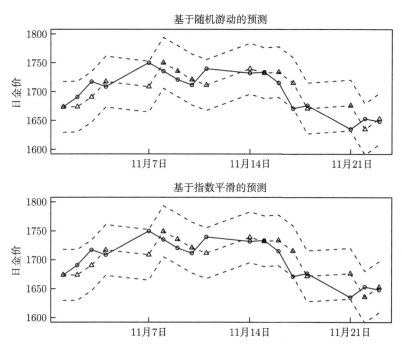

图 2.10   2011 年 11 月的真实日黄金价格 (圈实线) 和基于 ARIMA(3,1,2)、随机游走与指数平滑这三个模型的向前一步预测价格 (三角形虚线). 两条虚线为近似 95% 置信区间的边界线

2.5.4   极大似然估计方法简介 *

极大似然估计是统计推断中应用最广泛的一种技术. 假设我们有数据 $\boldsymbol{X}_T$, 它可以看作是来自某个总体的随机样本. 该总体的密度依赖于未知参数 $\boldsymbol{\theta}$, 将其记为 $f(\boldsymbol{X}_T; \boldsymbol{\theta})$. 密度和**似然函数**实际上是同一硬币的两个不同侧面. 当看作是 $\boldsymbol{X}_T$ 的函数时, 它被称为密度函数, 概率论中常用它来描述在 $\boldsymbol{X}_T$ 邻域内获取数据的可能性. 而在数据统计分析中, 数据 $\boldsymbol{X}_T$ 是已给出的, 我们的任务是一个逆向工程: 估计产生数据的分布的参数. 当 $f(\boldsymbol{X}_T; \boldsymbol{\theta})$ 看作是参数 $\boldsymbol{\theta}$ 的一个函数时, 它表明对每一个给定的参数值 $\boldsymbol{\theta}$, 获得数据 $\boldsymbol{X}_T$ 的可能性. 换言之,

$$L(\boldsymbol{\theta}) = f(\boldsymbol{X}_T; \boldsymbol{\theta})$$

是似然函数. 关于 $\boldsymbol{\theta}$ 极大化似然函数, 相当于找到最可能生成数据 $\boldsymbol{X}_T$ 的参数 $\widehat{\boldsymbol{\theta}}$. 它相当于最大化对数似然 $\ell(\boldsymbol{\theta}) = \log L(\boldsymbol{\theta})$ 或者最小化 $-\ell(\boldsymbol{\theta})$. 由此产生的最大化者称为极大似然估计 (MLE).

为了获得极大似然估计, 我们首先需要在数据生成过程的假设下推导概率密度函数. (2.48) 中对于具有高斯新息的 ARMA 过程给出了这样一个例子. 在给定

的对数似然下, 我们求解似然方程

$$\dot{\ell}(\widehat{\boldsymbol{\theta}}) = 0.$$

这通常由 Newton-Raphson 方法来求解: 给定一个初始值 $\boldsymbol{\theta}_0$, 下一个迭代值由泰勒展式来求解:

$$\dot{\ell}(\widehat{\boldsymbol{\theta}}) \approx \dot{\ell}(\boldsymbol{\theta}_0) + \ddot{\ell}(\boldsymbol{\theta}_0)(\widehat{\boldsymbol{\theta}} - \boldsymbol{\theta}_0) = 0,$$

这里, $\ddot{\ell}(\boldsymbol{\theta}_0)$ 是对数似然函数 $\ell(\boldsymbol{\theta})$ 的 Hessian 矩阵, 并假设其是可逆的. 这相当于计算下一个迭代

$$\widehat{\boldsymbol{\theta}} = \boldsymbol{\theta}_0 + \ddot{\ell}(\boldsymbol{\theta}_0)^{-1}\dot{\ell}(\boldsymbol{\theta}_0). \tag{2.52}$$

现在可以把新计算得的 $\widehat{\boldsymbol{\theta}}$ 当作初始值, 并利用 (2.52) 去计算一个新的更新. 继续这个迭代过程直到收敛.

在相当一般的条件下 (Lehmann, 1999), 极大似然估计是渐近无偏和统计有效的. 它是渐近正态的, 正态分布的均值为真实参数 $\boldsymbol{\theta}$, 协方差阵为 **Fisher 信息阵**. 这样的协方差矩阵的一个相合估计为

$$\widehat{\text{var}}(\widehat{\boldsymbol{\theta}}) = -\ddot{\ell}(\widehat{\boldsymbol{\theta}})^{-1}, \tag{2.53}$$

这是负的 Hessian 矩阵的逆. 这个矩阵通常可由统计程序包给出. 注意到, 当 $\ell'(\boldsymbol{\theta})$ 在 $\widehat{\boldsymbol{\theta}}$ 取得最大值时, 矩阵 $-\ddot{\ell}(\widehat{\boldsymbol{\theta}})$ 是正定的, 因此是协方差阵. 其对角线元素的平方根是 MLE $\widehat{\boldsymbol{\theta}}$ 的分量的标准差. 参见例 2.9. Delta 方法 (2.51) 仍然应用由 (2.53) 给出的渐近方差.

渐近均值和方差对统计推断是有用的. 例如, 检验零假设

$$H_0 : \boldsymbol{\theta} = \boldsymbol{\theta}_0, \tag{2.54}$$

Wald 检验统计量为

$$W = (\widehat{\boldsymbol{\theta}} - \boldsymbol{\theta}_0)^{\text{T}}\widehat{\text{var}}(\widehat{\boldsymbol{\theta}})^{-1}(\widehat{\boldsymbol{\theta}} - \boldsymbol{\theta}_0). \tag{2.55}$$

我们也可以用 $\widehat{\text{var}}(\boldsymbol{\theta}_0) = -\ddot{\ell}(\boldsymbol{\theta}_0)^{-1}$ 代替上面表达式中的 $\widehat{\text{var}}(\widehat{\boldsymbol{\theta}})$. 在零假设 (2.54) 下, W 的渐近分布是自由度为 p 的 χ^2 分布, 记为

$$W \overset{a}{\underset{H_0}{\sim}} \chi_p^2,$$

其中, p 是参数的个数, "$\overset{a}{\underset{H_0}{\sim}}$" 读作 "零假设下渐近分布为".

与 Wald 检验相关的是**极大似然比 (MLR) 检验**:

$$\text{MLR} = 2\{\ell(\widehat{\boldsymbol{\theta}}) - \ell(\boldsymbol{\theta}_0)\} \overset{a}{\underset{H_0}{\sim}} \chi_p^2. \tag{2.56}$$

这个检验也称为 Wilks 检验, 它是比较两个模型的似然比或等价于比较两个模型的对数似然的差: 全模型对参数 $\boldsymbol{\theta}$ 没有限制, 而约束模型的参数为 $\boldsymbol{\theta} = \boldsymbol{\theta}_0$. 如果差异很小, 则拒绝零假设的理由较弱. P 值可以在零假设下的渐近分布 χ_p^2 下进行计算.

MLR 检验可以进一步扩展为检验复合假设:

$$H_0 : \boldsymbol{\theta} \in \boldsymbol{\Theta}_0; \quad H_1 : \boldsymbol{\theta} \notin \boldsymbol{\Theta}_0, \tag{2.57}$$

其中, $\boldsymbol{\Theta}_0$ 是 p 维欧氏空间里的一个 p_0 维子空间. 令 $\widehat{\boldsymbol{\theta}}_0$ 为零假设下的极大似然估计. MLR 检验统计量可以推广为

$$\mathrm{MLR} = 2\{\ell(\widehat{\boldsymbol{\theta}}) - \ell(\widehat{\boldsymbol{\theta}}_0)\} = 2\{\max_{\boldsymbol{\theta}} \ell(\boldsymbol{\theta}) - \max_{\boldsymbol{\theta} \in \boldsymbol{\Theta}_0} \ell(\boldsymbol{\theta})\} \overset{a}{\underset{H_0}{\sim}} \chi_{p-p_0}^2. \tag{2.58}$$

这再次比较了两个模型的似然比或对数似然的差: 受约束参数空间对无约束参数空间.

为了保持这一节简洁, 我们这里不使用例子来说明极大似然方法. 它们将在上下文中需要的地方加以说明.

2.6　模型诊断: 残差分析

数据分析既是艺术, 也是科学. ARMA 模型的公式就是对未知数据生成过程的一个统计假设. 它对于一个给定的金融时间序列是否合适, 需要进行验证. 模型诊断是建立时间序列模型重要的一步. 它检查的是数据的拟合优度. 关键的思想很简单: 如果 ARMA 模型 (2.44) 对于给定的数据集是合适的, 那么残差

$$\widehat{\epsilon}_t = X_t - \sum_{j=1}^{p} \widehat{b}_j X_{t-j} - \sum_{i=1}^{q} \widehat{a}_i \widehat{\epsilon}_{t-i}, \qquad t = p+1, \cdots, T \tag{2.59}$$

应表现像白噪声. 我们可以用初始值 $\widehat{\epsilon}_{p+1-i} = 0$, $i = 1, \cdots, q$, 来计算上面的递归式. 大多数电脑程序包可以将可逆模型转换为 $\mathrm{AR}(\infty)$ 来计算残差. 对于残差分析有两种方法: 可视化诊断和白噪声检验.

2.6.1　残差图

绘制残差 $\widehat{\epsilon}_t$ 关于时间 t 的图形是有用的. 这样的图形使我们能够检验残差是否存在时间趋势或强序列相关. 如果残差表现像白噪声, 那么这样的图形应该是无固定模式的. 图 2.11 展示了一些好的以及差的残差模式. 一个合适的拟合可以得到一个类似于左上图形的残差图. 在这个图中, 残差围绕零随机波动. 其他三个图

形展示出一些系统的模式, 表明拟合模型的不足. 我们经常绘制标准化残差, 即残差除以它们的标准差. 如果 ϵ_t 是正态的, 那么标准化残差图中约有 95% 的点落在 $[-2, 2]$ 的范围内.

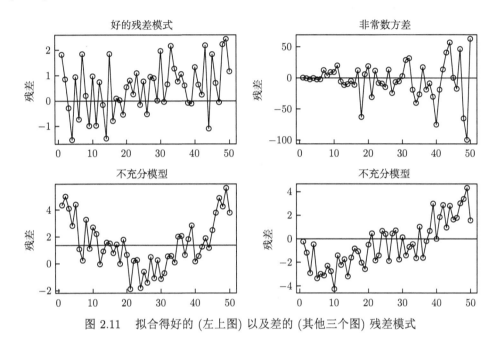

图 2.11   拟合得好的 (左上图) 以及差的 (其他三个图) 残差模式

同样, 我们可以绘制 $\widehat{\epsilon}_t$ 关于 X_t 或 X_{t-k}, 或者甚至关于拟合值 $\widehat{X}_t$ 的图形, 其中

$$\widehat{X}_t = \sum_{j=1}^{p} \widehat{b}_j X_{t-j} + \sum_{i=1}^{q} \widehat{a}_i \widehat{\epsilon}_{t-i}, \qquad t = p+1, \cdots, T.$$

如果所有这些图都是无固定模式的, 则说明这个拟合模型是恰当的.

我们也可以观察残差的 ACF, PACF, EACF. 所有的这些相关系数都不应该在非零阶滞后处显示出显著的非零相关. R-函数 `tsdiag` 为每个拟合模型生成三个诊断图. 例如, arima312 是由 ARIMA(3,1,2) 模型去拟合 2011 年的黄金价格得到的一个 R 对象, 见上面的 2.5.3 节. 为了生成图 2.12 中的图形, 我们调用 R-函数:

```
> tsdiag(arima312, gof.lag=15)
```

图 2.12 中有三个图形. 尽管时间序列的标准化残差大部分都在 $[-2, 2]$ 的范围内, 但相比该时期的前面部分而言, 后面部分的残差更大. 图中的第二个图形显示在所有非零滞后阶处的相关性都不显著, 表明残差表现像白噪声过程. 第三个

图形描绘了 Ljung-Box 检验统计量 Q_m 的 P 值, 该统计量作为 m 的函数, 由 (1.15) 式给出. 这证实了第一和第二个图形中观察到的白噪声模式. 图 2.13 显示了应用 ARIMA(0,1,1) 模型, 即指数平滑, 拟合同一个数据集得到的残差的相同的图形. 因为这个模型较简单, 所以其残差的范围较大, 而且有几个非零时间滞后阶处的自相关系数超出了 95% 的显著性边界.

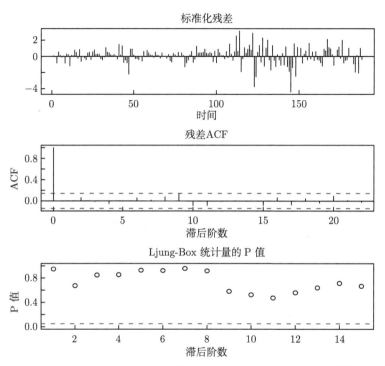

图 2.12   对 2011 年 1 月—11 月的日黄金价格拟合 ARIMA(3,1,2) 模型的诊断图

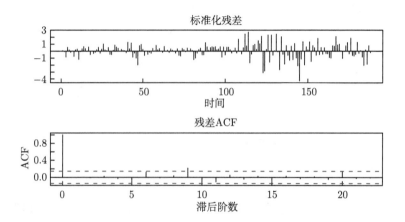

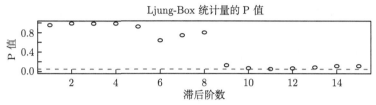

图 2.13 对 2011 年 1 月—11 月的日黄金价格拟合 ARIMA(0,1,1) 模型 (即指数平滑) 的
诊断图

1.5 节中介绍的 Q-Q 图也经常用于诊断正态白噪声的假设是否恰当. 图 2.14
显示了分别用 ARIMA(3,1,2) 模型和 ARIMA(0,1,1) 模型拟合 2011 年的黄金价
格所生成的残差关于正态分布的 Q-Q 图. 拟合的这两个模型残差分布的尾部要比
正态分布的尾部厚. 这在金融数据中很常见.

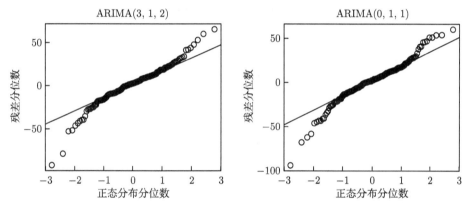

图 2.14 对 2011 年 1 月—11 月的日黄金价格拟合的 ARIMA 模型的残差关于正态分布的
Q-Q 图

2.6.2 残差的拟合优度检验

原则上讲, 1.4.1 节中描述的白噪声检验方法可以用于检验残差是否为白噪
声. 然而, 这里的一个复杂问题是, 拟合模型所得到的残差不是原始数据. 这些数
据被用来估计模型中的参数这一事实导致了检验中 "自由度" 的减少. 例如, 当用
(1.15) 中定义的 Ljung-Box 统计量 Q_m 去检验拟合平稳 ARMA(p,q) 模型所生成
的残差时, 自由度需要从 χ_m^2 调整为 χ_{m-p-q}^2. 也就是说, 用于计算 P 值的参考分
布应是自由度为 $m - p - q$ 的 χ^2 分布. 注意, 这种调整类似于 (2.58). 在实际中,
我们经常应用不同 $m(> p + q)$ 值的 Ljung-Box 检验.

诊断图中的第三个图形由 R-函数 `tsdiag` 所生成, 绘制了残差的 Ljung-Box
检验的 P 值对 $m - p - q$ 值的图形, 见图 2.12 和图 2.13. 值得注意的是, 对 2011

年 1 月—11 月的日黄金价格, 拟合的 ARIMA(3,1,2) 模型残差的 Ljung-Box 检验在所有的滞后阶处都不显著, 而当 $m \geqslant 10$ (即 $m - p - q = m - 1 \geqslant 9$) 时, 拟合的 ARIMA(0,1,1) 模型残差 Ljung-Box 检验的 P 值却非常小.

2.7　基于信息准则的模型识别

虽然基于残差的模型诊断方法是有效的, 并且在实际中被广泛地应用, 远超过时间序列建模的范围, 但是它们具有明显的缺点, 即检测过度拟合是无能为力的. 过度拟合通常会导致不必要的带有一些冗余参数的复杂模型, 从而增加了估计参数的误差. 这也使得对拟合模型的解释变得更加困难. 将拟合优度和模型的简单性结合起来考虑是一个很好的建模策略. 赤池的信息准则 (AIC) (Akaike, 1973) 和它的诸多变形都是基于这两个因素之间的权衡来选择一个最优的模型.

对于由极大似然方法拟合的模型, AIC 定义为

$$\text{AIC} = -2(\text{最大化似然函数})$$
$$+ 2(\text{估计参数的个数}). \tag{2.60}$$

对于具有正态新息的平稳 ARMA(p, q) 模型, 上式可简化为

$$\text{AIC}(p, q) = T \log(\widehat{\sigma}^2) + 2(p + q + 1), \tag{2.61}$$

是 (2.49) 定义的新息方差的高斯极大似然估计.

(2.61) 式**右端**的第一项表征了模型拟合优度, 其中 $\widehat{\sigma}^2$ 会随着 p 和 q 值的增大而减小. (2.61) 式**右端**的第二项是对模型复杂性的惩罚, 随着 p 和 q 值的增大而增大. 我们选择使得 AIC(p, q) 达到最小的阶数 (p, q).

AIC 是通过考虑未知的真实模型与拟合模型的 Kullback-Leibler 信息距离最小化而导出的. 在 Fan 和 Yao(2003) 的 3.4.1 节可以找到其推导的适度说明. 关于 AIC 及其相关主题更系统的处理, 我们引用 Kitagawa (2010) 的文献. 特别地, AIC 不会得到相合的阶数选择 (Akaike, 1970; Shibata, 1980; Woodroofe, 1982).

由于 AIC 往往会高估阶数, 所以通常的选择是**贝叶斯信息准则** (BIC) (Schwarz, 1978), 由下式给出

$$\text{BIC}(p, q) = T \log(\widehat{\sigma}^2) + (p + q + 1) \log T. \tag{2.62}$$

由于 BIC 惩罚阶数要比 AIC 更严格 (当 $\log T > 2$ 时), 所以 BIC 选择的 ARMA 模型的阶数没有 AIC 选择的阶数大. 它的确会导致过于简化的 ARMA 模型.

自 Akaike 的 AIC 开创性工作以来, 已经发展了许多种信息准则, 参见 Choi (1992) 的综述. 例如, Hurvich 和 Tsai (1989) 提出通过插入因子 $T/(T-p-q-2)$ 来增加惩罚. 进而得到下面的 AICC 准则

$$\text{AICC}(p, q) = T\log(\hat{\sigma}^2) + \frac{2(p+q+1)T}{T-p-q-2}. \tag{2.63}$$

AIC 和 BIC 依然是实际中最常用的信息准则. 经验表明 AIC 是一个好的起点.

因为 ARMA 模型系数的高斯 MLE 仅依赖于序列的 ACF [见 (2.48) 及 Fan 和 Yao (2003) 的 3.2 节和 3.3 节], 所以可能存在很多不同的 ARMA 模型, 它们为观察数据集的样本 ACF 提供了几乎同样好的近似. 因此, 我们可以考虑将最小 AIC 值附近小范围内的 AIC 值所对应的模型作为主要的备选模型. 然后从备选模型中根据可解释性、简单性、诊断检验以及其他考虑因素来进行模型选择. 如果我们更喜欢反映重点和可解释性特征的简单模型, 则可以尝试采用例如 BIC. 另一方面, 基于一个稍微高估阶数的 AR 模型进行的预测几乎没有什么害处. 事实上, Shibata(1980) 证明了 AIC 是渐近有效的, 而 BIC 不是. 渐近有效性是一种所希望的性质, 由拟合模型的一步均方预测误差所定义. AIC 的目的不是为了相合性, 其不相合也不一定是个缺陷 (Hannan, 1986).

对于之前分析的 2011 年 1 月—11 月的日黄金价格, 下表列出了三个拟合模型, 也即 ARIMA(3,1,2)、指数平滑模型 ARIMA(0,1,1)、随机游走模型 ARIMA(0, 1, 0) 的 AIC, AICC, BIC 的值 (为了方便阅读, 所有数值都减去 1600).

	ARIMA(3,1,2)	ARIMA(0,1,1)	ARIMA(0,1,0)
AIC	86.63	91.39	89.54
AICC	87.09	91.46	89.56
BIC	106.05	97.86	92.78

在这三种方法中, AIC 和 AICC 都支持 ARIMA(3,1,2), 它通过了 Ljung-Box 的拟合优度检验 (见图 2.12), 并提供了最好的**样本外预测** (见 2.5.3 节). 另一方面, BIC 选择随机游走模型 ARIMA(0,1,0), 且指数平滑模型 ARIMA(0,1,1) 要优于 ARIMA(3,1,2). 注意, Ljung-Box 检验表明残差中存在一些自相关性 (见图 2.13). 如果我们在所有 ARIMA$(p, 1, q)$ 模型 $(0 \leqslant p, q \leqslant 5)$ 中扩大搜索范围, AIC 选择 ARIMA(5,1,4) (AIC=1686.47) 为最佳模型, ARIMA(3,1,2) 次之; AICC 选择 ARIMA(3,1,2) 为最佳模型, ARIMA(2,1,2) 次之; BIC 选择 ARIMA(0,1,0) 和 ARIMA(0,1,1) 为两个最佳模型. 结合**样本外预测**的表现及诊断检验的结果, 对于这个特定的数据集, 我们推荐 ARIMA(3,1,2) 模型作为一个具有综合竞争力的模型.

　　值得指出的是, 上述报告的 AIC 值是由 R-函数 `arima` 返回的. R 是根据公式 (2.60) 计算 AIC 值的, 该公式与 (2.61) 不同, 相差一个常数. 但这些差异对模型选择没有影响.

　　在应用 AIC 或 BIC 时, 我们总是假设所有的候选模型都嵌套在平滑参数族中. 此外, 我们假设时间序列是平稳的, 并且真正的模型包含在有关的族中. 非平稳情况下的推广可以在诸如 Pötscher (1989) 和 Kim (1998) 中找到. 当真实模型不在给定的族内时, 最佳逼近的信息标准可以参见, 例如 Konishi 和 Kitagawa (1996) 的研究.

2.8　随机和确定性趋势

　　2.3.1 节指出, 对于随机游走和 ARIMA 类型的非平稳过程, ACF 图衰减缓慢. 同样的现象可能是由确定性趋势的存在而造成的. 图 2.15 展示了从两个不同模型生成的两个时间序列, 即随机游走模型

$$X_t = X_{t-1} + \epsilon_t \tag{2.64}$$

和带有确定性趋势的白噪声模型:

$$Y_t = 0.1t + \epsilon_t, \tag{2.65}$$

其中, ϵ_t 为独立的 $N(0,1)$ 随机变量. 两个过程的样本 ACF 的外形非常相似: 在较小的滞后阶处接近 1, 并且随着滞后阶数的增加而缓慢衰减, 见图 2.15 中下面的两个图形. 对于 (2.64) 中定义的随机游走, X_t 可以定义为

$$X_t = X_0 + \sum_{j=1}^{t} \epsilon_t = X_0 + v_t,$$

其中, $v_t = \sum_{j=1}^{t} \epsilon_t$ 称为随机趋势. 它由 (2.36) 式可以得到

$$\mathrm{Corr}(X_t, X_{t+k}) = \sqrt{t/(t+k)} > 0, \qquad k = 0, 1, \cdots.$$

图 2.15 左上方的图形中显示的增长势头是一种假象, 这是由时间点附近的强正相关性以及随时间增加的方差而导致的. 实际上, 随机游走模型 (2.64) 的不同实现可能会显示完全不同的 "趋势" (因此是 "随机趋势"). 这与模型 (2.65) 中 $0.1t$ 的确定性增长趋势形成了鲜明的对比, 见图 2.15 左上方的图形.

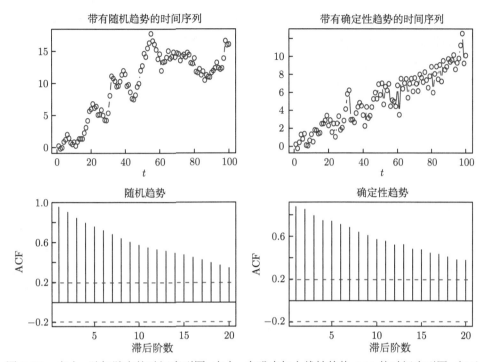

图 2.15 左上: 随机游走的时间序列图. 右上: 白噪声加上线性趋势 $0.1t$ 的时间序列图. 左下: 随机游走的样本 ACF. 右下: 带有线性趋势的白噪声的样本 ACF

2.8.1 剔除趋势

正如我们在 2.3.1 节中讨论的那样, 具有随机趋势的时间序列模型在建立诸如资产价格波动等非平稳现象的模型时是很重要的. 处理这些随机趋势的一个有效方法是应用 ARIMA 模型, 即先进行差分, 然后用平稳的 ARMA 模型对差分数据进行建模. 同样的策略也可以用于具有确定性趋势的模型. 例如, 对于由 (2.65) 定义的 Y_t, $\nabla Y_t = 0.1 + \epsilon_t - \epsilon_{t-1} \sim \mathrm{MA}(1)$, 因此 $Y_t \sim \mathrm{ARIMA}(0,1,1)$. 如果确定性趋势是诸如 $Y_t = at^2 + bt + c + \epsilon_t$ 这样的二次函数, 则 $\nabla^2 Y_t = 2a + \epsilon_t - 2\epsilon_{t-1} + \epsilon_{t-2} \sim \mathrm{MA}(2)$. 实际上, 无论是随机趋势还是确定性趋势, 都可以通过足够多次的差分来剔除. 进行多次差分的一个缺点就是每个差分都可能使得数据的相依结构变得更加复杂. 因此, 在实际中通过仔细地观察每一次差分序列的 ACF 来避免过度差分是很重要的.

对于具有确定性趋势的时间序列, 我们还可以使用适当的回归模型来消除趋势. 例如, 简单的线性回归 $Y_t = a + bt + \epsilon_t$ 可以将 (2.65) 生成的数据中的线性趋势成功剔除. 这样做的好处是, 回归拟合的残差可能保留原来模型中简单的结构 (如白噪声). 然而, 只有有充分的理由来假定这种具体的参数形式时, 我们才应该使用参数回归模型来剔除这一趋势. 例如, 虽然人们认为图 2.15 左上方图形显示的序列中的趋势是一种增长趋势, 但是应用线性回归来消除它将是灾难性的. 这是因为潜在的动态结构是一个随机游走, 因此拟合确定性的线性趋势完全是误导. 应用非参数回归技术来消除确定性趋势, 可参考 Fan 和 Yao (2003) 的 6.2 节. 另一方面, 因为差分在即使不知道是什么趋势时也可以处理确定性趋势和随机趋势, 因此采用差分会更安全.

2.8.2　增广的 Dickey-Fuller 检验

由于存在动态或确定性的趋势, 样本 ACF 的缓慢衰减常被视为非平稳时间序列的一种特征. 通常采用差分法, 最终用适当的 ARIMA 模型对数据进行拟合. 尽管如此, 我们也希望应用一些正式的统计检验来评估是否需要差分. **增广的 Dickey-Fuller (ADF) 检验**就是这样的一种检验. 此外, 它还可以用来为潜在的确定性趋势识别一些具体的参数形式. ADF 检验与 1.4.3 节中介绍的 Dickey-Fuller 检验本质上是相同的, 但 ADF 检验还适用于以下扩展模型: $Z_t = \nabla X_t = X_t - X_{t-1}$,

$$X_t = \alpha X_{t-1} + b_1 Z_{t-1} + \cdots + b_p Z_{t-p} + \epsilon_t, \tag{2.66}$$

$$X_t = \mu + \alpha X_{t-1} + b_1 Z_{t-1} + \cdots + b_p Z_{t-p} + \epsilon_t, \tag{2.67}$$

$$X_t = \mu + \beta t + \alpha X_{t-1} + b_1 Z_{t-1} + \cdots + b_p Z_{t-p} + \epsilon_t. \tag{2.68}$$

扩展模型允许在模型中有差分序列的滞后项、漂移项和线性趋势项. 零假设为 $H_0 : \alpha = 1$, 备择假设为 $H_1 : \alpha < 1$. 前者表示非平稳的过程, 后者表示平稳的过程. 当 $\alpha = 1$ 时, (2.66)—(2.68) 中的前两个模型进一步说明 Z_t 是 AR(p) 模型, 而第三个模型是具有线性趋势的 AR(p) 模型.

设 $\widehat{\alpha}$ 为 α 的最小二乘估计, 且 SE$(\widehat{\alpha})$ 表示其标准差. 当 ADF 检验统计量 W 小于临界值时, 我们拒绝 H_0, 其中 $W = (\widehat{\alpha} - 1)/\text{SE}(\widehat{\alpha})$ 与 Dickey-Fuller 检验统计量 (1.19) 的形式相同. ADF 检验的临界值与 Dickey-Fuller 检验的临界值相同, 并已在 1.4.3 节的表 1.2 中给出. 临界值的进一步改进依赖于自回归阶数 p 和样本量 n, 参见 Cheung 和 Lai (1995). Phillips 和 Perron (1988) 研究了涉及模型 (2.66)—(2.68) 中 ϵ_t 的更复杂结构的检验的扩展.

模型 (2.66)—(2.68) 中的一个隐含假设为, 自回归系数 $b_1, \cdots, b_p$ 满足方程 $1 - b_1 x - \cdots - b_p x^p = 0$ 的所有根都在单位圆外这一条件. 因此, 如果在 (2.66) 中不能拒绝零假设 $H_0 : \alpha = 1$, 则差分过程 Z_t 可能是平稳的 AR(p). 如果在 (2.67) 中不能拒绝 H_0, Z_t 可能是带有非零漂移项的平稳的 AR(p). 在这种情况下, 原始的过程 X_t 可能包含一个确定性趋势 $c + \mu t$ (可能也包含一个随机趋势). 注意,

ADF 检验无法区分确定性趋势和随机趋势. 如果在 (2.68) 中不能拒绝 H_0, X_t 有可能包含 (确定性) 二次趋势. 值得注意的是, 一些真实的时间序列可能同时包含确定性趋势和随机趋势. (2.66)—(2.68) 中的设置的确允许它们可以一起出现.

R 代码 "aDF.test.r" 定义了 ADF 检验函数 aDF.test: aDF.test(x, kind = i, k = p), 其中 x 是数据向量, p 是模型中的自回归阶数, 模型 (2.66) 中的 i 设置为 1, 模型 (2.67) 中的 i 设置为 2, 模型 (2.68) 中的 i 设置为 3. 我们将 aDF.test 应用于图 2.15 最上方的两个图形中显示的两个数据集, 其中 k=0, 并列出获得的 P 值如下:

模型	(2.66)	(2.67)	(2.68)
随机游走	> 0.90	0.59	0.64
带有线性趋势 $0.1t$	> 0.90	0.24	< 0.01

对于来自随机游走模型 (2.64) 的数据, ADF 检验不能拒绝模型 (2.66)—(2.68) 中的零假设 $\alpha = 1$. 这建议我们可以先对数据进行差分. 对于仅有线性确定性趋势 $0.1t$ 的模型 (2.65) 生成的数据, ADF 检验在显著性水平为 1% 下正确地拒绝了模型 (2.68) 中假设 $\alpha = 1$. 这证实了差分数据不含有确定性线性趋势. 在模型 (2.67) 下, 检验不能拒绝零假设 $\alpha = 1$——这是正确的推断, 因为现在差分数据包含一个漂移项 $\mu = 0.1$. 同样检验在模型 (2.66) 下也不能拒绝零假设. 这不应该理所当然地视为是对假设模型的证实. 相反, 检验只是证实了没有明显的证据来反对假设模型, 我们可以把 "不拒绝 H_0" 的结果作为差分数据的指示. 虽然上面列出的 P 值是在 aDF.test 中使用选项 k=0 获得的, 但使用 k=1 或 k=2 也产生类似的 P 值, 并且不会改变检验的结果.

2.8.3 例子

我们现在考虑 2011 年 11 月 16 日—2012 年 4 月 5 日的 S&P 500 的日指数价格. 我们选择这个时期是因为对数价格呈现出线性增长趋势, 见图 2.16. 而样本 ACF 线性衰减并且非常缓慢, 表明随机或确定性 (线性) 趋势的存在. 将 ADF 检验应用于对数价格序列, R-函数 aDF.test(y, kind = 1, k = i)(i 在 0 到 6 之间) 返回的 P 值大于 0.9. 因此, 我们不能拒绝假设 $\alpha = 1$ 和模型 (2.66). 这表明我们可以先对对数价格进行差分, 这将导致用 ARIMA 模型拟合对数价格序列, 或者相当于用平稳的 ARMA 模型拟合收益率序列. 基于模型 (2.67) 进行检验, aDF.test(y, kind =2, k = i)(i 在 0 到 6 之间) 返回的 P 值也大于 0.25. 这表明这一时期的对数价格可能包含线性确定性趋势. 因为 aDF.test(y, kind =3, k = i)(i 在 0 到 6 之间) 返回的 P 值小于 0.06, 所以拒绝模型 (2.68). 我们可以有把握地得出结论, 没有证据表明价格有任何 (确定性的) 二次趋势.

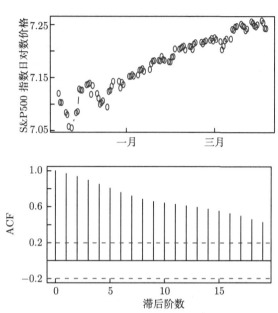

图 2.16   2011 年 11 月 16 日—2012 年 4 月 5 日的 S&P 500 指数日对数价格 (最上面的图形), 以及它们的样本 ACF 图 (最下面的图形)

   基于上述 ADF 检验的分析表明, 该期间 S&P 500 指数价格可能存在线性确定性和/或随机趋势. 设 Y_t 表示在 t 时刻的对数价格. 将 Y_t 对时间 t 进行回归, 我们得到一个拟合的线性模型

$$Y_t = 7.089 + 0.002t + X_t, \quad t = 1, \cdots, 97,$$

$$X_t = 0.721 X_{t-1} + 0.197 X_{t-2} - 0.275 X_{t-3} + \epsilon_t, \tag{2.69}$$

其中 $\epsilon_t \sim \mathrm{WN}(0, 0.009^2)$, 残差 X_t 可通过 AR(3) 模型拟合得到. 注意, 残差 X_t 与其样本 ACF 和 PACF 一起绘制在图 2.17 左侧的三个图形中. PACF 图表明 AR(3) 是一个合适的模型, 它也是由 AIC 来选择的. 图 2.17 中还显示了收益率 (即对数价格的差分) 及其样本 ACF 和 PACF.

```
AR/MA
  0 1 2 3 4 5 6 7 8 9 10 11 12 13
0 o o o o o x o x o o  o  o  o  o
1 x o o o o x o x o o  o  o  o  o
2 o x o o o o o o o o  o  o  o  o
3 o x o o o o o o o o  o  o  o  o
4 x x o o o o o o o o  o  o  o  o
5 o x x o o o o o o o  o  o  o  o
```

6 o x o o o o o o o o o o o   o   o   o
7 o x o o o o o o o o o o o   o   o   o

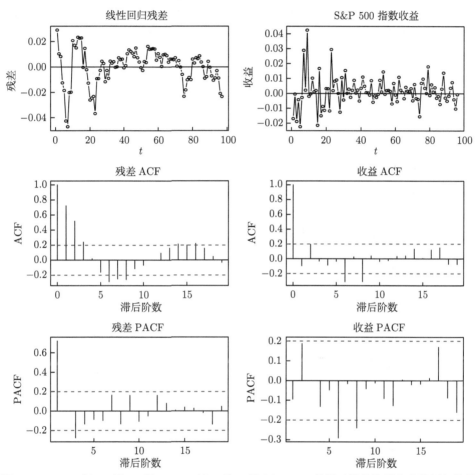

图 2.17   2011 年 11 月 16 日—2012 年 4 月 5 日 S&P 500 的日对数价格拟合直线回归的残差时间序列图及其样本 ACF 图 (左边 3 个图形). S&P 500 指数收益率的时间序列图及其样本 ACF 和 PACF 图 (右边 3 个图形)

现在对于收益率数据, PACF 图建议是 AR(8) 模型, ACF 图建议是 MA(8) 模型. 然而, 上面的 EACF 表明 ARMA(2,2) 是一个更简洁的选择, 实际上该模型具有较小的 AIC 值.

对于收益率数据, 拟合的 ARMA(2,2) 模型为

$$Z_t = 0.040 Z_{t-1} + 0.043 Z_{t-2} + \epsilon_t - 0.103 \epsilon_{t-1} + 0.194 \epsilon_{t-2}, \qquad (2.70)$$

其中 $Z_t = Y_t - Y_{t-1}$, 且 $\epsilon_t \sim \mathrm{WN}(0,\, 0.009^2)$.

对于所选期间内的 S&P 500 指数的对数价格, 模型 (2.69) 和 (2.70) 都为数据中呈现出来的增长动态提供了合理的拟合. 两者之间的偏好取决于分析的目标. 具有确定性趋势的模型相对容易理解. 然而, 趋势函数是不够灵活的, 只有当我们确定这种趋势函数具有实际意义时才应使用. 另一方面, 虽然如 (2.70) 的 ARIMA 模型往往比较复杂, 但它具有足够的灵活性, 能够跟上趋势的变化方向. 例如, 如果我们的目标是预测 S&P 500 指数的未来价格, 那么除非我们确信图 2.16 中显示的增长势头在未来将会持续一段时间, 否则模型 (2.70) 将是一个更安全的选择. 有关金融市场的预测趋势和动量特征的进一步讨论将在 2.9.2 节中给出.

2.8.4   季节性

一些金融时间序列展现出周期性行为. 一个典型的例子是公司每股季度收益, 其呈现出增长趋势和季节模式. 图 2.18 描述了从 1984 年到 2013 年, IBM、强生公司 (JNJ) 的季度收入. IBM 经历了从 1992 年最后一个季度到 1993 年第三季度的运营亏损, 因此它们的对数并不存在.

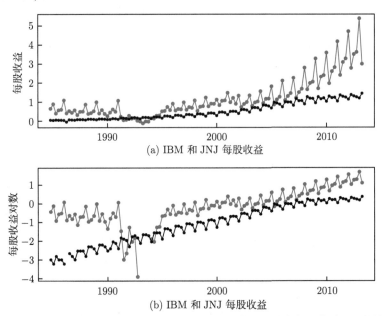

图 2.18   从 1984 年到 2013 年, IBM (浅色)、JNJ (深色) 的季度每股收益. 上面的图形: 每股收益; 下面的图形: 每股收益的对数

设 X_t 为强生制药公司季度收益的对数时间序列. 该公司在 1986 年第一季度亏损 5 美分. 为了便于说明, 我们用 1985 年第一季度和 1987 年第一季度的平均收入 0.07 替换它.

序列的相关性被差分 $\nabla X_t = X_t - X_{t-1}$ 明显地削弱了. 比较图 2.19(a) 和 (b) 中的 ACF 函数, 可以清楚地看到振荡模式是由季节性造成的. 为了消除**季节性**效应, 我们通常使用季节差分

$$\nabla_4 X_t = (1 - B^4)X_t = X_t - X_{t-4}. \tag{2.71}$$

这样可以消除季节模式. 由此得到的时间序列的 ACF 如图 2.19(c) 所示. 一般来说, m 期季节差分使用算子 $\nabla_m = (1 - B^m)$. 消除相关性和季节性效应变换为

$$(1 - B^4)(1 - B)X_t = X_t - X_{t-1} - X_{t-4} + X_{t-5}. \tag{2.72}$$

相应的 ACF 如图 2.19(d) 所示. 于是可使用 ARMA 模型拟合该去趋势和去季节性的数据. 事实上, 去季节性的数据已经消除了线性趋势. 因此, 可以直接用 ARMA 模型拟合它.

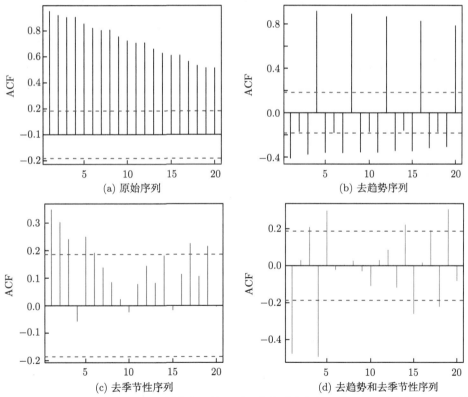

图 2.19　1984 年—2013 年强生制药公司的股票对数收益自相关函数. (a) 原始序列 $\{X_t\}$ 的 ACF; (b) 去趋势序列 $\{\nabla X_t\}$ 的 ACF; (c) 去季节性序列 $\{\nabla_4 X_t\}$ 的 ACF; (d) 去趋势和去季节性序列 $\{(1 - B^4)(1 - B)X_t\}$ 的 ACF

2.9 预　　测

时间序列分析的一个主要目标就是预测未来值. 这通常是通过建立一个基于历史数据的适当模型 (如 ARIMA) 来实现的. 对于金融应用来说, 一些经验法则在预测市场趋势和动量特征方面通常起着重要而有效的作用. 在本节中, 我们首先讨论基于模型的预测. 它适用于平稳时间序列的预测, 或者至少这个序列差分后是平稳的. 然后, 我们简要介绍金融交易中广泛使用的所谓**技术分析**, 它主要是发现金融市场的趋势和动量特征. 分析的直接目的是预测价格变动的方向, 而不是价格本身. 2.3.2 节中介绍的指数平滑技术 (也即, 基于 ARIMA(0,1,1) 模型的预测) 是用于技术分析指示器的关键构建块.

2.9.1 ARMA 过程的预测

本节中我们假设模型是完全已知的, 包括所有的参数. 虽然这样的假设是不真实的, 但它大大地简化了推导. 在实际中, 未知参数是由其估计代替的.

设 $X_1, \cdots, X_T$ 是一个时间序列的观测值. 我们的目标是预测未来值 X_{T+k}, $k \geqslant 1$. 假设没有额外的信息可用, 我们仅基于观测值 $X_1, \cdots, X_T$ 预测未来. 用 $X_T(k)$ 来表示对 X_{T+k} 的预测. 我们可以寻找预测 $X_T(k) = f_0(X_1, \cdots, X_T)$ 作为观测数据的函数, 使得均方预测误差 (MSPE)

$$E[\{X_{T+k} - f(X_1, \cdots, X_T)\}^2] \tag{2.73}$$

在所有预测 f 中达最小. 这样导致了最小二乘预测

$$X_T(k) = E(X_{T+k} | X_T, X_{T-1}, \cdots, X_1), \quad k \geqslant 1.$$

见 Fan 和 Yao (2003) 的命题 3.2. 直观上这是非常清楚的. 最佳预测 $X_T(k)$ 只不过是给定直到 T 时刻的信息时, 所有可能实现 X_{T+k} 的平均. 图 2.20 给出了这个的示例. 注意, 到目前为止我们还没有对 $\{X_t\}$ 加任何条件. 从技术上讲, 假设我们知道时间序列过去的全部无穷多个值更方便. 因此上述最小二乘预测可以调整为

$$X_T(k) = E(X_{T+k} | X_T, X_{T-1}, \cdots) = E_T X_{T+k}, \quad k \geqslant 1. \tag{2.74}$$

以后我们用符号 E_T 来表示给定直到 T 时刻的信息时的条件期望. 当样本容量 T 较大时, 假设我们也观察到了 $X_0, X_{-1}, X_{-2}, \cdots$, 这对 $X_T(k)$ 的影响很小.

考虑如下的线性预测类也是有指导意义的

$$\beta_0 + \beta_1 X_1 + \cdots + \beta_T X_T.$$

最佳线性预测就是寻求系数向量 $\boldsymbol{\beta}$ 使下式达到最小

$$E[\{X_{T+k} - \beta_0 - \beta_1 X_1 - \cdots - \beta_T X_T\}^2], \tag{2.75}$$

通过展开上述二次函数, 发现准则函数 (2.75) 只依赖于过程的前两阶矩, 即均值和自协方差函数. 因此, 最优的线性预测只依赖于均值和自协方差函数.

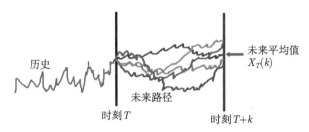

图 2.20 给定 $X_1, \cdots, X_T$ 时, X_{T+k} 的最佳预测示例, 它是所有可能取值的平均

显然, (2.73) 中使用的预测类比线性预测类要大得多. 因此, 最小二乘预测应具有比最佳线性预测更小的 MSPE. 然而, 最小二乘预测更难以由经验数据估计. 条件期望 (2.74) 是由 $(X_{T+k}, X_T, X_{T-1}, \cdots)$ 的联合分布来确定的. 它可能是过去值的一个非线性函数, 不能由自相关函数完全决定. 然而, 对于一类特殊的 ARMA 模型, 最佳预测如下面的例子所示恰好是线性的.

例 2.10 我们考虑 AR(1) 模型

$$X_t = bX_{t-1} + \epsilon_t,$$

其中 $|b| < 1$, $\epsilon_t \sim \mathrm{WN}(0, \sigma^2)$. 进一步假设不可预测的条件:

$$E\{\epsilon_t | X_{t-1}, X_{t-2}, \cdots\} = 0, \tag{2.76}$$

这比 $\epsilon_t \sim \mathrm{IID}(0, \sigma^2)$ 的条件要弱. 则一步向前预测为

$$X_T(1) = E_T\{bX_T + \epsilon_{T+1}\} = bX_T,$$

这是线性的. 它的均方预测误差为

$$\mathrm{MSPE}\{X_T(1)\} = E[\{X_{T+1} - X_T(1)\}^2] = E(\epsilon_{T+1}^2) = \sigma^2.$$

为了预测 X_{T+2}, 注意

$$X_{T+2} = \epsilon_{T+2} + bX_{T+1} = \epsilon_{T+2} + b\epsilon_{T+1} + b^2 X_T.$$

由 (2.76) 得

$$X_T(2) = E_T X_{T+2} = b^2 X_T.$$

X_{T+2} 中没有预测到的是未来的噪声 $\epsilon_{T+2} + b\epsilon_{T+1}$. 因此

$$\mathrm{MSPE}\{X_T(2)\} = E\{(\epsilon_{T+2} + b\epsilon_{T+1})^2\} = (1 + b^2)\sigma^2.$$

一般地, 对于任意 $k \geqslant 1$,

$$X_{T+k} = \epsilon_{T+k} + b\epsilon_{T+k-1} + \cdots + b^{k-1}\epsilon_{T+1} + b^k X_T.$$

从而有

$$X_T(k) = b^k X_T,$$

以及

$$\mathrm{MSPE}\{X_T(k)\} = (1 + b^2 + \cdots + b^{2(k-1)})\sigma^2.$$

因此 X_{T+k} 的 95% 预测区间为

$$X_T(k) \pm 1.96\sigma\sqrt{1 + b^2 + \cdots + b^{2(k-1)}}.$$

当预测长度 k 增加时, 均方预测误差也增加. 当 $k \to \infty$ 时, $X_T(k) \xrightarrow{P} 0$, 以及

$$\mathrm{MSPE}\{X_T(k)\} \to \frac{\sigma^2}{1 - b^2} = \mathrm{var}(X_{T+k}). \tag{2.77}$$

这表明长期预测是很困难的, 因为最佳预测是时间序列的均值. 实际上, 预测误差趋近于无条件方差.

我们考虑一个因果可逆的 ARMA(p, q) 模型:

$$X_t - b_1 X_{t-1} - \cdots - b_p X_{t-p} = c + \epsilon_t + a_1\epsilon_{t-1} + \cdots + a_q\epsilon_{t-q}, \tag{2.78}$$

其中 $\epsilon_t \sim \mathrm{WN}(0, \sigma^2)$ 满足不可预测条件 (2.76). 由于不能直接观察到新息 ϵ_t, 所以带有 MA 部分的时间序列的预测增加了复杂性. 可逆条件意味着 X_t 有以下 AR(∞) 的表示式

$$X_t - \mu = \epsilon_t + \sum_{\ell=1}^{\infty} \varphi_\ell(X_{t-\ell} - \mu), \tag{2.79}$$

其中, $\mu = c/(1 - b_1 - \cdots - b_p)$, φ_ℓ 由原始模型 (2.78) 中的 a_i 和 b_j 决定, 见 2.2.3 节. 这表明我们能够从观测值 $X_t, X_{t-1}, \cdots$ 中**恢复**新息 $\epsilon_t, \epsilon_{t-1}, \cdots$. 因此

$$\epsilon_T(k) \equiv E_T(\epsilon_{T+k}) = \begin{cases} 0, & k \geqslant 1, \\ \epsilon_{T+k}, & k \leqslant 0, \end{cases} \tag{2.80}$$

即未来噪声的最佳预测是 0, 已实现噪声的最佳预测是其本身. 注意到

$$X_{T+1} = c + b_1 X_T + \cdots + b_p X_{T+1-p} + \epsilon_{T+1} + a_1 \epsilon_T + \cdots + a_q \epsilon_{T+1-q}$$

且两边同时取 E_T, 因此可得一步向前预测满足以下表达式

$$X_T(1) = c + b_1 X_T + \cdots + b_p X_{T+1-p} + a_1 \epsilon_T + \cdots + a_q \epsilon_{T+1-q}. \tag{2.81}$$

实际中应用这个公式时, 我们假设对于所有的 $t \leqslant 0$ 都有 $X_t = 0$. 然后用 (2.79) **恢复** $\epsilon_1, \cdots, \epsilon_T$ 的值.

更一般地, 对下式

$$X_{T+k} = c + b_1 X_{T+k-1} + \cdots + b_p X_{T+k-p} + \epsilon_{T+k} + a_1 \epsilon_{T+k-1} + \cdots + a_q \epsilon_{T+k-q}$$

两边同时取 E_T, 我们得到下面的多步预测递归公式:

$$\begin{aligned} X_T(k) = {} & c + b_1 X_T(k-1) + \cdots + b_p X_T(k-p) \\ & + a_1 \epsilon_T(k-1) + \cdots + a_q \epsilon_T(k-q), \quad k \geqslant 1, \end{aligned} \tag{2.82}$$

其中, $\epsilon_T(k)$ 由 (2.80) 定义, 且对于所有的 $j \leqslant 0$, 有 $X_T(j) = X_{T+j}$.

比较 (2.81) 和 (2.78), 很容易看到

$$\mathrm{MSPE}\{X_T(1)\} = \mathrm{var}(\epsilon_{T+1}) = \sigma^2.$$

为了计算 $\mathrm{MSPE}\{X_T(k)\}$, 其中 $k > 1$, 我们需要借助模型 (2.78) 的因果性质. 注意到因果关系意味着 X_t 有以下 $\mathrm{MA}(\infty)$ 的表达式

$$X_t - \mu = \epsilon_t + \sum_{\ell=1}^{\infty} \psi_\ell \epsilon_{t-\ell}, \tag{2.83}$$

其中 ψ_ℓ 由 (2.78) 中的 a_i 和 b_j 决定, 见 2.2.3 节. 这个 MA 表示的一个直接结果就是 X_t 的方差有一个简单表达式:

$$\mathrm{var}(X_t) = \sigma^2 \left\{ 1 + \sum_{\ell=1}^{\infty} \psi_\ell^2 \right\}. \tag{2.84}$$

对于 $k \geqslant 1$,

$$X_{T+k} = \mu + \epsilon_{T+k} + \sum_{\ell=1}^{\infty} \psi_\ell \epsilon_{T+k-\ell}.$$

将这个与 (2.74) 和 (2.80) 相结合, 我们可以得到

$$X_T(k) = \mu + \sum_{\ell=k}^{\infty} \psi_\ell \epsilon_{T+k-\ell}, \qquad (2.85)$$

即未来的噪声是不可预测的. 因此

$$\mathrm{MSPE}\{X_T(k)\} = E[\{X_{T+k} - X_T(k)\}^2] = \sigma^2 \left\{ 1 + \sum_{\ell=1}^{k-1} \psi_\ell^2 \right\}, \qquad (2.86)$$

它随 k 的增加而增加, 表明当预测长度增加时, 预测误差也会增加.

　　长期预测是困难的. 当 $k \to \infty$ 时, 由 (2.85) 式, $X_T(k) \xrightarrow{P} \mu$. 换句话说, 最佳预测是时间序列自身的均值. 实际上, 由 (2.84) 有 $\mathrm{MSPE}\{X_T(k)\} \to \mathrm{var}(X_{T+k})$, 与未预测的相同.

　　对于 ARIMA 过程, 我们可以使用上述技术来预测适当的差分过程的未来值. 例如, 如果 $X_t \sim \mathrm{ARIMA}(p, 1, q)$, 则对于较大的 k, $X_{T+k} - X_{T+k-1}$ 的预测值接近于一个常数 μ. 因此, 对于大的 k, 从 X_T 到 X_{T+k} 的预测增量接近于 μk. 当 $\mu \neq 0$ 时, 它是过程中的线性趋势.

　　2.5.3 节中的黄金价格数据在前面用于 ARIMA 模型一步向前预测的示例, 见图 2.10. 现在我们用这个数据来说明 R 中的多步预测. 假设 2011 年 1 月至 10 月的黄金价格数据保存在 R 的对象 Gold 中. 我们应用 ARIMA(3,1,2) 模型来拟合这个数据集 (使用该模型的理由见 2.5.3 节), 并使用 R-函数 predict.arima 预测 11 月份的 17 个价格:

```
> fitGold <- arima(Gold, order=c(3,1,2))
> preGold <- predict(fitGold, n.ahead=17)
```

R 在 preGold$pre 中返回 17 个预测值, 并在 preGold$se 中返回它们的标准差. 标准差是由 (2.86) 中定义的 MSPE 的平方根. 我们在表 2.2 中列出了预测值、近似 95% 的预测区间 (即预测值 ±1.96×SE) 以及真值. 预测区间包含了所有 17 天的真实价格, 但它们比图 2.10 中所画的一步向前预测的区间要宽得多. 此外, 随着预测长度的增加, 区间的宽度也会增大. 这反映了进一步预测未来会增加不确定性, 这是因为所有的预测都是基于截至 10 月底的数据.

2.9.2　金融市场趋势和动量的预测

　　虽然 2.9.1 节中给出的基于模型的预测方法在预测具有一定程度平稳性的随机现象时很有用, 但它由于过于严格以至于不能预测金融市场的趋势和动量特征. 即使没有像战争或自然灾害等外部力量的影响, 金融价格本身也是非常不稳定的:

市场趋势和动量变化没有任何预警, 是随机的, 每一个新的变化都会与之前的变化不同. 虽然金融价格的收益率可以看作是 (宽) 平稳的, 但很少有序列相关性, 这是因为任何可察觉的相关性都会被敏锐的市场参与者快速地探索到. 金融价格缺乏平稳性和缺乏收益自相关性是妨碍 ARIMA 模型有效预测未来市场走势的两大基本原因. 另一方面, 由交易专业人士开发和运用的所谓技术分析, 取得了越来越大的发展动力, 并在预测市场趋势和动量特征方面取得了较大的成功.

表 2.2 2011 年黄金价格的多步向前预测

日期	预测价格	预测区间	真实价格
1	1671.2	(1631.0, 1711.4)	1673.8
2	1672.9	(1615.9, 1729.9)	1690.6
3	1672.5	(1600.6, 1744.3)	1717.2
4	1671.1	(1586.9, 1755.4)	1708.5
7	1672.4	(1578.7, 1766.1)	1749.8
8	1672.8	(1569.9, 1775.8)	1735.3
9	1671.3	(1559.2, 1783.5)	1720.7
10	1671.9	(1552.2, 1791.5)	1711.4
11	1672.9	(1546.1, 1799.6)	1739.6
14	1671.7	(1537.4, 1806.1)	1732.0
15	1671.5	(1530.7, 1812.4)	1733.6
16	1672.7	(1525.9, 1819.6)	1715.1
17	1672.1	(1518.9, 1825.4)	1671.0
18	1671.4	(1512.2, 1830.7)	1676.2
21	1672.4	(1507.9, 1837.0)	1635.0
22	1672.4	(1502.4, 1842.5)	1653.1
23	1671.4	(1495.9, 1847.1)	1648.3

市场趋势指的是金融市场在某一特定时期内向上或向下移动的假定趋势. 这些运动并不一定是严格单调的, 而且通常伴随着小幅度的波动. 一种趋势的长度可能从几分钟到几年不等. 向上的趋势通常称为牛市趋势, 向下的趋势称为熊市趋势. 此外, 动量被称为价格进一步上涨或者持续下跌的趋势. 趋势和动量是金融市场中广泛使用的概念. 虽然很难, 但我们尽可能给出一个能够普遍接受的定义. 已经开发了许多技术指标来检测市场趋势和动量特征. 下面我们将介绍两类指标.

MACD

异同移动平均线 (MACD) 是由 Gerald Appel 于 20 世纪 70 年代末开发的, 是一种最简单、最常用的趋势和动量特征指标. 参见 Appel (2009). 设 P_t 是 t 时刻的价格. 对于给定的参数 k, 指数移动平均定义为

$$\mathrm{EMA}_k(t) = \frac{2}{k+1} P_t + \frac{k-1}{k+1} \mathrm{EMA}_k(t-1). \qquad (2.87)$$

容易看出, $\mathrm{EMA}_k(t)$ 是 P_{t+1} 的指数平滑预测

$$\text{EMA}_k(t) = (1 - \lambda) \sum_{j=0}^{\infty} \lambda^j P_{t-j}, \quad \lambda = (k-1)/(k+1), \tag{2.88}$$

参见 (2.39) 和 (2.38). 因此上述的 EMA 是基于价格过程 P_t 的 ARIMA(0,1,1) 模型的 P_{t+1} 的预测, 其中移动平均系数为 $\lambda = (k-1)/(k+1)$. 尽管 (2.88) 中的求和涉及一个无穷和, 但和式中的加权系数呈快速地指数衰减. 因此计算 (2.88) 时只用有限项就很有效. 对于整数 k, 第 $(k+1)$ 项的系数是

$$\lambda^k = \left(1 - \frac{2}{k+1}\right)^k \to e^{-2} = 0.135, \quad \text{当 } k \to \infty \text{ 时,}$$

这是不可忽略的, 但是它的第 $(2k+1)$ 项的系数大约是 $e^{-4} = 0.018$, 这是可以忽略的. 由于这个原因, (2.88) 也被称为是 k 期指数移动平均.

现在, 我们用指数平滑法来定义异同移动平均线. 对于两个给定的参数 $l > s \geqslant 1$, 它们分别代表了短期和长期的移动平均线, MACD 定义为

$$\text{MACD}(t) \equiv \text{MACD}_{s,l}(t) = \text{EMA}_s(t) - \text{EMA}_l(t),$$

即它是一个周期为 s 的较短的指数移动平均与一个周期为 l 的较长的指数移动平均之间的差. 正如其名, MACD 中的信息由这两个指数移动平均的聚合与偏离来反映. 较短的移动平均 $\text{EMA}_s(t)$ 更快, 更能反映市场走势, 而较长的移动平均 $\text{EMA}_l(t)$ 较慢, 对价格变化的反应较少.

MACD 在零线 $y = 0$ 处上下振荡, 这条线称为 MACD 图上的中心线. 正的 MACD 意味着短期移动平均比长期移动平均要大, 这是一个看涨的趋势, 也是买入的时候. 当 $\text{EMA}_s(t)$ 在 $\text{EMA}_l(t)$ 上方进一步偏离时, 正值增加. 这意味着向上的动量在增加. 负的 MACD 意味着短期移动平均比长期移动平均要小, 表明是空头趋势, 且是卖出的时候. 当 $\text{EMA}_s(t)$ 在 $\text{EMA}_l(t)$ 下方进一步偏离时, 负值进一步增加. 这意味着向下的动量在增加.

在 MACD 图中添加一条信号线是有意义的. k 期信号定义为

$$\text{Signal}(t) \equiv \text{Signal}_k(t) = \frac{2}{k+1}\text{MACD}(t) + \frac{k-1}{k+1}\text{Signal}_k(t-1),$$

即 $\text{Signal}_k(t)$ 是 $\text{MACD}(t)$ 的指数平滑, 其中 $\lambda = (k-1)/(k+1)$, 参见 (2.87) 和 (2.88). 信号线的交叉是最常见的 MACD 信号. 作为 MACD 指标的移动平均, $\text{Signal}_k(t)$ 通过追踪 MACD, 使 MACD 的变化更容易被发现. 当 MACD 出现并穿过信号线时, 就会出现一个看涨的交叉, 表明是买入的时间. 当 MACD 下降并在信号线下方交叉时, 会出现一个看跌的交叉. 交叉的长度取决于动量的强度.

　　MACD 的常规设置是使用 $s = 12$, $l = 26$ 和 $k = 9$ 的日价格, 以及 $s = 5$, $l = 35$ 和 $k = 5$ 的周价格. 一个具有较小 s 和较大 l 的 MACD 对于市场运动表现得更敏感, 同时也创造更多的中心线交叉和信号线交叉. 使用上述指标时要小心谨慎: 由于所有这些测量都是用指数平滑来定义的, 因此, MACD 越过中心线或信号线的交叉通常滞后于市场变化的方向. 更重要的是, 交叉本身不会提供任何关于趋势的长度和大小的信息. 对于后者, **MACD 柱状图**定义为

$$\text{Hist}(t) = \text{MACD}(t) - \text{Signal}(t),$$

它也是沿着 MACD 图生成的. $\text{Hist}(t)$ 的大的正值显示了牛市的强劲势头. $\text{Hist}(t)$ 的小的负值显示出熊市的强劲势头.

　　我们现在给出上述指标的一些真实数据的示例, 这用 R 程序包 "quantmod" ——一个带有主页 www.quantmod.com 的 R 语言的定量金融建模与交易框架. 这个包提供了 MACD、EMA 等直接计算这些技术指标的功能. 它还为技术分析提供了强大的图形功能. 要安装和上传这个包, 我们调用 R

```
> install.packages("quantmod")
> library(quantmod)
```

程序包 quantmod 提供了多种工具, 用于下载、提取和以 OHLC 格式显示日常价格. (缩写 OHLC 代表开盘价、最高价、最低价和收盘价.) 例如, 从雅虎财经网上下载高盛公司的股票价格到当前的 R 对话框

```
> getSymbols("GS")
```

从谷歌财经下载雅虎的价格

```
> getSymbols("YHOO", src="google")
```

选项 `src` 指定数据下载源. 目前数据下载源包括 `yahoo` (默认网站)、`google`、`FRED` (圣路易斯联邦储备银行提供 1.1 万个经济序列) 和 `Oanda` (一个货币网站). 从雅虎下载 S&P 500 指数价格

```
> getSymbols("^GSPC")
```

这个下载的 S&P 500 指数目前的每日价格在一个 R 对象 GSPC 中. 为了仅提取 2011 年的价格, 并将每日收盘价与 MACD 图表一起绘制, 可用

```
> SP500 <- GSPC["2011"]
> chartSeries(SP500,type="line",TA=c(addMACD(),addMACD(5,10,4)),
        theme="white")
```

见图 2.21. 修改参数 `type` 值 "line" 为 "candlesticks", 将产生一个 K 线图, 该图将 OHLC 的信息结合在一起, 它经常被交易专业人员用于技术分析. 通过`?chart-Series` 可查看绘制各种图表的选项列表.

　　从图 2.21 中容易看出, MACD 可以作为价格变动的有效指标. 看一下 $\text{MACD}_{12,26}(t)$ 和 $\text{Signal}_9(t)$ 的中间图形会发现, 在大多数情况下, 价格的上涨是可以由 $\text{MACD}(t) > \text{Signal}(t)$ 来发出信号的. $\text{Hist}(t)$ 的大的正值表明, 增长的动量是强劲的. 另一方面, 价格下跌的时刻通常由 $\text{MACD}(t)<\text{Signal}(t)$ 的这一事实来表明, 而 $\text{Hist}(t)$ 的大的负值则表示价格下降的强劲势头. 由于 S&P 下调美国财政部的长期国债评级, 2011 年 8 月上半月的价格大幅下跌, 其由 $\text{Hist}(t)$ 的小的负值可以清楚地标出. 对前两个图形的仔细观察显示, 价格变动与 MACD 信号之间出现了延迟, 这是由于在定义指标时采用了移动平均的性质. 此外, $s = 12$ 和 $l = 26$ 的 MACD 忽略了更高频率的价格波动, 例如, 在 8 月和 10 月之间的. 注意, MACD 线在这段时间内远远低于中心线, 且在同一时期清楚地表明了是熊市. 比较图 2.21 中两个较低的图形, 将周期的参数从 (12,26,9) 改为 (8,30,9)(即图 2.21 中底部的图形) 可以缓解 MACD 信号的延迟问题, 并使该特定数据集的信号更加敏锐.

　　RSI

　　虽然 MACD 为市场趋势和动量特征提供了有用的指标, 但它没有界限. 因此它对于识别市场的某些极端走势, 比如超买和超卖, 并不是特别好. 由 J. Welles Wilder 开发的**相对强度指数** (RSI) 是一种动量振荡器, 它测量了价格波动的速度和幅度. 例如, 见 Brown (2012).

　　设 $I(\cdot)$ 为示性函数. 那么时间序列 $\{(P_t - P_{t-1}) I(P_t > P_{t-1})\}$ 和 $\{(P_t - P_{t-1}) I(P_t < P_{t-1})\}$ 就是收益和损失序列. 时刻 t 的平均收益和损失可以通过指数平滑技术来定义. 对于一个给定的正整数 k, 在过去 k 个周期内时刻 t 的平均增益和损失定义为

$$\text{avGain}_k(t) = \frac{1}{k} (P_t - P_{t-1}) I(P_t > P_{t-1}) + \frac{k-1}{k} \text{avGain}_k(t-1),$$
$$\text{avLoss}_k(t) = \frac{1}{k} (P_{t-1} - P_t) I(P_t < P_{t-1}) + \frac{k-1}{k} \text{avLoss}_k(t-1).$$

类似 (2.88), 我们有

$$\text{avGain}_k(t) = \frac{1}{k} \sum_{j=0}^{\infty} \left(\frac{k-1}{k}\right)^j (P_{t-j} - P_{t-j-1})I(P_{t-j} > P_{t-j-1})$$

和

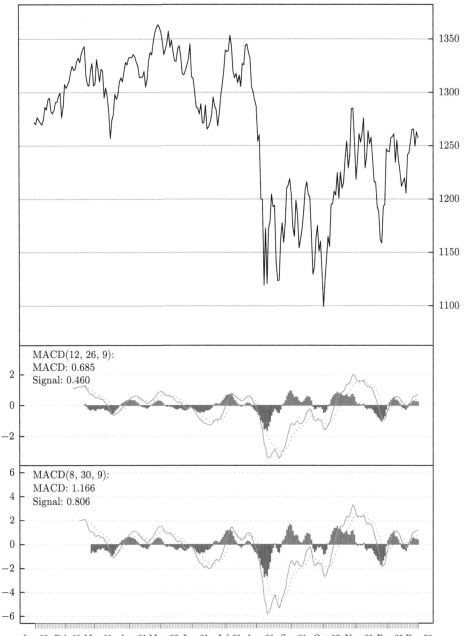

图 2.21   上面图形: 2011 年 S&P 500 指数的日收盘价. 两个较低图形: $\mathrm{MACD}_{12,26}(t)$ (实线)
和 $\mathrm{Signal}_9(t)$ (虚线), $\mathrm{MACD}_{8,30}(t)$ (实线) 和 $\mathrm{Signal}_9(t)$ (虚线). $\mathrm{Hist}(t) =$
$\mathrm{MACD}(t)\text{-}\mathrm{Signal}(t)$ 绘制为柱状图

$$\text{avLoss}_k(t) = \frac{1}{k} \sum_{j=0}^{\infty} \left(\frac{k-1}{k}\right)^j (P_{t-j-1} - P_{t-j}) I(P_{t-j} < P_{t-j-1}).$$

k 期 RSI 定义为

$$\text{RSI}_k(t) = 100 \times \frac{\text{avGain}_k(t)}{\text{avGain}_k(t) + \text{avLoss}_k(t)}.$$

由于 avGain 和 avLoss 都是非负的, 所以 $\text{RSI}_k(t)$ 总是在 0 到 100 之间. 此外, $\text{RSI}_k(t) = 100$, 当且仅当价格直到 t 时刻是单调递增的 (或更确切地说, 是单调非减的). $\text{RSI}_k(t) = 0$, 当且仅当价格直到 t 时刻是单调递减的. 这两种极端情况是罕见的. "超买" 一词描述了这样一种情况: 由于标的资产的高需求, 价格已经上升到一个过高的水平, 并且在不久的将来可能会出现回落. 因此, 超买意味着是卖出的时机. 相反, "超卖" 描述了一种情况, 即一种标的资产的价格已经大幅下跌, 并跌至其公允价值之下. 因此超卖意味着是买入的时机. 当 RSI > 70 时, 市场被认为是超买的, 而当 RSI < 30 时则被认为是超卖的. 可以调整这些传统级别, 以更好地满足安全性或分析需求. 对于每日的价格, 常规回顾期为 $k = 14$. 但这可以降低来增加灵敏度或提高来减少灵敏度. 例如, 10 天的 RSI 比 14 天的 RSI 更有可能达到超买或超卖的水平. 短线交易员有时会用 2 期的 RSI 来寻找高于 80 的超买读数和低于 20 的超卖读数.

图 2.22 显示了 2011 年 S&P 500 的日收盘价格在 $k = 14$ 和 $k = 10$ 的两个周期的 RSI 曲线. 这个图形是通过调用以下命令产生的:

```
> chartSeries(SP500, type="line", TA=c(addRSI(), addRSI(10)),
      theme="white")
```

RSI$(t; 14)$ 识别出 2 月中旬的一个超买期, 以及 8 月初的一个超卖期. 那些天数可以用 R-函数 RSI 清楚地识别出来

```
> rsiSP500 <- RSI(SP500[,4]) # 4th column are the close prices
> rsiSP500[rsiSP500>70] # list the overbought dates
2011-02-11 70.12352
2011-02-14 71.27811
2011-02-16 70.71710
2011-02-17 72.19894
2011-02-18 73.11855
> rsiSP500[rsiSP500<30] # list the oversold dates
2011-08-04 23.99090
2011-08-05 23.90388
2011-08-08 16.45753
2011-08-10 26.58873
```

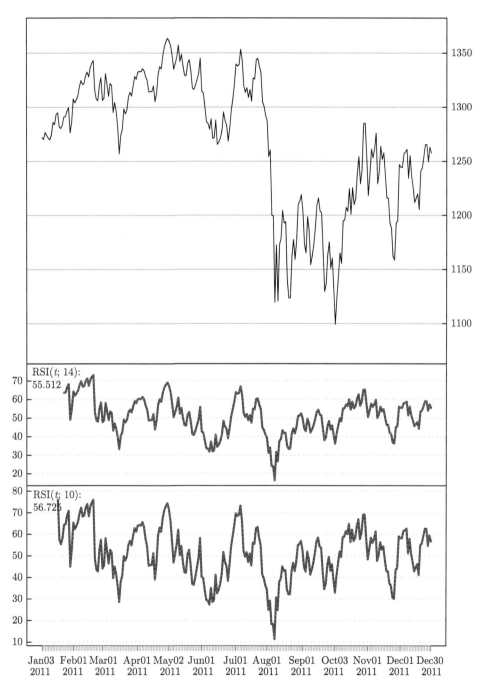

图 2.22   上面的图形: 2011 年 S&P 500 指数的每日收盘价. 两个较低的图形: RSI(t;14) 和
RSI(t;10) 曲线

查看图 2.22 的顶部图形的价格, 如果一个人在持有期间是灵活的, 也许会考虑在正确的时刻卖出或买入. 减少 $k = 14$ 到 $k = 10$ 会导致在这个特定时期产生更多的超卖和超买的头寸. 值得注意的是, 在 8 月初大幅下跌之前, RSI 未能及时发现看似明显的 "超买" 机会. 然而, 这一大幅下跌并不是因为 S&P 500 指数被超买. 相反, 它是由外部力量造成的, 即标准普尔下调了美国信用评级. 与 MACD 不同, RSI 信号没有延迟.

2.10   附录: R 语言的时间序列分析

2.10.1   从 R 开始

R 是一个基于 S 语言的数据分析和图形绘制的环境. 它也是一种功能齐全的编程语言, 可以免费为各种计算机操作系统 (包括 Windows、macOS 和 Linux) 提供完整的源代码. 它的官方主页是

$$\text{http} : // \text{www.r-project.org}$$

R 包含两个主要部分: 基础系统和一些 (超过 2k) 用户贡献的附加程序包, 所有这些都可以从上面的网站获得. 基础系统包括一些高优先级的附加程序包, 如图形系统、线性回归模型、时间序列分析等. 要安装 R, 请单击上述网站屏幕左侧的 CRAN, 并选择一个与你地理位置最近的镜像站点, 然后单击与计算机操作系统相匹配的名称. 根据屏幕上的说明, 安装基本系统应该是相当简单的. 在你第一次开始使用 R 之前, 你应该创建一个文件夹或目录, 比如 Rwork, 用来保存 R 分析的项目的数据文件 (你应该为不同的项目创建单独的文件夹/目录). 在电脑上成功安装了 R 之后, 如果使用的是 Windows, 你可以双击桌面上的图标 "**R**" 来启动它. R 控制台会弹出一个提示符 ">". 可以在这个提示符中输入 R 命令, 当你按下 "Enter" 键时, 它们将被执行. 一些最常用的命令/任务可以通过 R 控制台的菜单获得.

你的第一个任务是修改工作目录为已创建的文件夹, 比如, Rwork. 为此, 选择 File 菜单, 然后单击选项 Change dir.... 要退出 R, 输入提示 "q()". 每次退出 R 时, 你将收到一条消息, 询问 R 是否应该 save the workspace image. 单击 Yes, R 将在你的工作目录 Rwork 中保存工作映像: 在你的对话框中使用的所有对象 (包括数据集) 都保存在后缀名为.RData 的文件中, 以及所有在对话框中发出的命令都保存在后缀名为.Rhistory 的文件中. 你可以通过单击后缀名为.RData 的文件来重新启动对话框, 然后所有的对象都将被恢复.

现在 R 有许多非常好的参考手册. 在 R 官方网页上单击 Manuals 将会给你带来一些有用的文件, 如 R 的介绍、R 语言的定义等等. 要访问任何 R-函数的屏

幕手册, 例如: plot, 只需输入命令

```
> ?plot
```

你也可以去看一下, 比如?rnorm, ?qqplot 和?lm.

2.10.2 时间序列分析的 R-函数

在时间序列分析的背景下, 我们在下面列出了一些最常用的 R-函数/命令.

arima.sim: 从一个指定的 ARIMA 模型中模拟产生时间序列数据.

例如, 命令

```
> arima.sim(n=100, list(ar=c(0.7, -0.4), ma=0.5), sd=2)
```

是从下面的 ARMA 模型生成一个长度为 100 的序列

$$X_t = 0.7X_{t-1} - 0.4X_{t-2} + \epsilon_t + 0.5\epsilon_{t-1}, \quad \epsilon_t \sim_{\text{i.i.d.}} N(0, 2^2).$$

命令

```
> x <- arima.sim(n=150, list(order=c(1,1,0), ar=0.7),
rand.gen=rt, df=3)
```

是从 AR 系数为 0.7, 且独立新息服从自由度为 3 的 t 分布的 ARIMA(1,1,0) 模型生成一个长度为 150 的序列, 并把这 150 个数据存储在向量 x 中.

可从下面的命令找出这个函数的更多选项

```
> ?arima.sim
```

diff: 返回差分数据. 例如, 对 x 进行滞后 1 阶的差分, 并将这个差分存储到 y 中:

```
> y <- diff(x, lag=1)
```

plot.ts: 生成时间序列图. 例如, 尝试 plot.ts(x), plot.ts(x, type='o') 和 plot.

```
ts(diff(x), type='o')
```

acf: 计算和绘制样本 ACF 或样本 ACVF. 注意, acf(y) 是绘制 $\widehat{\rho}(k)$ 关于 k 的图形, 该图形有不变的置信界 $\pm 1.96/\sqrt{T}$, 而 acf(y, ci.type='ma') 是生成带有变化置信界 $\pm 1.96\{1 + 2\sum_{j=1}^{k-1}\widehat{\rho}(j)^2\}^{1/2}/\sqrt{T}$ (在每个滞后 k 阶处) 的图形, 见图 2.10.

pacf: 计算和绘制样本 PACF(带有置信界 $\pm 1.96/\sqrt{T}$).

arima: 拟合一个 ARIMA 模型.

一个简单的命令

```
> fitx <- arima(x, order=c(p,d,q))
```

是对数据 x 拟合一个 ARIMA(p, d, q) 模型, 并将拟合输出结果存储到 `fitx` 中. 查看拟合模型基本信息的命令:

```
> fitx
```

列出输出结果中所有元素的命令:

```
> summary(fitx)
```

例如, 只查看拟合模型中估计系数的命令:

```
> fitx$coef
```

在纯文本文件中编写 R 脚本通常很方便, 将其保存在你的工作文件夹中. 当你 source 该文件到 R 会话中时, 脚本中的所有命令都会被执行. 我们经常通过添加注释来提醒自己正在做什么. 为了便于这一点, R 忽略了符号 # 后面的文本. 只有用户的评论、提醒和解释应跟在 # 符号后面. 例如, 我们编写了一个纯文本文件 "fig23.r" 如下:

```
par(mfrow=c(5,1)) # set 5 panels in 1 column in the figure
par(mar=c(2,3,2,1), mgp=c(1.8,0.8,0)) # control margins and
                                      # space between panels
x1 <- rnorm(100,1,sqrt(1.81)) # generate 100 N(1,1.81) data
plot(x1, type='o', pch=19, col='blue', main='Normal white noise',
     xlab='', ylab='') # pch=19 specifies solid cycles as
                       # point charater
abline(1,0) # abline(a,b) superimposes line y=a+bx
x2 <- arima.sim(n=100, list(ma=0.9))+1 #generate 100 AR(1) data
plot(x2, type='o', pch=19, col='blue', main='MA(1) with a=0.9',
     xlab='', ylab='')
abline(1,0)
x3 <- arima.sim(n=100, list(ar=0.669))+1
plot(x3, type='o', pch=19, col='blue', main='AR(1) with
     b=0.669', xlab='', ylab='')
abline(1,0)
x4 <- arima.sim(n=100, list(ar=-0.669))+1
plot(x4, type='o', pch=19, col='blue', main='AR(1) with
     b=-0.669', xlab='', ylab='')
abline(1,0)
x5 <- arima.sim(n=100, list(ar=0.5, ma=0.279))+1
plot(x5, type='o', pch=19, col='blue', main='ARMA(1,1) with
     b=0.5 and a=0.279', xlab='', ylab='')
```

```
abline(1,0)
```

我们将该文件保存在我们的工作文件夹 Rwork 中. 然后由如下命令生成图 2.3

```
> source('fig21.r')
```

2.10.3　TSA——一个附加程序包

有相当多的附加包用于时间序列分析. 例如, TSA 是一个与 Cryer 和 Chan (2010) 的教材有关的程序包. 它包括了一些新的 R-函数, 如 eacf, LB.test. 它还修改了 R 的基础系统中的一些现有函数. 例如, 函数 arima 修改为在拟合中包含外生变量.Cryer 和 Chan (2010) 的 468 页给出了 TSA 中新函数的完整列表.

要安装 TSA, 请在 R 控制台中点击程序包菜单, 并选择 Set CRAN mirror: 选择与你地理位置相近的镜像站点. 然后再次单击程序包菜单, 单击 Install packages, 从程序包列表中选择 TSA, 最后单击 OK. 现在, R 应该自动安装 TSA 和所有相关的程序包. 安装完成后, 键入

```
> library('TSA') # To load all objects in package TSA to
                 # the current session
> help(package='TSA') # To access the info on objects in TSA
```

尽管你只需要安装一次程序包, 但你必须在每个会话中加载它 (即 library ('TSA')), 以便使用它的功能.

与所有的编程语言一样, R 可能一开始对初学者 (以及不经常使用的用户) 具有挑战性. 学习 R 的最好和最有效的方法是使用它, 因为实践经验是最具启发性的!

2.11　习　　题

2.1 设 $X_1, \cdots, X_T$ 是一平稳时间序列, 其自协方差函数为 $\gamma(\cdot)$. 记 $\boldsymbol{X} = (X_1, \cdots, X_T)$.

(a) 方差-协方差矩阵 $\mathrm{var}(\boldsymbol{X})$ 是什么?

(b) 对于任意常数向量 $\boldsymbol{a}$, 试证 $\mathrm{var}(\boldsymbol{a}^{\mathrm{T}}\boldsymbol{X}) = \boldsymbol{a}^{\mathrm{T}}\mathrm{var}(\boldsymbol{X})\boldsymbol{a}$.

2.2 考虑一个路径相关的收益函数 $Y_t = a_1 r_{t+1} + \cdots + a_k r_{t+k}$, 其中 $\{a_i\}_{i=1}^k$ 为给定的权重. 如果收益时间序列在 $\mathrm{cov}(r_t, r_{t+j}) = \gamma(j)$ 的意义下是宽平稳的 . 试证

$$\mathrm{var}(Y_t) = \sum_{i=1}^{k}\sum_{j=1}^{k} a_i a_j \gamma(i - j).$$

这个方差的一个自然估计是以下替代估计量:

$$\widehat{\mathrm{var}}(Y_t) = \sum_{i=1}^{k}\sum_{j=1}^{k} a_i a_j \widehat{\gamma}(i-j),$$

其中 $\widehat{\gamma}(i-j)$ 是由 (2.4) 定义的. 试证 $\widehat{\mathrm{var}}(Y_t) \geqslant 0$.

2.3 下面哪一个模型定义了一个平稳和因果时间序列? 通过找到它们的特征多项式的根来回答这个问题.

(a) AR(2): $X_t = 0.3X_{t-1} - 0.1X_{t-2} + \varepsilon_t$.

(b) MA(2): $X_t = \varepsilon_t + 2\varepsilon_{t-1} - 5\varepsilon_{t-2}$.

(c) ARMA(2,2): $X_t = -X_{t-1} + 6X_{t-2} + \varepsilon_t + 2\varepsilon_{t-1} - 5\varepsilon_{t-2}$.

2.4 假设股票收益率服从非线性动态模型 $X_t = 0.8\varepsilon_{t-1}^2/(1+\varepsilon_{t-1}^2) + \varepsilon_t$, 并且 $\{\varepsilon_t\} \sim_{\text{i.i.d.}} N(0,\sigma^2)$.

(a) 模拟长度为 500 的时间序列, 其中 $\sigma=1$, 并显示 ACF 和 PACF 的图形;

(b) 试证 $\{X_t\}$ 的 ACF 除了在滞后 0 阶处不为零, 其他都为零;

(c) 试用 (b) 证明 $\{X_t\}$ 的 PACF 为 0.

这个例子表明, ACF 和 PACF 主要对线性时间序列有用.

2.5 考虑 Yule-Walker 方程 (2.27). 试证明对于充分大的 k, 差分方程 (2.27) 的解的形式为

$$\gamma(k) = c_1\alpha_1^{-k} + \cdots + c_p\alpha_p^{-k},$$

其中 $\alpha_1,\cdots,\alpha_p$ 是特征函数 $b(x)$ 的互不相同的根. 提示: 用 $b(B)\gamma(k) = (1-\alpha_1 B)\cdots(1-\alpha_p B)\gamma(k) = 0$, 因此有某个 $(1-\alpha_j B)\gamma(k) = 0$.

2.6 对于一个 AR(p) 的过程

$$X_t = b_0 + b_1X_{t-1} + \cdots + b_pX_{t-p} + \varepsilon_t,$$

试证

(a) 对于 $k > p$, 有 $\pi(k) = 0$; 且

(b) 当 $\sum_{j=1}^{p}|b_j| < 1$ 时, 它是平稳的.

2.7 用 AR(3) 模型拟合 1926 年 1 月到 1997 年 12 月的 CRSP 的月度对数收益率后, 得到

$$\widehat{b}_0 = 0.0103, \quad \widehat{b}_1 = 0.104, \quad \widehat{b}_2 = -0.010, \quad \widehat{b}_3 = -0.120$$

估计的协方差矩阵如下:

$$\boldsymbol{S} = 1000^{-2}\begin{pmatrix} 2^2 & 34 & 0 & 0 \\ 34 & 34^2 & 0 & 0 \\ 0 & 0 & 34^2 & 0 \\ 0 & 0 & 0 & 34^2 \end{pmatrix}.$$

(a) $\widehat{b}_1$ 的标准差为多少?

(b) 在显著水平为 1% 下检验 $H_0 : b_1 = 0$.

(c) 年度收益率的估计为 $\widehat{r} = (1 + \widehat{\mu})^{12} - 1$, 其中 $\widehat{\mu} = \widehat{b}_0 / (1 - \widehat{b}_1 - \widehat{b}_2 - \widehat{b}_3)$. 构造一个年收益率的 95% 置信区间 (从上面给出的信息直接计算).

(d) 如果 $\mathrm{SE}(\widehat{\mu}) = 0.002186$ 已经计算出来, 直接获得年度收益率 $\widehat{r}$ 的标准差.

2.8 假设一个月度债券指数的对数收益率服从 MA(2) 模型:

$$X_t = 0.005 + \varepsilon_t + 0.2\varepsilon_{t-1} - 0.1\varepsilon_{t-2}, \quad \sigma = 0.03.$$

(a) 计算 $\mathrm{var}(X_t)$.

(b) 给定 $\varepsilon_{199} = 0.01$, $\varepsilon_{200} = -0.02$, 在时刻 $t = 200$ 处计算一步和两步向前预测.

(c) 获取 (b) 中相关的平均预测误差.

2.9 假设股票的每日简单收益服从 ARMA 模型

$$X_t = 0.1X_{t-1} + \varepsilon_t - 0.2\varepsilon_{t-1}, \quad \sigma = 0.1.$$

(a) 计算 $\mathrm{cov}(X_t, \varepsilon_t)$ 和 $\mathrm{var}(X_t)$.

(b) 将 ARMA 模型表示为一个 MA(∞) 模型.

(c) 给定 $\varepsilon_{99} = 0.01$, $\varepsilon_{100} = -0.02$ 和 $X_{99} = 0.2$, 在时刻 $t = 100$ 处计算一步和两步向前预测.

(d) 计算 (b) 中相关的平均预测误差.

2.10 假设 Fancy 投资公司的每周收益率为 $\{r_t\}$ (百分比) 服从以下 ARMA (2,1) 模型:

$$r_t = 0.22 + 0.1r_{t-1} + 0.02r_{t-2} + \varepsilon_t - 0.1\varepsilon_{t-1}, \quad \varepsilon_t \sim N(0, 4^2).$$

(a) 这个时间序列是平稳的吗? 并证明之.

(b) 时间序列 $Y_t = (r_t - 0.2)/5$ 的动态 (模型) 是什么?

(c) 根据 MA(∞) 模型表示 r_t. 提示:

$$\frac{1}{(1 - az)(1 - bz)} = \left(\frac{a}{1 - az} - \frac{b}{1 - bz} \right) \Big/ (a - b).$$

(d) 每年的期望收益率和波动率 (SD) 是多少? 你可以以 MA(2) 模型来截断波动率的计算.

(e) 对于任意的 $t > 2$, 给定直到 t 时刻的观测数据时, r_{t+1} 的条件分布是什么?

(f) 写出 Yale-Walker 方程.

(g) 假设基于过去 200 周的数据, 计算得出

$$\widehat{\rho}(1) = 0.1, \quad \widehat{\rho}(2) = -0.1, \quad \widehat{\rho}(3) = 0.1, \quad \widehat{\rho}(4) = -0.1, \quad \widehat{\rho}(5) = 0.1.$$

在不知道收益率的真实动态模型的情况下, 我们检验收益率序列是否为白噪声. 在显著水平 $\alpha = 1\%$ 下, 你得出什么结论?

2.11 设 $X_t = b_0 + b_1 X_{t-1} + \cdots + b_p X_{t-p} + \varepsilon_t + a_1 \varepsilon_{t-1} + \cdots + a_q \varepsilon_{t-q}$ 是一个平稳的 ARMA(p,q) 过程.

(a) 过程的期望值 $E(X_t)$ 是多少?

(b) 最佳两步预测是什么? 你可以假定真实的噪声 $\{\varepsilon_t\}_{t=1}^{T}$ 在 T 时刻是已知的.

(c) 最佳两步向前预测的平均预测误差是多少?

2.12 假设一个股票的价格服从 AR(1) 模型: $X_t = \mu + \rho X_{t-1} + \varepsilon_t$, 其中 $\{\varepsilon_t\} \sim_{\text{i.i.d.}} N(0, \sigma^2)$ 和 σ 是未知的.

(a) 推导 μ, ρ 的条件极大似然估计 $\tilde{\mu}$ 和 $\tilde{\rho}$. (这里条件似然指给定 X_1 时, $(X_2, \cdots, X_T)$ 的密度.)

(b) 对于 $T = 100$ 和 400, 使用模拟数据 (1000 次, 初始值 $X_0 = 0$) 去计算 DF 检验的零分布 (有漂移项和无漂移项) 的 95% 覆盖率和 99% 覆盖率. 举个具体例子, 在你的模拟实验中设置 $\mu = 0$ 和 $\sigma = 1$.

2.13 下载 Merck 公司在 2001 年 1 月 1 日至 2013 年 12 月 31 日的每日收盘价. 用必要的支持表格和图形分析每日数据. 回答下列问题.

(a) 对数价格是否服从一个带漂移的随机游走?

(b) 对数收益是否可以预测? 在显著性水平为 1% 下, 使用滞后 5 阶和 10 阶的 Ljung-Box 检验.

(c) 用 ARMA$(p,q)(p+q \leqslant 2)$ 模型拟合数据, 由 AIC 来定阶.

(d) 检查残差序列是否为白噪声.

(e) 预测 2014 年前两个星期的时间序列.

2.14 对平方对数收益率重新分析练习 2.13 中的 (b)—(e).

第 3 章 异方差波动率模型

波动率是资产收益率不确定性的一个度量. 它通常定义为资产收益率在给定当前时刻之前所有信息的条件标准差. 波动率概念几乎遍布金融学的每一个方面. 期权定价 (比如: 布莱克-斯科尔斯公式)、风险度量 (例如, 在险价值)、风险调整收益率 (例如, 夏普比率)、证券法 (例如, 巴塞尔协议 III 里的资本监管要求)、投资组合配置以及自营交易都与波动率有关.

第 2 章介绍的模型是对时间序列的条件均值建模. 它有利于预测金融时间序列的收益率, 或更一般地, 给定当前时刻之前信息时的条件期望. 实际上, 一个如 (2.30) 式所示的由白噪声新息过程定义的 ARMA 模型, 只可以确定前两阶无条件矩. 它没有涉及条件方差和更高阶矩, 因此也无法确定预测误差的不确定性了. 为了对 ARMA 模型进行统计推断, 我们一般假设新息过程是独立同分布的. 这个额外的假设在对具有显著的时变波动率的股票收益率进行建模时, 常常是有问题的, 见 1.2 节和 1.3 节.

本章中, 我们将介绍可以解释条件异方差 (或称为时变波动率) 的时间序列模型. 在金融时间序列中, 这些模型通常称为波动率模型, 这是因为金融市场的波动率, 虽然并不总是, 但一般都是由资产收益率在给定当前时刻之前信息的条件标准差度量的. 随着度量、预测以及管理金融头寸和金融市场不确定性和风险的与日俱增的重要性, 在过去的二十年里, 条件异方差模型得到了前所未有的发展和研究. 本章将介绍几个流行的条件波动率模型, 比如 ARCH、GARCH 和随机波动率模型. 我们也将给出选择一些其他模型的简要概述, 这些模型用来捕捉 1.2 节里列出的金融资产收益率的典型特征.

3.1 ARCH 和 GARCH 模型

假设 P_t 为 t 时刻资产的价格, $r_t = \log(P_t/P_{t-1})$ 表示对数收益率. 对收益率数据进行建模的标准方法是应用分解式

$$r_t = \mu_t + X_t, \tag{3.1}$$

其中, μ_t 表示收益率的 (条件) 均值, X_t 为扩散项, 可由下面的模型刻画:

$$X_t = \sigma_t \varepsilon_t, \quad \varepsilon_t \sim \text{IID}(0,1), \tag{3.2}$$

其中 $\sigma_t > 0$ 由 t 时刻之前可用的信息决定, 因此它在 t 时刻是可预测的, 且假设 ε_t 与 $\sigma_t > 0$ 独立. 时变的随机量 $\sigma_t > 0$ 常称为波动率函数. 对于大多数金融数据, 收益率由扩散项 X_t 主导. 实际上, 对于高频数据 (如日或更高频的收益率数据), 我们通常假设 $\mu_t \approx 0$. 即使对于周或者月数据, 由于资产收益率的弱可预测性, 取 $\mu_t = \mu$ 是合理的, 其中 μ 为常数, 可由平均收益率估计. 因此对于日收益率数据, 人们常取输入时间序列 r_t 作为 X_t; 而对于周或月收益数据, 取中心化的时间序列 r_t 作为 X_t. 鉴于以上原因, 我们本章主要集中讨论 (3.2) 式表示的波动率模型. μ_t 更精确的建模也是可能的, 详见 3.3 节.

3.1.1   ARCH 模型

(3.2) 中波动率函数 σ_t 的一个简单形式为**自回归条件异方差 (ARCH) 模型**

$$\sigma_t^2 = a_0 + a_1 X_{t-1}^2 + \cdots + a_p X_{t-p}^2, \tag{3.3}$$

其中 $a_0 > 0, a_j \geqslant 0$ $(1 \leqslant j \leqslant p)$ 为常数, p 为正整数. 由于 (3.2) 中 ε_t 与 $X_{t-1}, X_{t-2}, \cdots$ 独立, 容易得到

$$E_{t-1}(X_t) = \sigma_t E_{t-1}(\varepsilon_t) = 0 \quad \text{和} \quad \sigma_t^2 = \text{var}_{t-1}(X_t) = E_{t-1}(X_t^2), \tag{3.4}$$

其中 E_t 和 var_t 是给定 t 时刻之前信息时的条件均值和条件方差, 即, 例如 $E_t(\cdot) = E(\cdot|X_t, X_{t-1}, \cdots)$. 波动率函数 σ_t 是 X_t 给定其滞后项值的条件标准差. 我们将由 (3.2)-(3.3) 定义的过程记为 $X_t \sim \text{ARCH}(p)$.

ARCH 模型最初是由 Engle (1982) 在对英国通货膨胀率的预测方差进行建模时提出的. 自那时以来, 该模型被广泛地应用于金融资产收益率的波动率建模. 基本思想是很直观的: 基于其自身过去的 X_t 的预测分布是 ε_t 分布的尺度变换, 尺度变化常数 σ_t 依赖于 X_t 的滞后值. 例如, 如果 $\varepsilon_t \sim N(0,1)$, 那么预测分布即为 $N(0, \sigma_t^2)$. 因此我们只需要预测波动率 σ_t 即可, 这可归结为估计 (3.3) 中的系数 $a_0, a_1, \cdots, a_p$.

性质 (3.4) 表明, X_t 是一个鞅差, 因此它是不可预测的, 这与 (1.3) 节中的有效市场假设是一致的. 此外, 令 $\eta_t = (\varepsilon_t^2 - 1)\sigma_t^2$, 则有

$$X_t^2 = \sigma_t^2 + \eta_t = a_0 + a_1 X_{t-1}^2 + \cdots + a_p X_{t-p}^2 + \eta_t. \tag{3.5}$$

利用 σ_t 的可预测性、ε_t 与其过去值的独立性和 (3.2), 我们有

$$E_{t-1}(\eta_t) = \sigma_t^2(E_{t-1}(\varepsilon_t^2) - 1) = \sigma_t^2(E(\varepsilon_t^2) - 1) = 0. \tag{3.6}$$

因此 $\{\eta_t\}$ 是一个鞅差序列, 从而也是一个白噪声序列. 由此和 (3.5) 可知 $\{X_t^2\}$ 服从自回归 (AR) 模型. 因此 AR 过程的随机性质可以应用到时间序列 $\{X_t^2\}$. 我们用下面的简单例子来说明.

例 3.1 为了进一步理解 ARCH 模型的动态结构, 我们来看简单的 ARCH(1) 模型

$$X_t = \sigma_t \varepsilon_t, \quad \sigma_t^2 = a_0 + a_1 X_{t-1}^2, \quad \varepsilon_t \sim \text{IID}(0,1), \tag{3.7}$$

其中 $a_0 > 0$, $a_1 \geqslant 0$.

首先, 我们注意到, 如果 (3.7) 有一个严平稳解 $\{X_t\}$, 且 $E(X_t^2) < \infty$, 那么必须有 $a_1 \in (0,1)$, 这是因为

$$E(X_t^2) = E(\sigma_t^2) = a_0/(1-a_1),$$

此式可由对 (3.7) 的第二个方程中两边同时取期望得到.

实际上, 这个条件还是充分的, 见下面的定理 3.1. 对于这个特例, 有

$$X_t^2 = a_0 + a_1 X_{t-1}^2 + \eta_t.$$

此外, 如果 X_t 是严平稳的, 且有 $E(|X_t|^4) < \infty$ (见习题 3.1 的条件), 则这个 AR(1) 表达式还蕴含了

$$\text{Corr}(X_t^2, X_{t+k}^2) = a_1^{|k|}, \qquad k = 0, \pm 1, \pm 2, \cdots, \tag{3.8}$$

因此 X_t^2 总是正自相关的, 表明了波动率的可预测性. 另一方面, 由于收益率序列 $\{X_t\}$ 是一个鞅差序列, 所以它是不相关的, 也是不可预测的, 这和 1.3 节中的有效市场假设也一致.

我们可以用 AR(1) 的表达式进行预测. 对任意的 $k \geqslant 1$, 有

$$\text{var}_t(X_{t+k}) = E_t\left(X_{t+k}^2\right) = a_0 + a_1 E_t\left(X_{t+k-1}^2\right),$$

然后通过迭代, 可得

$$\text{var}_t(X_{t+k}) = \frac{a_0(1-a_1^k)}{1-a_1} + a_1^k X_t^2. \tag{3.9}$$

这表明 $|X_t|$ 的一个大值将会导致不久的将来有大的波动率持续一阵子. 因此 ARCH 模型能够产生波动率聚集效应——金融收益率的一个典型特征, 见 1.2 节.

为了测量尾部分布的厚度, 我们来比较收益率序列 $\{X_t\}$ 和新息序列 $\{\varepsilon_t\}$ 的峰度. 样本峰度的定义在 1.5.2 节, 但是这里我们比较的是总体峰度. 在 $E(\varepsilon_t^4) < \infty$ 和 $E(X_t^4) < \infty$ 的假设条件下, 利用 σ_t 的可预测性, 可得

$$E\left(X_t^2\right) = E(E_{t-1}(\sigma_t^2 \varepsilon_t^2)) = E(\sigma_t^2 E_{t-1}(\varepsilon_t^2)) = E(\sigma_t^2)E(\varepsilon_t^2), \tag{3.10}$$

其中 $E_{t-1}(\varepsilon_t^2) = E(\varepsilon_t^2)$ 是由于 ε_t 与 $X_{t-1}, X_{t-2}, \cdots$ 的独立性. 类似地

$$E(X_t^4) = E(\sigma_t^4)E(\varepsilon_t^4).$$

回想一下, X_t 和 ε_t 的峰度分别定义为

$$\kappa_x = \frac{E(X_t^4)}{E(X_t^2)^2}, \quad \kappa_\varepsilon = \frac{E(\varepsilon_t^4)}{E(\varepsilon_t^2)^2}. \tag{3.11}$$

由 (3.10) 和 (3.11) 可得

$$\kappa_x = \kappa_\varepsilon \frac{E(\sigma_t^4)}{(E\sigma_t^2)^2} \geqslant \kappa_\varepsilon, \tag{3.12}$$

其中最后一个不等式是因为 $E(\sigma_t^4) - (E(\sigma_t^2))^2 = \mathrm{var}(\sigma_t^2) \geqslant 0$. 这意味着, 用峰度来度量, 不管 ε_t 的分布如何, X_t 分布的尾部总是比 ε_t 厚.

　　图 3.1 是由模型 (3.7) 中 $a_0 = 0.1, a_1 = 0.9$ 且 $\varepsilon_t \sim N(0,1)$ 产生的长度为 1000 的时间序列实现而生成的. 在这个图形中, 图 (c) 描绘了作为时间 t 的条件波动率函数, 图 (a) 和 (c) 表明 $|X_t|$ 和 σ_t 的大值倾向于相互关联. 过程 $\{X_t\}$ 的无条件方差为

$$0.1/(1 - 0.9) = 1 \quad \text{或} \quad \mathrm{SD} = \sqrt{1} = 1.$$

这与图 (a) 中描绘的时间序列的标准差是一致的. 直方图 (b) 展示了 X_t 的厚尾现象, 且 Q-Q 图 (d) 中表现更为明显. 图 (e) 和 (f) 表明序列 X_t^2 有显著的自相关性, 但序列 X_t 却没有.

　　从习题 3.1 可知, $E(X_t^4) < \infty$ 的一个必要条件是 $a_1 \leqslant 1/\sqrt{E(\varepsilon_t^4)} = 1/\sqrt{3} = 0.557$. 因此 $a_1 = 0.9$ 的过程并没有有限的四阶矩. 所以 X_t^2 的 ACVF 以及 ACF 也无法定义. 尽管如此, 图 3.1 (f) 展示了 X_t^2 的样本自相关函数, 这与方程 (3.8) 并不相似. 例如, 滞后一阶的样本自相关系数约等于 0.4, 而不是 0.9. 这是由于当 $a_1 = 0.9$ 时, $E(X_t^4) = \infty$.

　　我们取 $a_1 = 0.4$, 此时 $E(X_t^4) < \infty$, 重复上面的练习, 结果展示在图 3.2 中. 在此情况下, 图 3.2 中的样本自相关函数 (ACF) 与 (3.8) 式中 $a_1 = 0.4$ 所示的理论值是匹配的. 总体 (理论) 峰度为 (见习题 3.1)

$$\kappa_x = \frac{(1 - 0.4^2)3}{1 - 3 \times 0.4^2} = 4.846.$$

为了将峰度考虑进来, 注意到自由度为 ν 的 t 分布的峰度为

$$\kappa_{t_\nu} = \frac{3(\nu - 2)}{(\nu - 4)}.$$

于是 $\kappa_x = 4.846$ 对应于具有同样峰度的 t 分布的自由度

$$\frac{3(\nu - 2)}{(\nu - 4)} = 4.846 \quad \text{或} \quad \nu = 7.25.$$

这也就解释了为什么 $\{X_t\}$ 的尾部比图 3.1 中的薄.

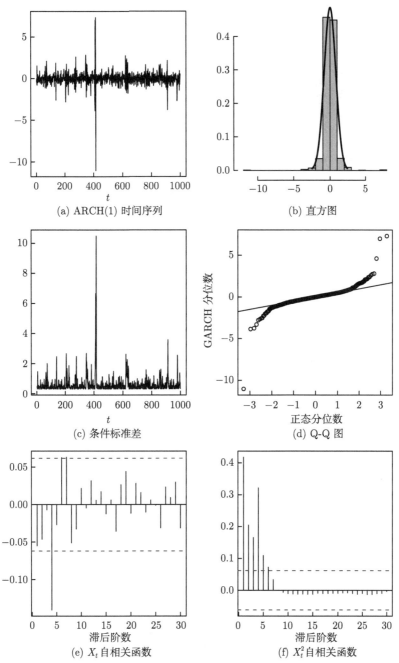

图 3.1　由系数为 $a_0 = 0.1$, $a_1 = 0.9$, $\varepsilon_t \sim N(0,1)$ 的 ARCH(1) 模型产生的长度为 1000 的时间序列: (a) 和 (c) 为前 250 个子时间序列的 X_t 和 σ_t 的平面图; (b) 为具有相同均值和方差正态密度函数的 X_t 的正态直方图 (normalized histogram); (d) Q-Q 图: X_t 的样本分位数相对于 $N(0,1)$ 的分位数; (e) 和 (f) 分别为 X_t 和 X_t^2 自相关函数 (ACF)

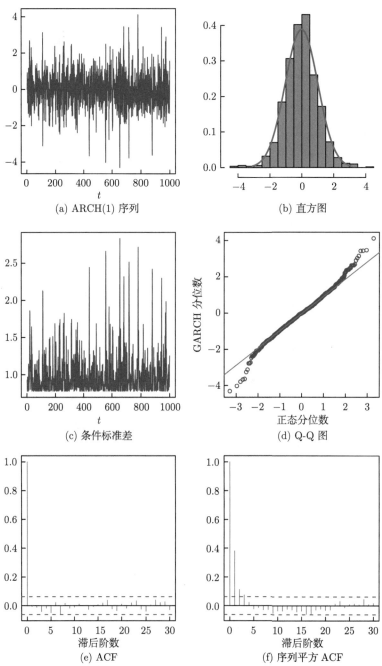

(a) ARCH(1) 序列

(b) 直方图

(c) 条件标准差

(d) Q-Q 图

(e) ACF

(f) 序列平方 ACF

图 3.2　由 ARCH(1) 模型生成的长度为 1000 的时间序列图, 其中系数为 $a_0 = 0.6; a_1 = 0.4$,
其他条件都与图 3.1 一样

对比第 2 章里的线性过程, ARCH 过程以一种非线性和非常复杂的方式依赖于新息项. 利用 (3.7) 中的前两个式子, 通过递推可得

$$
\sigma_t^2 = a_0 + a_1 X_{t-1}^2 = a_0 + a_1 \varepsilon_{t-1}^2 (a_0 + a_1 X_{t-2}^2) \tag{3.13}
$$

$$
= a_0 + a_0 a_1 \varepsilon_{t-1}^2 + a_1^2 \varepsilon_{t-1}^2 \varepsilon_{t-2}^2 (a_0 + a_1 X_{t-3}^2)
$$

$$
= a_0 + \sum_{j=1}^{k} a_0 a_1^j \prod_{i=1}^{j} \varepsilon_{t-i}^2 + a_1^{k+1} X_{t-k-1}^2 \prod_{i=1}^{k} \varepsilon_{t-i}^2
$$

$$
= a_0 + \sum_{j=1}^{\infty} a_0 a_1^j \prod_{i=1}^{j} \varepsilon_{t-i}^2.
$$

因此

$$
X_t = \varepsilon_t \Big(a_0 + \sum_{j=1}^{\infty} a_0 \, a_1^j \varepsilon_{t-1}^2 \cdots \varepsilon_{t-j}^2 \Big)^{1/2}.
$$

这验证了上述观点.

3.1.2 GARCH 模型

虽然 ARCH 模型能够捕捉金融收益数据的某些典型特征, 但用其拟合真实的金融收益数据时, 往往会得到一个阶数 p 很大的 ARCH(p) 模型. 类似于 ARMA 模型和 AR 模型之间的关系, 波动率的一个更简洁的表示是 Bollerslev (1986) 和 Taylor (1986) 提出的广义自回归条件异方差 (GARCH) 模型.

GARCH(p, q) 模型的定义为

$$
X_t = \sigma_t \varepsilon_t, \quad \sigma_t^2 = a_0 + \sum_{i=1}^{p} a_i X_{t-i}^2 + \sum_{j=1}^{q} b_j \sigma_{t-j}^2, \tag{3.14}
$$

其中 $a_0 > 0, a_i \geqslant 0 \ (i > 0)$, $b_j \geqslant 0 \ (j > 0)$, 且 $\varepsilon_t \sim \text{IID}(0, 1)$.

GARCH 模型是 ARCH 模型的最重要的推广. GARCH(p, q) 模型其实就是 ARCH(∞) 模型. 实际上, 在大部分应用中, GARCH(1,1) 模型通常作为一个基准模型. 在上面的定义中, 我们要求 $a_0 > 0$, 否则 (3.14) 就只有唯一的平稳解 $X_t \equiv 0$. 当所有的 $a_1 = \cdots = a_p = 0$, 而有些 $b_j > 0$ 时, 那么 b_j 就不可识别. 我们不考虑那些平凡情况. 显然, 当 $q = 0$ 时, GARCH(p, q) 模型即为 ARCH(p) 模型.

(3.14) 中的递推公式有很直观的解释. 它是权重为 $\{a_i\}$ 的平方收益 $\{X_{t-i}^2\}$ 和权重为 $\{b_j\}$ 的实现的波动率 $\{\sigma_{t-j}^2\}$ 的加权平均. 这个解释提示我们

$$\sum_{i=1}^{p} a_i + \sum_{i=1}^{q} b_i < 1,$$

而且剩余的权重 $1 - \sum_{i=1}^{p} a_i - \sum_{i=1}^{q} b_i$ 是长期方差 (该过程的无条件方差) $a_0 / (1 - \sum_{i=1}^{p} a_i - \sum_{i=1}^{q} b_i)$ 的权重. 这其实就是 GARCH 过程平稳性的真实条件, 见定理 3.1. 特别地, 对于 GARCH(1, 1) 模型, 它就是昨天平方收益、昨天实现的波动率 和长期方差的加权平均.

应用 (3.4) 同样的计算, 可知 $\{X_t\}$ 是一个鞅差序列. 因此, $EX_t = 0$, 而且 如果 $EX_t^2 < \infty$, 它还是不相关的. 图 3.3 展示了不同的白噪声过程之间的关系: 鞅差构成了白噪声过程的一个很大的子集. 它太大了以至于很难用于对金融收益 率进行建模和模拟. 而另一方面, GARCH 模型是鞅差的一种有用的参数形式. 独 立同分布 (i.i.d.) 序列是 GARCH 模型中 $p = q = 0$ 的特例.

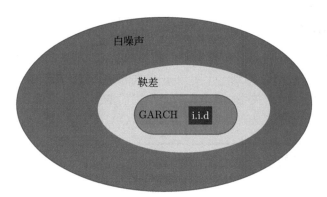

图 3.3   不同白噪声过程的关系图

由定义 (3.14), 我们有

$$\mathrm{var}_t(X_t) = \sigma_t^2 E_{t-1}(\varepsilon_t^2) = \sigma_t^2. \tag{3.15}$$

因此 σ_t 是给定时刻 t 之前信息的条件波动率. 它是随时间变化的, 由时间序列的 历史值和模型参数来确定. 事实上, 应用后退算子 B, 我们有

$$\sigma_t^2 = b(B)^{-1}\left(a_0 + \sum_{i=1}^{p} a_i X_{t-i}^2\right),$$

其中 $b(z) = 1 - \sum_{j=1}^{q} b_j z^j$. 如果 $\sum_{j=1}^{q} b_j < 1$, 那么算子 $b(B)$ 是可逆的. 这是因为

$$|b(z)| \geqslant 1 - \sum_{j=1}^{q} b_j |z|^j > 0, \quad \text{对所有的 } |z| \leqslant 1, \qquad (3.16)$$

即 $b(z)$ 的所有根都在单位圆外. 从而 σ_t^2 是历史平方收益的函数. 事实上, 将上面的多项式展开为无穷级数, 我们可以得到显式表示式

$$\sigma_t^2 = \frac{a_0}{1 - \sum_{j=1}^{q} b_j} + \sum_{i=1}^{p} a_i X_{t-i}^2 \qquad (3.17)$$

$$+ \sum_{i=1}^{p} a_i \sum_{k=1}^{\infty} \sum_{j_1=1}^{q} \cdots \sum_{j_k=1}^{q} b_{j_1} \cdots b_{j_k} X_{t-i-j_1-\cdots-j_k}^2,$$

如果 $q = 0$, 其中的多重求和项将会消失. 在上面的展开式中, 我们假设可以观测到时间序列 $\{X_t\}_{t=-\infty}^{T}$. 实际中, 我们将截断该展开式, 这等价于假设 $X_t = 0, t \leqslant 0$.

例 3.2 考虑 GARCH(1,1) 模型:

$$\sigma_t^2 = a_0 + a_1 X_{t-1}^2 + b_1 \sigma_{t-1}^2. \qquad (3.18)$$

一个方便的平稳性条件为: $a_1 + b_1 < 1$. 因为 $b_1 < 1$, 我们有

$$\sigma_t^2 = (1 - b_1 B)^{-1}(a_0 + a_1 X_{t-1}^2)$$

$$= (1 + b_1 B + b_1^2 B^2 + \cdots)(a_0 + a_1 X_{t-1}^2)$$

$$= \frac{a_0}{1 - b_1} + a_1 (X_{t-1}^2 + b_1 X_{t-2}^2 + b_1^2 X_{t-3}^2 + \cdots), \qquad (3.19)$$

即 σ_t^2 为历史平方收益的指数加权平均. 因此 GARCH(1,1) 即为 ARCH(∞).

3.1.3 GARCH 模型的平稳性

虽然 GARCH 模型看起来有点陌生, 但是 GARCH 过程的平方就是一个 ARMA 过程. 因此我们可以由 ARMA 模型的概率性质了解 GARCH 模型的一些性质.

令 $\eta_t = \sigma_t^2(\varepsilon_t^2 - 1) = X_t^2 - \sigma_t^2$, 那么类似于 (3.6) 的论证, 可知 $\{\eta_t\}$ 也是一个鞅差序列, 从而也是一个白噪声过程. 由 (3.14) 可得

$$X_t^2 = a_0 + \sum_{i=1}^{p} a_i X_{t-i}^2 + \sum_{j=1}^{q} b_j \sigma_{t-j}^2 + \eta_t.$$

将 $\sigma_t^2 = X_t^2 - \eta_t$ 代入上式, 我们有

$$X_t^2 = \sum_{i=1}^{p} a_i X_{t-i}^2 + \sum_{j=1}^{q} b_j(X_{t-j}^2 - \eta_{t-j}) + \eta_t$$

$$= a_0 + \sum_{i=1}^{p \vee q}(a_i + b_i)X_{t-i}^2 + \eta_t - \sum_{j=1}^{q} b_j \eta_{t-j}, \qquad (3.20)$$

其中对于 $j \geqslant 1$ 和 $p \vee q = \max\{p, q\}$, $a_{p+j} = b_{q+j} = 0$. $\{X_t^2\}$ 的特征多项式为

$$a(z) = 1 - \sum_{i=1}^{p \vee q}(a_i + b_i)z^i.$$

对于所有的 $|z| \leqslant 1$, 有

$$|a(z)| \geqslant 1 - \left|\sum_{i=1}^{p \vee q}(a_i + b_i)z^i\right| \geqslant 1 - \sum_{i=1}^{p \vee q}(a_i + b_i) > 0,$$

这在

$$\sum_{i=1}^{p} a_i + \sum_{j=1}^{q} b_j < 1 \qquad (3.21)$$

的条件下是正的. 因此在 (3.21) 条件下, $a(z)$ 的所有根都在单位圆外. 此外, 在 (3.21) 条件下, 多项式 $b(z) = 1 - \sum_{j=1}^{q} b_j z^j$ 的所有根也都在单位圆外, 参见 (3.16). 因此 (3.21) 意味着, 如果 $E(X_t^4) < \infty$, 那么 X_t^2 是一个因果且可逆的 ARMA($p \vee q, q$) 过程.

定理 3.1　由 (3.14) 定义唯一的一个严平稳过程 $\{X_t, t = 0, \pm 1, \pm 2, \cdots\}$ 且 $E(X_t^2) < \infty$ 的充分必要条件是 (3.21) 成立. 此外, 对于这个唯一的平稳解, 有

$$E(X_t) = 0, \quad \mathrm{var}(X_t) = \frac{a_0}{1 - \sum_{i=1}^{p} a_i - \sum_{j=1}^{q} b_j}.$$

证明　如果 $\{X_t\}$ 平稳, 且满足 $E(X_t^2) < \infty$, 那么类似 (3.10) 的论证, 可得 $E(X_t^2) = E(\sigma_t^2)$. 因此 (3.14) 两边同时取期望可得

$$E(X_t^2) = a_0 + \sum_{i=1}^{p} a_i E(X_t^2) + \sum_{i=1}^{p} b_i E(X_t^2),$$

求解这个方程, 我们有

$$\mathrm{var}(X_t) = E(X_t^2) = \frac{a_0}{1 - \sum_{i=1}^{p} a_i - \sum_{j=1}^{q} b_j}.$$

因为方差为正值, 所以这就蕴含了条件 (3.21).

另一方面, 如果 (3.21) 成立, 那么 $\{X_t^2\}$ 是一个平稳且可逆的 ARMA 过程. 于是 σ_t^2 可以表示为 ARCH(∞), 所以是平稳的. 因此 $X_t = \sigma_t \varepsilon_t$ 也是平稳的. □

定理 3.1 中的无条件方差也称为长期方差. 由大数定律可知, 一个平稳过程的长时间序列的样本方差趋向于无条件方差. 因此, 无条件方差也被称为长期方差.

解释这个长期方差的另一种方式如下: 对于当前时刻 t, 在遥远的未来 (m 很大), X_{t+m} 的方差应该非常接近于无条件方差, 这是因为历史对 X_{t+m} 几乎没有预测能力.

定理 3.1 给出了 GARCH 模型 (3.14) 确定一个具有有限二阶矩严平稳过程的充分必要条件 (3.21). 有限二阶矩的要求是重要且合理的 (比如见图 1.9). 该条件在实际中很容易验证. 另外, 在不必要求二阶矩有限的条件下, Bougerol 和 Picard (1992) 建立了 GARCH 模型存在严平稳解的充分必要条件, 也可参见 Kazakevičius 和 Leipus (2002). 这个条件是由与模型有关的若干随机矩阵的李雅普诺夫 (Lyapunov) 指数而定义的, 在实际中很难验证. 定理 3.1 概括了 Chen 和 An (1998) 以及 Giraitis 等 (2000) 中的结果. 也可参见 Fan 和 Yao (2003) 中定理 4.4 的证明.

例 3.2 (续) 再次考虑 GARCH(1,1) 模型 (3.18). 由 (3.20), 它具有如下 ARMA (1,1) 的表示形式:

$$X_t^2 = a_0 + (a_1 + b_1) X_{t-1}^2 + \eta_t - b_1 \eta_{t-1}.$$

当 $E(X_t^4) < \infty$ 时, X_t^2 的自协方差函数 (ACVF) 可由 (2.33) 和 (2.34) 确定. 特别地, 令

$$\sigma^2 = E(\eta_t^2) = E(\varepsilon_t^2 - 1)^2 E(\sigma_t^4)$$

为上述 ARMA 过程的方差. 注意到 (2.33) 中的 $\gamma(0)$ 为该过程的方差, 于是我们有

$$\mathrm{var}(X_t^2) = \frac{1 + b_1^2 - 2(a_1 + b_1)b_1}{1 - (a_1 + b_1)^2} \sigma^2,$$

$$\mathrm{cov}(X_t^2, X_{t-1}^2) = \frac{-b_1 + (a_1 + b_1)(1 + b_1^2 - (a_1 + b_1)b_1)}{1 - (a_1 + b_1)^2} \sigma^2,$$

以及

$$\mathrm{cov}(X_t^2, X_{t-k}^2) = (a_1 + b_1)^{k-1} \mathrm{cov}(X_t^2, X_{t-1}^2), \quad k \geqslant 2.$$

3.1.4　四阶矩

并不是所有的平稳 GARCH 过程都有有限的四阶矩, 但是正如我们前面所看到的, 平稳 GARCH 模型的很多统计问题都需要该条件. 如下所示, 我们需要额外的条件.

定理 3.2　对于 GARCH 过程 $\{X_t\}$, 如果

$$\{E(\varepsilon_t^4)\}^{1/2}\sum_{i=1}^{p}a_i < 1 - \sum_{j=1}^{q}b_j, \tag{3.22}$$

那么有 $E(X_t^4) < \infty$. 此外

$$\kappa_x = \kappa_\varepsilon \frac{E(\sigma_t^4)}{\{E(\sigma_t^2)\}^2} \geqslant \kappa_\varepsilon.$$

证明　因为 $E(\varepsilon_t^4) \geqslant \{E(\varepsilon_t^2)\}^2 = 1$, 所以, 条件 (3.22) 蕴含了 (3.21). 因此, X_t 是一个严平稳过程, 且有 $E(X_t^2) < \infty$. 类似于 (3.21) 的推导, 我们有

$$E(X_t^4) = E(\varepsilon_t^4)E(\sigma_t^4) = \kappa_\varepsilon E(\sigma_t^4),$$

其中 $\kappa_\varepsilon = E(\varepsilon_t^4)$ 为峰度参数, 这用到了 $E(\varepsilon_t^2) = 1$. 因此, 我们只需要证明 $E(\sigma_t^4) < \infty$ 即可. 一般情况的证明是非常繁琐的, 这里我们仅以 GARCH(1,1) 为例来说明主要思想.

对于 GARCH(1,1) 模型, 由 (3.14) 可得

$$E(\sigma_t^4) = a_0^2 + a_1^2 E(X_{t-1}^4) + b_1^2 E(\sigma_{t-1}^4) + 2a_0 a_1 E(X_{t-1}^2)$$

$$+ 2a_0 b_1 E(\sigma_{t-1}^2) + 2a_1 b_1 E(X_{t-1}^2 \sigma_{t-1}^2). \tag{3.23}$$

注意

$$E(X_{t-1}^2 \sigma_{t-1}^2) = E(\sigma_{t-1}^4 \varepsilon_{t-1}^2) = E(\sigma_{t-1}^4).$$

将上式代入 (3.23) 可得

$$E(\sigma_t^4) = a_0^2 + (a_1^2 \kappa_\varepsilon + 2a_1 b_1 + b_1^2)E(\sigma_t^4) + 2a_0(a_1 + b_1)E(\sigma_t^2).$$

因为上式中的每一项都是非负的, 所以我们易知, $E(\sigma_t^4) < \infty$ 的充分必要条件为

$$a_1^2 \kappa_\varepsilon + 2a_1 b_1 + b_1^2 < 1.$$

在条件 (3.22) 下, 我们有

$$a_1^2 \kappa_\varepsilon + 2a_1 b_1 + b_1^2 < (1 - b_1)^2 + 2a_1 b_1 + b_1^2$$

$$= 1 - 2b_1(1 - b_1 - a_1),$$

这小于 1. 因此四阶矩存在.

第二个结论的证明完全类似于 (3.12) 的证明. □

定理 3.2 表明 GARCH 过程就是一个增肥工厂: X_t 分布的尾部比 ε_t 的厚. GARCH 方程使得 X_t 分布的尾部过厚并不是不可能的. 但是, 在附加条件 (3.22) 下, X_t^2 的二阶矩 (或 X_t 的四阶矩) 是有限的. 但这个条件太苛刻, 在实际中通常难以满足. 例如, 用 GARCH(1,1) 拟合金融收益数据, 往往使得 b_1 非常接近于 1, 且拟合模型意味着 $E(X_t^4) = \infty$. 这就解释了我们不推荐应用基于其 ARMA 表达式 (3.20), 即利用 ARMA 技术对 GARCH 模型进行统计推断的原因.

一个恰当的例子是 $a_1 = 0.9$ 的 ARCH(1) 过程的图 3.1(f). 该图像表明, 基于容量为 1000 的样本, X_t^2 滞后一阶的 ACF 估计值小于 0.5. 现在 (3.20) 变为

$$X_t^2 = a_0 + a_1 X_{t-1}^2 + \eta_t,$$

从而正式地, "真" 值为 $\rho(1) = a_1 = 0.9$. 正如前面所解释的, 估计之所以差是因为 $E(X_t^4) = \infty$ (因此 $\rho(1)$ 没有很好地被定义). 这是因为条件 (3.22) 变为 $a_1 < 1/\sqrt{3} = 0.577$, 并没有满足. 相比之下, 当 $a_1 = 0.4$ 时, 四阶矩存在. 因此, 正如图 3.2 所示, 样本标准差和自相关系数非常接近其理论值.

我们由模型 (3.14) 生成一个容量为 1000 的序列, 其中 $p = q = 1$, $a_0 = 0.1$, $a_1 = 0.08$, $b_1 = 0.82$, $\varepsilon_t \sim_{\text{i.i.d.}} N(0, 1)$. 时间序列 $\{X_t\}$ 及其条件标准差 $\{\sigma_t\}$ 的图像见图 3.4(a) 和 (c). 注意, 这里所生成的 GARCH(1,1) 过程与图 3.1 所示的 ARCH(1) 过程具有相同的 (无条件) 方差. 然而 GARCH 过程的条件方差看起来波动更大, 参见图 3.1(c) 和图 3.4(c). 比较图 3.1(d) 和图 3.4(d), 我们可以看出 GARCH(1,1) 过程的尾部比 ARCH(1) 过程的要厚. 因此我们可以说, GARCH 模型在刻画波动率方面比 ARCH 模型更有效. 图 3.4(e) 和 (f) 的样本 ACF 图表明了 X_t 的平方但不是 X_t 自身的某些显著的自相关性.

图 3.5 给出了模拟的时间序列, 其中 $p = q = 1$, $a_0 = 0.6$, $a_1 = 0.2$, $b_1 = 0.2$, $\varepsilon_t \sim_{\text{i.i.d.}} N(0, 1)$. 与图 3.4 给出的例子相比, 根据定理 3.2 可知, $E(X_t^4) < \infty$. 因此, 该分布的尾部比那里的要薄.

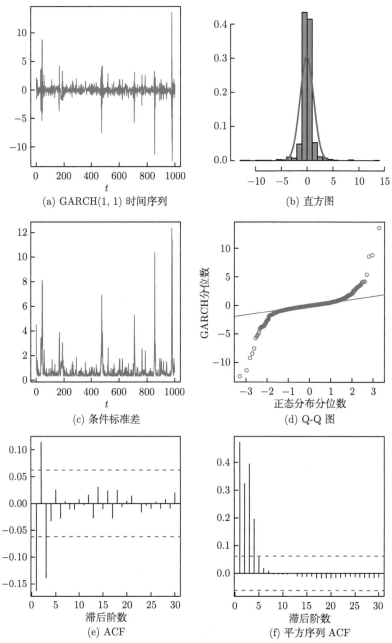

(a) GARCH(1, 1) 时间序列

(b) 直方图

(c) 条件标准差

(d) Q-Q 图

(e) ACF

(f) 平方序列 ACF

图 3.4　由 $a_0 = 0.1, a_1 = 0.08, b_1 = 0.82$ 的 GARCH(1,1) 模型生成的容量为 1000 的样本:
(a) 和 (c) 为 X_t 和 σ_t 的时间序列图; (b) 样本的标准化直方图和具有相同均值和方差的正态
分布密度函数图; (d) Q-Q 图: 样本分位数和标准正态分布 $N(0, 1)$ 的分位数; (e) 和 (f) 分别
为 $\{X_t\}$ 和 $\{X_t^2\}$ 的样本 ACF 图

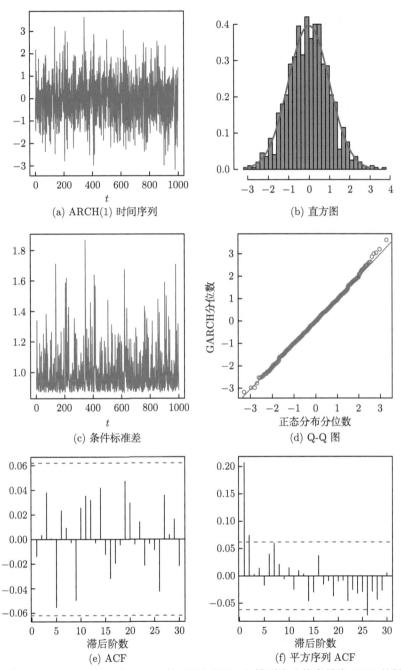

(a) ARCH(1) 时间序列

(b) 直方图

(c) 条件标准差

(d) Q-Q 图

(e) ACF

(f) 平方序列 ACF

图 3.5   由 $a_0 = 0.6, a_1 = 0.2, b_1 = 0.2$ 的 GARCH(1,1) 模型生成的容量为 1000 的样本, 其他都与图 3.4 一样

3.1.5　波动率预测

令 $\sigma_T^2(k) = E_T(X_{T+k}^2)$ 为从时刻 T 开始的 k 期条件波动率.

利用 ARMA 表达式 (3.20), 并由 (2.82), 我们有如下的递推公式:

$$\sigma_T^2(k) = a_0 + \sum_{i=1}^{p \vee q}(a_i + b_i)\sigma_T^2(k-i) - \sum_{j=1}^{q} b_j \eta_T(k-j) \tag{3.24}$$

其中, 当 $m \leqslant 0$ 时, $\sigma_T^2(m) = X_{T-m}^2$; 当 $m > 0$ 时, $\eta_T(m) = 0$; 当 $m \leqslant 0$ 时, $\eta_T(m) = \eta_{T-m}$.

下面我们以 GARCH(1,1) 模型为例来说明 GARCH 模型的概率方面.

例 3.2 (续)　再次考虑 GARCH(1,1) 模型 (3.18). 对任意的 $k \geqslant 1$, 有 $\eta_T(k-1) = 0$, 这是因为我们正在预测未来的噪声. 因此由 (3.24) 可得, 对于 $k \geqslant 1$,

$$\sigma_T^2(k) = a_0 + (a_1 + b_1)\sigma_T^2(k-1).$$

迭代 k 次, 我们有

$$\sigma_T^2(k) = \frac{a_0(1-(a_1+b_1)^k)}{1-(a_1+b_1)} + (a_1+b_1)^k \sigma_T^2,$$

其中 σ_T^2 由 (3.19) 给出.

3.2　GARCH 模型的估计

假设 $X_1, \cdots, X_T$ 为来自 GARCH 模型 (3.14) 的观测值. 我们假设条件 (3.21) 总是满足的, 且阶 (p, q) 已知. 我们的任务就是估计 $(p+q+1) \times 1$ 的参数向量

$$\boldsymbol{\theta} = (a_0, a_1, \cdots, a_p, b_1, \cdots, b_q)^{\mathrm{T}}.$$

下面我们将介绍两种估计方法. 注意, ARCH 模型的估计为 GARCH 模型当 $q = 0$ 时的特例.

因为 $\boldsymbol{\theta}$ 只在 X_t 的二阶矩中出现, 所以估计起来更加困难. 即使在正确确定的情况下, 似然函数倾向于过于平坦, 从而导致大的估计误差. 为了得到可靠的估计, 通常需要大的样本容量.

3.2.1　条件极大似然估计

ARCH/GARCH 模型最常用的估计是条件极大似然估计. 由 2.5.4 节可知, 似然函数是观测数据 $(X_1, \cdots, X_T)$ 的联合密度

$$f(X_1, \cdots, X_T; \boldsymbol{\theta}),$$

它为 $\boldsymbol{\theta}$ 的函数. 由概率的乘法原理, 上述密度可写为

$$f_\nu(X_1, \cdots, X_\nu; \boldsymbol{\theta}) \prod_{t=\nu+1}^{T} f_c(X_t | X_1, \cdots, X_{t-1}; \boldsymbol{\theta}), \tag{3.25}$$

其中 $f_\nu(X_1, \cdots, X_\nu; \boldsymbol{\theta})$ 是 $X_1, \cdots, X_\nu$ 的联合密度函数, $f_c(\cdot)$ 为在给定直到 $t-1$ 时刻的历史信息时 X_t 的条件密度. 它们都依赖于 $\boldsymbol{\theta}$. 条件密度可以很容易求得. 给定直到 $t-1$ 时刻的数据, σ_t 也就知道了. 由 (3.14), 如果 ε_t 具有密度 f, 那么 $X_t = \sigma_t \varepsilon_t$ 的密度为

$$f_c(X_t | X_{t-1}, X_{t-2}, \cdots,) = \frac{1}{\sigma_t} f(X_t / \sigma_t).$$

(3.25) 中的第一个因子通常难以计算. 以 ARCH(p) 模型为例. 通过取 $\nu = p$, 可以计算出所有的条件密度, 但不包括第一个因子中的边际密度. 由于这个原因, 它通常被忽略, 这是因为它对下面的总和贡献不大. 由此得到条件对数似然函数, 或者简称条件似然函数

$$\ell(\boldsymbol{\theta}) = \sum_{t=\nu+1}^{T} [-\log \sigma_t + \log f(X_t / \sigma_t)]. \tag{3.26}$$

(条件) 极大似然估计的定义如下

$$\widehat{\boldsymbol{\theta}} = \arg\max_{\boldsymbol{\theta}} \sum_{t=\nu+1}^{T} [-\log \sigma_t + \log f(X_t / \sigma_t)]. \tag{3.27}$$

当 $\varepsilon_t \sim N(0,1)$ 时, 忽略常数项后, 条件似然函数就变为条件高斯似然函数:

$$-\sum_{t=\nu+1}^{T} (\log \sigma_t^2 + X_t^2 / \sigma_t^2). \tag{3.28}$$

例如, 对于 ARCH(p) 模型, 取 $\nu = p$, 我们只要最小化目标函数

$$\sum_{t=p+1}^{T} \left[\log(a_0 + a_1 X_{t-1}^2 + \cdots + a_p X_{t-p}^2) + \frac{X_t^2}{a_0 + a_1 X_{t-1}^2 + \cdots + a_p X_{t-p}^2} \right],$$

这与基于 AR(p) 表示

$$\sum_{t=\nu+1}^{T} \left[X_t^2 - a_0 - a_1 X_{t-1}^2 - \cdots - a_p X_{t-p}^2 \right]^2$$

的最小二乘估计有非常大的不同. 正如前面所指出的, 由于在很多应用中四阶矩是不存在的, 所以不推荐用最小二乘法对 ARCH/GARCH 模型进行估计.

除了 (3.28) 中的高斯分布, 两种其他常用的分布族为

• t 分布: $\varepsilon_t \sim_{\text{i.i.d.}} \sqrt{(\nu-2)/v}\, t_\nu$. 尺度常数这样选取是因为我们要求 $E\varepsilon_t^2 = 1$. 于是由 t_ν 的密度函数, 我们容易得到 ε_t 的密度函数

$$f(x) = \frac{1}{\sqrt{\nu-2}\, B(1/2, \nu/2)} \left(1 + \frac{x^2}{\nu-2}\right)^{-(\nu+1)/2}, \quad \nu > 2, \tag{3.29}$$

其中, $B(\cdot, \cdot)$ 是贝塔 (Beta) 函数; 自由度 ν 不需要一定是整数. 当自由度未知时, 可以利用数据, 同时与 ν 和 $\boldsymbol{\theta}$ 一起最大化 (3.27) 来估计它.

• 广义高斯分布: ε_t 的密度函数形式为

$$f(x) = c_\nu \exp\left\{-\frac{1}{2}\left|\frac{x}{\lambda}\right|^\nu\right\} \quad (0 < \nu \leqslant 2), \tag{3.30}$$

其中, $\lambda = \nu\left\{2^{-2/\nu}\Gamma\left(\dfrac{1}{\nu}\right)\Big/\Gamma(3/\nu)\right\}^{\frac{1}{2}}$, 从而 $E(\varepsilon_t^2) = 1$. 该分布的尾部比正态分布的要厚, 但比任意的 t 分布都要薄.

当 ε_t 具有密度函数 f_ε, 这通常是未知的 (但也可以已知), 不论 f 是正态分布、t 分布 (3.29) 还是广义高斯分布 (3.30), 我们仍然可以利用似然函数 (3.28), 所得的估计称为拟似然估计. 并不是所有的拟似然估计都是统计上相合的. Hall 和 Yao (2003), Francq 等 (2011) 及 Fan 等 (2014) 证明了, 即使 ε_t 不服从正态分布, 条件高斯拟似然 (3.28) 估计都是相合的. 也可参阅下面的定理 3.3. 然而高斯分布并不是最有效的分布. 其他拟似然估计, 如 (3.26), 其分布为 t_{ν_0}, ν_0 给定, 通常是有偏的, 但是可以纠偏而得到更有效的估计. 可参见 Francq 等 (2011), Fiorentini 和 Sentana (2013) 以及 Fan 等 (2014).

3.2.2　模型诊断

GARCH 模型是一个统计假定, 而实际数据不一定来自我们假定的理想模型. 因此, GARCH 模型也许并不是一个好的拟合, 从而需要模型诊断. 原始数据就是 GARCH 模型拟合后的残差

$$\widehat{\varepsilon}_t = X_t/\widehat{\sigma}_t, \qquad \widehat{\sigma}_t = \sigma_t(\widehat{\boldsymbol{\theta}}).$$

理想情形下, ε_t 应该表现得像一个独立同分布的白噪声序列, 其密度与 (3.27) 中用的密度函数 f 相同. 于是, 我们要问如下几个问题:

• $\{\widehat{\varepsilon}\}$ 是否是一个独立同分布的白噪声序列? 这通常由检查 ACF 图和执行 Ljung-Box 检验来完成.

• $\{\hat{\varepsilon}^2\}$ 是否是一个独立同分布的白噪声序列? 这再次可由 ACF 图和 Ljung-Box 检验来检查.

• $\{\hat{\varepsilon}\}$ 的分布看起来像不像推导拟极大指数似然估计 (QMLE) 使用的分布? 比如, 如果 (3.26) 中使用的是 t_{ν_0}, 那我们理想情形下有 $\{\hat{\varepsilon}\}$ 的分布看起来像 t_{ν_0}. 这可以通过对比残差对 t_{ν_0} 分布的 Q-Q 图, 或者通过 Kolmogorov-Smirnov 检验来核查. 当极大似然估计推导过程中用的是正态分布, 我们也要运用 1.5.2 节中介绍的 Jarque-Bera 检验来检验 $\{\hat{\varepsilon}\}$ 的正态性.

对于给定的数据集, 条件极大似然估计的数值可以调用 R 软件 TSA 中的 **garch** 函数获得. 下面的示例中, 我们由 $a_0 = 0.1$, $a_1 = 0.06$, $b_1 = 0.82$ 且 $\varepsilon_t \sim N(0,1)$ 的 GARCH (1,1) 模型生成容量为 1000 的样本. 然后调用 `garch` 函数, 以 GARCH(1,1) 模型来拟合这个数据集.

```
> x <- garch.sim(alpha=c(0.1, 0.06), beta=0.82, n=1000)
> garch11 <- garch(x, order=c(1,1))
> summary(garch11)

Residuals:
     Min       1Q   Median       3Q      Max
-3.32041 -0.71230 -0.03774  0.62927  3.03393

Coefficient(s):
    Estimate  Std. Error  t value  Pr(>|t|)
a0   0.13989     0.08284    1.689    0.0913 .
a1   0.06833     0.02847    2.400    0.0164 *
b1   0.77494     0.11270    6.876  6.16e-12 ***
---
Signif. codes:  0 *** 0.001  ** 0.01  * 0.05 . 0.1   1

Diagnostic Tests:
        Jarque Bera Test
data:  Residuals
X-squared = 0.2929, df = 2, p-value = 0.8638

        Box-Ljung test
data:  Squared.Residuals
X-squared = 0.0068, df = 1, p-value = 0.9341
```

参数的估计值分别为 $\hat{a}_0 = 0.140$, $\hat{a}_1 = 0.068$ 和 $\hat{b}_1 = 0.775$, 对应的标准差分别为 0.083, 0.028 和 0.113. 这里的标准差是基于参数估计的渐近方差计算的. 请参见下面的定理 3.3.

基于残差, R-函数还执行了另外两个诊断检验. **Jarque-Bera 检验**是关于原假设 "偏度为 0, 峰度为 3" 的拟合优度检验, 它也被视为是正态性检验. 更多细节可参见 1.5.2 节. 在以上这个示例中, 关于残差的 Jarque-Bera 检验的 P 值为 0.8638, 因此没有显著的证据否定残差服从正态分布的假设; 我们还注意到, 关于残差平方的 Ljung-Box 检验 (见 1.4.4 节) 的 P 值为 0.9341, 因此也没有显著的证据否定残差平方为白噪声的假设.

我们也给出基于图形的模型诊断方法. 图 3.6(a) 显示残差为同方差的噪声序列; 图 3.6(b) 证实了残差的分布是正态的, 因此 GARCH(1,1) 拟合是极大似然估计; 图 3.6(c) 和 (d) 证实了残差及残差平方序列为白噪声. 所有这些都指向同一个方向: 残差看起来像独立同分布的高斯白噪声.

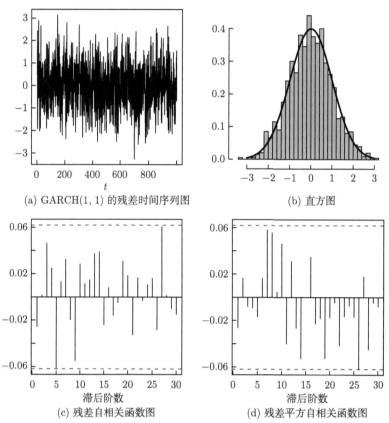

图 3.6   GARCH(1,1) 模型拟合模拟数据的诊断图. (a) 残差时间序列图; (b) 残差直方图; (c) 和 (d) 残差和残差平方的自相关函数图

3.2.3   GARCH 模型的应用

我们用 GARCH(1,1) 模型对 2010 年 1 月 4 日—2012 年 8 月 10 日的 S&P 500 指数、高盛股份价格和福特股份价格的日收益 (百分比) 序列进行建模. 这期间总共有 658 个交易日, 因此样本容量为 $T = 657$. 调整后的日收盘价如图 3.7 所示. 自从 2011 年, 由于欧元债务危机引起的经济低迷, 高盛和福特的股价都是偏低和整体下跌的. 在此期间 S&P 500 指数尽管在 2011 年 7 月有一个 3.9% 的月跌幅记录, 但总体上还是保持了一个正的收益. 模型拟合的系数及其标准差 (括号中) 的估计值以及 Jarque-Bera (JB) 检验和 Ljung-Box (LB) 检验的 P 值在表 3.1 中列出.

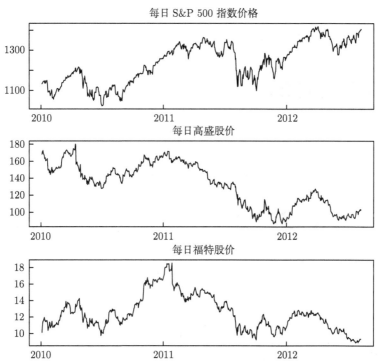

图 3.7   2010 年 1 月 4 日—2012 年 8 月 10 日的日价格时间序列图: S&P 500 指数 (上图), 高盛股份 (中图), 福特股份 (下图)

表 3.1   2010 年 1 月 4 日—2012 年 8 月 10 日的 S&P 500 指数、高盛股份 (GS) 和福特股份 (Ford) 的日收益序列的模型拟合系数和诊断统计量表

	$\widehat{a}_0$	$\widehat{a}_1$	$\widehat{b}_1$	JB 检验	LB 检验
S&P 500	0.032 (0.011)	0.115 (0.018)	0.864 (0.022)	0.000	0.003
GS	0.237 (0.043)	0.106 (0.020)	0.845 (0.023)	0.000	0.633
Ford	0.329 (0.100)	0.086 (0.020)	0.852 (0.033)	0.000	0.996

对于所有三个数据集, 系数的估计均满足平稳性条件 $a_1 + b_1 < 1$, 但 $\widehat{a}_1 + \widehat{b}_1$ 的和却接近于 1. 估计 $\widehat{b}_1$ 总是接近于 1, 这在金融收益中是普遍现象, 反映了价格波动率的持续性. 不幸的是, 这将意味着那些收益的四阶矩是无穷大的, 与 1.2 节中提到的典型特征矛盾. 这是 GARCH 模型的一个有争议的弱点, 就是使得收益分布的尾部太厚了. 因此, 当用 GARCH 模型拟合金融收益数据时, 往往会夸大尾部事件的严重性.

除了 S&P 500 指数收益的常数项 $\widehat{a}_0$ 比其他两个模型的要小很多, 拟合得到的三个 GARCH(1,1) 模型是类似的. 这表明由 500 只股票构成的投资组合的波动率要比像高盛或者福特这种单只股票的波动率要小. 由图 3.8 容易看出, S&P 500 指数的价格区间为 −7% 到 5%, 而高盛和福特的股票价格区间为 −15% 到 10%. 图 3.8 中也同样画出了 $\pm 2\widehat{\sigma}_t$ 两条曲线, 其中拟合波动率估计 $\widehat{\sigma}_t^2$ 递推公式如下:

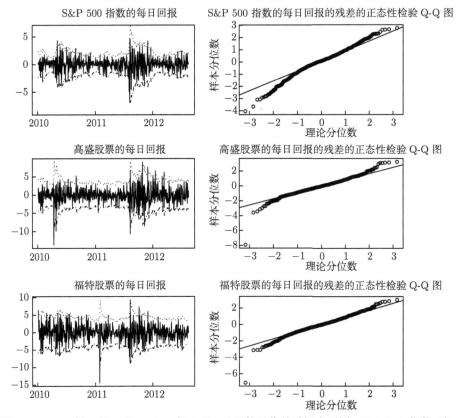

图 3.8　2010 年 1 月 4 日—2012 年 8 月 10 日的日收益时间序列图: S&P 500 指数 (左上图), 高盛股份 (左中图), 福特股份 (左下图). 每个图中的两条虚线为基于拟合所得的 GARCH(1,1) 模型估计得到的 $\pm 2\widehat{\sigma}_t$. 右边三个图分别为左边三个图残差的正态性检验的 Q-Q 图

$$\widehat{\sigma}_t^2 = \widehat{a}_0 + \widehat{a}_1 X_{t-1}^2 + \widehat{b}_1 \widehat{\sigma}_{t-1}^2. \tag{3.31}$$

也可参见 (3.18). 对于波动率而言, 这两条曲线看起来好像形成了一个包络, 使得在接近 95% 的时间内, 都有

$$X_t \in [-2\widehat{\sigma}_t,\ 2\widehat{\sigma}_t]. \tag{3.32}$$

显然, S&P 500 指数、高盛和福特的收益率相对频率分别为 93.91%, 95.13%, 94.82%. 这与名义置信水平 95% 是一致的, 原因在于我们是通过假设 (3.18) 中的新息 ε_t 服从正态分布而得到了拟合模型, 尽管在 Jarque-Bera 检验中, 由于 P 值等于 0 (见表 3.1), 正态性假设被拒绝了.

　　S&P 500 序列残差平方的 Ljung-Box 检验所得的 P 值为 0.003, 而另外两个序列的相应 P 值分别为 0.633 和 0.996. 图 3.9 同时展示了残差平方以及绝对残差的样本 ACF 图. 从图中我们可以发现, 福特收益序列的平方以及绝对残差几乎都没有显著的自相关系数; 除了残差平方在滞后 10 阶处有一个漏出外, 高盛的情况也类似; 对于 S&P 500 序列, 残差平方以及绝对残差在滞后 1 阶和 2 阶时的 ACF 都是显著的. 这与 Ljung-Box 检验的结果是一致的.

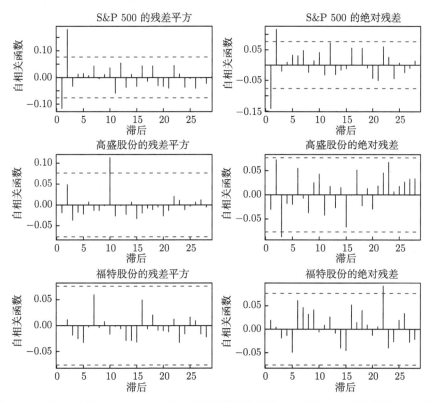

图 3.9　三个序列的 GARCH(1,1) 拟合模型所得的残差平方和绝对残差的样本 ACF 图

对于 S&P 500、高盛和福特的收益率数据, 拟合的 GARCH(1,1) 模型残差的峰度分别为 4.04, 7.34 和 4.96. 它们都比正态分布的要大, 这与上面的 Jarque-Bera 检验一致. 将它们放入 t 分布的情形, 分别相当于自由度为 9.75, 3.96 和 6.34 的 t 分布. 显然, S&P 500 的新息分布的尾部是最薄的, 如我们所预料的一样. 虽然与正态分布还有一定的偏差, 但偏差并不是很严重. 对于高盛和福特的收益序列, 以上分析表明, 我们可以分别基于自由度为 3.96 和 6.34 的 t 分布使用 QMLE (3.27), 见 (3.29).

波动率预测

GARCH 模型也可用于预测未来的波动率. 由 MLE $\widehat{\boldsymbol{\theta}}$, σ_{T+1}^2 的预测定义为 $\widehat{\sigma}_{T+1}^2 = \sigma_{T+1}^2(\widehat{\boldsymbol{\theta}})$, 可参见例如 (3.18). 多步预测公式也已经在例 3.2 中给出.

在险价值

金融风险管理中一个重要的概念被称为**在险价值** (VaR). 它被广泛应用于度量一种特定的资产 (或投资组合) 的损失风险.

假设某资产的收益 X_t 遵循 GARCH 模型 (3.14). 给定直到时刻 t 的历史信息, X_{t+1} 的条件分布是 ε_{t+1} 分布的尺度变换. 更确切地说, 若令 $f(\cdot)$ 为 ε_{t+1} 的概率密度函数, 则给定 $X_t, X_{t-1}, \cdots$ 时, X_{t+1} 的条件分布的密度函数为 $\dfrac{1}{\sigma_t} f\left(\dfrac{\cdot}{\sigma_t}\right)$. 在风险管理中, 我们感兴趣的是临界值, 它使得损失超过其值的概率不大于 α, 这里的 α 是预先给定的一个很小的数, 比如 5% 或 1%. 这个临界值称为水平 α 时的 VaR. 沿用 GARCH 模型 (3.14) 的上下文, $t+1$ 时刻时水平 α 的 VaR 具有如下形式

$$\mathrm{VaR}_{\alpha,t+1} \equiv \max\{L : P(X_{t+1} \leqslant L \mid X_t, X_{t-1}, \cdots) \leqslant \alpha\}$$
$$= \sigma_{t+1} Q_{\alpha,\varepsilon}, \tag{3.33}$$

其中 $Q_{\alpha,\varepsilon}$ 表示 ε_{t+1} 的 α 分位数. 实际应用中, 我们一般由下式估计 $\mathrm{VaR}_{\alpha,t+1}$:

$$\widehat{\mathrm{VaR}}_{\alpha,t+1} = \widehat{\sigma}_{t+1}\widehat{Q}_{\alpha,\varepsilon}, \tag{3.34}$$

其中, $\widehat{Q}_{\alpha,\varepsilon}$ 是 ε_{t+1} 的 α 分位数的一个估计, $\widehat{\sigma}_{t+1}$ 为波动率的估计, 其定义为

$$\widehat{\sigma}_{t+1} = \sigma_t(\widehat{\boldsymbol{\theta}}). \tag{3.35}$$

上面的表达式中, σ_t 由 (3.17) 定义, 并且假定当 $t \leqslant 0$ 时 $X_t = 0$; $\widehat{\boldsymbol{\theta}} \equiv \widehat{\boldsymbol{\theta}}_t$ 为 $\boldsymbol{\theta}$ 只基于数据 $X_1, \cdots, X_t$ 的 MLE, 见 (3.27).

$Q_{\alpha,\varepsilon}$ 的估计既可以用参数方法, 也可以用非参数方法. 最方便的方法是假设 ε_t 的分布已知, 比如 $N(0,1)$, 则 $\alpha = 5\%$, $\alpha = 2.5\%$ 和 $\alpha = 1\%$ 时, $Q_{\alpha,\varepsilon}$ 分别为 -1.64、-1.96 和 -2.33. 这蕴含了 $t+1$ 时刻的损失超过 $164\sigma_{t+1}\%$, $196\sigma_{t+1}\%$ 和 $233\sigma_{t+1}\%$ 的概率分别为 0.05, 0.025 和 0.01.

然而, 前面的分析 (见图 3.8) 曾表明正态性假设对于真实的金融收益数据通常是不恰当的, 它往往使得风险被大大低估. 另一种估计 $Q_{\alpha,\varepsilon}$ 的方法是基于残差 $\widehat{\varepsilon}_t = X_t/\widehat{\sigma}_t$ 的经验分布. 也就是用残差的样本 α 分位数作为 $Q_{\alpha,\varepsilon}$ 的估计.

以 S&P 500 指数、高盛和福特三个数据集在 2010 年 1 月 4 日—2012 年 8 月 10 日的日收益率序列为例来说明基于 GARCH 模型 VaR 估计的方法. 对于 2012 年的 154 个交易日的每一日的数据, 我们利用它之前 500 个 (或者说差不多 2 年) 交易日的数据拟合一个 GARCH(1,1) 模型, 并根据 (3.34) 来预测 5% 和 2.5% 水平下的 VaR 值, 其中 $\widehat{Q}_{\alpha,\varepsilon}$ 或者是通过假设 ε_t 服从正态分布来估计, 或者由拟合的 GARCH 模型残差的经验分布来估计. 对于后者, (3.34) 中的 $\widehat{Q}_{\alpha,\varepsilon}$ 是随着 t 变化的, 这是因为残差是由 t 时刻之前的 500 个数据拟合的 GARCH(1,1) 模型而得到的. 图 3.10 给出了三个序列 2012 年的日收益率及其 VaR 估计曲线. 从图中可以看出, 对于像 2.5% 这样水平下更极端的 VaR, 基于经验残差分布函数所得估计 (虚线) 要比基于正态性假设所得估计 (点线) 更极端, 这说明基于正态性假设很可能低估了风险.

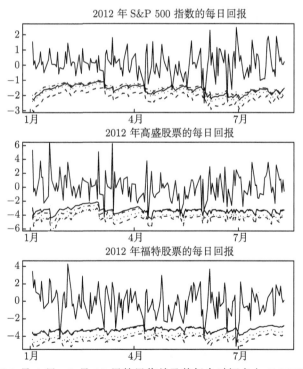

图 3.10　2012 年 1 月 4 日—8 月 10 日的日收益及其每个时间点由 GARCH(1,1) 模型基于前 500 个收益得到的 VaR 预报的时间序列图. 基于正态新息的 VaR: 5% 水平 (点虚线),2.5% 水平 (点线); 基于残差经验分布的 VaR: 5% 水平 (实线),2.5% 水平 (虚线)

表 3.2 列出了三个序列 2012 年 154 个交易日的超过 VaR 曲线的天数的收益率的相对频率. 总体来看, 两种方法都倾向于高估 VaR. 仅有两例存在低估情形, 即基于正态性假设下的 S&P 500 和福特的收益率在 2.5% 水平的情形. 然而, 这并不能作为这两种方法都倾向于高估风险的证据. 表 3.2 中展示的现象很可能是下述事实造成的: 2011 年下半年大部分时间的波动率都特别大, 而 2012 年的收益率的波动率相比之下要小得多, 参见图 3.8. 因此预测是在一段数据显著非平稳的时期内. 从而我们在解释预测结果时要小心.

表 3.2　超过基于 GARCH(1,1) 模型 VaR 估计值的收益率的百分比表

ε_t 的分布	经验残差		$N(0,1)$	
水平	5%	2.5%	5%	2.5%
S&P 500	3.90%	1.30%	4.55%	3.25%
高盛	2.60%	0.65%	1.30%	1.92%
福特	3.25%	1.95%	3.25%	2.60%

3.2.4　渐近性质 *

为了叙述基于标准正态密度 f 的由 (3.27) 定义的高斯 MLE $\widehat{\boldsymbol\theta}$ 的渐近性质, 我们首先给出一些记号. 令 $\boldsymbol U_t = \partial\sigma_t^2/\partial\boldsymbol\theta$ 为 $\boldsymbol\theta$ 的函数 σ_t^2 的梯度向量. 可以证明 $\boldsymbol U_t/\sigma_t^2$ 的任意阶矩都是有限的. 我们假设矩阵

$$\boldsymbol M \equiv E(\boldsymbol U_t \boldsymbol U_t^{\mathrm T}/\sigma_t^4) > 0 \tag{3.36}$$

是正定的. 注意, 下面的定理 3.3 并不要求模型 (3.14) 中的新息过程 ε_t 服从正态分布. 从这个意义上来讲, $\widehat{\boldsymbol\theta}$ 为拟极大似然估计 (QMLE).

定理3.3　对于 GARCH 模型 (3.14), 假设 $a_i, b_j > 0$ 对所有的 $0 \leqslant i \leqslant p, 1 \leqslant j \leqslant q$ 成立. 进一步假设平稳性条件 (3.21) 成立, 且由 (3.36) 定义的矩阵 $\boldsymbol M$ 是正定的. 对于 (3.27) 中的 ν, 当样本容量 $T \to \infty$ 时, 有 $\nu \to \infty, \nu/T \to 0$.

(i) 如果 $E(\varepsilon_t^4) < \infty$, 则

$$\frac{T^{1/2}}{\{E(\varepsilon_t^4) - 1\}^{1/2}}(\widehat{\boldsymbol\theta} - \boldsymbol\theta) \xrightarrow{D} N(0, \boldsymbol M^{-1}).$$

(ii) 如果 $E(\varepsilon_t^4) = \infty$, 且 $E(\varepsilon_t^{4-\eta}) < \infty$, 其中 η 为任意小的正常数, 则

$$\frac{T^{1/2}}{\lambda_T}(\widehat{\boldsymbol\theta} - \boldsymbol\theta) \xrightarrow{D} N(0, \boldsymbol M^{-1}),$$

这里

$$\lambda_T = \inf\big\{\lambda > 0 : E\{\varepsilon_1^4 I(\varepsilon_1^2 \leqslant \lambda)\} \leqslant \lambda^2/T\big\}.$$

上述定理是由 Hall 和 Yao (2003) 建立的. 也可参见 Berkes 等 (2003), Mikosch 和 Straumann (2006) 以及 Straumann 和 Mikosch (2006). 早期涉及像 GARCH(1,1) 这样特定模型的尝试包括 Lee 和 Hansen (1994) 以及 Lumsdaine (1996). 注意, 定理 3.3 也适用于纯 ARCH 模型, 这里要求所有 ARCH 系数为正.

3.2.5   最小一乘 (LAD) 估计 *

定理 3.3 表明, 条件 $E(\varepsilon_t^4) < \infty$ 几乎就是 (3.36) 定义的 QMLE $\hat{\theta}$ 渐近正态的必要条件. 事实上, 如果对某个常数 $\eta > 0$, 有 $E(\varepsilon_t^{4-\eta}) = \infty$, 那么收敛速度将会比标准速度 $T^{1/2}$ 慢. 因此很难求出估计的标准差, 而且标准的 bootstrap 方法也不再适用 (见 Hall 和 Yao (2003)). 为了克服这个缺点, Peng 和 Yao (2003) 提出了基于对数变换的最小一乘估计 (LADE) 作为一种选择. 实际上, 在条件 $E(\varepsilon_t^2) < \infty$ 下, LADE 是以标准收敛速度 $T^{1/2}$ 渐近正态的. 所以其标准差可以计算. 解决该问题的另外一种方法是将 OMLE 应用到更厚尾的分布. 可参见, 例如 Francq 等 (2011), Fiorentini 和 Sentana (2013), 以及 Fan 等 (2014) 等.

为了介绍 LADE, 我们需要不同的参数化方法. 假设 $C_0 > 0$ 是一个使得 e_t^2 的中位数等于 1 的常数, 其中 $e_t = C_0^{1/2}\varepsilon_t$. 注意, 这样的常数总是存在的. 模型 (3.14) 现在可表示为

$$X_t = s_t e_t, \quad s_t^2 \equiv s_t(\boldsymbol{\beta})^2 = \alpha_0 + \sum_{i=1}^{p} \alpha_i X_{t-i}^2 + \sum_{j=1}^{q} b_j s_{t-j}^2, \qquad (3.37)$$

其中, $s_t^2 = \sigma_t^2/C_0$, $\alpha_i = a_i/C_0$, 且

$$\boldsymbol{\beta} = (\alpha_0, \alpha_1, \cdots, \alpha_p, b_1, \cdots, b_q)^{\mathrm{T}}.$$

于是, (3.37) 意味着

$$\log(X_t^2) = \log\{s_t(\boldsymbol{\beta})^2\} + \log(e_t^2), \qquad (3.38)$$

以及 $\log(e_t^2)$ 的中位数为 0. 因此 $\boldsymbol{\beta}$ 的真值将使得

$$E\big| \log(X_t^2) - \log\{s_t(\boldsymbol{\beta})^2\}\big|$$

到达最小. 由此可得出我们的 LADE

$$\widehat{\boldsymbol{\beta}} = \arg\min_{\boldsymbol{\beta}} \sum_{t=\nu+1}^{T} \big| \log(X_t^2) - \log\{\tilde{s}_t(\boldsymbol{\beta})^2\}\big|, \qquad (3.39)$$

其中, $\tilde{s}_t(\boldsymbol{\beta})^2$ 是 $s_t(\boldsymbol{\beta})^2$ 的截断形式, 其定义为

$$
\tilde{s}_t^2 \equiv \tilde{s}_t(\boldsymbol{\beta})^2
$$

$$
= \frac{\alpha_0}{1 - \sum_{1 \leqslant j \leqslant q} b_j} \sum_{i=1}^{\min(p, t-1)} \alpha_i X_{t-i}^2
$$

$$
+ \sum_{i=1}^{p} \alpha_i \sum_{k=1}^{\infty} \sum_{j_1=1}^{q} \cdots \sum_{j_k=1}^{q} b_{j_1} \cdots b_{j_k} X_{t-i-j_1-\cdots-j_k} I(t - i - j_1 - \cdots - j_k \geqslant 1),
\tag{3.40}
$$

这可直接由 (3.17) 得到, 只是符号上做些变化.

为了叙述 LADE $\widehat{\boldsymbol{\beta}}$ 的渐近性质, 令 $\boldsymbol{V}_t = (v_0, v_{t1}, \cdots, v_{t,p+q})^{\mathrm{T}}$ 为 $(p + q) \times 1$ 向量, 其中 $v_0 = 1/(1 - \sum_{1 \leqslant j \leqslant q} b_j)$,

$$
v_{ti} = X_{t-i}^2 + \sum_{k=1}^{\infty} \sum_{j_1=1}^{q} \cdots \sum_{j_k=1}^{q} b_{j_1} \cdots b_{j_k} X_{t-i-j_1-\cdots-j_k}^2, \quad 1 \leqslant i \leqslant p,
$$

$$
v_{t,p+j} = \frac{\alpha_0}{(1 - \sum_{1 \leqslant i \leqslant q} b_i)^2} + \sum_{i=1}^{p} \alpha_i X_{t-i-j}^2
$$

$$
+ \sum_{i=1}^{p} \alpha_i \sum_{k=1}^{\infty} (k+1) \sum_{j_1=1}^{q} \cdots \sum_{j_k=1}^{q} b_{j_1} \cdots b_{j_k} X_{t-i-j-j_1-\cdots-j_k}^2, \quad 1 \leqslant j \leqslant q.
$$

我们还假设矩阵

$$
\boldsymbol{M}_1 = E(\boldsymbol{V}_t \boldsymbol{V}_t / s_t^4) > 0
\tag{3.41}
$$

是正定的.

定理 3.4　假设 GARCH 模型 (3.14) 中的所有系数都是正的, 平稳性条件 (3.21) 成立, 且由 (3.41) 定义的矩阵 $\boldsymbol{M}_1$ 是正定的. 另外, 对 (3.39) 中的 ν, 当 $T \to \infty$ 时, 有 $\nu \to \infty$ 和 $\nu/T \to 0$. 如果 $\log(e_t^2)$ 的概率密度函数 $f(\cdot)$ 在 0 点处是正的且连续, 那么

$$
T^{1/2}(\widehat{\boldsymbol{\beta}} - \boldsymbol{\beta}) \xrightarrow{D} N\big(0, M_1^{-1}/\{4f(0)^2\}\big).
$$

以上定理由 Peng 和 Yao (2003) 建立. 与定理 3.3 相比, 定理 3.4 不要求新息过程的 4 阶矩有限. 因此我们预期 LADE 对于厚尾情形更稳健.

对于 GARCH(1,1) 模型,

$$
X_t = \sigma_t \varepsilon_t, \qquad \sigma_t^2 = a_0 + a_1 X_t^2 + b_1 \sigma_t^2.
$$

我们通过数值模拟来比较由 (3.27) 定义的高斯 MLE $\widehat{\boldsymbol{\theta}}$ 和由 (3.39) 定义的 LADE $\widehat{\boldsymbol{\beta}}$ 的表现. 参数的真值取为 $a_0 = 1.5$, $a_1 = 0.15$, $b_1 = 0.75$. 我们考虑新息过程 ε_t

的三种不同分布 $N(0,1)$, t_4 和 t_3. 样本容量分别为 $T = 150$ 和 300, 对每一组样本重复 500 次.

在 (3.27) 和 (3.39) 中, 我们都令 $\nu = 20$. 需要注意的是, LADE 是基于不同的参数化形式 (3.37), 这意味着 $\alpha_1/\alpha_0 = a_1/a_0$. 我们通过下式来度量 MLE $\widehat{\boldsymbol{\beta}} = (\widehat{a}_0, \widehat{a}_1, \widehat{b}_1)^{\mathrm{T}}$ 的估计误差

$$\frac{1}{2}\big(|\widehat{a}_1/\widehat{a}_0 - a_1/a_0| + |\widehat{b}_1 - b_1|\big),$$

而通过

$$\frac{1}{2}\big(|\widehat{\alpha}_1/\widehat{\alpha}_0 - \alpha_1/\alpha_0| + |\tilde{b}_1 - b_1|\big)$$

来度量 LADE $\widehat{\boldsymbol{\beta}} = (\widehat{a}_0, \widehat{a}_1, \tilde{b}_1)^{\mathrm{T}}$ 的估计误差. 图 3.11 显示了这些绝对误差的箱型图. 整体来看, 当样本容量 T 由 150 增大到 300 时, 两个估计量都变得更加精确. 此外, 新息过程分布的尾部越厚, 估计误差就越大. 我们还注意到: 对任意小的常数 $\eta > 0$, 当 $\varepsilon_t \sim t_\nu$ 时, 有 $E(|\varepsilon_t|^\nu) = \infty$ 和 $E(|\varepsilon_t|^{\nu-\delta}) < \infty$; 当 $\varepsilon_t \sim N(0,1)$ 时, 高斯 MLE (3.27) 就是真正的 (条件) MLE, 且它的表现要比 LADE 好. 对于新息过程服从 t_4 分布的情况, 由定理 3.3(ii) 可知, MLE 是渐近正态的, 只是收敛速度比 $T^{1/2}$ 慢. 这是两种估计方法的性能可以比较的一种边际情况. 当 $\varepsilon_t \sim t_3$ 时, MLE 不再渐近正态了, 但 LADE 还是渐近正态的. 图 3.11 确实也很清楚地表明, 在这种厚尾情况下, LADE 的表现要比 MLE 好.

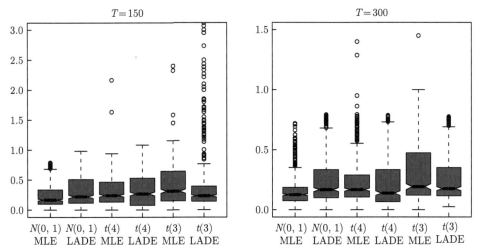

图 3.11 GARCH(1,1) 模型的高斯 MLE (3.27) 和 LADE (3.39) 的绝对误差的箱型图. $N(0,1)$, $t(4)$ 和 $t(3)$ 分别表示 ε_t 标准正态分布、自由度为 4 和 3 的 t 分布

什么时候该用什么方法?

上面的模拟结果表明, 高斯 MLE $\widehat{\boldsymbol{\theta}}$ 和 LADE $\widehat{\boldsymbol{\beta}}$ 的相对表现在很大程度上与新息过程分布的尾部厚度有关. 由于分布是未知的, 一个实际的相关问题就是什么时候该用什么方法?

如果知道 ε_t 的分布, 那么我们当然要用真正的极大 (条件) 似然估计. 注意, 如果 $\log(e_t^2)$ 服从拉普拉斯分布

$$\frac{\lambda}{2}\exp\{-\lambda|x|\},$$

其中 $\lambda \in (0,1)$ 为常数, 那么 LADE 也就是极大似然估计. 所以从直观上我们期望, 当 ε_t 分布接近 $N(0,1)$ 时, 高斯 MLE 要好; 当 $\log(e_t^2)$ 分布接近拉普拉斯分布时, LADE 要好. 因此, 我们可以通过比较与这两种分布的接近程度来选择一个好的估计方法. 下面我们简要介绍由 Huang 等 (2008) 提出的一种选择方法.

我们用 $\Phi(\cdot)$ 表示 $N(0,1)$ 的分布函数, $G(\cdot)$ 表示密度函数为 $0.25\exp(-|x|/2)$ 的标准拉普拉斯分布的分布函数. 令 $\widehat{\varepsilon}_t = X_t/\tilde{\sigma}_t(\boldsymbol{\theta})$ 为由高斯 MLE 求得的残差. 实际中, 我们将标准化 $\widehat{\varepsilon}_t$, 使其前两阶样本矩分别为 0 和 1. 令 $\widehat{e}_t = X_t/\tilde{s}_t(\widehat{\boldsymbol{\beta}})$ 为由 LADE 求得的残差. 实际中, 我们 "标准化" $\widehat{e}_t$, 使得 $\widehat{e}_t^2$ 的样本中位数为 1, 且 $|\log(\widehat{e}_t^2)|$ 的样本均值为 2. 这可以通过如下实现: 找到适当的正常数 c_1 和 c_2, 使得

$$\log(\widehat{e}_t^2) = c_1\log\{c_2 X_t^2/\tilde{s}_t(\widehat{\boldsymbol{\beta}})^2\}.$$

注意, 当 $\varepsilon_t \sim N(0,1)$ 时, $\Phi(\varepsilon_t) \sim U(0,1)$; 当 $G(\cdot)$ 为 $\log(e_t^2)$ 的分布函数时, $G\{\log(e_t^2)\} \sim U(0,1)$. 令 $\widehat{F}_{n,1}(\cdot)$, $\widehat{F}_{n,2}(\cdot)$ 分别为 $\{\Phi(\widehat{\varepsilon}_t), \nu < t \leqslant n\}$, $[G\{\log(\widehat{e}_t^2)\}, \nu < t \leqslant n]$ 的经验分布函数. 我们定义如下拟合优度统计量来度量 $\widehat{F}_{n,i}$ 和均匀分布 $U(0,1)$ 之间的距离:

$$T_{\mathrm{MLE}} = \int_0^1 |\widehat{F}_{n,1}(x) - x|dx, \quad T_{\mathrm{LADE}} = \int_0^1 |\widehat{F}_{n,2}(x) - x|dx. \tag{3.42}$$

显然, 这个统计量让我们想起克拉默–冯·米泽斯 (Cramer-von Mises) 拟合优度统计量. 在具体实现中, 我们采用上面积分的黎曼逼近

$$T_{\mathrm{MLE}} = \sum_{t=\nu+1}^{n} \left|\frac{t-\nu}{n-\nu} - u_t\right|(u_t - u_{t-1}), \quad T_{\mathrm{LADE}} = \sum_{t=\nu+1}^{n} \left|\frac{t-\nu}{n-\nu} - v_t\right|(v_t - v_{t-1}),$$

$$\tag{3.43}$$

其中, $u_{\nu+1} \leqslant u_{\nu+2} \leqslant \cdots \leqslant u_n$ 和 $v_{\nu+1} \leqslant v_{\nu+2} \leqslant \cdots \leqslant v_n$ 分别为 $\{\Phi(\widehat{\varepsilon}_t), \nu < t \leqslant n\}$ 和 $[G\{\log(\widehat{e}_t^2)\}, \nu < t \leqslant n]$ 的次序统计量.

选择规则 如果 $T_{\mathrm{MLE}} > T_{\mathrm{LADE}}$, 则用 LADE 方法; 否则就用高斯 MLE 方法. 已经证明, 如果

$$\int_0^1 |F_1(x) - x| dx \;>\; \int_0^1 |F_2(x) - x| dx,$$

其中 F_1 和 F_2 分别为 $\Phi(\varepsilon_t)$ 和 $G\{\log(e_t^2)\}$ 的分布函数, 那么上面的规则在

$$P(T_{\mathrm{MLE}} > T_{\mathrm{LADE}}) \to 1$$

的意义下是相合的. 参见 Huang 等 (2008).

Huang 等 (2008) 也将上面的规则应用到两个日收益率序列: 1991 年 1 月—1998 年 12 月的瑞士股票指数 (SWI) 和 2001 年 1 月—2004 年 12 月的上海股票指数 (SHB). 两个序列的长度分别为 1859 和 946. 两个序列的 Jarque-Bear 检验的 P 值都为 0, 峰度分别为 5.72665 (SWI) 和 5.761476 (SHB). 基于高斯 MLE 和 LADE 两种方法, 拟合这两个序列, 其中前半部分数据拟合模型为 GARCH(1,1), 估计的样本容量分别为 $n = 930$ (SWI) 和 $n = 473$ (SHB). 拟合优度检验统计量 $(T_{\mathrm{MLE}}, T_{\mathrm{LADE}})$ 的值分别为 $(0.026, 0.057)$ (SWI) 和 $(0.044, 0.041)$(SHB). 因此, 根据规则, 对于 SWI, 我们倾向于高斯 MLE 方法, 而对于 SHB, 我们更倾向于 LADE 方法.

固定样本容量为 $n = 930$ 的 SWI 和 $n = 473$ 的 SHB 序列, 对每个序列的后半部分, 我们也对其收益率平方进行了一步向前预测. 预测是基于拟合的 GARCH(1,1) 模型, 应用高斯 MLE 和 LADE 两种方法. 对于 LADE, 预测的收益率平方具有形式 $\hat{s}_t^2 S_e$, 其中 S_e 为残差 $\hat{e}_j \equiv X_j/\hat{s}_j (j < t)$ 的样本方差, 见 (3.37). 基于高斯 MLE 预测的均方误差分别为 1.750 (SWI) 和 4.757 (SHB), 基于 LADE 预测均方误差分别为 2.715 (SWI) 和 2.894 (SHB). 因此高斯 MLE 方法对 SWI 有更精确的预测, 而 LADE 方法对 SHB 有更精确的预测. 这表明, 根据我们的规则选择的估计方法也提供了更好的预测.

3.3 ARMA-GARCH 模型

在 ARMA 模型中, 我们假设新息过程 (或者说噪声过程) 为白噪声, 也就是说, 除了前两阶矩外, 我们不要求任何显式条件. 为了反映金融数据中观察到的时变方差, 我们可以假设 ARMA 模型的新息过程服从 GARCH 结构. 这引出了如下形式的 ARMA(p, q)-GARCH(p_1, q_1) 模型

$$\begin{cases} r_t = \mu + \beta_1 r_{t-1} + \cdots + \beta_p r_{t-p} + X_t + \alpha_1 X_{t-1} + \cdots + \alpha_q X_{t-q}, \\ X_t = \sigma_t \varepsilon_t, \quad \sigma_t^2 = a_0 + \sum_{i=1}^p a_i X_{t-i}^2 + \sum_{j=1}^q b_j \sigma_{t-j}^2. \end{cases} \tag{3.44}$$

模型可以允许我们同时确定时变条件均值 $\mu_t = E_{t-1} r_t$ 和时变条件方差 $\sigma_t^2 = \mathrm{var}_{t-1}(r_t)$.

由 (3.26), 条件似然函数 (给定 $r_1, \cdots, r_\nu$) 为

$$L(\mu, \boldsymbol{\alpha}, \boldsymbol{\beta}, \boldsymbol{a}, \boldsymbol{b}) = \prod_{t=\nu+1}^{T} \frac{1}{\sigma_t} f\left(\frac{r_t - \mu_t}{\sigma_t}\right), \tag{3.45}$$

其中, $\nu > \max(p, p_1)$ 为整数. 最大化 (3.45) 可以得到参数 $(\mu, \boldsymbol{\alpha}, \boldsymbol{\beta}, \boldsymbol{a}, \boldsymbol{b})$ 的条件极大似然估计, 以及由对数似然函数在极大值点处的 Hessian 矩阵给出的标准差, 参见 2.5.4 节.

(3.45) 中的 μ_t 和 σ_t 都非线性地依赖于参数. 上面的最大化通常都是利用计算 X_t 和 σ_t ($1 \leqslant t \leqslant T$) 的递推公式通过数值迭代求解, 注意只有 $r_1, \cdots, r_T$ 是可观测变量. 当模型 (3.44) 应用到金融收益率时, 估计的系数 $\boldsymbol{\alpha}$ 和 $\boldsymbol{\beta}$ 一般都很小, 这让人想到有效市场假说. 因此, 用以下近似来代替 (3.44) 中的第一个方程并不是不合理的:

$$r_t \approx \mu + X_t, \tag{3.46}$$

其中 μ 为常数, 表示单位时间内的平均收益率. 对于日收益率数据或者更高频的收益率数据, 有 $\mu \approx 0$, 从而 $r_t \approx X_t$. 这也解释了为什么我们通常直接将收益率代入 GARCH 模型中. 对于周或者月频率的数据, 我们可以在 $\boldsymbol{\alpha} = 0$ 和 $\boldsymbol{\beta} = 0$ 的约束下, 通过最大化 (3.45), 与 GARCH 参数 $\boldsymbol{a}$ 和 $\boldsymbol{b}$ 一起, 将 μ 估计出来, 也就是最大化下式

$$\prod_{t=\nu+1}^{T} \frac{1}{\sigma_t} f\left(\frac{r_t - \mu}{\sigma_t}\right) \quad \text{或} \quad \sum_{t=\nu+1}^{T} \left[-\log(\sigma_t) + \log\left\{ f\left(\frac{r_t - \mu}{\sigma_t}\right) \right\} \right], \tag{3.47}$$

后者是条件似然函数的对数.

对于其他时间序列数据, 比如对天气衍生品的温度或者每股收益, 我们可以拟合更一般的 ARMA-GARCH 模型, 来同时捕捉与时间有关的条件均值和条件方差.

3.4　扩展的 GARCH 模型

ARCH/GARCH 模型在捕捉金融收益率的某些重要特征, 比如厚尾性和波动聚性等, 获得了巨大的成功. 然而它们没能反应像非对称性、杠杆效应和长记忆性这些特征, 可参见 1.2 节的讨论. 将经典 GARCH 模型进行扩展以捕捉金融收益的各种特性, 在统计学和计量经济学文献中都有很多讨论. 下面我们将列出

几个例子. 关于这个方向更全面地介绍, 可参见比如 Teräsvirta 等 (2010) 第 8 章的内容.

3.4.1 EGARCH 模型

金融收益率的一个典型特征是投资者对负面消息的反应远比正面消息强烈. 由于标准 GARCH 模型是将波动率与收益率平方联系在一起的, 而收益率平方是对称的, 所以它不能反映方向的变化. 为了刻画这种随机冲击的非对称性反应, Nelson (1991) 提出了如下指数 GARCH (简记为 EGARCH) 模型

$$X_t = \varepsilon_t \exp(h_t), \quad h_t = \omega + \beta h_{t-1} + \alpha \varepsilon_{t-1} + \gamma(|\varepsilon_{t-1}| - E|\varepsilon_{t-1}|), \qquad (3.48)$$

其中, $\varepsilon_t \sim \text{IID}(0,1)$, $\omega, \alpha, \gamma, \beta$ 为未知参数. 注意这些参数有可能取负值, 这是因为我们现在是对波动率的对数建模: $h_t = \log(\sigma_t)$. 这在最优化时可能是个优势, 因为非负性限制条件被去除了, 也形成了 EGARCH 模型的另一个动机. 波动率的动态结构由过程 h_t 驱动, 表示如下

$$h_t = \omega + \beta h_{t-1} + u_t, \quad u_t = \alpha \varepsilon_{t-1} + \gamma(|\varepsilon_{t-1}| - E|\varepsilon_{t-1}|). \qquad (3.49)$$

注意, u_t 为具有零均值和有限方差的独立同分布序列. u_t 的复杂表达形式是为了使其均值为 0, 同时还要保证它对正的或负的 ε_{t-1} 反应是不对称的. 例如, 由负的冲击 $\varepsilon_t = -a$ 和正的冲击 $\varepsilon_t = a$ 导致的波动率之比为

$$\frac{\sigma_t(\varepsilon_{t-1} = -a)}{\sigma_t(\varepsilon_{t-1} = a)} = \exp(-2a\alpha), \qquad (3.50)$$

其中, α 一般都是负值. 注意, $\varepsilon_t = a$ 表示这个冲击是 X_t 的条件标准差的 a 倍, 参见 (3.48) 中的第一个方程. 这种非对称性可能是有用的, 因为它允许波动率对价格下跌的反应比相应上涨要快. 这对金融数据尤其如此, 参见下面表 3.3. 当然, 当 $\alpha = 0$ 时, 冲击 ε_{t-1} 的影响将是对称的.

模型 (3.48) 称为 EGARCH(1,1) 模型. 显然, (3.48) 的第二个方程可以推广, 使其右端包含 h_t 的 p 个时滞值和 ε_t 的 q 个时滞值. 由此得到一般的 EGARCH(p,q) 模型. 我们聚焦在 (3.48) 上只不过是为了说明 EGARCH 模型的本质. 此外, 迄今为止, EGARCH(1,1) 模型仍然是最常用的 EGARCH 模型.

虽然模型 (3.48) 看起来有点复杂, 但是很容易确定它的性质. 由 (3.49) 可知, 当 $|\beta| < 1$ 时, h_t 是平稳的因果 AR(1) 过程. 因此 X_t 也是一个严平稳过程. 因为 ε_t 是 IID 序列, 且 ε_t 与 h_t 是相互独立的, 所以对任意的 $k \geqslant 1$, 有

$$E(X_t^k) = E(\varepsilon_t^k) E\{\exp(k h_t)\}.$$

于是, X_t 的峰度满足如下表达式

$$\kappa_x = \frac{E(X_t^4)}{\{E(X_t^2)\}^2} = \frac{E(\varepsilon_t^4)}{\{E(\varepsilon_t^2)\}^2} \frac{E\{\exp(4h_t)\}}{\{E(e^{2h_t})\}^2} = \kappa_\varepsilon \cdot \kappa_\sigma > \kappa_\varepsilon, \qquad (3.51)$$

其中, κ_ε 和 κ_σ 分别表示 ε_t 和 $\sigma_t = \exp(h_t)$ 的峰度. 上式中的不等号成立是基于以下事实: 只要 σ_t^2 不是常数, 就有 $\kappa_\sigma > 1$, 这可由 Jensen 不等式来保证. (3.51) 表明 X_t 分布的尾部比 ε_t 的要厚. 注意, 这个性质对标准的 ARCH/GARCH 模型也成立.

    EGARCH 模型的统计推断可以基于似然方法, 通过假设例如正态新息过程 ε_t 来实现. 尽管不再有 (3.17) 形式的显式表达式, 但可以用递归的方式计算 EGARCH 模型的似然函数. 用 $\boldsymbol{\theta} = (\omega^*, \alpha, \beta, \gamma)$ 表示模型的参数, 其中 $\omega^* = \omega - \gamma E|\varepsilon_{t-1}|$. 令 $\varepsilon_0 = 0, h_0 = \omega^*$. 对 $t \geqslant 1$, 由 (3.48) 可得

$$h_t(\boldsymbol{\theta}) = \omega^* + \alpha\varepsilon_{t-1}(\boldsymbol{\theta}) + \gamma|\varepsilon_{t-1}(\boldsymbol{\theta})| + \beta h_{t-1}(\boldsymbol{\theta}),$$

$$\varepsilon_t(\boldsymbol{\theta}) = X_t \exp\{-h_t(\boldsymbol{\theta})\}. \qquad (3.52)$$

假设 $\varepsilon_t \sim N(0,1)$, 将 $h_t = \log\sigma_t$ 代入 (3.27), 我们就可以得到对数似然函数

$$\ell(\boldsymbol{\theta}) = -\sum_{t=\nu}^{T} h_t(\boldsymbol{\theta}) - \frac{1}{2}\sum_{t=\nu}^{T} X_t^2 e^{-2h_t(\boldsymbol{\theta})},$$

其中, $\nu > 1$ 为整数. 对于每个给定的 $\boldsymbol{\theta}$, $h_t(\boldsymbol{\theta})$ 都可以由 (3.52) 递推求得.

    在递推公式 (3.52) 中, 我们将选择足够大的 ν 来消除初值 ε_0 和 h_0 的影响. 即使 ε_t 不服从正态分布, 我们通过最大化 $\ell(\boldsymbol{\theta})$ 可以得到 $\boldsymbol{\theta}$ 的 QMLE. Straumann 和 Mikosch (2006) 给出了这种估计的渐近性质. 关于 EGARCH 模型的统计检验, 也可参见 Teräsvirta 等 (2010) 的 8.3 节.

    R 语言中的 `rugarch` 提供了单变量 GARCH 及其扩展模型统计推断的一组广泛的函数集. 它包括了 EGARCH 模型及其下面将要介绍的非对称幂 GARCH 模型和 GARCH-M 模型. 所提供的工具涵盖了模型拟合/估计、滤波、预测、模拟以及利用各种图和统计检验进行诊断.

    例 3.3　我们将利用 3.2.3 节用过的三组真实数据集来展示 EGARCH(1,1) 模型的拟合过程, 并与由标准 GARCH(1,1) 模型得到的结果进行比较. 利用 `rugarch` 软件包对数据用模型 (3.48) 进行拟合, 需要两个步骤:

```
mspec=ugarchspec(variance.model=list(model="eGARCH",
        garchOrder=c(1,1)), mean.model=list(armaOrder=c(0,0),
        include.mean=F))
egarch11SP=ugarchfit(mspec, spLogR)
```

首先使用 ugarchspec 函数拟合带有高斯误差的模型 (3.48), 然后再基于所确定的模型, 使用 ugarchfit 函数拟合 S&P 500 的百分比对数收益率, 即 spLogR. 拟合的输出记为 egarch11SP. 拟合波动率可由 sigma(egarch11SP) 来提取. 各种与模型拟合和诊断检验相关的图形可由 plot(egarch11SP) 得到. 注意, 在上面的 R 语言命令设置中, 当 mean.model 为 0 时, 将返回原始收益率序列; 将选项"eGarch"改为"sGARCH", 将得到标准 GARCH(1,1) 拟合. 对高盛集团和福特股份的股票收益率数据进行同样的模型拟合, 我们将得到模型 (3.48) 中系数的估计及它们的标准差 (括弧中). 表 3.3 列出了相应的结果.

表 3.3 对 2010 年 1 月 4 日—2012 年 8 月 10 日的 S&P 500 指数、高盛集团 (GS) 和福特股份 (Ford) 日收益率数据, 拟合的 EGARCH(1,1) 模型的系数估计

	$\widehat{\omega}$	$\widehat{\alpha}$	$\widehat{\gamma}$	$\widehat{\beta}$
S&P 500	0.006 (0.006)	-0.210 (0.034)	0.128 (0.031)	0.949 (0.010)
GS	0.113 (0.041)	0.038 (0.032)	0.258 (0.060)	0.930 (0.027)
Ford	0.177 (0.063)	-0.017 (0.028)	0.204 (0.054)	0.894 (0.038)

虽然这些系数与表 3.1 中 GARCH(1,1) 模型估计的系数没有可比性, 但是它们有类似的模式. 例如, 个股收益率估计的 ω 要比 S&P 500 的大得多, 这说明个股的波动率比投资组合的波动率要大得多. β 的估计值接近于 1, 意味着波动具有持续性或聚集性. 由拟合的模型来看, 尽管对于高盛集团收益率而言, 非对称效应是显著的, 但是对于 S&P 500 指数和福特股份收益率来讲, 估计的符号影响系数 α 都是负的, 表明收益率和波动率倾向于互相反方向运动.

我们还可以看到正的和负的冲击的非对称效应. 对于 S&P 500 指数, 系数 $\widehat{\alpha}$ 统计上显著为负. 由 (3.50) 可得, 由正、负冲击引起的波动率之比为

$$\frac{\sigma_t(\varepsilon_{t-1} = -1)}{\sigma_t(\varepsilon_{t-1} = 1)} = \exp(2 \times 0.21) = 1.52,$$

$$\frac{\sigma_t(\varepsilon_{t-1} = -2)}{\sigma_t(\varepsilon_{t-1} = 2)} = \exp(4 \times 0.21) = 2.32,$$

也就是说, 由一个负的标准差冲击引起的波动是由一个正标准差冲击引起的波动的 1.52 倍. 当冲击大小为标准差的 2 倍时, 乘数增加到 2.32. 非对称效应的确是很强.

图 3.12 绘出了 3 个序列的收益率图以及边界 $\pm 2\widehat{\sigma}_t = \pm 2\exp(\widehat{h}_t)$, 见 (3.48). 虽然这里图形的轮廓与图 3.8 的图形类似, 但是仔细检查会发现, 由 EGARCH(1,1) 模型拟合的波动率曲线具有更多的局部变化. 对于 S&P 500、高盛股份和福特股份, 落入两个边界 $\pm 2\widehat{\sigma}_t$ 间收益率的相对频率分别为 93.91%, 95.13% 和 94.82%, 这与 3.2.1 节由 GARCH(1,1) 模型拟合所给出的结果类似或者相同.

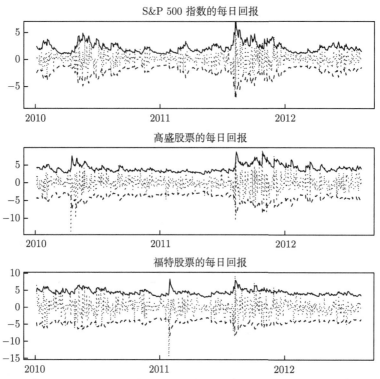

图 3.12　2010 年 1 月 4 日—2012 年 8 月 10 日的日收益率时间序列图: S&P 500 指数 (上图)、高盛集团 (中图)、福特股份 (下图). 图中上下两条边界线为 $\pm 2\widehat{\sigma}_t$, 是利用 $\widehat{\sigma}_t = \exp(\widehat{h}_t)$, 基于拟合所得的 EGARCH(1,1) 模型估计得到的

图 3.13 展示了 GARCH(1,1) 和 EGARCH(1,1) 模型的残差 $X_t/\widehat{\sigma}_t$ 对正态分布的 Q-Q 图. 虽然 EGARCH(1,1) 所得到的尾部看起来要比 GARCH(1,1) 的薄一些, 但是显然这两个拟合的残差依然是厚尾的.

3.4.2　非对称幂 GARCH 模型

非对称效应建模的另外一种方法是应用由 Ding 等 (1993) 提出的非对称幂 GARCH 模型 (APGARCH)

$$X_t = \varepsilon_t \sigma_t, \quad \sigma_t^\delta = a_0 + a_1(|X_{t-1}| - d\,X_{t-1})^\delta + b\sigma_{t-1}^\delta, \tag{3.53}$$

其中, 参数 a_0, a_1, b 是非负的, $d \in (-1,1)$, $\delta \in (0,2]$, 且 $\varepsilon_t \sim \mathrm{IID}(0,1)$. 这种情况下, 非对称效应由非对称参数 d 来调节. 为了波动率建模, 模型还引入了幂指数 $\delta \in (0,2]$, 主要是为了利用收益率的幂函数的强自相关性. 相比最常用的收益率平方, 收益率绝对值特别能够展现更强的自相关性, 这是有据可查的. 也可见图 1.7 和图 1.8.

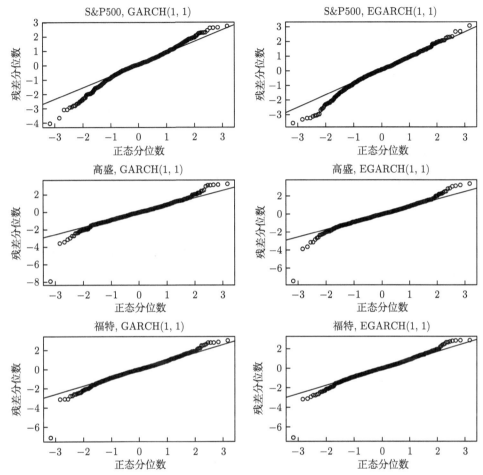

图 3.13 对 2010 年 1 月 4 日—2012 年 8 月 10 日的 S&P 500 指数、高盛集团 (GS) 和福特股份 (Ford) 日收益数据, GARCH(1,1) 和 EGARCH(1,1) 模型拟合所得的残差 $X_t/\hat{\sigma}_t$ 相对正态分布的 Q-Q 图

如果 $a_1 E\{(|\varepsilon_t| - d\varepsilon_t)^\delta\} + b < 1$, 那么模型 (3.53) 有严平稳解, 且有 $E(|X_t|^\delta) < \infty$. 此外, 这个条件也意味着

$$\sigma_t^\delta = \frac{a_0}{1-b} + a_1 \sum_{k=0}^{\infty} b^k (|X_{t-k-1}| - dX_{t-k-1})^\delta.$$

参见 (3.19) 式. 因此, 如果假设, 例如 $\varepsilon_t \sim N(0,1)$, 那么我们就可以直接计算条件似然函数 (3.27). 关于模型 (3.53) 性质和统计推断更进一步讨论参见 Ding 等 (1993) 及 Penzer 等 (2009).

例 3.4 我们仍然以 3.2.3 节用过的三个真实数据集为例来说明 APGARCH 模型拟合. 为了拟合 APGARCH 模型, 我们利用 R 软件包 rugarch 里的函数如下

```
mspec=ugarchspec(variance.model=list(model="apARCH",
          garchOrder=c(1,1)), fixed.pars=list(delta=1),
          mean.model=list(armaOrder=c(0,0), include.mean=F))
apgarch11SP=ugrarchfit(mspec, spLogR)
```

基于 S&P 500 百分比收益率, 拟合模型 (3.53), 其中预先设置幂指数 $\delta = 1$ (即 spLogR). 我们也可以通过删除上述命令中的选项 fixed.pars=list(delta=1), 通过数据来估计幂指数 δ. 通过将此拟合应用到高盛集团和福特股份上, 可以得到如表 3.4 所示的估计的系数以及其标准差 (括弧中).

表 3.4 对于 2010 年 1 月 4 日—2012 年 8 月 10 日的 S&P 500 指数、高盛集团 (GS) 股票和福特股份 (Ford) 股票的日收益率数据, 拟合 **APGARCH(1,1)** 模型的系数估计

	$\widehat{a}_0$	$\widehat{a}_1$	$\widehat{d}$	$\widehat{b}$
S&P 500	0.051 (0.011)	0.099 (0.018)	1.000 (0.221)	0.882 (0.019)
GS	0.150 (0.054)	0.139 (0.033)	−0.156 (0.132)	0.826 (0.044)
Ford	0.242 (0.098)	0.108 (0.029)	0.110 (0.154)	0.811 (0.057)

对于 S&P 500 和福特的收益率, 不对称效应现在由 $\widehat{d}$ 的正值来反映. 这与 3.4.1 节中拟合 EGARCH (1,1) 模型时对于 S&P 500 和福特均有 $\widehat{\alpha} < 0$ 的结果是一致的. 对于高盛集团的收益率, 在拟合 EGARCH(1,1) 和 APGARCH(1,1) 模型时, 都没有非对称效应.

图 3.14 给出了这三个收益率时间序列图及其在 $\delta = 1$ 时由 APGARCH(1,1) 所得的边界 $\pm 2\widehat{\sigma}_t$, 也就是说, $\widehat{\sigma}_t$ 是由建模直接得到, 而不是由拟合所得的 σ_t^2 推导得来的, 参见模型 (3.53). 尽管这些图像背后的波动率模型是非常不相同的, 但是它们的轮廓都类似于图 3.8 和图 3.12. 位于边界 $\pm 2\widehat{\sigma}_t$ 间的收益率的相对频率, S&P 500、高盛和福特分别为 94.07%, 94.98% 和 94.82%. 这与 GARCH(1,1) 或 EGARCH(1,1) 模型拟合的结果是类似的或者相同的.

现在, 对于 2010 年 1 月 4 日—2012 年 8 月 10 日的每个交易日, 我们在 $\delta = 1$ 情况下, 利用前 500 个交易日 (即大约两年) 的日收益率数据来拟合 AP-GARCH(1,1) 模型. 我们然后根据 (3.34) 式, 分别在 5% 和 2.5% 水平下预测 VaR 值, 其中 $\widehat{Q}_{\alpha,\varepsilon}$ 是由假设 ε_t 的正态性而估计, 或者是由前 500 个数据拟合 AP-GARCH(1,1) 模型所得残差的经验分布所估计. 三个序列 2012 年的收益率及其相应的 VaR 预测值曲线如图 3.15 所示. 将其与图 3.10 比较来看, 不同的模型所得的 VaR 曲线是不同的. 尽管如此, 相比 5% 水平, 在更极端的 2.5% 水平下, 要么由

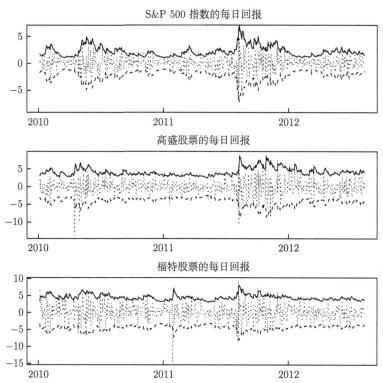

图 3.14 2010 年 1 月 4 日—2012 年 8 月 10 日的收益率时间序列图: S&P 500 指数 (上图), 高盛集团 (中图), 福特股份 (下图). 图中上下两条边界线为 $\pm 2\hat{\sigma}_t$ 曲线, 其中 $\hat{\sigma}_t$ 由 $\delta = 1$ 时拟合的 APGARCH(1,1) 模型的估计得到

正态性假设所引起的, 或者由拟合结果的经验分位数引起的这种差异更明显. 这对 APGARCH(1,1) 模型拟合和 GARCH(1,1) 模型拟合 (见图 3.10) 都是如此. 表 3.5 列出了三个序列 2012 年的 154 个交易日中超过 VaR 曲线收益率的相对频率. 这些数字似乎表明风险被严重高估了. 然而这很可能是由于 2012 年的波动率比 2011 年末明显降低了. 可参见 3.2.1 节中的相关讨论.

表 3.5 超过基于 APGARCH(1,1) 模型的 VaR 预测值的收益率的百分比表

ε_t 的分布	经验残差		$N(0,1)$	
水平	5%	2.5%	5%	2.5%
S&P 500	1.95%	0.65%	3.25%	1.95%
高盛	2.60%	0.00%	1.94%	0.65%
福特	3.25%	1.30%	3.25%	1.95%

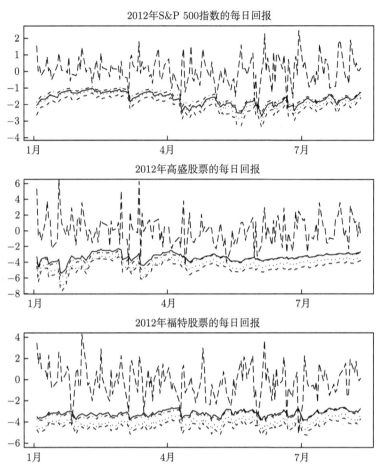

图 3.15　2010 年 1 月 4 日—2012 年 8 月 10 日的日收益率及其基于每个给定时间内前 500 个数据拟合的 APGARCH(1,1) 模型的 VaR 预测值的时间序列图: 基于正态新息过程 5% 水平 (点虚线) 和 2.5% 水平 (点线) 下的 VaR 值; 基于经验残差分布 5% 水平 (实线) 和 2.5% 水平 (虚线) 下的 VaR 值

3.4.3　超额收益率和 GARCH-M 模型

由资本资产定价模型 (CAPM, 见第 5 章) 可知, 风险由收益来补偿. 为了解释风险溢价, 我们引入如下的 GARCH-M 模型:

$$Y_t = g(\sigma_t) + X_t, \qquad X_t = \varepsilon_t \sigma_t,$$
$$\sigma_t^2 = a_0 + a_1 X_{t-1}^2 + b_1 \sigma_{t-1}^2, \tag{3.54}$$

其中 $\varepsilon_t \sim \text{IID}(0,1)$. 该模型中, 第一项表示与潜在风险相关的条件预期收益率, 第二项是围绕收益率的波动率. 在 Engle 等 (1987) 的原始文献中, 他们用了一个线

性函数形式 $g(x) = \theta_0 + \theta_1 x$, 这里的风险溢价以方差的形式来表示. 这使得参数估计变得容易了. 但是, 从第 5 章的 CAPM 模型来看, 更合理的一个形式应该是 $g(x) = \alpha_0 + \alpha_1 \sqrt{x}$, 现在是用标准差来表示风险溢价.

GARCH-M 过程 $\{Y_t\}$ 的概率性质基本上没有什么新的东西, 这是因为它就是一个标准的 GARCH 过程与其条件标准差的函数的和. 似然推断也是简单直接的.

GARCH-M 模型可以用 R 软件包 `rugarch` 来拟合. 例如, 对数据集 `Xdata` 来拟合模型 (3.54), R 语言命令如下:

```
mspec=ugarchspec(variance.model=list(model="sGARCH", garchOrder
    =c(1,1)), mean.model=list(armaOrder=c(0,0), include.mean=F,
    archm=T, archpow=1))
ugarchfit(mspec, Xdata)
```

3.4.4 IGARCH 模型

正如表 3.1 所示, 每个拟合所得 GARCH 模型的系数估计的和都接近于 1. 另一种简略的表述是直接假设

$$a_1 + \cdots + a_p + b_1 + \cdots + b_q = 1,$$

这种情况下, 其 ARMA 表达式 (3.20) 的特征多项式有一个单位根. 因此, 我们称其为**求和 GARCH** 模型, 或者简称为 **IGARCH** 模型. 详见 Engle 和 Bollerslev (1986). 我们以 IGARCH(1,1) 为例来说明:

$$X_t = \sigma_t \varepsilon_t, \quad \sigma_t^2 = a_0 + a_1 X_{t-1}^2 + b_1 \sigma_{t-1}^2, \quad b_1 = 1 - a_1. \qquad (3.55)$$

由 (3.19) 可得

$$\sigma_t^2 = \frac{a_0}{1 - b_1} + (1 - b_1)(X_{t-1}^2 + b_1 X_{t-2}^2 + b_1^2 X_{t-3}^2 + \cdots).$$

第二部分称为**指数平滑**. 在摩根大通基于日收益率的风险度量 (RiskMetrics) 中, 计算日波动率时建议取 $a_0 = 0$ 和 $b_1 = 0.94$, 计算月波动率时建议取 $b_1 = 0.97$ (最终结果要乘上 $\sqrt{21}$). 不同系数下的指数平滑权重曲线可以见图 3.16.

GARCH(1,1) 模型严平稳的一个充分条件是 $E\{\log(a_1 + b_1 \varepsilon_t^2)\} < 0$ (Nelson, 1990). 由 Jensen 不等式可得

$$E\{\log(a_1 + b_1 \varepsilon_t^2)\} < \log(a_1 + b_1) \leqslant 0, \quad \text{如果 } a_1 + b_1 \leqslant 1.$$

因此, IGARCH(1,1) 模型是平稳的. 然而 $EX_t^2 = \infty$, 这是因为如果 $EX_t^2 < \infty$, 平稳性的必要条件是 $a_1 + b_1 < 1$.

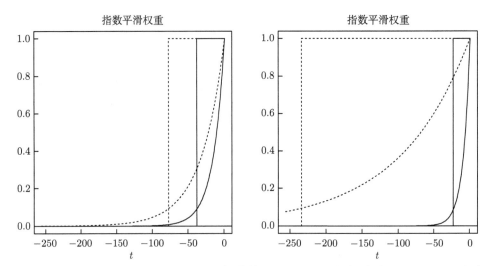

图 3.16   指数平滑的权重: $b_1 = 0.94$ (左边, 实线)、$b_1 = 0.97$ (左边, 虚线)、$b_1 = 0.90$ (右边,
实线)、$b_1 = 0.94$ (右边, 虚线). 图中呈现的窗口是根据正则核理论 (Marron and Nolan,
2003), 利用非加权平均平滑所得的等价量

由例 3.2, k 步向前预测满足形式

$$\sigma_T^2(k) = a_0 + \sigma_T^2(k-1) = (k-1)a_0 + \sigma_T^2(1),$$

其中, $\sigma_T^2(1) = a_0 + a_1 X_T^2 + (1-a_1)\sigma_T^2$. 这特别可以由 (3.55) 式通过递推计算, 其中

$$\sigma_t^2 = a_1 X_{t-1}^2 + (1-a_1)\sigma_{t-1}^2,$$

初值 σ_0^2 一般取为 $\{X_t^2\}_{t=1}^T$ 的样本均值.

3.5   随机波动率模型

随机波动率模型为异方差的建模和预测提供了另外一种方法. 类似于 ARCH/
GARCH 模型, 它将时变的波动率看作为一个随机过程. 然而它在下面的意义下
又不同于 ARCH/GARCH 模型: 它是作为一个潜在状态空间变量而建模的, 并
没有与已观测的收益率明显地联系起来. 下面我们对随机波动率模型作适当的介
绍. 想要进一步了解该主题, 可参考 Shephard 和 Anderson (2009) 以及 Shephard
(1996).

随机波动率模型的一般形式如下:

$$X_t = \varepsilon_t g(h_t), \qquad h_t = c + \sum_{j=1}^{p} b_j h_{t-j} + e_t, \qquad (3.56)$$

其中, $\varepsilon_t \sim \mathrm{IID}(0,1)$, $e_t \sim \mathrm{IID}(0,\sigma_\varepsilon^2)$, $\{\varepsilon_t\}$ 与 $\{e_t\}$ 相互独立, 且 $g(\cdot) > 0$ 是已知函数. 对于大多数应用, p 一般取值很小, 比如 1 或者 2. 核心思想是潜在的过程 h_t 可以表示新信息的随机和不均匀的流动, 这太复杂以至于无法仅仅用滞后项 $X_{t-1}, X_{t-2}, \cdots$ 的函数进行建模. 这是与 ARCH/GARCH 模型的一个显著差异: 随机波动率模型由两个相互独立的噪声过程驱动, 而 ARCH/GARCH 模型只由一个噪声过程驱动. 作为这种建模策略的结果, 随机波动率模型 (3.56) 具有更简单的概率结构. 然而由于似然函数没有显式表达式, 故模型的统计推断要求更高.

3.5.1 概率性质

在模型 (3.56) 中, 随机异方差是由 h_t 驱动的, 其自身为一个线性 AR(p) 过程. 因为 $e_t \sim \mathrm{IID}(0,\sigma_e^2)$, 如果方程 $1 - b_1 x - \cdots - b_p x^p = 0$ 的根都在单位圆外, 那么 h_t 是一个严平稳过程, 其均值 $Eh_t = c/(1 - b_1 - \cdots - b_p)$, 方差有限, 见 2.2.2 节. 此外, 由 (3.56) 中第一个等式容易看出, X_t 也是二阶矩有限的严平稳过程.

随机波动率模型最流行的形式是 Taylor (1986) 提出的 (这有争议), 他将 (3.56) 中的函数 $g(\cdot)$ 设为指数函数. 因此模型具有形式

$$X_t = \varepsilon_t \exp(h_t/2), \qquad h_t = c + \sum_{j=1}^{p} b_j h_{t-j} + e_t. \qquad (3.57)$$

现在可以容易地计算 X_t 的各阶矩. 例如, 对任意 $k \geqslant 1$, 有

$$E(X_t^k) = E(\varepsilon_t^k)E\{\exp(kh_t/2)\}.$$

从而对于随机波动率过程, 峰度不等式 (3.51) 也成立. 因此, X_t 的分布比 ε_t 具有更厚的尾部. 这也是 ARCH/GARCH 模型所具有的性质.

由 (3.57) 中的第一个等式, 可得

$$\log(X_t^2) = h_t + \log(\varepsilon_t^2).$$

现在我们考虑 (3.57) 中的一种特殊情况: $p = 1$, $e_t \sim N(0,\sigma_e^2)$. 于是, $\log(\varepsilon_t^2)$ 是白噪声过程, h_t 是正态 AR(1) 过程. 因此就前二阶矩而言, $\log(X_t^2)$ 是一个 ARMA(1,1) 过程. 可参见, 例如 Fan 和 Yao (2003) 中的例 2.7. 此外, 可以证明, 对于任意 $k \neq 0$,

$$\mathrm{Corr}(X_t^2, X_{t-k}^2) = \frac{\exp\{b_1^{|k|}\sigma_e^2/(1-b_1^2)\}}{3\exp\{\sigma_e^2/(1-b_1^2)\} - 1} \approx \frac{\sigma_e^2/(1-b_1^2)}{3\exp\{\sigma_e^2/(1-b_1^2)\} - 1} b_1^{|k|}.$$

由泰勒展式, 上面的近似对于很大的 $|k|$ 成立. 注意, 上面表达式中右边部分具有 ARMA(1,1) 过程 ACF 的形式.

有关随机波动率模型更多的性质, 可见 Davis 和 Mikosch (2009), 他们给出了随机波动率过程的 α-混合性质以及其他性质.

3.5.2 参数估计

尽管有上述简单的概率性质, 但不幸的是, 随机波动率模型并没有使得直接的统计估计和推断更容易. 由于潜变量 h_t, 似然函数不能直接计算. 已经提出了很多种方法, 有的是贝叶斯方法 (MCMC), 有的是非贝叶斯方法, 例如广义矩估计方法 (GMM)、近似拟极大似然估计, 以及 EM 算法等. 对此, 可参见 Shephard 和 Anderson (2009) 以及其中的参考文献. 下面, 我们将展示如何将一个简单的 $p = 1$ 的泰勒模型 (3.57) 公式化成一个状态空间模型, 以及如何应用各种算法, 比如卡尔曼滤波 (下面 3.6.2 节) 和粒子滤波 (下面 3.6.4 节) 来实现 (近似) 极大似然估计.

当 $\varepsilon_t \sim N(0,1)$, $\log(\varepsilon_t^2)$ 的均值为 -1.27, 方差为 $\pi^2/2$. 此外, 其密度函数为

$$f(x) = \frac{1}{\sqrt{2\pi}} \exp\left\{ -\frac{1}{2}(e^x - x) \right\}, \quad -\infty < x < \infty. \tag{3.58}$$

令 $Y_t = \log(X_t^2) - E\{\log(X_t^2)\}$, $u_t = \log(\varepsilon_t^2) + 1.27$, 以及 $Z_t = h_t - E(h_t) = h_t - c/(1 - b_1)$. 当 $p = 1$ 时, 由 (3.57) 可得

$$\begin{cases} Z_t = b_1 Z_{t-1} + e_j, \\ Y_t = Z_t + u_t. \end{cases} \tag{3.59}$$

这是线性状态空间模型 (3.61) 的一个特例. 实际中, 我们代之以 $Y_t = \log(X_t^2) - T^{-1} \sum_j \log(X_j^2)$. Harvey 等 (1994) 通过假设 u_t 服从正态分布, 应用卡尔曼滤波 (下面 3.6.2 节) 进行了研究. 他们的数值结果表明, 当样本容量足够大时, 卡尔曼滤波方法表现良好.

虽然通常假设 ε_t 和 e_t 服从正态性分布, 但 u_t 却并不服从正态分布. 实际上它的密度函数 (3.58) 是有偏的, 左边长尾. 因此, 下面 3.6.2 节给出的卡尔曼递归不再适用了, 因为它是在正态性假设下推导出来的. 为了克服这个障碍, 人们进行了各种尝试, 用多个正态分布的混合来对 u_t 的分布进行建模, 而卡尔曼滤波的一些版本在某些条件下仍然适用. 可参见 Shumway 和 Stoffer (2011) 中的 6.9 节.

另一方面, 对于模型 (3.58), 能够容易构造粒子滤波来计算似然函数. 可参见下面的 3.6.4 节. 更确切地说, 由 (3.59) 的 AR(1) 模型 (即第一个等式), 能

够容易产生 (3.82) 的一步向前预报粒子. 滤波粒子的抽样权重由 (3.83) 中的 $\beta_{tj} = f(Y_t - z_{t|t-1}(j))$ 定义, 其中 $f(\cdot)$ 在 (3.58) 中已经给出. 粒子滤波可以通过利用 R 语言程序包 pomp (可从 R-CRAN 下载) 中的 nlf 和 pfilter 两个函数来实现.

例 3.5 对于例 3.2—例 3.4 中的三个真实数据集, 我们利用粒子滤波器来拟合如下简单的随机波动率模型:

$$X_t = \varepsilon_t e^{h_t/2}, \qquad h_t = c + b h_{t-1} + e_t, \tag{3.60}$$

其中, $\varepsilon_t \sim N(0,1)$, $e_t \sim N(0, \sigma_\varepsilon^2)$. 表 3.6 列出了系数的估计值. 注意 $E(h_t) = c/(1-b)$. 对 S&P 500 收益率数据, c 和 b 的估计值都是最小的. 这说明 S&P 500 的波动率比其他两只股票要小.

表 3.6 利用 2010 年 1 月 4 日—2012 年 8 月 10 日的 S&P 500 指数、高盛集团 (GS) 股票和福特股份 (Ford) 股票数据拟合随机波动率模型 (3.60) 的系数估计值

	$\widehat{c}$	$\widehat{b}$	$\widehat{\sigma}_e^2$
S&P 500	−0.1648	0.2508	2.2275
GS	0.5196	0.2781	1.1365
Ford	0.1337	0.3505	0.0839

对于 2012 年 154 个交易日的数据, 我们利用每个交易日之前 500 个交易日的日收益率数据去估计模型 (3.60) 的系数. 然后利用拟合所得的模型, 根据 (3.34) 式, 分别在 5% 和 2.5% 水平下预测 VaR 值. 其中的 $\widehat{Q}_{\alpha,\varepsilon}$ 是在 ε_t 的正态性假设或者由前 500 个数据拟合的随机波动率模型所得的残差的经验分布估计得到. 三个序列 2012 年的收益率及其相应的 VaR 预测值曲线如图 3.17 所示. 表 3.7 列出了三个序列 2012 年的 154 个交易日中穿过 VaR 曲线的相对频率. 对于三个数据集, 相比表 3.2 和表 3.7, 表 3.6 中的相对频率更接近它们的名义尺度.

表 3.7 超过基于随机波动率模型 (3.60) 的 VaR 预测值的收益率的百分比表

ε_t 的分布	经验残差		$N(0,1)$	
水平	5%	2.5%	5%	2.5%
S&P 500	5.84%	3.89%	4.56%	2.59%
高盛	5.19%	2.59%	3.25%	2.59%
福特	5.03%	2.87%	5.03%	3.59%

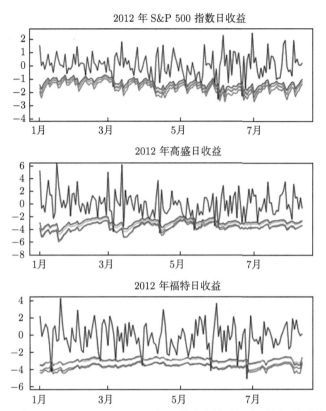

图 3.17   由 2012 年 1 月 4 日至 8 月 10 日每日收益率的时间序列图, 以及基于前 500 个收益率的随机波动率模型预测的 VaR 值: 基于正态新息的 5% 水平和 2.5% 水平的 VaR 值; 基于经验残差分布的 5% 水平和 2.5% 水平的 VaR 值

3.5.3   杠杆效应

杠杆效应, 或统计杠杆效应, 是指金融资产的收益率和波动率之间负相关的经验证据, 如图 1.10 所示. 当一只股票的价格下跌时, 就负债与权益比率而言, 公司将机械地变得更加杠杆化, 其收益的波动率典型地会上升. 股价与波动率的变化方向通常是相反的, 因此称为杠杆效应.

随机波动率模型的另一个吸引人的特点是能够直接在原始公式中对**杠杆效应**进行建模. 为此, 我们令 (3.56) 中的 ε_t 与 e_t 是负相关的. 于是, 由 ε_t 符号反应的收益率的变化方向将会影响波动率 h_t 未来的运动. 例如, 负的收益将会增加波动率, 而正的收益将会减少波动率. 这样一个模型的统计估计涉及一个额外 (负的) 参数, 它表示的是 ε_t 和 e_t 之间的相关性. 还要注意一点, 这种负相关性还会导致偏态, 也就是说, 对于 $t \geqslant 2$, 给定 h_t 时, X_{t+k} 的条件分布可能是偏态的.

3.6 附录: 状态空间模型 *

状态空间方法论起源于工程领域, 始于 Kalman (1960) 的开创性论文. 卡尔曼的原创性贡献有两方面: (i) 线性状态空间模型可以概括一大类问题; 而且, 可能更重要的是, (ii) 由于卡尔曼滤波, 估计和预测都可以通过递归更新实现. 状态空间方法论是基于结构分析: 诸如趋势性、季节性、回归因子、结构变化以及干预等不同的影响都被分别并显式地建模. 它还可以容易处理多个过程. 而且, 对于所有的算法而言, 平稳性条件都是不需要的. 有关时间序列分析状态空间模型的现代处理方法, 我们建议参考 Durbin 和 Koopman (2012).

3.6.1   线性模型

时间序列的线性**状态空间模型**具有形式

$$\begin{cases} \boldsymbol{Z}_t = \boldsymbol{A}_t \boldsymbol{Z}_{t-1} + \boldsymbol{e}_t, & \text{(状态方程)} \\ \boldsymbol{Y}_t = \boldsymbol{B}_t \boldsymbol{Z}_t + \boldsymbol{\varepsilon}_t, & \text{(观察方程)} \end{cases} \tag{3.61}$$

其中, $\boldsymbol{Z}_t$ 是 q 维不可观测向量, 称为**状态变量**, $\boldsymbol{e}_t$ 是均值为 0, 协方差阵为 $\mathrm{var}(\boldsymbol{e}_t) = \boldsymbol{\Sigma}_{e,t}$ 的独立**状态噪声项**, $\boldsymbol{Y}_t$ 是 p 维可观测变量, $\boldsymbol{\varepsilon}_t$ 是均值为 0, 协方差阵为 $\mathrm{var}(\boldsymbol{\varepsilon}_t) = \boldsymbol{\Sigma}_{\varepsilon,t}$ 的独立观测噪声项, $\boldsymbol{A}_t, \boldsymbol{B}_t$ 是系数矩阵. 此外, $(\boldsymbol{\varepsilon}_t, \boldsymbol{e}_t)$ 与 $\{(\boldsymbol{Y}_j, \boldsymbol{Z}_j), j = t-1, t-2, \cdots\}$ 是相互独立的.

给定观测 $\mathcal{Y}_s \equiv (\boldsymbol{Y}_1^{\mathrm{T}}, \cdots, \boldsymbol{Y}_s^{\mathrm{T}})^{\mathrm{T}}$, 状态空间建模一个特别重要的任务是估计状态变量 $\boldsymbol{Z}_t$, 这是因为诸如似然函数计算这样的统计推断都可以利用状态变量来实现. $\boldsymbol{Z}_t$ 的估计分为三种不同的场景:

$$\begin{aligned} \text{预测}&: \quad \boldsymbol{Z}_{t|s} = E(\boldsymbol{Z}_t | \mathcal{Y}_s), \quad t > s, \\ \text{滤波}&: \quad \boldsymbol{Z}_{t|t} = E(\boldsymbol{Z}_t | \mathcal{Y}_t), \\ \text{平滑}&: \quad \boldsymbol{Z}_{t|s} = E(\boldsymbol{Z}_t | \mathcal{Y}_s), \quad t < s. \end{aligned} \tag{3.62}$$

我们也用记号

$$\boldsymbol{V}_{t_1, t_2|s} = E\{(\boldsymbol{Z}_{t_1} - \boldsymbol{Z}_{t_1|s})^{\mathrm{T}}(\boldsymbol{Z}_{t_2} - \boldsymbol{Z}_{t_2|s})\}, \quad \boldsymbol{V}_{t|s} = \boldsymbol{V}_{t,t|s}. \tag{3.63}$$

3.6.2   高斯模型的卡尔曼递归

当 $\boldsymbol{e}_t \sim N(0, \boldsymbol{\Sigma}_{e,t})$ 和 $\boldsymbol{\varepsilon}_t \sim N(0, \boldsymbol{\Sigma}_{\varepsilon,t})$ 时, 模型 (3.61) 中所有变量是联合正态的. 在这种情况下, 有

$$\begin{aligned} \boldsymbol{Z}_{t|s} &= E\boldsymbol{Z}_t + \mathrm{cov}(\boldsymbol{Z}_t, \mathcal{Y}_s)\{\mathrm{var}(\mathcal{Y}_s)\}^{-1}(\mathcal{Y}_s - E\mathcal{Y}_s), \\ \boldsymbol{V}_{t|s} &= \mathrm{var}(\boldsymbol{Z}_t | \mathcal{Y}_s) = \mathrm{var}(\boldsymbol{Z}_t) - \mathrm{cov}(\boldsymbol{Z}_t, \mathcal{Y}_s)\{\mathrm{var}(\mathcal{Y}_s)\}^{-1}\mathrm{cov}(\mathcal{Y}_s, \boldsymbol{Z}_t). \end{aligned} \tag{3.64}$$

注意到, 不管 t 和 s 相对大小如何, $\boldsymbol{Z}_{t|s}$ 都是 $\mathcal{y}_s$ 的线性函数, 而且是一个 ps 维的可观测变量. 这是高斯性的一个很好的性质. 由于上述表达式中涉及了 $ps \times ps$ 矩阵的逆, 所以我们不太可能直接根据这些公式来计算 $\boldsymbol{Z}_{t|s}$ 和 $\boldsymbol{V}_{t|s}$. 卡尔曼滤波, 或者更准确地说是卡尔曼递归, 提供了一种很有效的替代方法, 它只需要计算 $p \times p$ 矩阵的逆即可. 该递归方法基于三组公式: 预测、滤波和平滑. 我们将其列在下面, 而且可以基于 (3.64) 推导出来. 有关更进一步的细节, 请参考 Kitagawa (2010) 中的附录 C.

预测

$$\text{一步向前}\quad \boldsymbol{Z}_{t+1|t} = \boldsymbol{A}_{t+1}\boldsymbol{Z}_{t|t}, \tag{3.65}$$
$$\boldsymbol{V}_{t+1|t} = \boldsymbol{A}_{t+1}\boldsymbol{V}_{t|t}\boldsymbol{A}_{t+1}^{\mathrm{T}} + \boldsymbol{\Sigma}_{e,t+1}.$$
$$\text{多步向前}\quad \boldsymbol{Z}_{t+k|t} = \boldsymbol{A}_{t+k}\boldsymbol{Z}_{t+k-1|t}, \tag{3.66}$$
$$\boldsymbol{V}_{t+k|t} = \boldsymbol{A}_{t+k}\boldsymbol{V}_{t+k-1|t}\boldsymbol{A}_{t+k}^{\mathrm{T}} + \boldsymbol{\Sigma}_{e,t+k}, \quad k \geqslant 2.$$

滤波　令 $\boldsymbol{H}_t = \boldsymbol{B}_t\boldsymbol{V}_{t|t-1}\boldsymbol{B}_t^{\mathrm{T}} + \boldsymbol{\Sigma}_{\varepsilon,t}$, 有

$$\boldsymbol{Z}_{t|t} = \boldsymbol{Z}_{t|t-1} + \boldsymbol{V}_{t|t-1}\boldsymbol{B}_t^{\mathrm{T}}\boldsymbol{H}_t^{-1}(\boldsymbol{Y}_t - \boldsymbol{B}_t\boldsymbol{Z}_{t|t-1}), \tag{3.67}$$
$$\boldsymbol{V}_{t|t} = \boldsymbol{V}_{t|t-1} - \boldsymbol{V}_{t|t-1}\boldsymbol{B}_t^{\mathrm{T}}\boldsymbol{H}_t^{-1}\boldsymbol{B}_t\boldsymbol{V}_{t|t-1}.$$

平滑　令 $\boldsymbol{G}_t = \boldsymbol{V}_{t|t}\boldsymbol{A}_{t+1}^{\mathrm{T}}\boldsymbol{V}_{t+1|t}^{-1}$. 对 $t < T$ 有

$$\boldsymbol{Z}_{t|T} = \boldsymbol{Z}_{t|t} + \boldsymbol{G}_t(\boldsymbol{Z}_{t+1|T} - \boldsymbol{Z}_{t+1|t}), \tag{3.68}$$
$$\boldsymbol{V}_{t|T} = \boldsymbol{V}_{t|t} + \boldsymbol{G}_t(\boldsymbol{V}_{t+1|T} - \boldsymbol{V}_{t+1|t})\boldsymbol{G}_t^{\mathrm{T}}.$$

我们可以从初始条件 $\boldsymbol{Z}_{1|0} = 0$ 和 $\boldsymbol{V}_{1|0} = 0$ 开始递归. $t = 1$ 时, 利用滤波步骤的 (3.67) 计算 $\boldsymbol{Z}_{1|1}$ 和 $\boldsymbol{V}_{1|1}$. 然后, 我们可以利用 (3.65) 和 (3.66) 进行多步预测计算, 利用 (3.68) 进行平滑. 现在迭代转移到时刻 $t = 2$. 下面的图表, 也是取自 Kitagawa (2010), 将展示卡尔曼递归是如何工作的: 它由一步向前预测 ($\Rightarrow$)、滤波 ($\Downarrow$)、平滑 ($\leftarrow$) 以及多步向前预测 ($\rightarrow$) 这样特定顺序的步骤构成. 一步向前预测和滤波是两个关键步骤, 而多步向前预测通常只是在 $k \geqslant 1$ 时计算 $\boldsymbol{Z}_{T+k|T}$ 时才进行, 其中 T 为样本容量.

$$
\begin{array}{ccccccccc}
\mathbf{Z}_{1|1} & \Rightarrow & \mathbf{Z}_{2|1} & \rightarrow & \mathbf{Z}_{3|1} & \rightarrow & \mathbf{Z}_{4|1} & \rightarrow & \mathbf{Z}_{5|1} & \rightarrow \\
 & & \Downarrow & & & & & & \\
\mathbf{Z}_{1|2} & \leftarrow & \mathbf{Z}_{2|2} & \Rightarrow & \mathbf{Z}_{3|2} & \rightarrow & \mathbf{Z}_{4|2} & \rightarrow & \mathbf{Z}_{5|2} & \rightarrow \\
 & & & & \Downarrow & & & & \\
\mathbf{Z}_{1|3} & \leftarrow & \mathbf{Z}_{2|3} & \leftarrow & \mathbf{Z}_{3|3} & \Rightarrow & \mathbf{Z}_{4|3} & \rightarrow & \mathbf{Z}_{5|3} & \rightarrow \\
 & & & & & & \Downarrow & & \\
\mathbf{Z}_{1|4} & \leftarrow & \mathbf{Z}_{2|4} & \leftarrow & \mathbf{Z}_{3|4} & \leftarrow & \mathbf{Z}_{4|4} & \Rightarrow & \mathbf{Z}_{5|4} & \rightarrow \\
 & & & & & & & & \Downarrow
\end{array}
$$

令 $\boldsymbol{\theta}$ 表示模型 (3.61) 中的全部未知参数. 现在我们来展示如何应用卡尔曼递归来计算基于观测值 $\mathbf{Y}_T, \cdots, \mathbf{Y}_1$ 的 $\boldsymbol{\theta}$ 的似然函数. $\mathbf{Y}_1, \cdots, \mathbf{Y}_T$ 的联合分布函数可以分解为

$$
f(\mathbf{Y}_1) \prod_{t=2}^{T} f(\mathbf{Y}_t | \mathcal{Y}_{t-1}), \tag{3.69}
$$

其中, $f(\mathbf{Y}_t | \mathcal{Y}_{t-1})$ 是给定 $\mathcal{Y}_{t-1}$ 时 $\mathbf{Y}_t$ 的条件密度函数. 因此, 它是均值为 $\mathbf{Y}_{t|t-1}$ 和方差为 $\mathbf{W}_{t|t-1}$ 的正态密度函数, 其中

$$
\mathbf{Y}_{t+k|t} \equiv E(\mathbf{Y}_{t+k} | \mathcal{Y}_t) = \mathbf{B}_{t+k} \mathbf{Z}_{t+k|t}, \tag{3.70}
$$

$$
\mathbf{W}_{t+k|t} \equiv \operatorname{var}(\mathbf{Y}_{t+k} - \mathbf{Y}_{t+1|t}) = \mathbf{B}_{t+k} \mathbf{V}_{t+k|t} \mathbf{B}_{t+k}^{\mathrm{T}} + \boldsymbol{\Sigma}_{\varepsilon, t+k}. \tag{3.71}
$$

上述的等式可由 (3.61) 的观测方程得到. 于是对数似然函数 (在条件 $\mathbf{Y}_1$ 下)$l(\boldsymbol{\theta})$ 可以表示为

$$
-2\,l(\boldsymbol{\theta}) = \sum_{t=2}^{T} \left\{ \log |\mathbf{W}_{t|t-1}| + (\mathbf{Y}_t - \mathbf{Y}_{t|t-1})^{\mathrm{T}} \mathbf{W}_{t|t-1}^{-1} (\mathbf{Y}_t - \mathbf{Y}_{t|t-1}) \right\}. \tag{3.72}
$$

对于一大类过程, 这代表了计算高斯似然函数的一种统一算法, 这是因为状态空间模型 (3.61) 包含了平稳 ARMA 模型以及诸如趋势性和季节性模型这样的非平稳模型作为特例. 参见, 例如 Harvey (1989) 及 Durbin 和 Koopman (2012) 等文献. 进一步, (3.61) 的观测方程可以包含一个可观测的外生变量 $\boldsymbol{\xi}_t$:

$$
\mathbf{Y}_t = \mathbf{B}_t \mathbf{Z}_t + \mathbf{C}_t \boldsymbol{\xi}_t + \boldsymbol{\varepsilon}_t. \tag{3.73}
$$

在这种情况下, 卡尔曼递归算法仍然成立, 只需要做一个修正: 将 (3.67) 中右端的 $\mathbf{Y}_t$ 替换为 $\mathbf{Y}_t - \mathbf{C}_t \boldsymbol{\xi}_t$. 当然, (3.70) 的右端也将多出 $\mathbf{C}_{t+k} \boldsymbol{\xi}_{t+k}$ 这一项.

注意, 似然函数 (3.72) 的计算只涉及卡尔曼递归算法中一步向前预测 ($\Rightarrow$) 和滤波 ($\Downarrow$) 两个步骤.

作为示例, 我们考虑 ARMA(p, q) 模型

$$X_t = b_1 X_{t-1} + \cdots + b_p X_{t-p} + \varepsilon_t + a_1 \varepsilon_{t-1} + \cdots + a_q \varepsilon_{t-q}, \tag{3.74}$$

其中 ε_t 相互独立, 且服从 $N(0, \sigma^2)$ 分布. 令 $r = \max(p, q+1)$, 则上述模型可以表示为

$$X_t = \sum_{i=1}^{r} b_i X_{t-1} + \varepsilon_t + \sum_{j=1}^{r} a_j \varepsilon_{t-j},$$

其中一些系数为零. 现在, 定义一个 $r \times 1$ 的状态变量

$$\boldsymbol{Z}_t = \begin{pmatrix} X_t \\ b_2 X_{t-1} + \cdots + b_r X_{t-r+1} + a_1 \varepsilon_t + \cdots + a_{r-1} \varepsilon_{t-r+2} \\ b_3 X_{t-1} + \cdots + b_r X_{t-r+2} + a_2 \varepsilon_t + \cdots + a_{r-1} \varepsilon_{t-r+3} \\ \vdots \\ b_r X_{t-1} + a_{r-1} \varepsilon_t \end{pmatrix}.$$

于是 ARMA 模型 (3.74) 可以表示为一个线性状态空间模型

$$\begin{cases} X_t = \boldsymbol{A} \boldsymbol{Z}_t, \\ \boldsymbol{Z}_t = \boldsymbol{B} \boldsymbol{Z}_{t-1} + \varepsilon_t, \end{cases} \tag{3.75}$$

其中, $\boldsymbol{A} = (1, 0, \cdots, 0)$,

$$\boldsymbol{B}_t = \begin{pmatrix} b_1 & 1 & \cdots & 0 \\ \vdots & \vdots & & \vdots \\ b_{r-1} & 0 & \cdots & 1 \\ b_r & 0 & \cdots & 0 \end{pmatrix}, \qquad \varepsilon_t = \begin{pmatrix} 1 \\ a_1 \\ \vdots \\ a_{r-1} \end{pmatrix} \varepsilon_t.$$

因此, ARMA 模型的 MLE (2.48) 可以由 (3.72) 利用卡尔曼滤波计算. 实际上, 这是很多统计软件包采用的算法.

有不少 R-函数可以计算卡尔曼滤波. 例如, 与 Shumway 和 Stoffer (2011) 有关的 R 软件包 astsa 中就有几个函数可以计算卡尔曼滤波. 也可参考 http://www.stat.pitt.edu/stoffer/tsa3/.

3.6.3 非线性模型

当模型 (3.61) 的 e_t 不是正态时, Z_t 和 Y_t 也不是正态. 于是 3.6.2 节的卡尔曼递归就不再适用了, 这是因为条件期望 $Z_{t|s}$ 和条件方差 $\mathrm{var}(Y_t|\mathcal{Y}_s)$ 不满足简单表达式 (3.64). 此外, 给定 $\mathcal{Y}_s$ 时 Z_t 的条件分布可能比仅仅通过条件均值和条件方差更依赖于 $\mathcal{Y}_s$. 下面, 我们介绍一般的非线性状态空间模型, 并给出一组相关条件分布的递归公式. 这些递归公式同样适用于具有不服从正态分布的 e_t 以及或 ε_t 的线性模型 (3.61).

考虑下面的非线性状态空间模型

$$\begin{cases} Z_t = G_t(Z_{t-1},\, e_t), & \text{(状态方程)} \\ Y_t = F_t(Z_t,\, \varepsilon_t), & \text{(观测方程)} \end{cases} \tag{3.76}$$

其中 $G_t(\cdot)$ 和 $F_t(\cdot)$ 为可带有一些未知参数的已知向量函数, $\{e_t\}$ 和 $\{\varepsilon_t\}$ 为两个独立的随机向量.

这里符号使用较混乱, 记 $p(X|Y)$ 为给定 Y 时 X 的条件密度函数. 于是由 (3.76) 可得

$$\begin{aligned} p(Z_t|Z_{t-1}, \mathcal{Y}_{t-1}) &= p(Z_t|Z_{t-1}), \\ p(Y_t|Z_t, \mathcal{Y}_{t-1}) &= p(Y_t|Z_t). \end{aligned} \tag{3.77}$$

对于带有可加噪声的状态空间模型, 即

$$Z_t = G_t(Z_{t-1}) + e_t, \qquad Y_t = F_t(Z_t) + \varepsilon_t,$$

容易看出

$$\begin{aligned} p(Z_t|Z_{t-1}, \mathcal{Y}_{t-1}) &= g_t(Z_t - G_t(Z_{t-1})), \\ p(Y_t|Z_t, \mathcal{Y}_{t-1}) &= f_t(Y_t - F_t(Z_t)), \end{aligned}$$

其中 g_t 和 f_t 分别为 e_t 和 ε_t 的密度函数.

基于 (3.77), 我们可以推导出下面的分布递归公式.

一步向前预测

$$\begin{aligned} p(Z_t|\mathcal{Y}_{t-1}) &= \int p(Z_t, Z_{t-1}|\mathcal{Y}_{t-1}) dZ_{t-1} \\ &= \int p(Z_t|Z_{t-1}, \mathcal{Y}_{t-1}) p(Z_{t-1}|\mathcal{Y}_{t-1}) dZ_{t-1} \\ &= \int p(Z_t|Z_{t-1}) p(Z_{t-1}|\mathcal{Y}_{t-1}) dZ_{t-1}. \end{aligned} \tag{3.78}$$

滤波

$$p(\boldsymbol{Z}_t|\mathcal{Y}_t) = p(\boldsymbol{Z}_t|\boldsymbol{Y}_t, \mathcal{Y}_{t-1})$$

$$= p(\boldsymbol{Y}_t|\boldsymbol{Z}_t, \mathcal{Y}_{t-1})p(\boldsymbol{Z}_t|\mathcal{Y}_{t-1})/p(\boldsymbol{Y}_t|\mathcal{Y}_{t-1})$$

$$= p(\boldsymbol{Y}_t|\boldsymbol{Z}_t)p(\boldsymbol{Z}_t|\mathcal{Y}_{t-1})/p(\boldsymbol{Y}_t|\mathcal{Y}_{t-1}), \tag{3.79}$$

其中 $p(\boldsymbol{Y}_t|\mathcal{Y}_{t-1}) = \int p(\boldsymbol{Y}_t|\boldsymbol{Z}_t)p(\boldsymbol{Z}_t|\mathcal{Y}_{t-1})d\boldsymbol{Z}_t$, 如同 (3.78) 式. 由初始值 $\boldsymbol{Z}_0$ 和初始密度 $p(\boldsymbol{Z}_0) \equiv p(\boldsymbol{Z}_0|\mathcal{Y}_0)$ 出发, 我们可以通过 (3.78) 和 (3.79) 递归地计算 $p(\boldsymbol{Z}_1|\mathcal{Y}_0)$, $p(\boldsymbol{Z}_1|\mathcal{Y}_1)$, $p(\boldsymbol{Z}_2|\mathcal{Y}_1)$, $p(\boldsymbol{Z}_2|\mathcal{Y}_2)$, $\cdots$.

用 $\boldsymbol{\theta}$ 表示模型 (3.76) 的全部未知参数. 基于可获得的观测值 $\boldsymbol{Y}_1, \cdots, \boldsymbol{Y}_T$, 对数似然函数 (在初值 $\mathcal{Y}_0$ 给定的条件下) 可表示为

$$l(\boldsymbol{\theta}) = \sum_{t=1}^{T} \log p(\boldsymbol{Y}_t|\mathcal{Y}_{t-1})$$

$$= \sum_{t=1}^{T} \log \int p(\boldsymbol{Y}_t|\boldsymbol{Z}_t, \mathcal{Y}_{t-1})p(\boldsymbol{Z}_t|\mathcal{Y}_{t-1})d\boldsymbol{Z}_t$$

$$= \sum_{t=1}^{T} \log \int p(\boldsymbol{Y}_t|\boldsymbol{Z}_t)p(\boldsymbol{Z}_t|\mathcal{Y}_{t-1})d\boldsymbol{Z}_t. \tag{3.80}$$

上面的第二个等式由 (3.77) 中的第二个等式而得.

尽管似然函数 (3.80) 原则上可通过递归公式 (3.78)-(3.79) 来计算, 但是计算涉及很多积分, 将导致很多技术性困难. Kitagawa (1987) 提出了一种格子逼近法. 该方法在一个有限格子点上更新条件密度函数, 并用这些格子点上的黎曼和来代替积分. 然而这种方法会面临数值不稳定性问题, 特别是当 $\boldsymbol{Y}_t$ 或 $\boldsymbol{X}_t$ 的维数很高的时候. 随着现代计算能力的提高, 利用蒙特卡罗模拟计算积分已经是一种常见的做法. 下节我们介绍一种这样的方法.

3.6.4 粒子滤波器

粒子滤波器, 也称为序贯蒙特卡罗法或自助滤波器, 为通过蒙特卡罗模拟来执行递推公式 (3.78)-(3.79) 的一种算法. 其关键是由预测分布 $p(\boldsymbol{Z}_t|\mathcal{Y}_{t-1})$ 和滤波分布 $p(\boldsymbol{Z}_t|\mathcal{Y}_t)$, $t = 1, 2, \cdots, T$ 来交替产生样本 (也即粒子). 我们使用符号

$$\{\boldsymbol{z}_{t|t-1}(1), \cdots, \boldsymbol{z}_{t|t-1}(m)\} \text{为来自 } p(\boldsymbol{Z}_t|\mathcal{Y}_{t-1}) \text{ 的样本},$$

$$\{\boldsymbol{z}_{t|t}(1), \cdots, \boldsymbol{z}_{t|t}(m)\} \text{为来自 } p(\boldsymbol{Z}_t|\mathcal{Y}_t) \text{ 的样本}.$$

在剖析这个算法前, 我们来说明那些粒子是如何用于计算例如似然函数的. 令 $h_t(\cdot|z)$ 为给定 $Z_t = z$ 时, Y_t 的条件密度函数. 于是由大数定律可知, 当 $m \to \infty$ 时,

$$\frac{1}{m} \sum_{j=1}^{m} h_t\{Y_t|z_{t|t-1}(j)\} \xrightarrow{\text{a.s.}} \int h_t(Y_t|Z_t)p(Z_t|\mathcal{Y}_{t-1})dZ_t, \qquad (3.81)$$

因此 (3.80) 中的对数似然函数 $l(\boldsymbol{\theta})$ 可由下式来近似

$$\widehat{l(\boldsymbol{\theta})} = \sum_{t=1}^{T} \log\left(\frac{1}{m} \sum_{j=1}^{m} h_t\{Y_t|z_{t|t-1}(j)\}\right). \qquad (3.82)$$

注意, $h_t(\cdot|z)$ 由模型 (3.76) 中的观测方程决定. 当存在可加噪声时, 即

$$Y_t = F_t(Z_t) + \varepsilon_t, \qquad \text{有 } h_t(y|z) = f_t(y - F_t(z)),$$

其中 f_t 为 ε_t 的密度函数.

现在我们来阐述依照顺序 $t = 1, 2, \cdots, T$ 来产生样本 $\{z_{t|t-1}(j)\}$ 和 $\{z_{t|t}(j)\}$ 的**粒子滤波器**. 令 $z_{0|0}(1), \cdots, z_{0|0}(m)$ 为初始值.

一步向前预报粒子 对 $j = 1, \cdots, m$, 令

$$z_{t|t-1}(j) = G_t(z_{t-1|t-1}(j), e_t(j)), \qquad (3.83)$$

其中 $e_t(1), \cdots, e_t(m)$ 是从 e_t 的分布中独立抽取.

滤波粒子 $z_{t|t}(1), \cdots, z_{t|t}(m)$ 是从以下离散分布中独立抽取:

取值	$z_{t|t-1}(1)$	$z_{t|t-1}(2)$	$\cdots$	$z_{t|t-1}(m)$
概率	π_{t1}	π_{t2}	$\cdots$	π_{tm}

其中 $\pi_{tj} = \beta_{tj}/\sum_{1 \leqslant i \leqslant m} \beta_{ti}$, 且

$$\beta_{tj} = h_t\{Y_t|z_{t|t-1}(j)\}, \quad j = 1, \cdots, m, \qquad (3.84)$$

这里 $h_t(\cdot|z)$ 是给定 $Z_t = z$ 时 Y_t 的条件密度.

上面算法的证明很简单. 首先, 因为 $z_{t-1|t-1}$ 是由 $p(Z_{t-1}|\mathcal{Y}_{t-1})$ 抽取, 所以由 (3.78) 可知, $z_{t|t-1}$ 也能够由给定 $Z_{t-1} = z_{t-1|t-1}$ 时, Z_t 的条件分布来抽取.

现在模型 (3.76) 的状态方程蕴含了 (3.82). 为了证明粒子滤波算法, 由 (3.79) 可知, $\boldsymbol{Z}_t$ 的密度 $p(\boldsymbol{Z}_t|\mathcal{Y}_t)$ 与 $p(\boldsymbol{Y}_t|\boldsymbol{Z}_t)p(\boldsymbol{Z}_t|\mathcal{Y}_{t-1})$ 成正比, 即

$$p(\boldsymbol{Z}_t|\mathcal{Y}_t) \propto p(\boldsymbol{Y}_t|\boldsymbol{Z}_t)p(\boldsymbol{Z}_t|\mathcal{Y}_{t-1}). \tag{3.85}$$

因此可以通过对 $p(\boldsymbol{Z}_t|\mathcal{Y}_{t-1})$ 抽样来获取 $p(\boldsymbol{Z}_t|\mathcal{Y}_t)$ 的样本, 这是标准的重要抽样算法. 现在 $\{\boldsymbol{z}_{t|t-1}(1),\cdots,\boldsymbol{z}_{t|t-1}(m)\}$ 是来自 $p(\boldsymbol{Z}_t|\mathcal{Y}_{t-1})$ 的样本. 根据 (3.84), $\boldsymbol{z}_{t|t-1}(j)$ 的重要性权重与

$$\beta_j = p(\boldsymbol{Y}_t|\boldsymbol{Z}_t = \boldsymbol{z}_{t|t-1}(j)) = h_t\{\boldsymbol{Y}_t|\boldsymbol{z}_{t|t-1}(j)\}$$

成比例. 标准化 $\{\beta_j\}$ 将得到重抽样概率权重 $\{\pi_j\}$. 这就完成了证明.

粒子滤波器是一个通用框架, 可以应用于各种时间序列模型. 这种方法的很多变种可参见 Gordon 等 (1993), Kitagawa (1996), Berzuini 等 (1997), Liu 和 Chen (1998), 以及 Lin 等 (2005) 等的文献. 对该方法更详细的解释, 也可参见 Kitagawa (2010) 的第 15 章.

3.7 习   题

3.1 对于 ARCH(1) 模型, 如果 X_t 是严平稳的, 且有 $EX_t^4 < \infty$, 证明

$$EX_t^4 = \frac{a_0^2(1+a_1)E\varepsilon_t^4}{(1-a_1)(1-a_1^2 E\varepsilon_t^4)}$$

且峰度为

$$\kappa_x = \frac{(1-a_1^2)\kappa_\varepsilon}{1-a_1^2 E\varepsilon_t^4}.$$

因此四阶矩存在的充分必要条件为 $a_1 < 1/\sqrt{E\varepsilon_t^4}$.

3.2 对于如下 GARCH(1,2) 模型

$$X_t = \sigma_t \varepsilon_t, \quad \sigma_t^2 = a_0 + a_1 X_{t-1}^2 + b_1 \sigma_{t-1}^2 + b_2 \sigma_{t-2}^2,$$

(a) 证明 X_t^2 为 ARMA(2,2) 过程.

(b) 证明 GARCH(1,2) 为 ARCH(∞) 模型. 这里为简单起见, 可以假设, 对于两个实数 $c_1 \neq c_2$, 有 $1 - b_1 B - b_2 B^2 = (1 - c_1 B)(1 - c_2 B)$.

(c) 推导出波动率的多步向前预报递推公式.

3.3 假设通用电气公司 1995 年 1 月—2012 年 12 月的日对数收益率序列 $\{r_t\}$ 服从 AR(1)-GARCH(1,1) 模型

$$r_t = \alpha_0 + \alpha_1 r_{t-1} + \eta_t, \quad \eta_t = \sigma_t \varepsilon_t, \quad \sigma_t^2 = a_0 + a_1 \eta_{t-1}^2 + b_1 \sigma_{t-1}^2.$$

(a) 当 $\varepsilon_t \sim N(0,1)$ 时, 写出模型的条件似然函数.

(b) 当 $\varepsilon_t \sim t(\nu)$ 时, 写出模型的条件似然函数.

(c) 对于上述模型, 在 $\alpha_0 = 0.002, \alpha_1 = -0.12$, $a_0 = 0.000015$, $a_1 = 0.0414$, $b_1 = 0.921$ 和高斯新息过程的条件下, 模拟一个长度为 2520 的序列, 并画出该序列的时间序列图.

(d) 上述 AR(1)-GARCH(1,1) 的方差为多少? 与样本方差比较呢? 比较该时间序列的样本峰度和新息时间序列峰度进行比较. 提示: 利用模型求出 $\mathrm{var}(r_t)$, 并利用当 $k > 0$ 时, r_{t-k} 和 η_t 不相关的事实.

3.4 假设可口可乐公司股票的日对数收益的方差服从 GARCH(1,1) 模型:

$$X_t = \sigma_t \varepsilon_t, \quad \sigma_t^2 = a_0 + a_1 X_{t-1}^2 + b_1 \sigma_{t-1}^2,$$

其中, $a_1 + b_1 < 1$, $\varepsilon_t \sim N(0,1)$.

(a) 若 $a_0 = 0.006$, $a_1 = 0.05$, $b_1 = 0.55$, 请问从峰度的角度看, 该分布的尾部是否比 t_4 (自由度为 4 的 t 分布) 分布的尾部薄?

(b) $\{X_t^2\}$ 的自相关函数是什么?

(c) 如果参数 a_0, a_1 和 b_1 估计量的协方差如下所示, 且估计值分别为 0.006, 0.1 和 0.4,

$$10^{-4} \begin{pmatrix} 15 & 5 & 0 \\ 5 & 4 & 0 \\ 0 & 0 & 30 \end{pmatrix},$$

请问, 长期方差 (无条件方差) 的估计是多少? 相应的标准差是多少?

(d) 利用 (a) 中的参数值, 若 $X_T^2 = 0.02$, $\sigma_T^2 = 0.03$, 请给出波动率的一步和两步预报.

(e) 现在, 我们假设已经观测到数据, 并用其拟合 GARCH(p,q) $(p+q \leqslant 2)$ 模型, 请简单给出数据拟合的主要步骤 (包括诊断).

3.5 利用高斯新息过程拟合一个 GARCH(1,1) 模型之后, 我们接下来要做什么诊断步骤? 如果残差项不服从正态分布, 我们该怎么做?

3.6 请问将 EGARCH(p,q) 族模型和原始的 ARCH(p) 模型进行比较的两个主要动机是什么?

3.7 假设某只股票的月收益数据服从 EGARCH(1,0) 模型

$$h_t = -0.873 + 0.735 h_{t-1} + g(\varepsilon_{t-1}),$$
$$g(\varepsilon_{t-1}) = 0.087\varepsilon_{t-1} + 0.327(|\varepsilon_{t-1}| - \sqrt{2/\pi}),$$

其中 $h_t = \log \sigma_t^2$, $\varepsilon_t \sim_{\text{i.i.d.}} N(0,1)$. 请问, 当经历一个大小为 $\varepsilon_t = -1$ 和 $\varepsilon_t = 1$ 的振荡之后, 相应的波动率 σ_{t+1} 分别为多少?

3.8 假设一个投资组合的对数收益率序列服从 GARCH (p,q) 模型: $r_t = \sigma_t \varepsilon_t$, 其中

$$\sigma_t^2 = a_0 + \sum_{i=1}^{p} a_i X_{t-i}^2 + \sum_{j=1}^{q} b_j \sigma_{t-j}^2.$$

(a) 证明 $\mathrm{cov}(r_t^2, \sigma_t^2) > 0$.

(b) 求出时间长度为 τ 的对数收益率序列的无条件波动率, 即 $R_{t,\tau} = r_{t+1} + \cdots + r_{t+\tau}$.

(c) 求出条件波动率 $R_{T,\tau}$. 将其用 $\sigma_T^2(m) = E_T r_{T+m}^2$ 表示.

3.9 考虑英特尔公司 1990 年 1 月到 2013 年 12 月的月对数收益率数据.

(a) 这些收益率是可预测的吗?

(b) 利用该收益序列的 PACF 图像确定拟合自回归模型的顺序; 并画出该序列对应平方收益序列的 PACF 图像.

(c) 利用高斯新息过程, 对该序列拟合一个 GARCH(1,1) 模型.

(d) 计算平均收益率和长期波动率 (无条件标准差).

(e) 利用 Delta 方法计算平均收益率的 SE (标准误) 和长期波动率.

(f) 利用图像和检验统计量进行必要的模型诊断.

3.10 考虑福特公司从 1990 年 1 月至 2013 年 12 月的周对数收益率序列.

(a) 利用未知自由度的 t 新息过程, 拟合一个 ARMA(1,1)-GARCH(1,1) 模型.

(b) 利用正态分布新息过程, 拟合一个 EGARCH(1,1) 模型.

(c) 比较以上两个拟合参数模型的均值和波动率, 并将它们与原始时间序列的样本均值和样本方差进行比较.

(d) 以上两个拟合中, 哪一个的残差序列更接近白噪声? 这里需要比较两个残差序列和残差平方序列的 Ljung-Box 统计量, 以及它们的 ACF 图像.

第 4 章　多元时间序列分析

在许多实际情形中, 多个对象的时间序列数据会被记录在一起. 这些跨越不同对象以及不同时刻的数据常常是相关的. 一个简单的例子就是 S&P 500 指数和 S&P 500 指数期货. 因此, 一起分析多个时间序列是合理的. 我们认为, 在这个以经济全球化加速和数据收集爆炸为标志的信息时代, 处理多元时间序列的技术比以往任何时候都更加重要. 一个市场的价格波动可能导致其他市场的波动, 或是由其他市场的波动所引起的. 一个臭名昭著的例子是所谓的 "亚洲传染病". 它发生于 1997 年, 始于泰国, 很快地蔓延到东南亚国家, 然后溢出到世界其他国家. 因此考虑不同序列间的相依性和相关性具有重要意义. 此外, 将一个序列的某一运动的延时与其他序列进行比较通常具有实际重要意义. 最后, 个别时间序列可能非平稳, 但是不同序列的非平稳特征又可能相互抵消. 因此, 将多个序列一起分析, 我们也许能识别出一些潜在的平稳性. 在这一章, 我们将介绍一些基本的线性模型和多元时间序列数据的分析方法. 我们也将包括诸如格兰杰因果关系、脉冲响应函数、协整等主题, 这些问题与经济、金融数据建模有直接的关系.

4.1　平稳性与自相关矩阵

4.1.1　平稳向量过程

令 $\boldsymbol{X}_t = (X_{t1}, \cdots, X_{td})^{\mathrm{T}}$ 是 d 维时间序列, 其中 X_{tj} 是第 j 个分量序列. 若序列 $\boldsymbol{X}_t$ 中的一阶矩和二阶矩是时不变的, 即与时间无关, 则称它为宽平稳或 (简单的) 平稳的.

$$\boldsymbol{\mu} \equiv E(\boldsymbol{X}_t), \qquad \boldsymbol{\Gamma}(k) \equiv E\{(\boldsymbol{X}_{t+k} - \boldsymbol{\mu})(\boldsymbol{X}_t - \boldsymbol{\mu})^{\mathrm{T}}\}, \tag{4.1}$$

矩阵函数 $\boldsymbol{\Gamma}(\cdot)$ 称为自协方差阵函数, 或互协方差函数. 后者强调的是不同分量序列间的协方差. 令 μ_j 是 $\boldsymbol{\mu}$ 的第 j 个分量, $\gamma_{ij}(k)$ 是 $\boldsymbol{\Gamma}(k)$ 的第 (i,j) 个元素, 那么称

$$\gamma_{ij}(k) = \mathrm{cov}(X_{t+k,i}, X_{tj}) = \mathrm{cov}\{(X_{t+k,i} - \mu_i)(X_{tj} - \mu_j)\} \tag{4.2}$$

为序列第 i 个分量序列和第 j 个分量序列 $(i \neq j)$ 之间的滞后时间 k 的互协方差. 当 $i = j$ 时, 它就是第 j 个分量序列的自协方差. 注意, 除非 $k = 0$, $\boldsymbol{\Gamma}(k)$ 不是一个对称矩阵. 一般有 $\boldsymbol{\Gamma}(-k) = \boldsymbol{\Gamma}(k)^{\mathrm{T}}$.

$\boldsymbol{X}_t$ 的自相关阵也称作互相关阵, 其定义为

$$\boldsymbol{R}(k) \equiv \big(\rho_{ij}(k)\big) = \boldsymbol{D}^{-1/2}\boldsymbol{\Gamma}(k)\boldsymbol{D}^{-1/2}, \tag{4.3}$$

其中 $\boldsymbol{D}^{-1/2}$ 是对角矩阵, 其第 j 个主对角线元素为第 j 个序列标准差倒数 $\gamma_{jj}(0)^{-1/2}$. 从而

$$\rho_{ij}(k) = \mathrm{Corr}(X_{t+k,i}, X_{tj}) \tag{4.4}$$

是两个分量序列滞后时间 k 的互相关系数. 注意到对任意整数 k, 自相关系数 $\rho_{jj}(k)$ 是对称的, 即 $\rho_{jj}(k) = \rho_{jj}(-k)$. 但是互相关系数不一定是对称的, 即对任意 $i \neq j$, 通常 $\rho_{ij}(k) \neq \rho_{ij}(-k), k = 1, 2, \cdots$. 另一方面,

$$\rho_{ij}(k) = \rho_{ji}(-k), \qquad \text{i.e.} \quad \boldsymbol{R}(-k) = \boldsymbol{R}(k)^{\mathrm{T}}.$$

若 $\boldsymbol{X}_t$ 是一个宽平稳向量时间序列, 那么它所有的分量序列都是宽平稳的单变量时间序列. 反之不一定成立, 这是因为宽平稳多元时间序列还需要互相关性 (4.4) 时不变条件成立. 类似单变量时间序列, 如果对任意的 $k \geqslant 1$ 和任意的整数 t, $\boldsymbol{X}_1, \cdots, \boldsymbol{X}_k$ 和 $\boldsymbol{X}_{t+1}, \cdots, \boldsymbol{X}_{t+k}$ 有相同的联合分布, 我们称 $\{\boldsymbol{X}_t\}$ 是严平稳的. 显然如果 $\boldsymbol{X}_t$ 是严平稳的且 $E(\|\boldsymbol{X}_t\|^2) < \infty$, 那么 $\boldsymbol{X}_t$ 也是宽平稳的, 其中 $\|\cdot\|$ 为欧氏范数. 线性相依性 (即相关性) 完全由一、二阶矩所决定. 因此线性时间序列模型中经常采用宽平稳.

宽平稳向量过程最简单类型是向量白噪声, 记为 $\mathrm{WN}(\boldsymbol{a}, \boldsymbol{\Sigma}_\varepsilon)$. 如果有 $E\boldsymbol{\varepsilon}_t = \boldsymbol{a}$, $\mathrm{var}(\boldsymbol{\varepsilon}_t) = \boldsymbol{\Sigma}_\varepsilon$, $\mathrm{cov}(\boldsymbol{\varepsilon}_t, \boldsymbol{\varepsilon}_s) = 0$ 对一切 $t \neq s$, 我们称 $\boldsymbol{\varepsilon}_t \sim \mathrm{WN}(\boldsymbol{a}, \boldsymbol{\Sigma}_\varepsilon)$. 因此 $\boldsymbol{\varepsilon}_t$ 所有分量间不存在序列相关. 然而由于 $\boldsymbol{\Sigma}_\varepsilon$ 不一定是对角矩阵, 因此 $\boldsymbol{\varepsilon}_t$ 的不同分量间可以存在即期相关. 最常用的白噪声是均值为 0 的白噪声, 即 $\mathrm{WN}(0, \boldsymbol{\Sigma}_\varepsilon)$.

向量白噪声过程为构建向量平稳过程的基本模块. 例如, 向量移动平均过程定义为

$$\boldsymbol{X}_t = \boldsymbol{\mu} + \boldsymbol{\varepsilon}_t + \boldsymbol{B}_1\boldsymbol{\varepsilon}_{t-1} + \cdots + \boldsymbol{B}_q\boldsymbol{\varepsilon}_{t-q}, \tag{4.5}$$

其中 $\boldsymbol{B}_1, \cdots, \boldsymbol{B}_q$ 是系数矩阵, $\boldsymbol{\varepsilon} \sim \mathrm{WN}(0, \boldsymbol{\Sigma}_\varepsilon)$. 我们称这样一个过程是阶数为 q 的移动平均过程, 记作 $\boldsymbol{X}_t \sim \mathrm{MA}(q)$. 很容易看出任意向量移动平均过程 $\mathrm{MA}(q)$ 是宽平稳的. 进一步有, $E\boldsymbol{X}_t = \boldsymbol{\mu}$, 且互协方差为

$$\boldsymbol{\Gamma}(k) = \begin{cases} \boldsymbol{B}_k\boldsymbol{\Sigma}_\varepsilon + \boldsymbol{B}_{k+1}\boldsymbol{\Sigma}_\varepsilon\boldsymbol{B}_1^{\mathrm{T}} + \cdots + \boldsymbol{B}_q\boldsymbol{\Sigma}_\varepsilon\boldsymbol{B}_{q-k}^{\mathrm{T}}, & 0 \leqslant k \leqslant q, \\ 0, & k > q, \end{cases} \tag{4.6}$$

且 $\boldsymbol{\Gamma}(-k) = \boldsymbol{\Gamma}(k)^{\mathrm{T}}$. 类似于单变量 $\mathrm{MA}(q)$, 互协方差阵和互相关阵 q 步截尾. 在以上的表达式中, $\boldsymbol{B}_0 = \boldsymbol{I}_d$ 为 $d \times d$ 的单位阵.

例 4.1 考虑一个简单的二元 MA(4) 过程,

$$X_{t1} = \varepsilon_t + 0.5\varepsilon_{t-4}, \qquad X_{t2} = \varepsilon_t,$$

其中 ε_t 是一个二元 WN$(0,1)$. 容易看出

$$\boldsymbol{\mu} = E\left(\begin{array}{c} X_{t1} \\ X_{t2} \end{array}\right) = 0, \quad \boldsymbol{\Gamma}(0) = \mathrm{var}\left(\begin{array}{c} X_{t1} \\ X_{t2} \end{array}\right) = \left(\begin{array}{cc} 1.25 & 1 \\ 1 & 1 \end{array}\right),$$

$$\boldsymbol{\Gamma}(4) = E\left\{\left(\begin{array}{c} \varepsilon_{t+4} + 0.5\varepsilon_t \\ \varepsilon_{t+4} \end{array}\right)(\varepsilon_t + 0.5\varepsilon_{t-4}, \varepsilon_t)\right\} = \left(\begin{array}{cc} 0.5 & 0.5 \\ 0 & 0 \end{array}\right) = \boldsymbol{\Gamma}(-4)^{\mathrm{T}},$$

且对所有的 $k \neq 0 \pm 4$, 有 $\boldsymbol{\Gamma}(k) = 0$. 因为 $\boldsymbol{D} = \mathrm{diag}(1/\sqrt{1.25}, 1) = \mathrm{diag}(0.894, 1)$, 则互相关函数为

$$\boldsymbol{R}(0) = \left(\begin{array}{cc} 1 & 0.894 \\ 0.894 & 1 \end{array}\right), \quad \boldsymbol{R}(4) = \left(\begin{array}{cc} 0.4 & 0.447 \\ 0 & 0 \end{array}\right) = \boldsymbol{R}(-4)^{\mathrm{T}},$$

其他情形 $\boldsymbol{R}(k) = 0$.

虽然向量 MA 模型是最简单的多变量时间序列模型, 但它表现出一个固有的困难, 即过参数化. 例如, 对于一个简单的 d 维向量 MA(1) 模型, 即 (4.5) 中 $q = 1$, 系数矩阵 $\boldsymbol{B}_1$ 未知参数的个数为 d^2. 因此, 即便对于适当大的 d, 通常需要采用一些标准化或降维技术来减少向量时间序列模型参数的个数.

4.1.2 样本互协方差/相关阵

对于宽平稳过程的一组观测 $\boldsymbol{X}_1, \cdots, \boldsymbol{X}_T$, 互协方差阵的一个自然估计为样本互协方差阵

$$\widehat{\boldsymbol{\Gamma}}(k) \equiv \big(\widehat{\gamma}_{ij}(k)\big) = \frac{1}{T}\sum_{t=1}^{T-k}(\boldsymbol{X}_{t+k} - \widehat{\boldsymbol{\mu}})(\boldsymbol{X}_t - \widehat{\boldsymbol{\mu}})^{\mathrm{T}}, \quad \widehat{\boldsymbol{\mu}} = \frac{1}{T}\sum_{t=1}^{T}\boldsymbol{X}_t. \tag{4.7}$$

此外, 互相关阵也可由样本互相关阵来估计

$$\widehat{\boldsymbol{R}}(k) \equiv \big(\widehat{\rho}_{ij}(k)\big) = \widehat{\boldsymbol{D}}^{-\frac{1}{2}}\widehat{\boldsymbol{\Gamma}}(k)\,\widehat{\boldsymbol{D}}^{-\frac{1}{2}}, \tag{4.8}$$

其中 $\widehat{\boldsymbol{D}} = \mathrm{diag}\big(\widehat{\gamma}_{11}(0), \cdots, \widehat{\gamma}_{dd}(0)\big)$. 对于每一个延时 k, 样本互相关阵是一个 $d \times d$ 矩阵. 对于较小的 d, 它可以通过, 例如 R-函数 acf 生成的互相关图来展示.

图 4.1 展示了 2011 年 FTSE 100 指数、FTSE 中盘股指数和 FTSE 小盘股指数的日对数收盘价. FTSE 指数系列旨在反映英国公司在股票市场上的表现.

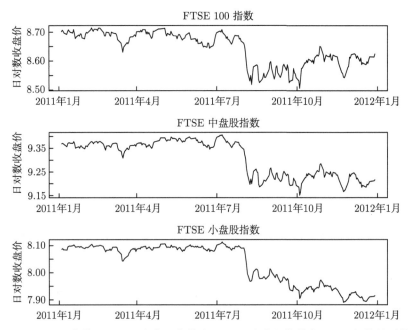

图 4.1   FTSE 100 指数、FTSE 中盘股指数和 FTSE 小盘股指数在 2011 年的日对数收盘价

FTSE 100 指数由在伦敦证券交易所上市的 100 家市值最高的蓝筹股公司组成, 占整个市值的 80 %, 它被广泛用作投资产品的基础, 如衍生产品和交易所交易基金. FTSE 中盘股指数 (也称 FTSE 250) 包括了在 FTSE 100 之后的 250 家最大的公司, 代表了大约 15% 的总市值. FTSE 小盘股指数由伦敦证券交易所上市的、市值排名在 351 至 619 间的上市公司组成. 尽管在市值比例上有很大差异, 但这三个指数在波动性上明显地具有一定程度的同步性. 2011 年 8 月份股价的急剧下跌是由于对欧洲主权债务危机蔓延的恐惧造成的, 该危机始于意大利、西班牙, 然后是法国. 尽管这些价格序列明显是非平稳的, 但是协动性表明这三个序列的某些线性组合 (例如它们中任意两个的差分) 类似有一些平稳性特征. 此外, 是否存在一个指数波动导致其他指数波动这样的传染情况呢? 现在我们只计算三个日指数价格序列的对数收益率的样本互相关阵. 图 4.2 给出了由 R 软件生成的样本互相关图. 主对角上的三个图形是三个收益序列的自相关图: 这三个序列几乎不存在任何显著的自相关性, 这与 1.3 节中的鞅假设是一致的. 而当 $i < j$ 时, 第 (i,j) 个面板给出了互相关函数 $\rho_{ji}(k)$ 对 k, $k = 0, 1, 2, \cdots$ 的图形, 而第 (j,i) 个面板则给出了 $\rho_{ji}(k)$ 对 k, $k = -1, -2, \cdots$ 的图形 (注意 $\widehat{\rho}_{ji}(k) = \widehat{\rho}_{ij}(-k)$). 非主对角线上的面板都清楚地表明三个收益率序列都存在非常显著的正即期相关, 这是因为 $\widehat{\rho}_{ij}(0)$ 均大于 0.8. 也许最令人更感兴趣的是, $\widehat{\rho}_{12}(-1)$, $\widehat{\rho}_{13}(-1)$, $\widehat{\rho}_{23}(-1)$ 都显著为正, 这是因为它们在置信界 $1.96/\sqrt{T}$ 之上, 而 $\widehat{\rho}_{12}(1)$, $\widehat{\rho}_{13}(1)$ 并不显著. 这表

明, 例如, FTSE 100 的变化对于 FTSE 中盘股指数以及 FTSE 小盘股指数有一天的滞后效应, 但反之不然. 这也许建议我们使用 FTSE 100 的变化来预测 FTSE 中盘股指数和 FTSE 小盘股指数接下来一天的变化.

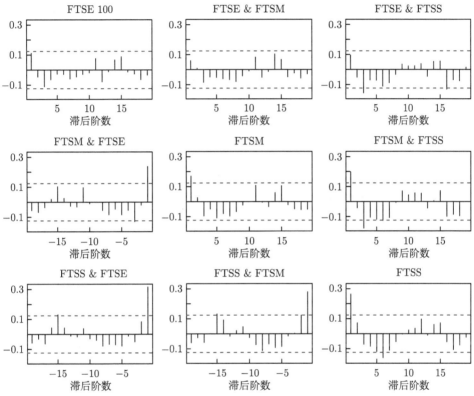

图 4.2　FTSE 100 指数、FTSE 中盘股指数 (FTSM) 和 FTSE 小盘股指数 (FTSS) 在 2011 年的日对数收益率的样本互相关性

一句忠告, 所有的统计软件包 (包括 R) 在画 ACF 图时均默认使用 $\pm 1.96/\sqrt{T}$ (或者 $\pm 2/\sqrt{T}$) 作为置信区间边界. 当第 j 个分量序列是白噪声 (见 (2.32)) 时, 它们是样本自相关系数 $\widehat{\rho}_{jj}(k)$ 的渐近有效界. 当 (且仅当) 第 i 个和第 j 个分量序列至少有一个是白噪声时, 则它们也是样本互相关系数 $\widehat{\rho}_{ij}(k)$ 的渐近有效界. 因此, 当 $\boldsymbol{X}_t$ 的某些分量序列不是白噪声时, 对 ACF 图中的置信区间边界要格外小心.

然而对于图 4.2, 没有证据表明三个收益率序列中的任意一个不是白噪声. 因此界 $\pm 1.96/\sqrt{T}$ 可以作为样本自相关函数和样本互相关函数显著性的一个门槛.

4.2　向量自回归模型

将一元 ARMA 模型推广至多元情形从概念上讲没有什么困难. 然而没有进一步参数约束的向量 ARMA 模型不具有实际用途, 这是因为除了前面提到的过参数化外, 它们通常是不可识别的. 看一个下面 $d = 2$ 的简单例子.

例 4.2　考虑一个二元 MA(1) 过程

$$
\begin{pmatrix} X_{t1} \\ X_{t2} \end{pmatrix} = \begin{pmatrix} \varepsilon_{t1} \\ \varepsilon_{t2} \end{pmatrix} + \begin{pmatrix} 0 & 1 \\ 0 & 0 \end{pmatrix} \begin{pmatrix} \varepsilon_{t-1,1} \\ \varepsilon_{t-1,2} \end{pmatrix},
$$

其中, $(\varepsilon_{t1}, \varepsilon_{t2})^{\mathrm{T}} \sim \mathrm{WN}(0, \boldsymbol{I}_2)$. 由 $X_{t2} = \varepsilon_{t2}$, 上面的方程可以写成

$$
\begin{pmatrix} X_{t1} \\ X_{t2} \end{pmatrix} = \begin{pmatrix} \varepsilon_{t1} \\ \varepsilon_{t2} \end{pmatrix} + \begin{pmatrix} 0 & 1 \\ 0 & 0 \end{pmatrix} \begin{pmatrix} X_{t-1,1} \\ X_{t-1,2} \end{pmatrix},
$$

因此它也是一个二元 AR(1) 过程.

避免可识别问题的一种方法是只使用自回归模型. 另一方面, 多元时间序列模型的推断与一元情形非常相似. 下面我们说明对于向量自回归模型, 如何将一元时间序列的思想通过矩阵运算来处理多元情形.

4.2.1　平稳性

d 元 p 阶向量自回归模型具有形式

$$
\boldsymbol{X}_t = \boldsymbol{c} + \boldsymbol{A}_1 \boldsymbol{X}_{t-1} + \cdots + \boldsymbol{A}_p \boldsymbol{X}_{t-p} + \boldsymbol{\varepsilon}_t, \tag{4.9}
$$

其中 $\boldsymbol{\varepsilon}_t \sim \mathrm{WN}(0, \boldsymbol{\Sigma}_\varepsilon)$, $\boldsymbol{c}$ 是一个 $d \times 1$ 的常数向量, 且 $\boldsymbol{A}_1, \cdots, \boldsymbol{A}_p$ 是 $d \times d$ 的自回归系数阵. 我们记 $\boldsymbol{X}_t \sim \mathrm{AR}(p)$ 或者 $\mathrm{VAR}(p)$ 来强调 AR 模型的向量部分. 在这个模型中, $\boldsymbol{X}_t$ 的每一个分量均是其滞后值和其他分量滞后值的一个线性组合. 给定 $\boldsymbol{X}_{t-1}, \cdots, \boldsymbol{X}_{t-p}$, $X_{t1}, \cdots, X_{tp}$ 之间的线性相关关系由 $\boldsymbol{\Sigma}_\varepsilon$ 的非对角线上的非零元素来反映.

例 4.3　让我们首先看一个简单的 VAR(1) 模型

$$
\boldsymbol{X}_t = \boldsymbol{A} \boldsymbol{X}_{t-1} + \boldsymbol{\varepsilon}_t. \tag{4.10}
$$

为了简单起见, 模型不含有常数项. 上面的方程中, 对于 $k = 1, 2, \cdots$, 我们递归地用 $\boldsymbol{\varepsilon}_{t-k} + \boldsymbol{A}\boldsymbol{X}_{t-k-1}$ 来代替 $\boldsymbol{X}_{t-k}$, 可得, 对任一整数 $\ell > 0$,

$$
\boldsymbol{X}_t = \boldsymbol{\varepsilon}_t + \boldsymbol{A}\boldsymbol{X}_{t-1} = \boldsymbol{\varepsilon}_t + \boldsymbol{A}\boldsymbol{\varepsilon}_{t-1} + \boldsymbol{A}^2 \boldsymbol{X}_{t-2}
$$

$$= \varepsilon_t + A\varepsilon_{t-1} + \cdots + A^\ell \varepsilon_{t-\ell} + A^{\ell+1} X_{t-\ell-1}$$

$$= \varepsilon_t + \sum_{j=1}^{\infty} A^j \varepsilon_{t-j},$$

这里要求当 $\ell \to \infty$ 时, $A^\ell \to 0$. 于是 X_t 是一个向量 MA(∞) 模型, 因而是宽平稳的. $A^\ell \to 0$ (当 $\ell \to \infty$ 时) 的充分必要条件为 A 的所有特征值的模都小于 1, 在此条件下 (4.10) 定义了一个宽平稳解. 此外, 如果 ε_t 是严平稳的, 那么这样的一个宽平稳过程也是严平稳的.

对于由 (4.10) 所定义的宽平稳序列 X_t, 显然有 $E(X_t) = 0$. 在 (4.10) 的两边右侧乘以 X_{t-k}^{T}, $k = 0, 1, 2, \cdots$, 并求期望, 我们有

$$\Gamma(0) = A\Gamma(1)^{\mathrm{T}} + \Sigma_\varepsilon, \quad \Gamma(k) = A\Gamma(k-1), \quad k = 1, 2, \cdots. \tag{4.11}$$

上述的第二个方程就是向量 AR(1) 的 Yule-Walker 方程. 因此模型参数 (A, Σ_ε) 和互协方差函数 $\Gamma(\cdot)$ 由 (4.11) 相互唯一确定.

现在我们来考虑 $d = 2$ 的简单情形. (4.10) 蕴含的第一个分量序列的模型为

$$X_{t1} = a_{11} X_{t-1,1} + a_{12} X_{t-1,2} + \varepsilon_{t1},$$

其中 a_{ij} 是 A 的第 (i, j) 个元素. 通过利用 (4.10) 中的第二个分量模型来代替 $X_{t-1,2}$, 则 X_{t1} 是其两个滞后值和其他项的一个线性函数. 因此, 相比一元情形 (见 2.2.2 节), X_{t1} 的 PACF 将不会在滞后 1 阶截尾. 另一方面, 如果我们令 $Z_t \equiv X_{t-1,2}$ 是一个输入项, 且 $Y_t \equiv X_{t1}$ 是一个输出项, 假设 $a_{21} = 0$ 和 Σ_ε 为对角阵, 那么这就是一个简单的输入–输出系统 (当 $a_{11} \neq 0$ 时带有反馈).

一般地, 向量自回归模型的应用范围非常广泛. 例如, 通过适当地正则化自回归系数矩阵, 它可以包含动态输入–输出系统的传递函数模型.

对于 VAR(p) 模型 (4.9), 如果有

$$|I_d - A_1 x - \cdots - A_p x^p| \neq 0 \quad \text{对所有模不大于 1 的复数 } x \text{ 均成立}, \tag{4.12}$$

那么存在满足 (4.9) 的一个宽平稳解 $\{X_t\}$, 且有

$$EX_t = (I_d - A_1 - \cdots - A_p)^{-1} c, \tag{4.13}$$

以及 Yule-Walker 方程具有形式

$$\Gamma(k) = A_1 \Gamma(k-1) + \cdots + A_p \Gamma(k-p), \qquad k = 1, 2, \cdots. \tag{4.14}$$

此外

$$\boldsymbol{\Gamma}(0) = \boldsymbol{A}_1\boldsymbol{\Gamma}(1)^{\mathrm{T}} + \cdots + \boldsymbol{A}_p\boldsymbol{\Gamma}(p)^{\mathrm{T}} + \boldsymbol{\Sigma}_\varepsilon.$$

4.2.2 参数估计

向量自回归模型的估计与一元情形类似, 有三种方法: 最小二乘法、Yule-Walker 估计 (即矩估计方法) 和基于例如高斯新息分布的拟极大似然估计. 由三种方法所获得的估计在一些温和的条件下均具有渐近正态性, 即渐近等价. 似然函数可以通过预白化或卡尔曼滤波来计算. 为了避免繁琐的记号, 我们下面以向量 AR(2) 模型为例来介绍这些估计方法.

设 $\boldsymbol{X}_1, \cdots, \boldsymbol{X}_T$ 为来自

$$\boldsymbol{X}_t = \boldsymbol{c} + \boldsymbol{A}_1\boldsymbol{X}_{t-1} + \boldsymbol{A}_2\boldsymbol{X}_{t-2} + \boldsymbol{\varepsilon}_t \tag{4.15}$$

的一组观测, 其中 $\boldsymbol{\varepsilon}_t \sim \mathrm{WN}(0, \boldsymbol{\Sigma}_\varepsilon)$. 我们目的是估计参数 $\boldsymbol{c}, \boldsymbol{A}_1, \boldsymbol{A}_2$ 和 $\boldsymbol{\Sigma}_\varepsilon$.

4.2.2.1 最小二乘估计

最小二乘估计 (LSE) 也许是这里最简单的方法. 注意到在 $\boldsymbol{c}, \boldsymbol{A}_1, \boldsymbol{A}_2$ 中的参数可以逐行分块. 例如, 对于模型 (4.15) 的第一个分量的方程具有形式

$$X_{t1} = c_1 + \boldsymbol{X}_{t-1}^{\mathrm{T}}\boldsymbol{a}_1^{(1)} + \boldsymbol{X}_{t-2}^{\mathrm{T}}\boldsymbol{a}_1^{(2)} + \varepsilon_{t1},$$

其中 c_1 是 $\boldsymbol{c}$ 的第一个分量, 并且 $\boldsymbol{a}_i^{(j)}$ 是矩阵 $\boldsymbol{A}_j$ 的第 i 行向量. 注意, 在我们的记号中, 向量总是列向量, 即向量是一个只有一列的矩阵. 因此, 第一个时间序列的相关参数可以通过最小二乘方法来估计, 这是对 $c_1, \boldsymbol{a}_1^{(1)}$ 和 $\boldsymbol{a}_1^{(2)}$ 最小化拟合误差平方和

$$\sum_{t=3}^{T}(X_{t1} - c_1 - \boldsymbol{X}_{t-1}^{\mathrm{T}}\boldsymbol{a}_1^{(1)} - \boldsymbol{X}_{t-2}^{\mathrm{T}}\boldsymbol{a}_1^{(2)})^2.$$

将以上估计方法应用到 (4.15) 中的每一个分量, 我们可得到估计 $\widehat{\boldsymbol{c}}, \widehat{\boldsymbol{A}}_1, \widehat{\boldsymbol{A}}_2$. 于是 $\boldsymbol{\Sigma}_\varepsilon$ 的估计可定义为

$$\widehat{\boldsymbol{\Sigma}}_\varepsilon = \frac{1}{T-2}\sum_{t=3}^{T}\widehat{\boldsymbol{\varepsilon}}_t\widehat{\boldsymbol{\varepsilon}}_t^{\mathrm{T}}, \tag{4.16}$$

其中

$$\widehat{\boldsymbol{\varepsilon}}_t = \boldsymbol{X}_t - \widehat{\boldsymbol{c}} - \widehat{\boldsymbol{A}}_1\boldsymbol{X}_{t-1} - \widehat{\boldsymbol{A}}_2\boldsymbol{X}_{t-2}.$$

4.2.2.2 Yule-Walker 估计

Yule-Walker 估计 (YWE) 可以通过求解方程组

$$\widehat{\boldsymbol{\Gamma}}(1) = \boldsymbol{A}_1\widehat{\boldsymbol{\Gamma}}(0) + \boldsymbol{A}_2\widehat{\boldsymbol{\Gamma}}(1)^{\mathrm{T}}, \qquad \widehat{\boldsymbol{\Gamma}}(2) = \boldsymbol{A}_1\widehat{\boldsymbol{\Gamma}}(1) + \boldsymbol{A}_2\widehat{\boldsymbol{\Gamma}}(0) \tag{4.17}$$

得到, 其中 (4.14) 中的互协方差阵由样本互协方差阵来代替. 方程 (4.17) 可以写为

$$\left(\boldsymbol{A}_1, \boldsymbol{A}_2\right) \begin{pmatrix} \widehat{\boldsymbol{\Gamma}}(0) & \widehat{\boldsymbol{\Gamma}}(1) \\ \widehat{\boldsymbol{\Gamma}}(1)^{\mathrm{T}} & \widehat{\boldsymbol{\Gamma}}(0) \end{pmatrix} = \left(\widehat{\boldsymbol{\Gamma}}(1), \widehat{\boldsymbol{\Gamma}}(2)\right).$$

可以求得显式解如下

$$\left(\widehat{\boldsymbol{A}}_1, \widehat{\boldsymbol{A}}_2\right) = \left(\widehat{\boldsymbol{\Gamma}}(1), \widehat{\boldsymbol{\Gamma}}(2)\right) \begin{pmatrix} \widehat{\boldsymbol{\Gamma}}(0) & \widehat{\boldsymbol{\Gamma}}(1) \\ \widehat{\boldsymbol{\Gamma}}(1)^{\mathrm{T}} & \widehat{\boldsymbol{\Gamma}}(0) \end{pmatrix}^{-1}. \tag{4.18}$$

$\boldsymbol{c}$ 的 YWE (并且 LSE) 为

$$\widehat{\boldsymbol{c}} = \bar{\boldsymbol{X}}_{3,T} - \widehat{\boldsymbol{A}}_1\bar{\boldsymbol{X}}_{2,T-1} - \widehat{\boldsymbol{A}}_2\bar{\boldsymbol{X}}_{1,T-2}, \tag{4.19}$$

其中 $\bar{\boldsymbol{X}}_{i,j} = \dfrac{1}{j-i+1}\sum_{i\leqslant t\leqslant j}\boldsymbol{X}_t$. LSE 和 YWE 之间的微小差异是由于计算 (4.7) 中的样本互协方差函数时使用 $\bar{\boldsymbol{X}} = \bar{\boldsymbol{X}}_{1,n}$ 而不是 $\bar{\boldsymbol{X}}_{i,j}$ 所造成的. 在实际和几乎所有的统计软件包中, 所有的 $\bar{\boldsymbol{X}}_{3,T}, \bar{\boldsymbol{X}}_{2,T-1}, \bar{\boldsymbol{X}}_{1,T-2}$ 也都是用 $\bar{\boldsymbol{X}}$ 代替. 而得到的 LSE 和 YWE 的确是一样的.

4.2.2.3 极大似然估计

假设 (4.15) 中的 $\boldsymbol{\varepsilon}_t \sim N(0, \boldsymbol{\Sigma}_\varepsilon)$, 则给定 $\boldsymbol{X}_{t-1}$ 和 $\boldsymbol{X}_{t-2}$ 时 $\boldsymbol{X}_t$ 的条件密度为

$$\boldsymbol{X}_t \sim N(\boldsymbol{X}_t - \boldsymbol{c} - \boldsymbol{A}_1\boldsymbol{X}_{t-1} - \boldsymbol{A}_2\boldsymbol{X}_{t-2}, \boldsymbol{\Sigma}_\varepsilon).$$

这样的多元正态分布的密度函数为

$$\frac{1}{(2\pi)^{d/2}|\boldsymbol{\Sigma}_\varepsilon|^{1/2}} \exp\left(-\boldsymbol{\varepsilon}_t^{\mathrm{T}}\boldsymbol{\Sigma}_\varepsilon^{-1}\boldsymbol{\varepsilon}_t\right),$$

其中 $\boldsymbol{\varepsilon}_t = \boldsymbol{X}_t - \boldsymbol{c} - \boldsymbol{A}_1\boldsymbol{X}_{t-1} - \boldsymbol{A}_2\boldsymbol{X}_{t-2}$. 现在由链式法则, 联合密度为

$$f(\boldsymbol{X}_1, \cdots, \boldsymbol{X}_T) = f_1(\boldsymbol{X}_1, \boldsymbol{X}_2)f_2(\boldsymbol{X}_3, \cdots, \boldsymbol{X}_T|\boldsymbol{X}_1, \boldsymbol{X}_2)$$

$$= f_1(\boldsymbol{X}_1, \boldsymbol{X}_2)\prod_{t=3}^{T} f(\boldsymbol{X}_t|\boldsymbol{X}_1, \cdots, \boldsymbol{X}_{t-1}).$$

利用以上多元密度公式, 乘积可以写成

$$\left\{\frac{1}{(2\pi)^{d/2}|\boldsymbol{\Sigma}_\varepsilon|^{1/2}}\right\}^{T-2} \exp\left(-\sum_{t=3}^{T}\boldsymbol{\varepsilon}_t^{\mathrm{T}}\boldsymbol{\Sigma}_\varepsilon^{-1}\boldsymbol{\varepsilon}_t\right).$$

似然函数中的项 $f_1(\boldsymbol{X}_1, \boldsymbol{X}_2)$ 对似然函数几乎没有什么影响. 忽略它将得到给定 $\boldsymbol{X}_1, \boldsymbol{X}_2$ 时 $(\boldsymbol{X}_3, \cdots, \boldsymbol{X}_T)$ 的条件密度函数. 当将其看作参数的函数时 (见 2.5.4 节), 它就变成了条件似然函数. 令 $\boldsymbol{\theta}$ 为 $\boldsymbol{c}, \boldsymbol{A}_1, \boldsymbol{A}_2$, $\boldsymbol{\Sigma}_\varepsilon$ 中所有参数. 对上述条件似然函数取对数, 并注意到

$$\sum_{t=3}^{T}\boldsymbol{\varepsilon}_t^{\mathrm{T}}\boldsymbol{\Sigma}_\varepsilon^{-1}\boldsymbol{\varepsilon}_t = \sum_{t=3}^{T}\mathrm{tr}(\boldsymbol{\Sigma}_\varepsilon^{-1}\boldsymbol{\varepsilon}_t\boldsymbol{\varepsilon}_t^{\mathrm{T}}) = \mathrm{tr}\left(\boldsymbol{\Sigma}_\varepsilon^{-1}\sum_{t=3}^{T}\boldsymbol{\varepsilon}_t\boldsymbol{\varepsilon}_t^{\mathrm{T}}\right),$$

则条件对数似然函数 (给定 $\boldsymbol{X}_1, \boldsymbol{X}_2$) 具有形式

$$\ell(\boldsymbol{\theta}) = -\frac{T-2}{2}\log|\boldsymbol{\Sigma}_\varepsilon| - \frac{1}{2}\mathrm{tr}\{\boldsymbol{\Sigma}_\varepsilon^{-1}\boldsymbol{M}(\boldsymbol{c}, \boldsymbol{A}_1, \boldsymbol{A}_2)\}, \qquad (4.20)$$

这里, 为了得到

$$\boldsymbol{M}(\boldsymbol{c}, \boldsymbol{A}_1, \boldsymbol{A}_2) = \sum_{t=3}^{T}\boldsymbol{\varepsilon}_t\boldsymbol{\varepsilon}_t^{\mathrm{T}} = \sum_{t=3}^{T}(\boldsymbol{X}_t - \boldsymbol{c} - \boldsymbol{A}_1\boldsymbol{X}_{t-1} - \boldsymbol{A}_2\boldsymbol{X}_{t-2})$$

$$\cdot(\boldsymbol{X}_t - \boldsymbol{c} - \boldsymbol{A}_1\boldsymbol{X}_{t-1} - \boldsymbol{A}_2\boldsymbol{X}_{t-2})^{\mathrm{T}},$$

我们忽略了常数项, 并代入 $\boldsymbol{\varepsilon}_t$ 的定义表达式. 可以证明, 如果我们像前面那样用 $\bar{\boldsymbol{X}}$ 代替所有的 $\bar{\boldsymbol{X}}_{i,j}$, 那么对于 (4.18) 和 (4.19) 给出的 $\widehat{\boldsymbol{A}}_1, \widehat{\boldsymbol{A}}_2$ 和 $\widehat{\boldsymbol{c}}$,

$$\boldsymbol{M}(\boldsymbol{c}, \boldsymbol{A}_1, \boldsymbol{A}_2) - \boldsymbol{M}(\widehat{\boldsymbol{c}}, \widehat{\boldsymbol{A}}_1, \widehat{\boldsymbol{A}}_2)$$

为非负定阵. 因此 $(\boldsymbol{c}, \boldsymbol{A}_1, \boldsymbol{A}_2)$ 的条件 MLE 与 LSE , YWE 相同, 见练习 4.4(ii). 将这些估计代入似然函数 (4.20), 由标准多元正态分布理论 (Anderson, 2003) 可得 $\boldsymbol{\Sigma}_\varepsilon$ 的条件 MLE 与 (4.16) 给出的 $\widehat{\boldsymbol{\Sigma}}_\varepsilon$ 的相同. 具体推导过程有点复杂, 故省略. 所得到的极大对数似然函数值就是对数似然函数在 MLE 处的取值, 并由

$$\max_{\boldsymbol{\theta}}\ell(\boldsymbol{\theta}) = \ell(\widehat{\boldsymbol{\theta}}) = -\frac{T-2}{2}\log|\widehat{\boldsymbol{\Sigma}}_\varepsilon| - \frac{1}{2}d \qquad (4.21)$$

给出.

对于向量 AR 模型, LSE, YWE 和条件 MLE 都是一样的. 当 T 不是很大, 或 d 很大时, 完全 (拟) MLE 常常更有效地应用数据. 在 $\boldsymbol{\varepsilon}_t \sim N(0, \boldsymbol{\Sigma}_\varepsilon)$ 假设下,

$\boldsymbol{X}_1, \cdots, \boldsymbol{X}_T$ 为联合正态分布, 其联合密度函数可由, 例如, 通过预白化的新息算法 (Fan 和 Yao (2003) 中的 3.2 节) 或者卡尔曼滤波 (前面 3.6.2 节) 来计算. 尽管是渐近等价的, 但是由此得到的 MLE 与上述的三个估计却是不同的.

4.2.3 模型选择和诊断

拟合 AR 模型时, 我们需要确定阶数 p. 这可以通过假设检验或者根据某些信息准则来完成.

4.2.3.1 通过假设检验确定 p

为了确定阶数 $p > 1$ 的模型是否足够大, 我们可以检验假设

$$H_0 : \boldsymbol{X}_t = \boldsymbol{c} + \boldsymbol{A}_1 \boldsymbol{X}_{t-1} + \cdots + \boldsymbol{A}_p \boldsymbol{X}_{t-p} + \boldsymbol{\varepsilon}_t,$$

$$H_1 : \boldsymbol{X}_t = \boldsymbol{c} + \boldsymbol{A}_1 \boldsymbol{X}_{t-1} + \cdots + \boldsymbol{A}_{p+1} \boldsymbol{X}_{t-p-1} + \boldsymbol{\varepsilon}_t,$$

其中 $\boldsymbol{\varepsilon}_t \sim \mathrm{WN}(0, \boldsymbol{\Sigma}_\varepsilon)$. 在上述 AR($p$) 模型下, 作为 (4.16) 的一个推广, 可 $\boldsymbol{\Sigma}_\varepsilon$ 的估计如下

$$\widehat{\boldsymbol{\Sigma}}_\varepsilon(p) = \frac{1}{T - 2p - 1} \sum_{t=p+1}^{T} \left(\boldsymbol{X}_t - \widehat{\boldsymbol{c}} - \sum_{j=1}^{p} \widehat{\boldsymbol{A}}_j \boldsymbol{X}_{t-j} \right) \left(\boldsymbol{X}_t - \widehat{\boldsymbol{c}} - \sum_{j=1}^{p} \widehat{\boldsymbol{A}}_j \boldsymbol{X}_{t-j} \right)^{\mathrm{T}},$$

其中 $\widehat{\boldsymbol{c}}$ 和 $\widehat{\boldsymbol{A}}_j$ 分别为 $\boldsymbol{c}$ 和 $\boldsymbol{A}_j$ 的 LSE. 利用极大条件似然函数 (4.21), 易知两倍的条件似然比检验统计量为 $(T - 2) \log \left(|\widehat{\boldsymbol{\Sigma}}_\varepsilon(p)| / |\widehat{\boldsymbol{\Sigma}}_\varepsilon(p+1)| \right)$ (见 2.5.4 节). 调整常数乘项以使得零假设下的分布在小样本下更精确, 从而上述假设的检验统计量定义为

$$S = (T - d - p - 1/2) \log \left(|\widehat{\boldsymbol{\Sigma}}_\varepsilon(p)| / |\widehat{\boldsymbol{\Sigma}}_\varepsilon(p+1)| \right).$$

当 S 较大时, 我们拒绝 H_0 (即 AR(p)) 从而支持 H_1 (即 AR($p+1$)). Tiao 和 Box (1981) 证明了在 H_0 下, S 为渐近 χ^2 分布, 自由度为 d^2.

4.2.3.2 信息准则

我们还可以使用信息准则选择阶数 p. 在向量 AR 模型拟合问题中, 自回归矩阵中的模型参数个数为 pd^2, 向量 $\boldsymbol{c}$ 的参数个数为 d. AIC (Akaike Information Criterion), BIC (Bayesian Information Criterion, 也称 Schwartz 准则) 和 HQIC (Hannan-Quinn Information Criterion) 分别定义为

$$\mathrm{AIC}(p) = \log(|\widehat{\boldsymbol{\Sigma}}_\varepsilon(p)|) + 2d^2 p / T,$$

$$\mathrm{BIC}(p) = \log(|\widehat{\boldsymbol{\Sigma}}_\varepsilon(p)|) + d^2 p \log(T) / T,$$

$$\mathrm{HQIC}(p) = \log(|\widehat{\boldsymbol{\Sigma}}_\varepsilon(p)|) + 2d^2 p \log(\log T) / T,$$

这里, 我们丢弃了 AIC(p) 中的 $2d/T$ 项, 因为它不依赖于 p. 我们选择 p 使得这些准则之一达到最小. 分别记 $\widehat{p}$(AIC), $\widehat{p}$(BIC), $\widehat{p}$(HQIC) 为由 AIC, BIC, HQIC 所选择的 p. 那么只要 $T \geqslant 16$, 以较大的概率有

$$\widehat{p}(\text{AIC}) \geqslant \widehat{p}(\text{HQIC}) \geqslant \widehat{p}(\text{BIC}).$$

可以证明, 在真实模型确实是有限阶的 AR(p) 假设下, BIC 和 HQIC 给出了相合的阶数估计, 而 AIC 以一个正的概率高估 p. 详见 Lütkepohl (2006) 的 4.3 节. 在实际问题中, 我们建议可以通过不同的准则检验几个模型, 或者用一个准则也选择次优、次次优的模型, 并根据任务来选择一个具有实际意义的模型.

4.2.3.3 混合检验

模型诊断中最常用的方法是检查残差

$$\widehat{\boldsymbol{\varepsilon}}_t = \boldsymbol{X}_t - \widehat{\boldsymbol{c}} - \sum_{j=1}^{p} \widehat{\boldsymbol{A}}_j \boldsymbol{X}_{t-j}, \quad t = p+1, \cdots, T$$

是否像一个向量白噪声. 记 $\widehat{\boldsymbol{\Gamma}}(k)$ 为残差在延时 k 的样本互协方差阵, 那么混合检验统计量定义为

$$Q_m = T^2 \sum_{j=1}^{m} \frac{1}{T-j} \text{tr}\{\widehat{\boldsymbol{\Gamma}}(k)^{\mathrm{T}} \widehat{\boldsymbol{\Gamma}}(0)^{-1} \widehat{\boldsymbol{\Gamma}}(k) \widehat{\boldsymbol{\Gamma}}(0)^{-1}\}, \tag{4.22}$$

其中 $m > p$ 是一个整数. 如果真实模型的确是 AR(p), 其误差 $\boldsymbol{\varepsilon}_t \sim \text{IID}(0, \boldsymbol{\Sigma}_\varepsilon)$, 那么 Q_m 服从自由度为 $d^2(m-p)$ 的渐近 χ^2 分布. 这是 (1.15) 和 2.6.2 节中的 Ljung-Box 检验的推广. 我们通过计算 $\chi^2_{d^2(m-p)}$ 分布在统计量 Q_m 观测值处的左尾概率计算 P 值. 这等价于, 如果 Q_m 大于自由度 $d^2(m-p)$ 的 χ^2 分布的上 α 分位数, 那么在显著性水平 $\alpha \in (0,1)$ 下拒绝 AR(p) 的假设.

不幸的是, 上述混合检验对 m 的选择会比较敏感. 在实际中, 我们通常使用不同的 m 值进行检验. 此外, 当 d 很大时, 它不是一个很强的检验.

4.2.4 实际数据的例子

目前, R-函数 `arima` 只处理一元时间序列, 函数 `ar` 太简单以至不能对向量时间序列进行令人满意的分析. 下面的例子使用了 R 软件包中 `vars` 包中的函数, 可通过 `R-CRAN` 模块获得.

令 X 为一个三列矩阵, 依次为 FTSE 100, FTSE 中盘股, FTSE 小盘股 2011 年的日对数收益率. 为了拟合向量 AR(p), 利用 BIC (例如 Schwartz 准则) 来确定 p, 我们给出下面的命令, 获得的拟合结果的综合表:

```
> FTSEvar = VAR(X, lag.max=3, ic="SC"); summary(FTSEvar)

Estimation results for equation FTSE100:
=======================================
FTSE100 = FTSE100.l1 + FTSE.MidCap.l1 + FTSE.SmallCap.l1
         + const
                   Estimate Std. Error t value Pr(>|t|)
FTSE100.l1        0.4623839  0.1822584   2.537   0.0118 *
FTSE.MidCap.l1   -0.5277461  0.2154000  -2.450   0.0150 *
FTSE.SmallCap.l1  0.2438484  0.1981300   1.231   0.2196
const            -0.0003319  0.0008497  -0.391   0.6964
---
Signif. codes:  0 *** 0.001 ** 0.01 * 0.05 0.1 1

Residual standard error: 0.01329 on 244 degrees of freedom
Multiple R-Squared: 0.03624,    Adjusted R-squared: 0.02439
F-statistic: 3.058 on 3 and 244 DF,  p-value: 0.02896

Estimation results for equation FTSE.MidCap:
=============================================
FTSE.MidCap = FTSE100.l1 + FTSE.MidCap.l1 + FTSE.SmallCap.l1
             + const
                   Estimate Std. Error t value Pr(>|t|)
FTSE100.l1        0.6041161  0.1689675   3.575 0.000422 ***
FTSE.MidCap.l1   -0.5709383  0.1996923  -2.859 0.004616 **
FTSE.SmallCap.l1  0.2651595  0.1836817   1.444 0.150139
const            -0.0005873  0.0007877  -0.746 0.456663
---
Residual standard error: 0.01232 on 244 degrees of freedom
Multiple R-Squared: 0.08665,    Adjusted R-squared: 0.07542
F-statistic: 7.716 on 3 and 244 DF,  p-value: 6.044e-05

Estimation results for equation FTSE.SmallCap:
===============================================
FTSE.SmallCap = FTSE100.l1 + FTSE.MidCap.l1 + FTSE.SmallCap.l1
               + const
                   Estimate Std. Error t value Pr(>|t|)
FTSE100.l1        0.2692036  0.1076958   2.500   0.0131 *
FTSE.MidCap.l1   -0.1276323  0.1272791  -1.003   0.3170
FTSE.SmallCap.l1  0.0778511  0.1170743   0.665   0.5067
```

```
const              -0.0006338   0.0005021   -1.262    0.2080
---
Residual standard error: 0.007855 on 244 degrees of freedom
Multiple R-Squared: 0.1037, Adjusted R-squared: 0.09271
F-statistic: 9.414 on 3 and 244 DF,  p-value: 6.557e-06

Covariance matrix of residuals:
                 FTSE100 FTSE.MidCap FTSE.SmallCap
FTSE100          1.767e-04   1.545e-04      8.617e-05
FTSE.MidCap      1.545e-04   1.519e-04      8.237e-05
FTSE.SmallCap 8.617e-05    8.237e-05      6.170e-05

Correlation matrix of residuals:
                 FTSE100 FTSE.MidCap FTSE.SmallCap
FTSE100           1.0000       0.9430         0.8252
FTSE.MidCap       0.9430       1.0000         0.8508
FTSE.SmallCap     0.8252       0.8508         1.0000
```

BIC (或 HQIC) 选择的阶数为 $p = 1$. 所有三个拟合模型都是统计显著的, FTSE 100 的 P 值为 0.029, 另外两个模型的 P 值几乎为 0. 由于 FTSE 100 的复相关系数为 3.62%, FTSE 中盘股的复相关系数为 8.67%, FTSE 小盘股的复相关系数为 10.37%, 因此这些模型的预测能力相对较低. 这些复相关系数 R^2 虽然小, 但是还没小到不能应用金融收益率的预测. FTSE 中盘股和 FTSE 小盘股的比例高是因为 FTSE 100 滞后一天值的贡献, 这个指标在模型中是最显著的. 这也说明了 FTSE 100 对其他两个指数有滞后效应. 略去不显著的项来重新拟合模型, 运行

```
FTSEvarR = restrict(FTSEvar)
```

可得

$$\begin{cases} X_{t1} = 0.469X_{t-1,1} - 0.398X_{t-1,2} + \varepsilon_{t1}, \\ X_{t2} = 0.608X_{t-1,1} - 0.427X_{t-1,2} + \varepsilon_{t2}, \\ X_{t3} = 0.195X_{t-1,1} + \varepsilon_{t3}. \end{cases} \tag{4.23}$$

其中 X_{t1}, X_{t2}, X_{t3} 分别为 FTSE 100 指数、FTSE 中盘股指数和 FTSE 小盘股指数在第 t 天的对数收益率. 这些简化模型的显著性和复相关系数很难由所报告的全模型得到改善. 图 4.3 展示了上面拟合的向量 AR(1) 模型残差的互相关性, 残差由 `acf(residuals(FTSEvarR))` 给出. 与图 4.2 比较, 在非零时滞上, 几乎不存在任何显著的相关性. 更多的诊断图可由调用 R-函数来生成:

```
FTSEdiag = serial.test(FTSEvarR); plot(FTSEdiag)
```

为了对比如 $m = 6$ 的残差执行混合检验, 运行

```
serial.test(FTSEvar, lags.pt=6, type ="PT.adjusted").
```

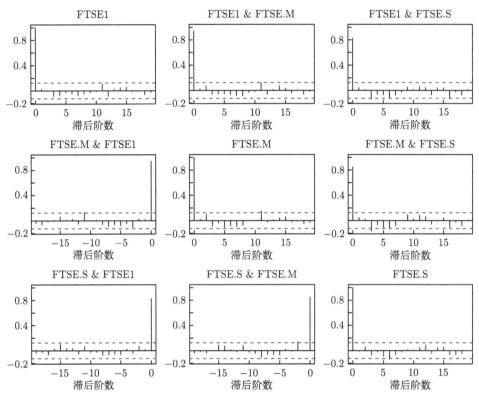

图 4.3 关于 FTSE 100 指数 (FTSE1)、FTSE 中盘股指数 (FTSE.M) 和 FTSE 小盘股指数 (FTSE.S) 在 2011—2012 年的日对数收益率拟合向量 AR(1) 模型 (4.23) 所得到的互相关系数图

我们可以应用向量 AR 模型, 以单变量 AR 模型同样的方式来预测未来值. 例如, 我们可使用如下 R-函数 predict 来预测三个 FTSE 指数未来 15 天的收益率, 这里我们以置信水平 0.95 来确定预测边界.

```
FTSEpred = predict(FTSEvarR, n.ahead=15, ci=0.95)
plot(FTSEpred)
```

由此所生成的图 4.4 画出了原始收益率、预测值以及置信水平为 0.95 的逐点预测区间.

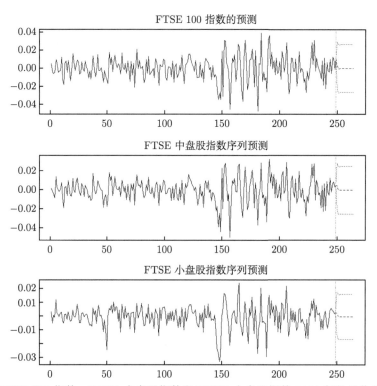

图 4.4　FTSE 100 指数、FTSE 中盘股指数和 FTSE 小盘股指数 2011 年的日收益率, 以及接下来 15 个交易日的预测收益率和它们的置信水平为 0.95 的预测边界

4.2.5　格兰杰因果关系

格兰杰因果关系 (Granger, 1969) 是计量经济学中一个重要的概念. 令 Z_t 和 Y_t 为两个单变量时间序列. 记 $\mathcal{L}(U|V)$ 为给定 V 下 U 的条件分布.

如果

$$\mathcal{L}(Y_t|Y_{t-1}, Z_{t-1}, Y_{t-2}, Z_{t-2}, \cdots) \neq \mathcal{L}(Y_t|Y_{t-1}, Y_{t-2}, \cdots), \tag{4.24}$$

则称时间序列 Z_t 对时间序列 Y_t 是格兰杰因果的.

显然, 如果 Z_t 的滞后数值的变化确实构成了 Y_t 变化的一些外生原因, 那么就出现了格兰杰因果关系. 但是反之不一定成立, 这是因为 (4.24) 仅意味着, 给定 $Y_{t-1}, Y_{t-2}, \cdots$ 条件下, Y_t 与 Z_{t-k} (对某些 $k \geqslant 1$) 之间的相依性. 它并没有说明其中哪个指标导致了另一个指标的发生. 实际上, Y_t 和 Z_{t-k} 的变化也可能是由一个共同的潜变量所导致的, 该潜变量不在系统内.

尽管定义 (4.24) 是一般的, 但实际应用时通常会缩小到所谓的均值格兰杰因果关系, 这里, 条件 (4.24) 被替换为

$$E(Y_t|Y_{t-1}, Z_{t-1}, Y_{t-2}, Z_{t-2}, \cdots) \neq E(Y_t|Y_{t-1}, Y_{t-2}, \cdots). \qquad (4.25)$$

显然方差格兰杰因果关系也可以类似方式地给出.

对于 VAR 模型, 因果关系 (4.25) 容易验证. 令 $\boldsymbol{X}_t = (Z_t, Y_t)^{\mathrm{T}}$, 并假设 $\boldsymbol{X}_t \sim$ AR(p), 即

$$\boldsymbol{X}_t = \boldsymbol{c} + \sum_{j=1}^{p} \boldsymbol{A}_j \boldsymbol{X}_{t-j} + \boldsymbol{\varepsilon}_t, \qquad (4.26)$$

其中 $\boldsymbol{\varepsilon}_t \sim \mathrm{WN}(0, \boldsymbol{\Sigma}_\varepsilon)$. 进一步假设 $\boldsymbol{X}_t$ 为高斯过程, 则 (4.25) 中的条件期望关于条件变量是线性的. 第一个条件期望由 $\boldsymbol{c} + \sum_{j=1}^{p} \boldsymbol{A}_j \boldsymbol{X}_{t-j}$ 的第二个分量决定, 该分量依赖于 Z_t 的一些滞后值, 除非 $a_{21}^{(1)} = \cdots = a_{21}^{(p)} = 0$, 其中 $a_{21}^{(k)}$ 为 (4.26) 中系数阵 $\boldsymbol{A}_k$ 的第 $(2,1)$ 个元素. 因此, (4.25) 等价于条件: 至少一个 $a_{21}^{(k)} \neq 0$, 对于 $1 \leqslant k \leqslant p$. 所谓的格兰杰因果关系检验就是对模型 (4.26), 检验假设

$$H_0: a_{21}^{(1)} = \cdots = a_{21}^{(p)} = 0.$$

当拒绝 H_0 时, 就认为是 Z_t 是 Y_t 的格兰杰因.

为了检验假设 H_0, 我们比较有和没有时间序列 $\{Z_t\}$ 时的拟合优度. 令

$$\mathrm{RSS} = \sum_{t=p+1}^{T} \left\| \boldsymbol{X}_t - \widehat{c} - \sum_{j=1}^{p} \widehat{\boldsymbol{A}}_j \boldsymbol{X}_{t-j} \right\|^2$$

为全模型 (4.26) 的残差平方和, 其中 $\widehat{c}, \widehat{\boldsymbol{A}}_1, \cdots, \widehat{\boldsymbol{A}}_p$ 为参数的 LSE. 这测度了利用时间序列 $\{Z_t\}$, VAR 模型 (4.26) 的拟合质量. 类似地, 令 RSS$_r$ 为约束模型下的残差平方和, 这以同样的方式定义, 但估计的参数满足 H_0 下的给定的约束. 换句话说, 它是不使用 Z_t 拟合 Y_t 的 AR(p) 模型的 RSS 和使用 Y_t 和 Z_t 滞后值拟合 Z_t 的 AR(p) 模型的 RSS 之和. Z_t 对 Y_t 的贡献可由标准的 F 检验统计量来度量

$$F = \frac{(\mathrm{RSS}_r - \mathrm{RSS})/p}{\mathrm{RSS}/(2T - 4p - 2)}.$$

注意到 RSS$_r$ – RSS 与使用和不使用 Z_t 滞后值拟合 Y_t 的 RSS 相同. 在 H_0 下, pF 渐近服从 χ^2 分布, 自由度为 p. 还有 F 也可认为渐近服从自由度为 $(p, 2T-4p-2)$ 的 F 分布. 后者通常在有限样本情形下能提供一个更准确的近似. 可见 Hamilton (1994) 的 11.2 节.

这个检验问题也可采用极大似然比检验 (2.56). VAR(p) 模型的对数似然函数由 (4.20) 给出. 正如在 4.2.3 节那样, 令 $\widehat{\boldsymbol{\Sigma}}_\varepsilon$ 为基于时间序列 $\{Y_t\}$ 和 $\{Z_t\}$ 全

模型下 ε_t 的协方差阵估计. 这度量了基于时序 $\{Z_t\}$ 的 VAR 模型 (4.26) 的拟合效果. 类似地, $\widehat{\boldsymbol{\Sigma}}_{\varepsilon,r}$ 为约束 $a_{21}^{(1)} = \cdots = a_{21}^{(p)} = 0$ 条件下的协方差阵估计. 那么由公式 (4.21) 可知, 极大似然比检验统计量为

$$(T-p)\log\left(|\widehat{\boldsymbol{\Sigma}}_{\varepsilon,r}|/|\widehat{\boldsymbol{\Sigma}}_{\varepsilon}|\right).$$

检验统计量渐近地服从自由度为 p 的 χ^2 分布, 其中 p 为零假设下的约束个数.

即期因果关系

对于模型 (4.26), 若 $\boldsymbol{\Sigma}_{\varepsilon}$ 非对角线元非零, 那么 $\mathrm{Corr}(Z_t, Y_t | \boldsymbol{X}_{t-1}, \cdots, \boldsymbol{X}_{t-p}) \neq 0$. 在这种情况下, Z_t 和 Y_t 具有即期格兰杰因果关系. 同样, 这个定义并不一定意味着两个时间序列间的任何因果关系.

即期格兰杰因果关系可通过检验零假设 $H_0 : \sigma_{21} = 0$ 来检验, 其中 σ_{21} 表示 $\boldsymbol{\Sigma}_{\varepsilon}$ 的非对角线元素. 在 H_0 下,

$$\mathrm{cov}(Z_t, Y_t | \boldsymbol{X}_{t-1}, \cdots, \boldsymbol{X}_{t-p}) = 0.$$

Wald 检验统计量可基于 σ_{21} 的估计及其渐近正态性来构造. 例如, 可参见 Lütke-pohl (2006) 中的 3.6.3 节.

软件包 vars 中的函数 causality 执行格兰杰因果关系的 F 检验和即期因果关系的 Wald 检验. 它也提供了通过原始的 bootstrap 方法而不是渐近分布来计算 P 值的一个选项. 令 X12 为由 FTSE 100 和 FTSE 中盘指数的日对数收益率构成的含有两列的数据矩阵. 我们运行

```
> m12 = VAR(X12, ic="SC")
> causality(m12)

HO: FTSE100 do not Granger-cause FTSE.MidCap
F-Test = 13.3076, df1 = 1, df2 = 490, p-value = 0.0002927

HO: No instantaneous causality between FTSE100 and FTSE.MidCap
Chi-squared = 116.7708, df = 1, p-value < 2.2e-16
```

因为 P 值为 0.0003, 拒绝了无格兰杰因果关系的零假设, 所以有显著证据表明 FTSE 100 为 FTSE 中盘股指数的格兰杰因. 另一方面, P 值为 0 拒绝了无即期因果关系的零假设. 因此 FTSE 100 和 FTSE 中盘股指数间存在即期因果关系. 把上述检验应用到不同数据集, 我们也发现 FTSE 100 为 FTSE 小盘股指数的格兰杰因, 其 P 值为 0.004, 并且没有显著的证据表明 FTSE 小盘股指数为 FTSE100 的格兰杰因, 因为其 P 值为 0.914.

4.2.6　脉冲响应函数

除了格兰杰因果关系外, 探索一个分量序列的变化对其他分量序列影响的另外一种方法是通过所谓的脉冲响应函数, 这度量了一个分量序列单位变化对其他分量序列在不同延时上所导致变化的影响.

平稳向量 AR 模型的脉冲响应函数容易通过相应的 MA(∞) 表达式推导出来. 对于满足条件 (4.12) 的向量 AR(p) 模型 (4.9), 有 MA(∞) 的表达式

$$X_t = c + \varepsilon_t + \sum_{k=1}^{\infty} B_k \varepsilon_{t-k}, \tag{4.27}$$

其中 B_j 的所有元素当 $j \to \infty$ 时都以指数速度衰减到 0. 从而在实践中, 上式右端可以在某个有限整数处截断. 第一个分量 X_{t1} 在时刻 t 处增加一个单位的影响很难量化, 但是其冲击——ε_t 第一个分量 ε_{t1} 的单位增加的传播影响, 通过 (4.27) 量化起来容易得多. 对第 i 个分量在时刻 $t+k$ 的这样一个冲击的影响, 即 $X_{t+k,i}$ 的变化, 为 $b_{i1}^{(k)}$——B_k 的第 $(i,1)$ 个元素. 一般地,

---

B_k 的第 (i,j) 个元素为分量 $X_{t+k,i}$ 在 k 个时间单位之前, 来自第 j 个分量的一个单位额外冲击的脉冲响应.

上述分析隐含地基于 ε_t 的分量相互独立性这一假设, 这也意味着 X_t 的分量间不存在格兰杰即期因果关系. 然而当 ε_t 的分量不独立时, 例如 Σ_ε 不是对角阵, 则 X_t 的一个分量的变化通常与其他分量的一些变化有关. 因此, 不可能对 X_t 的单个分量来定义关于脉冲的响应. 为了降低 ε_t 的分量间相关性, 将下面变换应用于模型 (4.27):

$$\varepsilon_t = \Psi_0 e_t, \text{对于 } \Psi_0 \Psi_0^{\mathrm{T}} = \Sigma_\varepsilon. \tag{4.28}$$

于是 $\mathrm{var}(e_t) = I_d$, 即 e_t 的分量互不相关, 并且 (4.27) 可以写成

$$X_t = c + \Psi_0 \epsilon_t + \sum_{k=1}^{\infty} \Psi_k e_{t-k}, \tag{4.29}$$

其中 $\Psi_k = B_k \Psi_0, k \geqslant 1$. 矩阵 $\Psi_0, \Psi_1, \cdots$ 称为脉冲响应函数. 更精确地, $\psi_{ij}^{(k)}$ 关于 $k, k = 0, 1, \cdots$ 的图形称为 X_{ti} 相对于 e_t 第 j 个分量脉冲的响应函数, 其中 $\psi_{ij}^{(k)}$ 表示 Ψ_k 第 (i,j) 个元素. Ψ_k 的计算可以通过软件包 vars 中的 R-函数 Psi 实现.

不幸的是, 上面的定义远不理想. 首先 $\psi_{ij}^{(k)}$ 度量的是 e_t 而不是 X_t 的分量变化的响应. 当 X_t 的分量相互依赖时, 这是一个有争议的问题, 因为也许不可能把一个分量的变化与其他分量的变化分离开来. 此外, e_t 的定义不是唯一的, 这是因为对任意 $d \times d$ 的正交阵 H, 可以用 $\Psi_0 H$ 来代替 (4.28) 中的 Ψ_0. 多数软件包, 包括 vars, 采用 Σ_ε 的 Cholesky 分解, 得到 (4.28) 中的下三角阵 Ψ_0.

例 4.4　图 4.5 给出了 S&P 500 指数和 JP 摩根股票 2013 年的日对数价格图形. 为了对这两个价格序列的收益率拟合 AR 模型,

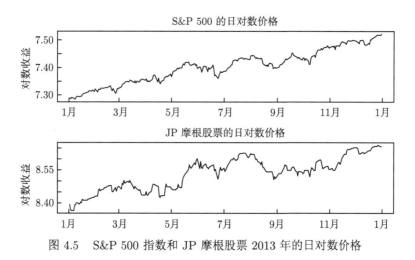

图 4.5　S&P 500 指数和 JP 摩根股票 2013 年的日对数价格

```
> fitX=VAR(X, ic="AIC"); summary(fitX)

Estimation results for equation S.P500:
=======================================
S.P500 = S.P500.l1 + JP.Morgan.l1 + const

            Estimate Std. Error t value Pr(>|t|)
S.P500.l1    -0.07625    0.06887   -1.107    0.269
JP.Morgan.l1 -0.02099    0.03720   -0.564    0.573
const         0.10375    0.04358    2.381    0.018 *
---
Signif. codes:   0 *** 0.001 ** 0.01 * 0.05 0.1 1

Residual standard error: 0.6825 on 247 degrees of freedom
Multiple R-Squared: 0.009656,   Adjusted R-squared: 0.001637
F-statistic: 1.204 on 2 and 247 DF,  p-value: 0.3017
```

```
Estimation results for equation JP.Morgan:
===========================================
JP.Morgan = S.P500.l1 + JP.Morgan.l1 + const

               Estimate Std. Error t value Pr(>|t|)
S.P500.l1       0.52797    0.12227    4.318 2.28e-05 ***
JP.Morgan.l1   -0.17623    0.06604   -2.669  0.00812 **
const           0.08523    0.07737    1.102  0.27172
---
Signif. codes:  0 *** 0.001 ** 0.01 * 0.05 0.1 1

Residual standard error: 1.212 on 247 degrees of freedom
Multiple R-Squared: 0.07407,    Adjusted R-squared: 0.06657
F-statistic: 9.879 on 2 and 247 DF,  p-value: 7.456e-05
```

对于 S&P 500 收益率, 拟合的模型不显著, 这意味着对于 S&P 500, 预测未来收益率几乎是不可能的. 尽管如此, 对 JP 摩根的收益率, 拟合的模型却是高度显著的, 其 P 值小于 0.0001. 此外, 滞后的 S&P 500 收益率的系数估计为 0.52797, 这高度显著. 新息协方差阵的估计为

$$\widehat{\boldsymbol{\Sigma}}_\varepsilon = \begin{pmatrix} 0.4658 & 0.3515 \\ 0.3515 & 1.4681 \end{pmatrix}.$$

两个新息分量的相关系数的估计为 0.425. 图 4.6 给出了拟合的 AR(1) 模型估计的脉冲响应函数图形, 这由调用以下 R-函数计算得到:

```
> Psi(fitX)
```

因为 $\widehat{\boldsymbol{\Sigma}}_\varepsilon$ 不是对角阵, 所以估计的响应是针对标准化新息 e_t 两个分量的脉冲而测量的, 可见表达式 (4.29). 尽管如此, S&P 500 收益率在非零延时上, 对 e_t 两个分量几乎不存在任何响应 (注意零延时的响应无预测值). 另一方面, JP 摩根收益率序列在滞后一期对 e_t 第一个分量的响应大于 0.5. 因为摩根收益率序列在非零延时上不存在显著自相关, 所以这必然是对 S&P 500 前些天收益率的脉冲响应. 这个分析表明, S&P 500 指数比 JP 摩根股票具有一天的领先影响, 但反之不然.

图 4.6 可以由下面的命令生成:

```
> irfX=irf(fitX); plot(irfX)
```

利用上述命令, 也可以在图 4.6 中添加基于 bootstrap 方法计算出的置信区间, 在文中我们就省略了这个步骤.

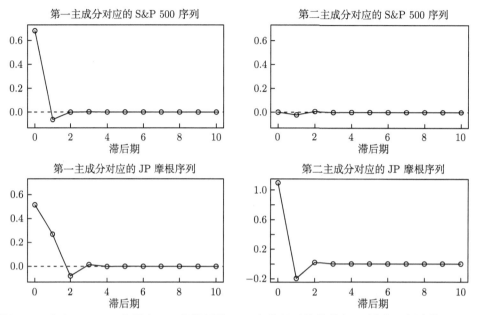

图 4.6　对于 S&P 500 指数和 JP 摩根股票 2013 年的日对数收益率 (百分比), 拟合的 AR(1) 模型的脉冲响应函数 (作为 k 的函数的 2×2 矩阵)

4.3　协　　整

资产价格时间序列通常是不平稳的, 这是因为它们常常展现单位根特征. 实际中, 这意味着现在的价格通常是下期价格的最佳预测. 另一方面, 在各种不同的资产价格中, 存在着许多同向或反向的协动. 因此, 代之以单独对每个序列进行差分, 我们可以对多个序列一起差分, 或更一般地, 选取不同价格序列的线性组合使得所产生的新序列是平稳的. 这种现象就是协整概念的本质. 协整概念由 Granger (1981) 提出, 已经成为分析经济与金融时间序列的一个重要的概念. 协整已经成为分析经济和金融时间序列的一个重要的概念. 它由像购买力平价、供需模型、因子资产定价模型这样一些著名的经济学原理所支持, 为基于平稳模型来预测非平稳动态结构铺平了道路.

4.3.1　单位根和协整

在更正式地定义向量时间序列的协整概念前, 让我们回忆一下一元时间序列单位根的概念. 令 $X_t \sim \mathrm{ARIMA}(p, 1, 0)$, 这里为简单起见, 假设协整阶数为 1, MA 阶数取为 0. 那么 X_t 本身不平稳, 但其差分平稳, 即 $\nabla X_t = X_t - X_{t-1}$ 平稳. 在计量经济文献中, 称 X_t 有一个单位根, 并记为 $X_t \sim \mathrm{I}(1)$. 类似地, 对 $X_t \sim \mathrm{ARIMA}(p, k, 0)$, 称 X_t 有 k 个单位根, 并记为 $X_t \sim \mathrm{I}(k)$. 注意, $X_t \sim \mathrm{I}(0)$ 表

示 X_t 是一个平稳过程. 通常使用增广的 Dickey-Fuller (ADF)(见 2.8.2 节) 进行单位根检验. 例如, 模型 (2.66) 的 ADF 检验就是检验是否有 $X_t \sim \text{ARIMA}(p, 1, 0)$.

令 Y_t 和 X_t 为两个 I(1) 时间序列. 如果存在非零常数 β 使得 $Y_t - \beta X_t \sim \text{I}(0)$, 即平稳, 则称这两个序列是协整的. 在这个定义中, 为了避免平凡的情形, 我们要求两个一元时间序列都有单位根, 从而 β 非零. 一个简单的例子是 S&P 500 指数及其期货的时间序列. 它们的差分序列是平稳的. 类似地, 在不同市场同时交易的股票 (例如美国存托凭证), 其价格也应该是协整的. 理解协整的一种方式是 Y_t 和 X_t 对平稳性的偏离可以相互抵消. 显然, 使用 $Y_t - \beta X_t$ 并不是本质的, 这是因为它乘上任何非零常数也是一个平稳过程.

以几种稍有不同的方式将上述定义推广到 d 维向量序列. 我们采用下面的定义以避免平凡情形.

如果

(i) $\boldsymbol{X}_t$ 的所有分量序列是 I(k); 且

(ii) 存在一个非零向量 $\boldsymbol{\beta}$, 使得 $\boldsymbol{\beta}^{\mathrm{T}} \boldsymbol{X}_t \sim \text{I}(k - h)$,

则称向量时间序列 $\boldsymbol{X}_t$ 是协整的, 阶数为 (k, h) $(k \geqslant h \geqslant 1)$, 并记为 $\boldsymbol{X}_t \sim \text{CI}(k, h)$.

最常用的协整模型是 CI(1,1), 即 $\boldsymbol{X}_t$ 的所有分量都有单位根, 且 $\boldsymbol{\beta}^{\mathrm{T}} \boldsymbol{X}_t$ 平稳.

协整表明了一起分析几个时间序列的优势: 尽管每个序列是非平稳的, 但是通过选取它们的适当线性组合就能够恢复平稳性. 由协整所反应的平稳性是系统内的长期性质. 它可以看作是非平稳过程的一种均衡性质. 值得一提的是, 从 $\boldsymbol{X}_t$ 到 $\boldsymbol{\beta}^{\mathrm{T}} \boldsymbol{X}_t$ 的协整变换是即期的, 不包括 $\boldsymbol{X}_t$ 的滞后值. 这与差分运算 $\nabla \boldsymbol{X}_t$ 有着显著的差别. 尽管当 $\boldsymbol{X}_t \sim \text{CI}(1,1)$ 时, $\nabla \boldsymbol{X}_t$ 和 $\boldsymbol{\beta}^{\mathrm{T}} \boldsymbol{X}_t$ 都是平稳的, 但是 $\nabla \boldsymbol{X}_t$ 比 $\boldsymbol{\beta}^{\mathrm{T}} \boldsymbol{X}_t$ 具有更复杂的自相关结构. 也要注意以下事实: 存在多个线性无关的常数向量 $\boldsymbol{\beta}_1, \cdots, \boldsymbol{\beta}_r$ (即矩阵 $(\boldsymbol{\beta}_1, \cdots, \boldsymbol{\beta}_r)$ 的秩为 r), 使得 $\boldsymbol{\beta}_j^{\mathrm{T}} \boldsymbol{X}_t \sim \text{I}(0)$. 这时必然有 $r < d$ 成立, 否则 $\boldsymbol{X}_t$ 就是平稳的.

4.3.2 恩格尔–格兰杰方法和误差修正模型

对于协整过程的推断, 已经提出了各种估计和检验方法, 包括恩格尔–格兰杰 (Engle-Granger) 两步方法 (Engle and Granger, 1987)、Johansen 的似然方法 (Johansen, 1995) 和 Phillips 提出的方法 (Phillips, 1991). 下面我们以二维 CI(1,1) 过程为例来介绍两步方法. 下面一节包含了 Johansen 似然方法的简单介绍. 关于协整过程更系统的处理方法, 请参阅 Hatanaka (1996); 使用 R 进行协整分析, 参阅 Pfaff (2006).

令 X_t 和 Y_t 为两个 I(1) 过程. Engle 和 Granger (1987) 建议先进行回归

$$Y_t = \alpha + \beta X_t + Z_t, \tag{4.30}$$

其中 Z_t 是误差项. 因为 X_t 和 Y_t 为 I(1) 非平稳过程, 所以 (α, β) 的最小二乘估计 $(\hat{\alpha}, \hat{\beta})$ 不是渐近正态的. 一个重要的结果就是回归模型传统的 t 检验或 F 检验这里就不适用了. Engle 和 Granger (1987) 建议使用 2.8.2 节中的 ADF 检验对残差序列

$$\hat{Z}_t \equiv Y_t - \hat{\alpha} - \hat{\beta} X_t \tag{4.31}$$

进行单位根检验. 当 $\hat{Z}_t$ 的单位根零假设被拒绝时, 我们就认为 Y_t 和 X_t 之间存在协整关系. 因为该检验基于数据 $\hat{Z}_t$, 这依赖于参数估计 $\hat{\alpha}$ 和 $\hat{\beta}$, 所以我们应当使用略微不同的临界值, 参见 Hamilton (1994) 的表 B.9, 它也包含了 (4.30) 的右端多个回归变量情形的临界值. 这个检验称为协整的增广 Dickey-Fuller (CADF) 检验.

虽然 CADF 检验比 Engle 和 Granger (1987) 之后发展的不少新检验要好, 但是使用这个方法时还是应当小心. 首先, 我们应该对 Y_t 和 X_t 分别进行单位根检验, 否则 CADF 检验没有意义. 其次, 应用 CADF 检验, 我们在 (2.66) 和 (2.68) 中选择合适的零假设时, 需要明智的判断. 请参见 2.8.2 节相关的讨论.

一旦建立了 Y_t 与 X_t 之间的协整关系, Engle-Granger 方法的第二步就是拟合以下所谓的误差修正模型 (ECM):

$$\nabla Y_t = a_0 + a_1 \hat{Z}_{t-1} + a_2 \nabla X_{t-1} + a_3 \nabla Y_{t-1} + \varepsilon_{t1}, \tag{4.32}$$

$$\nabla X_t = b_0 + b_1 \hat{Z}_{t-1} + b_2 \nabla Y_{t-1} + b_3 \nabla X_{t-1} + \varepsilon_{t2}, \tag{4.33}$$

其中 $\hat{Z}_{t-1}$ 由 (4.31) 定义, ∇ 表示差分算子, 且 $(\varepsilon_{t1}, \varepsilon_{t2})^\mathrm{T} \sim \mathrm{WN}(0, \boldsymbol{\Sigma}_\varepsilon)$. 在上面的方程中, 含 ∇X_{t-1} 和 ∇Y_{t-1} 的项反映了两个时间序列变化的短期效应. 显然, ∇Y_t 和 ∇X_t 的更滞后的项应该包含在上面方程的右端. 另一方面, 含 $\hat{Z}_{t-1}$ 的项反映了均衡 (4.30) 的长期效应. 注意到, Z_{t-1} 为均衡 (4.30) 的误差项, 从这个意义上讲, 它称为误差修正项. 系数 a_1, b_1 决定了 Y_t 和 X_t 调整到均衡状态的速度. 方程 (4.32) 和 (4.33) 中所有的项都是平稳的. 因此, 可以采用线性回归的技术来对这两个模型进行统计推断.

例 4.5　我们以一个简单的玩具模型——醉汉和狗来说明误差修正模型. 令一个醉汉在时刻 0 处于 0 位置. 假设醉汉在时刻 t 以步长 ε_t 移动, 其中 ε_t 对不同的 t 是独立的, 且服从 $N(0,1)$. 令 X_t 为醉汉在时刻 t 的位置. 那么 $\{X_t\}$ 就是一个随机游走, 初始位置 $X_0 = 0$, 且

$$X_t = X_{t-1} + \varepsilon_t, \qquad t \geqslant 1.$$

令 Y_t 表示醉汉的狗在时刻 t 的位置. 因为狗尽管会有一点徘徊, 但总是跟着其主人, 所以假设

$$Y_t = X_t + Z_t \tag{4.34}$$

是合理的, 其中 $\{Z_t\}$ 是独立的, 且 $Z_t \sim N(0, \sigma^2)$. 虽然 Y_t 不是随机游走, 但是 X_t 和 Y_t 都是 I(1) 过程. 尽管如此, (4.34) 表示了两个路径之间的协整关系, 反映了这样一个事实: 狗总是跟随着其主人, 这是一个长期性质. 假设我们感兴趣的是, 基于直到时刻 $t-1$ 的可获得信息来预测狗的位置变化

$$\nabla Y_t = \nabla X_t + \nabla Z_t.$$

因为 X_t 是一个随机游走, 所以 ∇X_t 是不可预测的. 当 ∇Z_t 是 MA(1) 过程时, $\nabla Z_{t-1} = \nabla Y_{t-1} - \nabla X_{t-1}$ 包含了 ∇Y_t 的信息如下:

$$\mathrm{Corr}(\nabla Y_t, \nabla Z_{t-1}) = \frac{\mathrm{cov}(\nabla Z_t, \nabla Z_{t-1})}{\{\mathrm{var}(\nabla Y_t)\mathrm{var}(\nabla Z_{t-1})\}^{1/2}} = \frac{-\sigma}{\sqrt{2(1+2\sigma^2)}}.$$

另一方面,

$$\mathrm{Corr}(\nabla Y_t, Z_{t-1}) = \frac{\mathrm{cov}(\nabla Z_t, Z_{t-1})}{\{\mathrm{var}(\nabla Y_t)\mathrm{var}(Z_{t-1})\}^{1/2}} = \frac{-\sigma}{\sqrt{(1+2\sigma^2)}}$$

$$\approx 1.414 \times \mathrm{Corr}(\nabla Y_t, \nabla Z_{t-1}).$$

这清晰地表明误差修正项 Z_{t-1} 可显著地提高 ∇Y_t 预测力. 我们在下面给出了 R 完成的数值例子.

为了生成醉汉和狗的路径,

```
> n=50; e=rnorm(n)
> X=cumsum(e) # Drunk's random walk path
Y=X+rnorm(n, 0, 1/2) # Dog's path
```

图 4.7 给出了路径图. 为了估计协整并提取误差修正项 $\widehat{Z}_t$,

```
> t=lm(Y~X); Z1=residuals(t)
> hatZ = Z1[-c(1,n)] # leave out the 1st and last elements
```

拟合的协整为

$$\widehat{Z}_t = Y_t - 0.0583 - 0.9733 X_t. \tag{4.35}$$

将差分数据串并在一起,

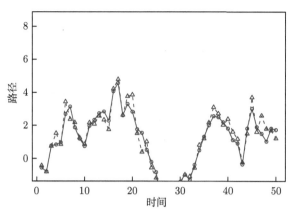

图 4.7　(4.34) 中的醉汉随机游走的路径 (由实线连接的圈) 和其狗的相关路径 (由虚线连接的三角), 且 $\sigma = 1/2$

```
> dX=diff(X)
> dY=diff(Y)
> YXZ=data.frame(embed(cbind(dY,dX),2), hatZ)
> colnames(YXZ)=c("dY0","dX0","dY1", "dX1", "hatZ")
> attach(YXZ)
```

为了对 ∇Y_t 拟合 ECM,

```
> ecm=lm(dY0~hatZ+dX1); summary(ecm)
            Estimate Std. Error t value Pr(>|t|)
(Intercept)   0.2066     0.1678    1.231 0.224598
Z            -1.1516     0.3184   -3.616 0.000752 ***
dX1          -0.2892     0.1601   -1.806 0.077609
---
Signif. codes:  0 *** 0.001 ** 0.01 * 0.05 . 0.1    1
Residual standard error: 1.147 on 45 degrees of freedom
Multiple R-squared: 0.2742, Adjusted R-squared: 0.2419
F-statistic:   8.5 on 2 and 45 DF,  p-value: 0.0007389
```

拟合的 ECM 为

$$\widehat{\nabla Y_t} = 0.2066 - 1.156\widehat{Z}_{t-1} - 0.2892\nabla X_{t-1},$$

其 P 值为 0.0007, 平方回归相关系数 (复相关系数 R^2) 为 27.42%. 注意到模型已经包含了 (4.35) 定义的 $\widehat{Z}_{t-1}$ 和 ∇X_{t-1}, 所以 ∇Y_{t-1} 不再显著. 将它加入到模型中, 平方回归相关系数 28.73%. 另一方面, 只用 $\widehat{Z}_{t-1}$, 平方回归系数为 22.16%; 而用 ∇X_{t-1} 和 ∇Y_{t-1} (没有 $\widehat{Z}_{t-1}$), 平方回归相关系数仅为 15.66%. 因此在 $\widehat{Z}_{t-1}, \nabla X_{t-1}, \nabla Y_{t-1}$ 中, 误差修正项 $\widehat{Z}_{t-1}$ 对 ∇Y_t 的预测能力最强.

伪线性回归

在结束本节之前, 我们对与拟合像模型 (4.30) 有关的, 由 $\{X_t\}$ 和 $\{Y_t\}$ 的非平稳性质所造成的所谓伪回归现象作一些评论. 如果 Y_t 和 X_t 是两个独立的随机游走, 那么在 (4.30) 中, 就有 $\beta = 0$. 然而, LSE $\widehat{\beta}$ 依分布收敛于一个布朗运动的函数, 它是非零的, 且造成了伪相关. 更令人担心的是, 检验 $\beta = 0$ 常用的 t 统计量以 $T^{1/2}$ 的速度发散, 因此, 当样本容量 T 充分大时, 原假设 $\beta = 0$ 被拒绝. 被冠以 "伪回归", 这种现象首先由 Granger 和 Newbold (1974) 在模拟中发现, 然后由 Phillips (1986) 加以证明. 实际中, 当我们对像 (4.30) 中的两个 I(1) 变量 Y_t 和 X_t 进行回归, 而 Z_t 也是 I(1) 变量, 即协整在两个以上的 I(1) 变量中发生时, 会出现伪回归现象, 并且 (4.30) 就是一个误定的协整模型. 参见, 例如 Hatanaka (1996) 的 15.5 节. 因此, 将单位根检验, 例如 CADF 检验, 应用到 (4.31) 的残差 $\widehat{Z}_t$ 在实际中是很重要的. 只有当对 $\widehat{Z}_t$ 的单位根假设被拒绝时, 人们才去拟合 ECM.

如果 (4.30) 中的 Z_t 为 I(0), 且 Y_t 和 X_t 为 I(1), 即 (4.30) 正确地确定了协整, 那么 LSE $\widehat{\beta}$ 是相合的或超级相合的, 其收敛速度是 T, 而不是标准的 $T^{1/2}$ (Stock, 1987). 检验假设 $\beta = 0$ 的 t 统计量的渐近分布通常不是正态的, 也许是非对称的. 另外一种方法是由差分数据 $\nabla Y_t = \beta \nabla X_t + \nabla Z_t$ 来估计 β. 因为所有涉及的变量都是平稳的, 所以可以应用像 t 检验这样的标准回归技术. 然而由于 ∇Z_t 比 Z_t 具有更复杂的噪声结构, 所以可能会有一些效率损失.

4.3.3 Johansen 似然方法

现在我们考虑一个 d 元 IC(1,1) 过程 $\boldsymbol{X}_t$. 存在一个秩为 $r < d$ 的 $d \times r$ 矩阵 $\boldsymbol{V} = (\boldsymbol{\beta}_1, \cdots, \boldsymbol{\beta}_r)$, 使得 $\boldsymbol{\beta}_j^{\mathrm{T}} \boldsymbol{X}_t \sim$ I(0), $j = 1, \cdots, r$. 由格兰杰表示定理 (Engle and Granger, 1987), $\boldsymbol{X}_t$ 满足误差修正模型

$$\nabla \boldsymbol{X}_t = \boldsymbol{W} \boldsymbol{V}^{\mathrm{T}} \boldsymbol{X}_{t-1} + \sum_{i=1}^{p} \boldsymbol{A}_i \nabla \boldsymbol{X}_{t-i} + \boldsymbol{\varepsilon}_t, \tag{4.36}$$

其中 $\boldsymbol{W}$ 和 $\boldsymbol{V}$ 是秩为 r 的 $d \times r$ 矩阵, $\boldsymbol{A}_1, \cdots, \boldsymbol{A}_p$ 是 $d \times d$ 的系数矩阵, 且 $\boldsymbol{\varepsilon}_t \sim$ WN$(0, \boldsymbol{\Sigma}_\varepsilon)$. 因为 $r < d$, 所以 (4.36) 是一个降秩的回归. 它是 (2.66) 多元情形的推广. 进一步, 如果 $\boldsymbol{X}_t$ 包含一些确定的趋势项, 那么如同 (2.67) 和 (2.68), 常数项或线性项就可以加到 (4.36) 式的右端. 但是我们下面给出的是 (4.36) 的简单形式. 基于似然方法的统计推断始于 Soren Johansen, 对于这个方法全面和简明的介绍, 可参见 Johansen (1995).

令

$$\boldsymbol{Z}_{t0} = \nabla \boldsymbol{X}_t, \quad \boldsymbol{Z}_{t1} = \boldsymbol{X}_t, \quad \boldsymbol{Z}_{t2} = (\nabla \boldsymbol{X}_{t-1}^{\mathrm{T}}, \cdots, \nabla \boldsymbol{X}_{t-p}^{\mathrm{T}})^{\mathrm{T}},$$

于是 (4.36) 可写为

$$\boldsymbol{Z}_{t0} = \boldsymbol{W}\boldsymbol{V}^{\mathrm{T}}\boldsymbol{Z}_{t1} + \boldsymbol{A}\boldsymbol{Z}_{t2} + \boldsymbol{\varepsilon}_t, \tag{4.37}$$

其中 $\boldsymbol{A} = (\boldsymbol{A}_1, \cdots, \boldsymbol{A}_p)$. Johansen 方法的一个核心思想是先把重点放在协整系数矩阵 $\boldsymbol{V}$ 和调整矩阵 $\boldsymbol{W}$ 的推断上, 包括作为潜在协整分量个数的这两个矩阵的秩. 一旦 $\boldsymbol{V}$ 和 $\boldsymbol{W}$ 确定下来, 关于 $\boldsymbol{A}$ 的估计就是标准的线性回归问题. 我们在下面四个部分给出 Johansen 方法.

4.3.3.1　辅助回归

基于下面的引理 4.1, 我们首先进行两个回归:

$$\boldsymbol{Z}_{t0} = \widehat{\boldsymbol{H}_0}\boldsymbol{Z}_{t2} + \boldsymbol{R}_{t0}, \quad \boldsymbol{Z}_{t1} = \widehat{\boldsymbol{H}_1}\boldsymbol{Z}_{t2} + \boldsymbol{R}_{t1},$$

其中最小二乘法估计的回归系数为

$$\widehat{\boldsymbol{H}_i} = \boldsymbol{W}_{i2}\boldsymbol{W}_{22}^{-1}, \quad \boldsymbol{W}_{ij} = \frac{1}{T}\sum_{t=1}^{T'}\boldsymbol{Z}_{ti}\boldsymbol{Z}_{tj}^{\mathrm{T}}.$$

于是有

$$\boldsymbol{R}_{t0} = \boldsymbol{W}\boldsymbol{V}^{\mathrm{T}}\boldsymbol{R}_{t1} + \boldsymbol{e}_t. \tag{4.38}$$

与模型 (4.37) 相比, 只有协整系数 $\boldsymbol{V}$ 和 $\boldsymbol{W}$ 出现在这个模型中.

引理 4.1 (Frisch-Waugh 定理)　对于线性回归 $y_t = b_1 x_{t1} + b_2 x_{t2} + \varepsilon_t$, b_1 的最小二乘估计 $\widehat{b}_1$ 可由两步得到:

(1) 将 y_t 对 x_{t2} 回归, 得残差 $r_{t1} = y_t - \widehat{\beta}_1 x_{t2}$. 将 x_{t1} 对 x_{t2} 回归, 得残差 $r_{t2} = x_{t1} - \widehat{\beta}_2 x_{t2}$.

(2) 由 r_{t1} 对 r_{t2} 回归, 获得 $\widehat{b}_1$, 即 $r_{t1} = b_1 r_{t2} + e_t$.

4.3.3.2　截面似然

通过假设 (4.38) 中的 e_t 独立, 且服从 $N(0, \boldsymbol{\Sigma}_e)$, 从而得到似然函数

$$L(\boldsymbol{V}, \boldsymbol{W}, \boldsymbol{\Sigma}_e) \propto |\boldsymbol{\Sigma}_e|^{-T/2} \exp\left\{-\frac{T}{2}\mathrm{tr}(\boldsymbol{\Sigma}_e^{-1}\boldsymbol{M})\right\},$$

其中

$$\boldsymbol{M} \equiv \boldsymbol{M}(\boldsymbol{V}, \boldsymbol{W}) = \frac{1}{T}\sum_{t=1}^{T}(\boldsymbol{R}_{t0} - \boldsymbol{W}\boldsymbol{V}^{\mathrm{T}}\boldsymbol{R}_{t1})(\boldsymbol{R}_{t0} - \boldsymbol{W}\boldsymbol{V}^{\mathrm{T}}\boldsymbol{R}_{t1})^{\mathrm{T}}.$$

我们逐个变量极大化似然函数.

对于给定的 $\boldsymbol{V}$ 和 $\boldsymbol{W}$, 由标准的多元正态理论 (Anderson, 2003) 知, 关于 $\boldsymbol{\Sigma}_e$ 极大化似然函数所得的解为 $\widehat{\boldsymbol{\Sigma}}_e = \boldsymbol{M}$. 将其代入似然函数得到截面似然

$$L(\boldsymbol{V}, \boldsymbol{W}) = \max_{\boldsymbol{\Sigma}_e \geqslant 0} L(\boldsymbol{V}, \boldsymbol{W}, \boldsymbol{\Sigma}_e) \propto |\boldsymbol{M}(\boldsymbol{V}, \boldsymbol{W})|^{-T/2}.$$

我们现在进一步对 $\boldsymbol{W}$ 极大化似然函数 $L(\boldsymbol{V}, \boldsymbol{W})$. 这等价于极小化 $|\boldsymbol{M}(\boldsymbol{V}, \boldsymbol{W})|$. 一个显然的解为视 $\boldsymbol{V}$ 为已知时, 模型 (4.38) 的 $\boldsymbol{W}$ 最小二乘估计 $\widetilde{\boldsymbol{W}}(\boldsymbol{V})$. 它的矩阵形式为

$$\widetilde{\boldsymbol{W}}(\boldsymbol{V}) = \sum_{t=1}^{T} \boldsymbol{R}_{t0}(\boldsymbol{V}^{\mathrm{T}}\boldsymbol{R}_{t1})^{\mathrm{T}} \left[\sum_{t=1}^{T}(\boldsymbol{V}^{\mathrm{T}}\boldsymbol{R}_{t1})(\boldsymbol{V}^{\mathrm{T}}\boldsymbol{R}_{t1})^{\mathrm{T}}\right]^{-1}.$$

将其简化得

$$\widetilde{\boldsymbol{W}}(\boldsymbol{V}) = \boldsymbol{S}_{01}\boldsymbol{V}(\boldsymbol{V}^{\mathrm{T}}\boldsymbol{S}_{11}\boldsymbol{V})^{-1}, \quad \boldsymbol{S}_{ij} = \frac{1}{T}\sum_{t=1}^{T}\boldsymbol{R}_{ti}\boldsymbol{R}_{tj}^{\mathrm{T}}. \tag{4.39}$$

于是可以证明

$$\boldsymbol{M}(\boldsymbol{V}, \boldsymbol{W}) \geqslant \boldsymbol{M}(\boldsymbol{V}, \widetilde{\boldsymbol{W}}(\boldsymbol{V})) = \boldsymbol{S}_{00} - \boldsymbol{S}_{01}\boldsymbol{V}(\boldsymbol{V}^{\mathrm{T}}\boldsymbol{S}_{11}\boldsymbol{V})^{-1}\boldsymbol{V}^{\mathrm{T}}\boldsymbol{S}_{10}.$$

由引理 4.2,

$$L(\boldsymbol{V}) \equiv \max_{\boldsymbol{W}} L(\boldsymbol{V}, \boldsymbol{W}) = L(\boldsymbol{V}, \widetilde{\boldsymbol{W}}(\boldsymbol{V}))$$

$$= |\boldsymbol{S}_{00} - \boldsymbol{S}_{01}\boldsymbol{V}(\boldsymbol{V}^{\mathrm{T}}\boldsymbol{S}_{11}\boldsymbol{V})^{-1}\boldsymbol{V}^{\mathrm{T}}\boldsymbol{S}_{10}|^{-T/2}. \tag{4.40}$$

引理 4.2 对任意两个矩阵 $\boldsymbol{M}_1$ 和 $\boldsymbol{M}_2$, 如果 $\boldsymbol{M}_1 \geqslant \boldsymbol{M}_2$, 那么 $|\boldsymbol{M}_1| \geqslant |\boldsymbol{M}_2|$.

4.3.3.3 $\boldsymbol{V}$ 和 $\boldsymbol{M}$ 的极大似然估计

由 (4.40), $\boldsymbol{V}$ 的 MLE 就是

$$|\boldsymbol{S}_{00} - \boldsymbol{S}_{01}\boldsymbol{V}(\boldsymbol{V}^{\mathrm{T}}\boldsymbol{S}_{11}\boldsymbol{V})^{-1}\boldsymbol{V}^{\mathrm{T}}\boldsymbol{S}_{10}| = |\boldsymbol{S}_{00}|\frac{|\boldsymbol{V}^{\mathrm{T}}(\boldsymbol{S}_{11} - \boldsymbol{S}_{10}\boldsymbol{S}_{00}^{-1}\boldsymbol{S}_{01})\boldsymbol{V}|}{|\boldsymbol{V}^{\mathrm{T}}\boldsymbol{S}_{11}\boldsymbol{V}|}$$

的极小化的解 $\boldsymbol{V}$. 上述等式是由于以下事实:

$$\begin{vmatrix} \boldsymbol{S}_{00} & \boldsymbol{S}_{01}\boldsymbol{V} \\ \boldsymbol{V}^{\mathrm{T}}\boldsymbol{S}_{10} & \boldsymbol{V}^{\mathrm{T}}\boldsymbol{S}_{11}\boldsymbol{V} \end{vmatrix} = |\boldsymbol{S}_{00}| \cdot |\boldsymbol{V}^{\mathrm{T}}\boldsymbol{S}_{11}\boldsymbol{V} - \boldsymbol{V}^{\mathrm{T}}\boldsymbol{S}_{10}\boldsymbol{S}_{00}^{-1}\boldsymbol{S}_{01}\boldsymbol{V}|$$

$$= |\boldsymbol{V}^{\mathrm{T}}\boldsymbol{S}_{11}\boldsymbol{V}| \cdot |\boldsymbol{S}_{00} - \boldsymbol{S}_{01}\boldsymbol{V}(\boldsymbol{V}^{\mathrm{T}}\boldsymbol{S}_{11}\boldsymbol{V})^{-1}\boldsymbol{V}^{\mathrm{T}}\boldsymbol{S}_{10}|.$$

令 $C = S_{11}^{1/2} V$. 因为 V 是一个 $d \times r$ 矩阵, 且 $r < d$, 于是有

$$\min_{V} \frac{|V^{\mathrm{T}}(S_{11} - S_{10}S_{00}^{-1}S_{01})V|}{|V^{\mathrm{T}}S_{11}V|}$$

$$= \min_{C} \frac{|C^{\mathrm{T}}(I_d - S_{11}^{-1/2}S_{10}S_{00}^{-1}S_{01}S_{11}^{-1/2})C|}{|C'C|}$$

$$= \prod_{j=1}^{r}(1 - \widehat{\lambda}_j) \tag{4.41}$$

成立, 其中 $\lambda_1 \geqslant \cdots \geqslant \lambda_r$ 是矩阵

$$S_{11}^{-1/2}S_{10}S_{00}^{-1}S_{01}S_{11}^{-1/2}$$

的 r 个最大特征值. 这些特征值总是介于 0 和 1 之间. 记 $\widehat{\gamma}_1, \cdots, \widehat{\gamma}_r$ 为相应的正交特征向量. 那么当

$$C = S_{11}^{1/2}V = (\widehat{\gamma}_1, \cdots, \widehat{\gamma}_r) \tag{4.42}$$

时, (4.41) 取得极值. 注意, $\lambda_1 \geqslant \cdots \geqslant \lambda_r$ 也是矩阵

$$S_{11}^{-1}S_{10}S_{00}^{-1}S_{01} \tag{4.43}$$

的 r 个最大特征值, 相应的特征向量满足

$$\widehat{b}_j = S_{11}^{-1/2}\widehat{\gamma}_j, \quad j = 1, \cdots, r.$$

由 (4.42), V 的 MLE 可以记为

$$\widehat{V} = (\widehat{b}_1, \cdots, \widehat{b}_r). \tag{4.44}$$

注意, 协整系数矩阵 V 仅在由 V 的列向量张成的线性空间的意义下是可以识别的, 这是因为对任意可逆的 $r \times r$ 矩阵 H, 我们可以用 $(VH^{\mathrm{T}}, WH^{-1})$ 来替代 (4.36) 中的 (V, W). 这种灵活性允许我们选择 $\widehat{V}$ (通过乘上这样一个 H), 使所得到的协整分量容易解释.

　　总之, 协整系数矩阵 V 的 MLE 可以是任意的 $d \times r$ 矩阵, 其列向量生成的线性空间与矩阵 (4.43) r 个最大特征值所对应的特征向量张成的线性空间相同. 一旦确定了 V, 由 (4.39) 可得调整矩阵 W 的 MLE

$$\widehat{W} = \widetilde{W}(\widehat{V}) = S_{01}\widehat{V}(\widehat{V}^{\mathrm{T}}S_{11}\widehat{V})^{-1}.$$

4.3.3.4 协整分量个数的检验

协整矩阵 V 的列数 r 是系统协整分量的个数, 在实际中, 它是未知的. 应用中, 知道 r 非常重要. 当 $r = d$, 即过程的维数时, X_t 在没有分量是 I(1) 的意义下是平稳的. 另一方面, 当 $r = 0$ 时, X_t 的所有分量间根本就不存在协整关系.

基于矩阵 (4.43) 的特征值, 记为 $\widehat{\lambda}_1 \geqslant \cdots \geqslant \widehat{\lambda}_d$, Johansen 提出了关于 r 值的两种检验方法. 为了检验假设

$$H_0: \mathrm{rank}(\boldsymbol{V}) \leqslant r; \quad H_1: \mathrm{rank}(\boldsymbol{V}) > r,$$

Johansen 提出了迹统计量

$$\tau_1 = -T \sum_{j=r+1}^{d} \log(1 - \widehat{\lambda}_j), \tag{4.45}$$

并且当 τ_1 较大时, 拒绝 H_0. 注意 $\tau_1 \geqslant 0$. 进一步, 当 $\mathrm{rank}(\boldsymbol{V}) \leqslant r$ 时, $\lambda_{r+1} = \cdots = \lambda_d = 0$. 因此在 H_0 下, τ_1 取值接近 0.

另外一种方法是检验假设

$$H_0: \mathrm{rank}(\boldsymbol{V}) = r; \quad H_1: \mathrm{rank}(\boldsymbol{V}) = r + 1.$$

当统计量

$$\tau_2 = -T \log(1 - \widehat{\lambda}_{r+1}) \tag{4.46}$$

较大时, 拒绝 H_0. 不幸的是, 我们无法获得 τ_1 和 τ_2 的显式渐近分布. 这些检验的临界值已经制成表, 参见 Hamilton (1994) 的表 B.10.

上面的估计和检验方法可以在 R 软件包 urca 以 co.jo 命令来实现. 见下面一节的例子, 也可参见 Pfaff (2006).

4.3.4 实际数据的例子

我们用 2013 年 1 月 2 日至 2014 年 2 月 11 日的 5 年、7 年、10 年、20 年和 30 年固定期限的美国国债实际收益率曲线 (日) 利率来说明 Johansen 的似然方法, 如图 4.8 所示. 这些实际市场收益率是由纽约联邦储备银行获得的二级市场报价的合成数据计算得出的, 共有 278×5 个观测数据.

为了用 ECM (4.36) 拟合数据, 我们首先检验所有五个分量序列是否都是 I(1) 过程. 为此, 假设这 278×5 数据矩阵在 R 中命名为 tbill. 我们对每个分量序列及其差分序列应用 ADF 检验 (见 2.8.2 节), 这可以通过 R 软件包 urca 中的 ur.df 来实现. 例如

```
> t=ur.df(tbill[,1], type="none", lags=4, selectlags="AIC")
> summary(t)
```

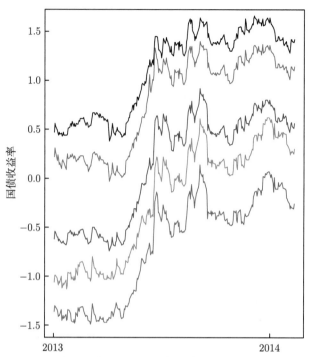

图 4.8　2013 年 1 月 2 日至 2014 年 2 月 11 日的 5 年、7 年、10 年、20 年和 30 年固定期
限的美国国债实际日收益率曲线 (曲线依次从下到上)

实现了对第一个子序列的检验. 因为差分序列没有展示趋势, 所以我们应用基于模型 (2.66) 的 ADF 检验, 在上面的程序中选项为 type="none", 而 AR 的阶数 p 通过 AIC 选择. 选项 lags=4 设定了 p 的上界. 五个分量序列的检验即使在 10% 水平下都不显著, 表明没有显著的证据来否定假设: 对于这五个利率序列, 每一个序列至少有一个单位根. 将同样的检验应用到差分利率, 结果是在 1% 的显著性水平下, 对于这五个序列都拒绝了单位根假设. 因此, 假设五个收益序列都是 I(1) 过程是合理的.

为了用模型 (4.37) 拟合该数据, 并应用迹检验 (4.45),

```
> m1=ca.jo(tbill, type="trace", ecdet="none", K=2,
          spec="transitory")
> summary(m1)
Eigenvalues (lambda):
[1] 0.124620 0.116170 0.056899 0.025242 0.004652

Values of test statistic and critical values of test:
        test 10pct  5pct   1pct
r <= 4 |  1.29  6.50  8.18  11.65
```

```
r <= 3 |    8.34 15.66 17.95 23.52
r <= 2 |   24.51 28.71 31.52 37.22
r <= 1 |   58.60 45.23 48.28 55.43
r = 0  |   95.33 66.49 70.60 78.87
```

对于 $r = 1$ 的情形, 该检验在 1% 的显著性水平下拒绝了 H_0: $\mathrm{rank}(\boldsymbol{V}) \geqslant r$ (检验统计量的观测值为 58.60, 比 55.43 大很多); 但是对于 $r = 2$ 的情形, 即使在 10% 的水平下也不能拒绝原假设 (检验统计量的观测值为 24.51, 比临界值 28.71 小很多). 这表明五个收益率序列存在两个协整关系. 为了应用检验统计量 (4.46), 运行 ca.jo(tbill, type="eigen", ecdet="none", K=2, spec="transitory"), 结果为

```
Values of test statistic and critical values of test:
          test 10pct  5pct  1pct
r <= 4 |   1.29  6.50  8.18 11.65
r <= 3 |   7.06 12.91 14.90 19.19
r <= 2 |  16.17 18.90 21.07 25.75
r <= 1 |  34.08 24.78 27.14 32.14
r = 0  |  36.73 30.84 33.32 38.78
```

即对于 $r = 1$, 在 1% 的显著性水平下拒绝了零假设 H_0: $\mathrm{rank}(\boldsymbol{V}) = r$, 但对于 $r = 2$, 在 10% 水平下没能拒绝原假设. 这个检验再次表明存在两个协整关系. 矩阵 $\boldsymbol{V}, \boldsymbol{W}$ 的估计分别由 m1@V 和 m1@W 存储. 五个备选的协整变量 $\widehat{\boldsymbol{V}}^{\mathrm{T}} \boldsymbol{X}_t$ 可以通过

```
> y = as.matrix(tbill)%*%as.matrix(m1@V)
```

来提取. 图 4.9 给出了五个变换序列 (现在 y 中) 及其 ACF 的图形. 第一个序列看起来平稳, 第二个序列看起来也是, 只是程度上稍微差一点, 这是因为它们的 ACF 衰减很快. 最后的三个序列显然不平稳, 因为它们的 ACF 衰减得不够快. 这些目视观测进一步证实了系统中存在两个协整关系的断言. m1@V 中的前两列分别被标准化, 使其为单位向量 (元素的平方和为 1), 结果如下:

```
              ect1          ect2
5Year.l1    0.5808369     0.1115934
7Year.l1   -0.4399423     0.1382447
10Year.l1  -0.1716606    -0.7205056
20Year.l1  -0.3933011     0.6585049
30Year.l1   0.5337847    -0.1252131
```

因此, 第一个协整变量可以暂时视为 5 年期利率与 7 年期利率之间的对比以及 30 年期利率与 20 年期利率之间的对比的和. 第二个协整变量由 20 年期利率和 10 年期利率的对比决定.

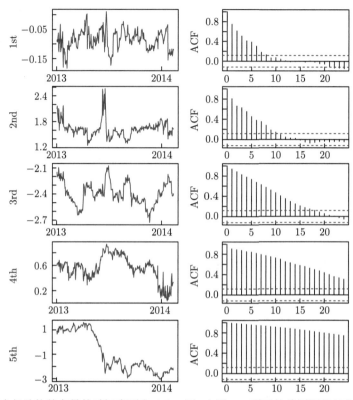

图 4.9   五个候选协整变量的时间序列和 ACF 图, 由图 4.8 所示的美国国债日收益率拟合模型 (4.36) 得出

为了重新拟合 $r = 2$ 的 ECM, 运行 R-函数 `cajorls(m1, r=2)`, 返回拟合的 ECM 的系数估计:

	5Year.d	7Year.d	10Year.d	20Year.d	30Year.d
ect1	-0.0875	-0.0693	0.0952	0.1381	-0.0727
ect2	0.1377	0.1261	-0.0056	-0.1166	0.0737
constant	-0.0653	-0.0645	-0.0452	0.0251	-0.0192
5Year.dl1	0.3726	0.5228	0.3455	0.2816	0.2697
7Year.dl1	-0.5103	-0.7809	-0.1995	-0.1299	-0.1751
10Year.dl1	0.4397	0.6145	-0.1263	-0.3357	-0.1019
20Year.dl1	0.0153	-0.0309	0.1355	0.0828	0.1294
30Year.dl1	-0.1897	-0.2339	-0.0130	0.2431	-0.0250

在上面的 R 输出中, d 为差分, l1 为滞后 1 期, 且 dl1 为在滞后 1 期的差分变量. 例如, 对于 5 年利率的差分, 拟合的 ECM 模型为

$$\nabla X_{t1} = -0.0875 U_{t-1,1} + 0.1377 U_{t-1,2} - 0.0653$$

$$+ 0.3726 \nabla X_{t-1,1} - 0.5103 \nabla X_{t-1,2} + 0.4397 \nabla X_{t-1,3}$$

$$+ 0.0153 \nabla X_{t-1,4} - 0.1897 \nabla X_{t-1,5},$$

其中 $X_{t1}, \cdots, X_{t5}$ 分别为 t 时刻的 5 年、7 年、10 年、20 年和 30 年利率, U_{t1} 和 U_{t2} 是两个标准化的协整变量. 该标准化使得 $\widehat{V}$ 的上 $r \times r$ 子矩阵为 I_r. 注意, 标准化不会改变可识别的协整空间. 上述模型系数估计的标准差可以通过函数 abStdErr 计算, 这可以从本书网站上获得

http://orfe.princeton.edu/~jqfan/fan/FinEcon.html.

4.4 习   题

4.1 令 Z_t 为一元平稳时间序列. $X_{t1} = Z_t, X_{t2} = Z_{t-6}$. 证明 $\boldsymbol{X}_t \equiv (X_{t1}, X_{t2})^{\mathrm{T}}$ 是一个二元平稳过程, 使用 Z_t 的 ACF 表达 $\boldsymbol{X}_t$ 的互相关函数.

4.2 例 4.2 中的 MA(1) 过程 $\boldsymbol{X}_t$ 的 ACF (或互相关函数) 是否在滞后 1 期处截断?

4.3 假设

$$\boldsymbol{X}_t - \boldsymbol{A}\boldsymbol{X}_{t-1} = \boldsymbol{\varepsilon}_t + \boldsymbol{A}\boldsymbol{\varepsilon}_{t-1}, \quad \boldsymbol{\varepsilon}_t \sim \mathrm{WN}(0, \boldsymbol{I}_2), \quad \boldsymbol{A} = \begin{pmatrix} 0.5 & 0 \\ 0.5 & 0.5 \end{pmatrix}.$$

求该 ARAM(1,1) 过程的互协方差函数.

4.4 (i) 证明对任意非负定阵 $\boldsymbol{M}$, 存在一个非负定阵 $\boldsymbol{M}^{1/2}$ 使得 $\boldsymbol{M}^{1/2}\boldsymbol{M}^{1/2} = \boldsymbol{M}$.

(ii) 令 $\boldsymbol{A}$ 和 $\boldsymbol{B}$ 是使得 $\boldsymbol{A} - \boldsymbol{B}$ 为非负定阵的两个矩阵. 证明对任意非负定阵 $\boldsymbol{M}$, 有 $\mathrm{tr}(\boldsymbol{M}\boldsymbol{A}) \geqslant \mathrm{tr}(\boldsymbol{M}\boldsymbol{B})$.

4.5 从雅虎财经上下载 2003 年 S&P 500 (GSPC) 和 S&P 600 小盘股指数 (SLYG) 的每日价格.

(a) 从雅虎财经上下载的数据具有 7 列的格式: 日期、开盘价、最高价、最低价、收盘价、交易量、调整的收盘价. 使用最后一列调整的收盘价格数据. 这两个指数并不需要在同一天交易. 为了提取两个指数都有交易的日期的价格, 并按照日期对它们进行排序, 可以使用下面的 R 命令:

```
> D=which(SP500[,1]%in%SP600[,1])
> d=which(SP600[,1]%in%SP500[,1])
> X=data.frame(SP500[D,1], SP500[D,7], SP600[d,7])
```

这就形成了一个具有 3 列的矩阵 X: 日期, S&P 500 价格, S&P 600 价格.

(b) 作两个指数的对数价格图以及互相关函数图.

(c) 作两个指数的收益率图以及它们的互相关函数图. 将你的发现与上面的 (b) 进行比较.

(d) 对两个收益率序列, 拟合二元 AR(p) 模型, 其中阶数 p 由 BIC 确定. 对拟合模型进行诊断检验.

(e) 识别均值 Granger 因果关系和即期 Granger 因果关系.

(f) 画图并说明脉冲响应函数.

4.6 2012 年 12 月 1 日, 《经济学人》刊登了一篇标题为 "另一场权利游戏" 的文章, 该文章提到科技巨人谷歌、苹果、脸书以及亚马逊在多个方面相互形成威胁.

(a) 下载 2011—2012 四个公司股票的日价格.

(b) 分析这些数据并识别对数股票价格的协整关系.

(c) 对这四只股票的对数价格, 拟合 ECM. 并对结果作出说明.

第 5 章 有效投资组合与资本资产定价模型

到目前为止, 在这本书中, 尤其是在前三章中, 我们主要关注金融收益和风险的纵向方面. 接下来的五章将集中考虑横向方面. 给定一组金融风险资产, 我们如何构造一个有效的投资组合? 如何量化一个投资组合的风险和收益的关系?

Markowitz (1952,1959) 在投资组合优化与资产定价方面的开创性工作对金融经济学有着深远的影响, 为现代金融学发展的里程碑. 它直接导致了由 Sharpe (1964) 所提出的著名的资产定价模型, 在此模型下, 风险与收益的关系被完美地量化. 它引起了投资组合选择与资产定价理论的一场革命, 并使得 Harry M. Markowitz, Merton H. Miller M.H. 和 William F. Sharpe 获得 1990 年诺贝尔经济学奖.

CAPM 是否与金融数据一致? 给定一组风险资产, 投资组合是否有效? 本章也将介绍解决这些问题的计量经济学方法.

5.1 有效投资组合

假设我们在 t 期有 p 个风险证券, 下一期的收益率为 $\{R_{i,t+1}\}_{i=1}^{p}$, 这包括了股息支付. 假设存在一个无风险债券, 利率为 $R_{0,t}$, 这在时期 t 是已知的. 我们如何构造一个有效投资组合?

5.1.1 投资组合的收益与风险

一个投资组合可以用一个配置向量 $(\alpha_0, \alpha_1, \cdots, \alpha_p)^{\mathrm{T}}$ 来刻画, 其中 α_i 是投资证券 i 的比例. 记 $\boldsymbol{\alpha} = (\alpha_1, \cdots, \alpha_p)^{\mathrm{T}}$ 和 $\boldsymbol{R}_t = (R_{1,t}, \cdots, R_{p,t})^{\mathrm{T}}$. 因为所有财富都用来投资 (包括投资于无风险债券的现金), 所以投资比例满足

$$\alpha_0 + \alpha_1 + \cdots + \alpha_p = \alpha_0 + \mathbf{1}^{\mathrm{T}}\boldsymbol{\alpha} = 1, \tag{5.1}$$

其中 $\mathbf{1} = (1, \cdots, 1)^{\mathrm{T}}$ 是一个 p 维向量. 在上面的公式中, 某些 α_i 可以为负, 对应于一个空头头寸 (赌资产 i). 投资组合的收益率为

$$r_{t+1} = \alpha_0 R_{0,t} + \boldsymbol{\alpha}^{\mathrm{T}}\boldsymbol{R}_{t+1},$$

这是无风险资产和有风险资产收益的总和. 它依赖于投资组合的配置.

投资组合的期望收益率与方差分别为

$$\mu_t(\boldsymbol{\alpha}) = E_t r_{t+1} = \alpha_0 R_{0,t} + \boldsymbol{\alpha}^{\mathrm{T}} E_t \boldsymbol{R}_{t+1}$$

和

$$\sigma_t^2(\boldsymbol{\alpha}) = \mathrm{var}_t(r_{t+1}) = \boldsymbol{\alpha}^{\mathrm{T}}\mathrm{var}_t(\boldsymbol{R}_{t+1})\boldsymbol{\alpha}.$$

在出现无风险资产时, 我们引入超额收益率 $\boldsymbol{Y}_{t+1} = \boldsymbol{R}_{t+1} - R_{0,t}\mathbf{1}$ 来消除约束 (5.1). 投资组合的收益率现在可以写为

$$r_{t+1} = R_{0,t} + \boldsymbol{\alpha}^{\mathrm{T}}\boldsymbol{Y}_{t+1}, \tag{5.2}$$

期望收益率和波动率分别由

$$\mu_t(\boldsymbol{\alpha}) = R_{0,t} + \boldsymbol{\alpha}^{\mathrm{T}}\boldsymbol{\xi}_t \quad \text{和} \quad \sigma_t^2(\boldsymbol{\alpha}) = \boldsymbol{\alpha}^{\mathrm{T}}\boldsymbol{\Sigma}_t\boldsymbol{\alpha} \tag{5.3}$$

给出, 其中 $\boldsymbol{\xi}_t = E_t\boldsymbol{Y}_{t+1}$ 为期望超额收益率, 且 $\boldsymbol{\Sigma}_t = \mathrm{var}_t(\boldsymbol{Y}_{t+1})$. 注意, $\boldsymbol{\Sigma}_t$ 与 $\mathrm{var}(\boldsymbol{R}_{t+1})$ 相同, 这是因为无风险利率 $R_{0,t}$ 在 t 期是一个已知常数.

超额收益率公式的优势现在已经很明显了. (5.3) 中的期望收益率与方差仅仅依赖于风险资产的配置向量 $\boldsymbol{\alpha}$, 这在 p 维空间中是无约束的. 一旦风险资产的配置确定了, 无风险资产的比例 α_0 就可由 (5.1) 来计算.

5.1.2　投资组合最优化

Markowitz (1952, 1959) 的均值–方差方法就是选择期望收益和波动率折中最大化的投资组合. 特别地, 他主张寻求 $\boldsymbol{\alpha}$ 使得

$$\mu_t(\boldsymbol{\alpha}) - \frac{A}{2}\sigma_t^2(\boldsymbol{\alpha}) = \boldsymbol{\alpha}^{\mathrm{T}}\boldsymbol{\xi}_t - \frac{A}{2}\boldsymbol{\alpha}^{\mathrm{T}}\boldsymbol{\Sigma}_t\boldsymbol{\alpha} + R_{0,t} \tag{5.4}$$

最大化, 其中 $A > 0$ 是投资者选择的一个参数. 很快就清楚, A 度量了投资者的风险厌恶程度. 它随投资者的不同而变化.

注 5.1　由拉格朗日乘子法知, 投资组合的最优化问题 (5.4) 等价于对给定的风险容忍度, 最大化预期收益:

$$\max_{\boldsymbol{\alpha}} \mu_t(\boldsymbol{\alpha}), \quad \text{s.t.} \quad \sigma_t^2(\boldsymbol{\alpha}) \leqslant B,$$

其中 B 为给定的常数. 在这种情形下, 风险厌恶参数 A 就是拉格朗日乘数, 选取使其满足 $\sigma_t^2(\boldsymbol{\alpha}) = B$. 换句话说, 最优化问题 (5.4) 等同于在投资组合风险被 $\sqrt{B}$ 控制的约束下, 最大化投资组合的预期收益. 它也等价于对于给定的 C,

$$\min_{\boldsymbol{\alpha}} \sigma_t^2(\boldsymbol{\alpha}), \quad \text{s.t.} \quad \mu_t(\boldsymbol{\alpha}) \geqslant C.$$

也就是说, 在预期收益至少为 C 的条件下, 我们希望找到一个投资组合, 其风险尽可能小. 该等价性也可由拉格朗日乘子法推导出来.

无约束最优化问题 (5.4) 特别容易求解. 目标函数关于每个变量 α_j 的偏导数所组成的梯度向量为

$$\boldsymbol{\xi}_t - A\boldsymbol{\Sigma}_t\boldsymbol{\alpha}.$$

把 (5.4) 表示为每一个分量和的形式, 然后求偏导数就很容易得到上式. 令梯度向量为零, 我们可得到投资组合的最优配置:

$$\boldsymbol{\alpha}_t^* = \frac{1}{A}\boldsymbol{\Sigma}_t^{-1}\boldsymbol{\xi}_t \quad \text{和} \quad \alpha_{0,t}^* = 1 - \mathbf{1}^{\mathrm{T}}\boldsymbol{\alpha}_t^*, \tag{5.5}$$

这里, 第二个等式由 (5.1) 可得. 容易看出, A 的值越大, 最优投资组合中风险资产配置的比例就越小. 因此 A 是一个风险厌恶参数.

以上投资组合的配置问题聚焦在单期. 对每个给定的时期 t, 投资组合依据 (5.5) 进行优化和配置. 因此从现在起, 我们将略去对时间 t 的依赖以简化记号. 在实际中, 持有期通常为一个月或一周以减少交易成本. 在每个月末或周末, 投资组合将根据 (5.5) 重新平衡. 第 7 章将给出执行这个策略的更多细节.

例 5.1 假设无风险资产的年利率 5%, 三个风险金融资产的年收益率分别为 10%, 25% 和 55%, 相应的波动率 (标准差) 分别为 12%, 40% 和 110%. 此外, 假设三个风险资产的相关系数阵为

$$\boldsymbol{\Gamma} = \begin{pmatrix} 1 & 0.7 & 0.4 \\ 0.7 & 1 & 0.5 \\ 0.4 & 0.5 & 1 \end{pmatrix}.$$

于是, 三个风险资产的协方差阵为

$$\boldsymbol{\Sigma} = \mathrm{var}(\boldsymbol{R}) = \begin{pmatrix} 0.12 & & \\ & 0.4 & \\ & & 1.1 \end{pmatrix} \boldsymbol{\Gamma} \begin{pmatrix} 0.12 & & \\ & 0.4 & \\ & & 1.1 \end{pmatrix}$$

$$= \begin{pmatrix} 0.0144 & 0.0336 & 0.0528 \\ 0.0336 & 0.1600 & 0.2200 \\ 0.0528 & 0.2200 & 1.2100 \end{pmatrix}.$$

根据 (5.5), 风险投资组合的最优投资组合的配置向量为

$$\boldsymbol{\alpha}^* = A^{-1}\boldsymbol{\Sigma}^{-1} \begin{pmatrix} 0.05 \\ 0.20 \\ 0.50 \end{pmatrix} = A^{-1} \begin{pmatrix} 0.8722 \\ 0.7346 \\ 0.2416 \end{pmatrix}.$$

上式表明, A 的选择越大, 风险资产的比例就越小. 为了完成此问题, 我们需要确定风险厌恶参数 A.

假设一个投资者想把 20% 的资产投资于无风险资产. 于是我们有

$$\alpha_1^* + \alpha_2^* + \alpha_3^* = (0.8722 + 0.7346 + 0.2416)/A = 1.848/A = 0.8.$$

由此得出 $A = 1.848/0.8$ 且

$$\boldsymbol{\alpha}^* = \frac{0.8}{1.848} \begin{pmatrix} 0.8722 \\ 0.7346 \\ 0.2416 \end{pmatrix} = \begin{pmatrix} 0.3775 \\ 0.3180 \\ 0.1046 \end{pmatrix}.$$

换句话说, 他应该分别投资 37.75%, 31.8%, 10.46% 到风险资产 1, 2 和 3, 并且投资 20% 到无风险资产. 基于这个配置, 由 (5.3), 投资组合的预期收益率为

$$5\% + 37.75\% \times 5\% + 31.80\% \times 20\% + 10.46\% \times 50\% = 18.48\%.$$

投资组合方差为
$$\boldsymbol{\alpha}^{*\mathrm{T}} \boldsymbol{\Sigma} \boldsymbol{\alpha}^* = 0.0583$$

且标准差为 $\sqrt{0.0583} = 24.15\%$. 根据注 5.1, 不存在预期收益率至少为 18.48% 的投资组合, 其风险 (标准差) 小于 24.15%; 并且也不存在风险小于 24.15% 的投资组合, 其收益率能够高于 18.48%.

风险厌恶系数也可以通过设定目标预期收益或目标风险来确定, 这也回答了注释 5.1 中所提的问题.

5.1.3　有效投资组合与夏普比率

我们现在来刻画有效投资组合. 由于仅关注单期收益率, 我们省略下标 t 以简化记号. 令 $P = \boldsymbol{\xi}^{\mathrm{T}} \boldsymbol{\Sigma}^{-1} \boldsymbol{\xi}$. 基于最优化投资组合的配置, 把 (5.5) 代入 (5.3), 则期望收益率为

$$\mu^* = R_0 + \boldsymbol{\alpha}^{*\mathrm{T}} \boldsymbol{\xi} = R_0 + P/A, \tag{5.6}$$

且方差

$$\sigma^{*2} = \boldsymbol{\alpha}^{*\mathrm{T}} \boldsymbol{\Sigma} \boldsymbol{\alpha}^* = P/A^2. \tag{5.7}$$

从 (5.7) 可清晰地看出 A 控制了投资组合风险: A 越大, 配置到风险资产的比例就越小.

由 (5.7), 可得 $A = P^{1/2}/\sigma^*$. 将其代入 (5.6), 我们有

$$\mu^* = R_0 + P^{\frac{1}{2}} \sigma^*. \tag{5.8}$$

这导致有效投资组合的夏普比率的定义

$$\text{夏普比率} = \frac{\mu^* - R_0}{\sigma^*} = P^{1/2}. \tag{5.9}$$

这个定义可以拓广到任何投资组合: 对于给定的投资组合, 其风险资产的配置向量为 $\boldsymbol{\alpha}$, 从而无风险资产分配向量为 $(1 - \mathbf{1}^{\mathrm{T}}\boldsymbol{\alpha})$, 它的夏普比率定义为

$$S(\boldsymbol{\alpha}) = \frac{\mu(\boldsymbol{\alpha}) - R_0}{\sigma(\boldsymbol{\alpha})} = \frac{\boldsymbol{\alpha}^{\mathrm{T}}\boldsymbol{\xi}}{(\boldsymbol{\alpha}^{\mathrm{T}}\boldsymbol{\Sigma}\boldsymbol{\alpha})^{1/2}}, \tag{5.10}$$

其中最后一个等式利用了 (5.3). 夏普比率给出了单位风险的超额收益. 它测量了投资组合的效率, 并且允许我们去比较两个不同收益与风险的投资组合的效率. 它与风险调整收益率 (risk-adjusted return) 有关. 注意, 对于最优投资组合, 正如 (5.9) 所表示的那样, 夏普比率并不依赖于风险厌恶参数 A. 这也可以通过把 (5.6) 和 (5.7) 代入 (5.10) 中容易得到证明.

例 5.2 表 5.1 汇总了例 5.1 给出的金融资产夏普比率和风险调整收益率, 其中资产 0 代表无风险债券.

表 5.1　例 5.1 中五个金融资产的收益率、风险及夏普比率

资产	0	1	2	3	最优
收益率	5%	10%	25%	55%	18.48%
超额收益率	0%	5%	20%	50%	13.48%
风险	0%	12%	40%	110%	24.15%
夏普比率	—	0.417	0.500	0.455	0.558

从表中可清楚地看到资产 1 是最不有效的, 然后依次为资产 3 和资产 2. 夏普比率在有效投资组合上最大化. 计算可得 $P = \boldsymbol{\xi}^{\mathrm{T}}\boldsymbol{\Sigma}^{-1}\boldsymbol{\xi} = 0.3113$. 根据 (5.9), 最优投资组合夏普比率为 $P^{1/2} = 0.558$. 这为表 5.1 中计算最优投资组合夏普比率提供了另外一种方法.

为了理解为什么夏普比率能度量金融资产的效率, 让我们比较资产 1 和资产 2, 它们具有非常不同的期望收益率和波动率. 假设 Jack 投资 100 美元于资产 1, 年预期收益率为 10%, Jill 拥有 100 美元的资本并且选择投资于资产 2. Jack 知道他的预期收益率会低于 Jill, 因为他的投资组合风险较低. 为了与 Jill 的投资组合的风险相同, 他需要 $40/12 = 3.3333$ 倍的资本投资于资产 1, 以使其投资组合风险也为 40%. 因此, 他需要从无风险债券中筹集 233.33 美元的资金 (即卖空资产 0). 随着投资就位, 他期望的年收益率为 $333.33 * 10\% - 233.33 * 5\% = 21.67$ 美元, 而 Jill 年预期收益率为 25.00 美元, 尽管他们组合的风险是一样的. 因此, 即

使他们的风险做了调整, 但是资产 2 仍然要比资产 1 更有效. 这也反映在夏普比率上.

上述夏普比率计算过程如下: Jill 投资组合的超额收益率为

$$\underbrace{10\% * 40/12}_{杠杆收益} - \underbrace{5\% * (40/12 - 1)}_{借贷成本} = \frac{10\% - 5\%}{12} \times 40 + 5\% = 21.67\%,$$

这比资产 1 的预期收益率高, 但比资产 2 的预期收益率低. 对于更一般的结果, 见练习 5.2.

5.1.4　有效前沿边界

上面的例子表明最优均值–方差投资组合具有最高的夏普比率. 这在一般情形也成立. 对于与最优投资组合风险 $\boldsymbol{\alpha}^{\mathrm{T}}\boldsymbol{\Sigma}\boldsymbol{\alpha} = (\sigma^*)^2$ 相同, 且配置向量为 $\boldsymbol{\alpha}$ 的任意一个投资组合, 其期望超额收益率的界为

$$\begin{aligned}
\boldsymbol{\alpha}^{\mathrm{T}}\boldsymbol{\xi} &= \boldsymbol{\alpha}^{\mathrm{T}}\boldsymbol{\xi} - \frac{A}{2}\boldsymbol{\alpha}^{\mathrm{T}}\boldsymbol{\Sigma}\boldsymbol{\alpha} + \frac{A}{2}\sigma^{*2} \\
&\leqslant \boldsymbol{\alpha}^{*\mathrm{T}}\boldsymbol{\xi} - \frac{A}{2}\boldsymbol{\alpha}^{*\mathrm{T}}\boldsymbol{\Sigma}\boldsymbol{\alpha}^* + \frac{A}{2}\sigma^{*2} \\
&= \boldsymbol{\alpha}^{*\mathrm{T}}\boldsymbol{\xi}.
\end{aligned} \tag{5.11}$$

最后一个等式是由于 $\boldsymbol{\alpha}^*$ 是 (5.4) 中目标函数的最大值解. 因此, 任意投资组合 $\boldsymbol{\alpha}$ 的预期收益率都位于与其具有同样风险的最优投资组合的预期收益率的下方. 换句话说, 最优投资组合形成了有效前沿边界: 对于给定的具有风险 σ^* 的投资组合, 期望收益率不会比最优投资组合的大. 图 5.1 在风险–收益空间描绘了有效前沿边界. 点 $(0, R_0)$ 代表无风险债券.

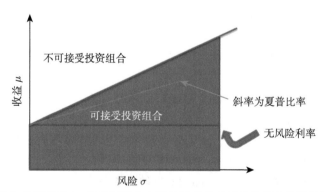

图 5.1　在风险与收益平面上, 黑色区域上方的边界直线表示有效组合前沿边界. 直线斜率为不同风险厌恶参数的最优投资组合的夏普比率. 水平线为无风险利率. 对于任一投资组合, 穿过点 $(0, R_0)$ 直线的斜率就是其夏普比率

由 (5.8), 在风险–收益空间中, 有效前沿边界为图 5.1 描绘的一条直线. 该直线的截距是无风险利率, 对应于风险厌恶参数 $A = \infty$ 的最优投资组合, 其斜率为夏普比率 $P^{1/2}$, 与风险厌恶参数无关. 因此, 有效前沿边界上的任意投资组合都具有相同的夏普比率和效率. 它们仅在风险态度上有所不同. 随着风险资产比例增加, 期望收益率也会增加.

对任意给定的投资组合, 通过选择适当的风险厌恶参数 A, 总存在具有相同风险的有效投资组合. 于是, 由 (5.11), 它的预期收益率一定在有效前沿边界的下方. 因而, 任意的其他投资组合一定位于风险–收益空间上的阴影区域. 它的夏普比率 (5.10) 就是过无风险投资组合 $(0, R_0)$ 直线的斜率, 并且不会比有效投资组合的大 (见图 5.1). 这也可以在数学上证明如下: 注意, (5.10) 中的 $S(\boldsymbol{\alpha})$ 与 $\boldsymbol{\alpha}$ 的尺度无关. 因此, 我们可以通过固定风险在给定水平 σ^* 下标准化投资组合. 由 (5.11), 我们有

$$\max_{\boldsymbol{\alpha}} S(\boldsymbol{\alpha}) = \max_{\boldsymbol{\alpha}^{\mathrm{T}}\boldsymbol{\Sigma}\boldsymbol{\alpha}=\sigma^{*2}} \frac{\boldsymbol{\alpha}^{\mathrm{T}}\boldsymbol{\xi}}{\sigma^*} = \frac{\mu^* - R_{t,0}}{\sigma^*}.$$

5.1.5 执行方面的挑战

最优投资组合的实际实施面临着许多挑战, 特别是当资产的数量 p 很大时. 首先, 最优投资组合的总风险敞口 $c = \sum_{i=0}^{p} |\alpha_i^*|$ 会很大. 空头头寸的比例是 $(c-1)/2$. 这可由 $w^+ + w^- = c$ 和 $w^+ - w^- = 1$ 得到, 其中 w^+ 和 w^- 分别代表了多头和空头头寸的比例. 例如, 若 $c = 4$, 则有 150% 的空头头寸和 250% 的多头头寸. 这样的一个投资组合对于多数应用风险很大. 其次, 每个投资者的信用借款有限. 最后, 我们需要基于有限的数据 (例如, 一年) 来估计 $\boldsymbol{\mu}$ 和 $\boldsymbol{\Sigma}$ 这样的参数. 对于 $p = 500$ 时, 有 $p(p+1)/2 = 125250$ 个参数. 因此, $\boldsymbol{\mu}$ 和 $\boldsymbol{\Sigma}$ 不能精确地估计. 结果是, 基于数据得到的配置向量 $\hat{\boldsymbol{\alpha}}$ 与最优配置向量 $\boldsymbol{\alpha}^*$ 非常不同. 我们将在第 7 章讨论这个问题.

5.2 最优化期望效用函数

Markowitz 问题的一个缺点是它是从数学而不是经济学的观点来阐述的. 经济学家认为投资的目标就是最优化个体的财富效用. 效用 (utility) $U(w)$ 是财富 w 的递增和凹函数. 凹性使得边际效用 $U'(w)$ 随着 w 增加而减小, 这由边际效用递减定律所支配. 这是一个合理的假设, 原因是财富增加 10000 美元给富人带来的效用比给穷人要小.

效用函数没有单位或尺度. 它是一个相对测度. 常用的效用函数为指数效用 $U(w) = 1 - \exp(-Aw)$, 其中 $A > 0$ 和幂效用 $U(w) = w^a$, 其中 $0 < a \leqslant 1$.

图 5.2 给出了两个不同的 A 的指数效用函数的图形. 很快会看到, A 就是风险厌恶参数.

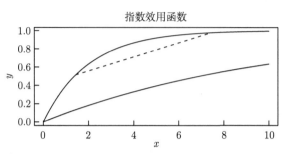

图 5.2　具有 $A = 0.5$ (上边曲线) 的指数效用函数和具有 $A = 0.1$ (下端曲线) 的指数效用函数

例 5.3　为了更好地理解效用函数及其在不确定环境下进行决策的应用, 考虑包含两个可能行为的例子:

- **行为 1**　确定赢 100 美元.
- **行为 2**　以概率 a 赢 10000 美元或以概率 $(1 - a)$ 损失 1000 美元.

行为 2 的预期结果为

$$a * 10000 + (1 - a) * 1000 = 11000a - 1000.$$

因为效用函数没有单位, 所以可在本例中, 令 $U(-1000) = 0$ 和 $U(10000) = 1$. 于是 $U(100)$ 的值反映了投资者的风险厌恶程度.

如果你认为行为 1 与 $a = 0.1$ 时的行为 2 大致相同, 那么效用函数在 100 处的值应该为

$$U(100) = 0.1U(10000) + 0.9U(-1000) = 0.1.$$

在这种情形下, 你表现得真像一个赌徒. 第二个行为的预期值仅为 100 美元, 与行为 1 相同, 但是你没有要求任何风险溢. 如果另外一个投资者觉得对于 $a = 0.2$, 行为 1 和 2 对他而言是无差异的, 原因是他非常不愿意损失 1000 美元, 要他承担这个风险, 他就要求风险补偿. 于是他的效用函数为

$$U(100) = 0.2U(10000) + 0.8U(-1000) = 0.2.$$

显然, 第二个投资者更加保守, 因为他对 100 美元的财富赋予了更多的效用.

现在我们考虑效用的最优化问题. 假设投资者的初始财富是 1 个单位. 那么, 他下一期的财富为

$$w_1 = 1 + R_0 + \boldsymbol{\alpha}^{\mathrm{T}}\boldsymbol{Y}.$$

如果他的效用为指数函数 $U(w) = 1 - \exp(-Aw)$, 那么他希望配置投资组合, 使得下一期的效用最大化:

$$\max_{\boldsymbol{\alpha}} EU(w_1) = 1 - \min_{\boldsymbol{\alpha}} E \exp\{-A(1 + R_0) - A\boldsymbol{\alpha}^{\mathrm{T}}\boldsymbol{Y}\}.$$

这与极小化函数

$$E \exp(-A\boldsymbol{\alpha}^{\mathrm{T}}\boldsymbol{Y})$$

是相同的. 如果超额收益率的分布是正态, 那么

$$\boldsymbol{Y} \sim N(\boldsymbol{\xi}, \boldsymbol{\Sigma}), \tag{5.12}$$

且由多元正态分布的结果可知

$$\boldsymbol{\alpha}^{\mathrm{T}}\boldsymbol{Y} \sim N(\boldsymbol{\alpha}^{\mathrm{T}}\boldsymbol{\xi}, \boldsymbol{\alpha}^{\mathrm{T}}\boldsymbol{\Sigma}\boldsymbol{\alpha}). \tag{5.13}$$

回想一下, $X \sim N(\mu, \sigma^2)$ 的矩母函数为

$$E \exp(sX) = \exp(s\mu + s^2\sigma^2/2), \quad \text{对任意的 } s, \tag{5.14}$$

由此可得

$$E \exp(\underbrace{-A}_{s}\underbrace{\boldsymbol{\alpha}^{\mathrm{T}}\boldsymbol{Y}}_{X}) = \exp\left\{\underbrace{-A}_{s}\underbrace{\boldsymbol{\alpha}^{\mathrm{T}}\boldsymbol{\xi}}_{\mu} + \frac{A^2}{2}\underbrace{\boldsymbol{\alpha}^{\mathrm{T}}\boldsymbol{\Sigma}\boldsymbol{\alpha}}_{\sigma^2}\right\}.$$

最小化上式就等同于对 $\boldsymbol{\alpha}$, 最大化函数

$$\boldsymbol{\alpha}^{\mathrm{T}}\boldsymbol{\xi} - \frac{A}{2}\boldsymbol{\alpha}^{\mathrm{T}}\boldsymbol{\Sigma}\boldsymbol{\alpha},$$

这与 Markowitz 问题 (5.4) 一致. 换句话说, 当收益率服从多元正态分布时, Markowitz 投资组合最优化等同于具有指数效用函数的效用最大化问题.

5.3 资本资产定价模型

资本资产定价模型 (CAPM) 是由 Sharpe (1964) 和 Lintner (1965) 提出的著名的资产定价模型. 它让我们能够准确地量化风险的回报. 虽然最初的推导与我们在这里使用的不同, 但下面的金融经济学方法提供了对市场投资组合概念的更好理解.

5.3.1　市场投资组合

假设每个投资者都按照均值–方差最优投资组合进行交易, 但是不同的投资者有不同的风险偏好. 令 A_i 为第 i 个投资者的风险厌恶系数, 他要投资的财富数量为 w_i. 那么, 他对风险资产和无风险资产的需求分别为 $\boldsymbol{\alpha}_i^* = w_i \boldsymbol{\Sigma}^{-1} \boldsymbol{\xi} / A_i$ 和 $w_i - \mathbf{1}^{\mathrm{T}} \boldsymbol{\alpha}_i^*$. 风险资产的总需求为所有投资者需求的总和, 由下式给出:

$$\boldsymbol{\alpha}^D = \sum_i \boldsymbol{\alpha}_i^* = \sum_i \frac{w_i}{A_i} \boldsymbol{\Sigma}^{-1} \boldsymbol{\xi}.$$

不失一般性, 假设每只股票都已标准化, 每股 1 美元. 于是 $\boldsymbol{\alpha}^D$ 的第 j 个分量为资产 j 的根据所有市场参与者股份数的总需求.

假设所有风险资产股份数的总供给为 $\boldsymbol{a}$. 必须满足均衡条件, 即 $\boldsymbol{\alpha}^D = \boldsymbol{a}$. 换句话说

$$\boldsymbol{a} = \sum_i \frac{w_i}{A_i} \boldsymbol{\Sigma}^{-1} \boldsymbol{\xi}.$$

现在我们定义市场投资组合 (market portfolio) 为一个巨型的投资组合, 它由所有可交易的金融资产的所有股份组成, 即对所有 j, 它在第 j 个风险资产上拥有 a_j 股份. 回想一下, 每个资产已被标准化为每股 1 美元的市场价格. 以持有资产的比例而不是以持有的股份数量来表示投资组合, 则市场投资组合有配置向量

$$\boldsymbol{b} = \boldsymbol{a} \bigg/ \left(\sum_i w_i \right) = \frac{1}{A} \boldsymbol{\Sigma}^{-1} \boldsymbol{\xi} \quad \text{或者} \quad \boldsymbol{\xi} = A \boldsymbol{\Sigma} \boldsymbol{b}, \tag{5.15}$$

其中 $A^{-1} = \left(\sum_i w_i/A_i \right) / \left(\sum_i w_i \right)$ 为个人风险厌恶参数的加权调和平均. 市场投资组合的超额收益为 $Y^m = \boldsymbol{b}^{\mathrm{T}} \boldsymbol{Y}$, 它来自于投资组合风险部分的超额收益. 由 (5.15) 可知, 它是均值–方差有效的, 这是因为它是具有风险厌恶参数 A 的最优投资组合.

因为 a_j 也是第 j 个资产的市值, 所以市场投资组合其实就是给定时期内所有可交易资产的市值加权指数. 实际中, 学者常常使用 S&P 500 或 CRSP 指数作为它的替代指标. 当然, 这主要聚集在美国股票市场. 随着金融全球化, 人们可能会说, 市场投资组合应该包括国际资产和债券. 它也应该包含地产、稀有金属和其他商品. 这些从上面的供需均衡论述中清晰可见.

在市场均衡条件下, 第 i 个投资者投资 $\boldsymbol{\alpha}_i^* = (w_i/A_i) \boldsymbol{\Sigma}^{-1} \boldsymbol{\xi}$ 于风险资产, 其余的 $w_i - \mathbf{1}^{\mathrm{T}} \boldsymbol{\alpha}_i^*$ 投资于无风险资产. 这导致了**两基金分离定理**: 每个投资者应该只投资市场投资组合和无风险资产. 这两个基金 (市场投资组合和无风险资产) 的权重用来获得投资者的风险偏好. 不论权重如何, 这样的投资组合是有效的. 这可

以从下面看到. 假设一个投资者持有比例为 w 的市场投资组合, 这个组合的收益率为 R_m, 其余的为无风险债券, 无风险利率为 r_f 的. 那么他的收益率为 $wR_m + (1-w)r_f$, 其期望收益为 $wr_m + (1-w)r_f$, 标准差为 $w\sigma_m$, 其中 $r_m = ER_m$ 和 $\sigma_m = \mathrm{SD}(R_m)$. 他的投资组合的夏普比率为

$$\frac{wr_m + (1-w)r_f - r_f}{w\sigma_m} = \frac{r_m - r_f}{\sigma_m},$$

与市场投资组合的夏普比率相同.

5.3.2 资本资产定价模型

注意, 对任何前两阶矩有界的随机变量 X 与 Y, 我们总能找到 α 与 β, 使得

$$E(Y - a - bX)^2$$

关于 a 和 b 达到最小. 对 a 和 b 求导数, 并令它们为 0, 可得

$$E(Y - \alpha - \beta X) = 0, \qquad E(Y - \alpha - \beta X)X = 0.$$

记 $\varepsilon = Y - \alpha - \beta X$, 我们有 $E(\varepsilon) = 0$ 且 $\mathrm{cov}(X, \varepsilon) = 0$. 换句话说, 我们总能将随机变量 Y 分解为

$$Y = \alpha + \beta X + \varepsilon, \qquad E(\varepsilon) = 0 \quad \text{和} \quad \mathrm{cov}(X, \varepsilon) = 0. \tag{5.16}$$

将该分解应用到市场投资组合中的每个风险资产的超额收益率, 我们有

$$\boldsymbol{Y} = \boldsymbol{\alpha} + \boldsymbol{\beta} Y^m + \boldsymbol{\varepsilon}, \tag{5.17}$$

其中 $E(\boldsymbol{\varepsilon}) = 0$, $\mathrm{cov}(\boldsymbol{\varepsilon}, Y^m) = 0$, 这里 Y^m 是市场投资组合的超额收益率, 且 $\mathrm{cov}(\boldsymbol{\varepsilon}, Y^m) = E(Y^m \boldsymbol{\varepsilon})$ 是协方差向量. 这里的 $\boldsymbol{Y}$ 是所有风险资产的超额收益率向量. 参数 $\boldsymbol{\alpha}$ 和 $\boldsymbol{\beta}$ 分别称为市场阿尔法和市场贝塔. 市场阿尔法代表了所承担风险的超额收益率.

定理 5.1 (资本资产定价模型) 在分解式 (5.17) 中, $\boldsymbol{\alpha} = 0$. 即, 资产的超额收益率可以分解为

$$\boldsymbol{Y} = \boldsymbol{\beta} Y^m + \boldsymbol{\varepsilon}, \quad E\boldsymbol{\varepsilon} = 0, \quad \mathrm{cov}(\boldsymbol{\varepsilon}, Y^m) = 0, \tag{5.18}$$

其中市场贝塔为

$$\boldsymbol{\beta} = \mathrm{cov}(\boldsymbol{Y}, Y^m)/\mathrm{var}(Y^m). \tag{5.19}$$

证明　注意, 由 (5.17) 可知

$$\mathrm{cov}(\boldsymbol{Y}, Y^m) = \mathrm{cov}(\boldsymbol{\alpha} + \boldsymbol{\beta}Y^m + \boldsymbol{\varepsilon}, Y^m) = \boldsymbol{\beta}\,\mathrm{cov}(Y^m, Y^m).$$

从而 (5.19) 成立. 根据市场投资组合的定义, 可得超额收益率为 $Y^m = \boldsymbol{b}^{\mathrm{T}}\boldsymbol{Y}$. 由 (5.19) 可知

$$\boldsymbol{\beta} = \frac{\boldsymbol{\Sigma}\boldsymbol{b}}{\boldsymbol{b}^{\mathrm{T}}\boldsymbol{\Sigma}\boldsymbol{b}}.$$

现在由分解式 (5.17), 我们有

$$\boldsymbol{\alpha} = E\boldsymbol{Y} - \boldsymbol{\beta}EY^m = \boldsymbol{\xi} - \frac{\boldsymbol{\Sigma}\boldsymbol{b}}{\boldsymbol{b}^{\mathrm{T}}\boldsymbol{\Sigma}\boldsymbol{b}}\,\boldsymbol{b}^{\mathrm{T}}\boldsymbol{\xi},$$

其中 $\boldsymbol{\xi} = E\boldsymbol{Y}$. 将 (5.15) 代入上式, 便得

$$\boldsymbol{\alpha} = A\boldsymbol{\Sigma}\boldsymbol{b} - \frac{\boldsymbol{\Sigma}\boldsymbol{b}}{\boldsymbol{b}^{\mathrm{T}}\boldsymbol{\Sigma}\boldsymbol{b}} \cdot \boldsymbol{b}^{\mathrm{T}}A\boldsymbol{\Sigma}\boldsymbol{b} = 0.$$

这就完成了证明.　　　　　　　　　　　　　　　　　　　　　　　　□

沿着定理 5.1 证明的同样步骤, 定理 5.1 的逆命题也成立. 我们将证明留作作业 (练习 5.10), 但我们叙述结果如下.

定理 5.2　给定一个投资组合向量 $\boldsymbol{a}$, 其超额收益率为 $Y^a = \boldsymbol{a}^{\mathrm{T}}\boldsymbol{Y}$. 在分解式

$$\boldsymbol{Y} = \boldsymbol{\alpha}_a + \boldsymbol{\beta}_a Y^a + \boldsymbol{\varepsilon}^a, \quad E\boldsymbol{\varepsilon}^a = 0 \quad \text{和} \quad \mathrm{cov}(\boldsymbol{\varepsilon}^a, Y^a) = 0$$

中, 截距 $\boldsymbol{\alpha}_a = 0$ 的充要条件为 $\boldsymbol{\alpha}$ 与 $\boldsymbol{b}$ 成比例, 即配置向量 $\boldsymbol{\alpha}$ 的投资组合与市场投资组合成比例.

定理 5.1 是由 Sharpe (1964) 和 Lintner (1965) 提出的存在无风险资产的资本资产定价模型. 它量化了风险与收益之间的关系. 首先, 任何资产的超额收益可分解为两部分. 第一部分是依赖市场的收益, 第二部分为异质噪声, 它仅与个体资产有关但与市场无关. 更确切地说, 第 i 个证券的期望超额收益由

$$EY_i = \beta_i EY^m \tag{5.20}$$

给出. 它精确地量化了风险与收益之间的关系. 资产的预期收益依赖于它对市场的依赖程度, 这由 β_i 来测量. 市场贝塔越大, 预期收益就越高. 横截面风险由

$$\beta_i = \mathrm{cov}(Y_i, Y^m)/\mathrm{var}(Y^m)$$

来测量, 称为市场贝塔. 市场贝塔越大, 风险就越大, 这是因为

$$\mathrm{var}(Y_i) = \beta_i^2 \mathrm{var}(Y^m) + \mathrm{var}(\varepsilon_i).$$

上述论述只有在市场风险溢价 $EY^m > 0$ 时才成立. 这是给予投资者承担风险的溢价.

5.3.3 市场贝塔及其应用

作为资产对市场投资组合的敏感度, 市场贝塔常常用来测量横截面风险. 实际中, 市场 β 由以下三个规则来决定:

- 使用 S&P 500 指数或 CRSP 指数作为市场投资组合的代理指标;
- 把美国国债利率作为无风险收益率的替代指标;
- 计算过去 5 年月度超额收益率, 并进行简单线性回归

$$Y_{it} = \alpha_i + \beta_i Y_t^m + \varepsilon_{it}, \quad t = 1, \cdots, T, \tag{5.21}$$

其中取 $T = 60$, 所得到的最小二乘估计就是资产 i 的市场 β.

例5.4 作为一个示例, 现在我们来计算高盛集团 (GS)、国际商业机器 (IBM) 和通用电气公司 (GE) 三只股票在 2011 年 1 月 31 的市场贝塔. 图 5.3 给出了过

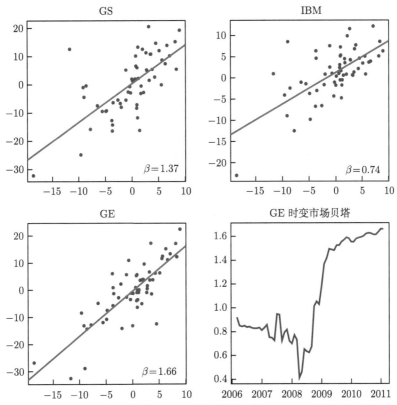

图 5.3 2011 年 1 月 31 日高盛集团 (GS)、国际商业机器 (IBM)、通用电气公司 (GE) 的市场贝塔, 以及 2006 年 1 月到 2011 年 1 月期间 GE 的市场贝塔. 横轴是 S&P 500 指数的月度收益率百分数, 纵轴是股票月度收益率 (百分数). 斜率表示市场贝塔. 右下方的图展示了从 2006 年到 2011 年 GE 的时变市场贝塔

去 60 个月三只股票的超额收益率相对于 S&P 500 指数超额收益率的散点图. 也呈现了最小二乘拟合直线, 其斜率即市场贝塔. 2011 年 1 月 31 GS, IBM 和 GE 的市场贝塔分别为 1.37, 0.74 和 1.66. 市场贝塔依赖于时间. 为了说明这点, 我们还绘制 2006 年 1 月—2011 年 1 月 GE 的市场贝塔. 时变特征非常明显. GE 的市场贝塔在 2008 年金融危机期间猛涨并且保持在高位. 这部分原因在于 GE 资本的分配, 在危机期间损失很大 (回想在第 3 章中的杠杆效应), 使其表现得像金融股票.

假设一个对冲基金在 2011 年 1 月 31 日持有 1 千万美元的高盛集团股票, 2 千万美元的 IBM 股票和 3 千万美元的 GE 股票. 那么它的市场等价风险为

$$10 \times 1.37\text{美元} + 20 \times 0.74\text{美元} + 30 \times 1.66\text{美元} = 78.3 \text{ 百万美元}.$$

为了完全对冲市场风险, 基金需要做空 7.83 千万美元的 S&P 500 指数. 这就需要通过出售 S&P 500 股票来实现. 通过这个对冲策略, 风险为 "市场中性".

资本资产定价模型有几个重要应用. 首先, 它可用于估计资产收益率的协方差阵. 由 (5.18), 我们有

$$\text{var}(\boldsymbol{Y}) = \boldsymbol{\beta}\boldsymbol{\beta}^{\mathrm{T}}\text{var}(Y^m) + \text{var}(\boldsymbol{\varepsilon}). \tag{5.22}$$

如果市场投资组合能捕获所有横截面的风险, 这个异质噪声项应该仅仅依赖于个体公司本身, 而与其他公司无关. 在这种情形下, 我们可以假设 $\text{var}(\varepsilon)$ 是对角阵. 当 $\text{var}(\varepsilon)$ 为对角阵时, (5.22) 的右端只有 $2p+1$ 个未知参数: 市场贝塔有 p 个参数, $\text{var}(Y^m)$ 有 1 个参数, $\text{var}(\varepsilon)$ 的对角元素有 p 个参数. 这个基于参数的协方差阵的元素个数远远小于非参数协方差阵的参数个数, 后者有 $p(p+1)/2$ 个元素. 例如, 如果 $p=1000$, 前者有 2001 个自由参数而后者有 500500 个. 当 $\text{var}(\varepsilon)$ 不是对角阵而是稀疏矩阵时, 其参数的个数比全部非参数协方差阵仍然少很多. 更多的细节, 可参阅第 7 章.

CAPM 也可用于公司金融中的资本预算决策. 根据 (5.20), 一个公司的预期收益率为

$$ER = r_f + \beta(r_m - r_f), \tag{5.23}$$

其中 r_f 和 r_m 是无风险利率和市场投资组合的预期收益率, 且 β 是公司的市场贝塔. 直线 (5.23) 称为公司的市场资本线 (capital line). 依据这个估计, 决策者们便能决定是否投资一个项目. 若要详细了解, 可参阅 Copeland 等 (2005).

CAPM 也可用于投资组合评价. 例如, 为了探究一个基金和一个策略是否能够战胜市场, 我们可以在一段时间内作回归 (5.21), 来看这个基金是有正 α, 或者没有 α, 甚至负 α. 它也可用于挑选一些定期推荐股票的分析师.

5.4 验证 CAPM

资本资产定价模型是在几个假设的基础上推导出来的. 它也许与金融数据不符. 像任何理论一样, 它需要经验数据来验证. 在这一节, 我们介绍计量经济学方法验证 CAPM (5.18) 的 Sharpe-Linter 版本. 若要全面了解, 请参阅 Sentana (2009) 的综述文章.

5.4.1 经济计量公式

令 $\{Y_t\}_{t=1}^T$ 表示 N 个投资组合的超额收益率向量. 这些投资组合通常是由形成市场投资组合的 p 个资产所构建. 相应地, 令 $\{Y_t^m\}_{t=1}^T$ 为市场投资组合的替代组合的超额收益率. 这通常是 S&P 500 或 CRSP 指数相对于美国国债收益的超额收益率. 受分解式 (5.17) 的启发, 我们假设线性模型

$$\boldsymbol{Y}_t = \boldsymbol{\alpha} + \boldsymbol{\beta} Y_t^m + \boldsymbol{\varepsilon}_t, \qquad t = 1, \cdots, T, \tag{5.24}$$

其中

$$E\boldsymbol{\varepsilon}_t = 0, \quad \mathrm{var}(\boldsymbol{\varepsilon}_t) = \boldsymbol{\Sigma}, \quad \mathrm{cov}(Y_t^m, \boldsymbol{\varepsilon}_t) = 0,$$

$t = 1, \cdots, T$. 此外, 我们还假设 $\boldsymbol{\varepsilon}_t \sim_{\text{i.i.d.}} N(0, \boldsymbol{\Sigma})$. 这里我们并不假设 $\boldsymbol{\Sigma}$ 为对角阵, 原因将在 5.5 节最后说明. 当 CAPM 成立时, 任何一个投资组合都不应有非零 $\boldsymbol{\alpha}$. 因此零假设应该为 $\boldsymbol{\alpha} = 0$. 换句话说, 我们的统计检验问题变为

$$H_0: \boldsymbol{\alpha} = 0; \quad H_1: \boldsymbol{\alpha} \neq 0. \tag{5.25}$$

虽然上述统计问题旨在验证 CAPM, 但它也可用于检验所构建的投资组合在用于构建该投资组合的资产中是否有效. 如果它有效, 那么用来构造投资组合的任意资产都不应该有 $\boldsymbol{\alpha}$ (参见定理 5.2 或者练习 5.10). 于是我们可以应用上述模型, 其中 Y_t^m 为所构造的投资组合的超额收益率. 这个技术也能够使得我们来检验一个分析师是否具有选股能力. 在分析师推荐的股票中, 我们能够检验其推选的股票是否有 $\boldsymbol{\alpha}$.

5.4.2 极大似然估计

在模型 (5.24) 下, 给定 Y_t^m, 向量 $\boldsymbol{Y}_t$ 服从 $N(\boldsymbol{\alpha} + \boldsymbol{\beta} Y_t^m, \boldsymbol{\Sigma})$. 此外, 因为随机变量 $\{\boldsymbol{\varepsilon}_t\}_{t=1}^T$ 是独立的, 所以在给定 $\{Y_t^m\}_{t=1}^T$ 的条件下, 向量 $\{\boldsymbol{Y}_t\}_{t=1}^T$ 是独立的. 因此, 在给定 $\{Y_t^m\}_{t=1}^T$ 下, $\{\boldsymbol{Y}_t\}_{t=1}^T$ 的条件联合密度是它们的边际正态密度的乘积. 由多元密度的公式 (Anderson, 2003), 我们有

$$f(\boldsymbol{Y}_1, \cdots, \boldsymbol{Y}_T | Y_1^m, \cdots, Y_T^m)$$

$$= \prod_{t=1}^{T} (2\pi)^{-N/2} |\boldsymbol{\Sigma}|^{-1/2} \exp\left[-\frac{1}{2}(\boldsymbol{Y}_t - \boldsymbol{\alpha} - \boldsymbol{\beta}Y_t^m)^{\mathrm{T}} \boldsymbol{\Sigma}^{-1}(\boldsymbol{Y}_t - \boldsymbol{\alpha} - \boldsymbol{\beta}Y_t^m)\right]$$

$$= (2\pi)^{-NT/2} |\boldsymbol{\Sigma}|^{-T/2} \exp\left[-\frac{1}{2}\sum_{t=1}^{T}(\boldsymbol{Y}_t - \boldsymbol{\alpha} - \boldsymbol{\beta}Y_t^m)^{\mathrm{T}} \boldsymbol{\Sigma}^{-1}(\boldsymbol{Y}_t - \boldsymbol{\alpha} - \boldsymbol{\beta}Y_t^m)\right].$$

条件对数似然函数是条件密度的对数, 视作参数的函数, 由下式给出:

$$\ell(\boldsymbol{\alpha}, \boldsymbol{\beta}, \boldsymbol{\Sigma}) = -\frac{NT}{2}\log(2\pi) - \frac{T}{2}\log|\boldsymbol{\Sigma}|$$

$$- \frac{1}{2}\sum_{t=1}^{T}(\boldsymbol{Y}_t - \boldsymbol{\alpha} - \boldsymbol{\beta}Y_t^m)^{\mathrm{T}} \boldsymbol{\Sigma}^{-1}(\boldsymbol{Y}_t - \boldsymbol{\alpha} - \boldsymbol{\beta}Y_t^m). \tag{5.26}$$

似然函数 (likelihood function) 表示, 对应于给定的一组参数值, 生成观察数据的可能性有多大. 它是概率论的逆向工程. 参见 2.5.4 节.

不同的参数值给出了不同的生成观测数据 $\{\boldsymbol{Y}_t\}_{t=1}^{T}$ 的可能性. 最可能的一个就是使得似然函数最大的那个. 所产生的估计称为极大似然估计 (maximum likelihood estimate, MLE), 定义为

$$(\widehat{\boldsymbol{\alpha}}, \widehat{\boldsymbol{\beta}}, \widehat{\boldsymbol{\Sigma}}) = \operatorname{argmax} \ell(\boldsymbol{\alpha}, \boldsymbol{\beta}, \boldsymbol{\Sigma}).$$

推导可得参数的极大似然估计为

$$\widehat{\boldsymbol{\alpha}} = \bar{\boldsymbol{Y}} - \widehat{\boldsymbol{\beta}}\bar{Y}_m,$$

$$\widehat{\boldsymbol{\beta}} = \sum_{t=1}^{T}(\boldsymbol{Y}_t - \bar{\boldsymbol{Y}})(Y_t^m - \bar{Y}_m) \Big/ \sum_{i=1}^{T}(Y_t^m - \bar{Y}_m)^2, \tag{5.27}$$

$$\widehat{\boldsymbol{\Sigma}} = T^{-1}\sum_{t=1}^{T}\widehat{\boldsymbol{\varepsilon}}_t \widehat{\boldsymbol{\varepsilon}}_t^{\mathrm{T}},$$

其中 $\bar{\boldsymbol{Y}} = T^{-1}\sum_{t=1}^{T}\boldsymbol{Y}_t$ 是资产超额收益率的样本均值, $\bar{Y}_m = T^{-1}\sum_{t=1}^{T}Y_t^m$ 是市场超额收益率的均值, 且 $\widehat{\boldsymbol{\varepsilon}}_t = \boldsymbol{Y}_t - \widehat{\boldsymbol{\alpha}} - \widehat{\boldsymbol{\beta}}Y_t^m$ 为线性回归拟合的残差.

(5.27) 中的公式看起来复杂, 但理解它们实际上很简单. $\boldsymbol{\alpha}$ 和 $\boldsymbol{\beta}$ 的估计与由最小二乘分别拟合 (5.21) 所得到的那些估计是一样的. 令 $(\widehat{\alpha}_i, \widehat{\beta}_i)$ 为拟合 (5.21) 的最小二乘估计. 于是, 极大似然估计 (5.27) 等同于

$$\widehat{\boldsymbol{\alpha}} = (\widehat{\alpha}_1, \cdots, \widehat{\alpha}_N)^{\mathrm{T}}, \qquad \widehat{\boldsymbol{\beta}} = (\widehat{\beta}_1, \cdots, \widehat{\beta}_N)^{\mathrm{T}},$$

其中各分量分别由最小二乘拟合得到. 在时刻 t 的残差向量 $\widehat{\boldsymbol{\varepsilon}}_t$ 与每一个最小二乘拟合所获得的残差构成的向量是相同的. 横截面协方差估计 $\widehat{\boldsymbol{\Sigma}}$ 为残差向量的样本协方差阵 [除以 T 而不是 $(T-2)$].

注意, $\boldsymbol{\alpha}$ 和 $\boldsymbol{\beta}$ 的极大似然估计关于 $\{Y_t\}_{t=1}^T$ 是线性的, 其条件分布是正态的. 因此, $\widehat{\boldsymbol{\alpha}}$ 和 $\widehat{\boldsymbol{\beta}}$ 的条件分布也是正态的, 其均值和方差很容易推出. 因为推断总是在 $\{Y_t^m\}_{t=1}^T$ 的条件下, 所以我们将略去 "在 $\{Y_t^m\}_{t=1}^T$ 的条件下" 这一语句. 众所周知, 最小二乘估计是无偏的:

$$E\widehat{\boldsymbol{\alpha}} = \boldsymbol{\alpha} \quad \text{和} \quad E\widehat{\boldsymbol{\beta}} = \boldsymbol{\beta},$$

这里, 期望实际上是给定 $\{Y_t^m\}_{t=1}^T$ 下的条件期望. 条件方差也可以推导出来. 特别地, 可以证明

$$\text{var}(\widehat{\boldsymbol{\alpha}}) = T^{-1}(1 + \bar{Y}_m^2/\widehat{\sigma}_m^2)\boldsymbol{\Sigma},$$

其中 $\widehat{\sigma}_m$ 为 $\{Y_t^m\}$ 的标准差. 总之,

$$\widehat{\boldsymbol{\alpha}} \sim N(\boldsymbol{\alpha}, T^{-1}(1 + \bar{Y}_m^2/\widehat{\sigma}_m^2)\boldsymbol{\Sigma}). \tag{5.28}$$

这使得关于 $\boldsymbol{\alpha}$ 的推断更容易, 这也是我们集中讨论的问题.

5.4.3 检验统计量

检验统计假设有三种常用的方法. 其中一种为 Wald 检验, 由

$$\widehat{\boldsymbol{\alpha}}^{\mathrm{T}}[\text{var}(\widehat{\boldsymbol{\alpha}})]^{-1}\widehat{\boldsymbol{\alpha}} = T(1 + \bar{Y}_m^2/\widehat{\sigma}_m^2)^{-1}\widehat{\boldsymbol{\alpha}}^{\mathrm{T}}\boldsymbol{\Sigma}^{-1}\widehat{\boldsymbol{\alpha}}$$

给出. 应用 (5.28), 在零假设 H_0 下, 检验统计量服从自由度为 N 的 χ^2 分布, 记为 χ_N^2. 然而这个检验统计量并不可行, 原因是它包含未知协方差阵 $\boldsymbol{\Sigma}$. 应用估计的协方差阵 (5.27), 我们有可行的 Wald 检验统计量, 定义如下:

$$T_0 = T(1 + \bar{Y}_m^2/\widehat{\sigma}_m^2)^{-1}\widehat{\boldsymbol{\alpha}}^{\mathrm{T}}\widehat{\boldsymbol{\Sigma}}^{-1}\widehat{\boldsymbol{\alpha}} \overset{a}{\sim}_{H_0} \chi_N^2, \tag{5.29}$$

其中记号 $\overset{a}{\sim}_{H_0}$ 表示 "在零假设 H_0 下渐近服从". 它提醒我们分布在零假设 H_0: $\boldsymbol{\alpha} = 0$ 下渐近成立. 因为 $\widehat{\boldsymbol{\Sigma}}$ 代替了 $\boldsymbol{\Sigma}$, 所以 (5.29) 的最后一部分也渐近成立. 我们很快会看到这个近似并不能令人满意.

解释 (5.29) 中使用 $\widehat{\boldsymbol{\Sigma}}$ 来代替 $\boldsymbol{\Sigma}$ 的替代误差是可能的. 在正态模型下, 由多元分析可以证明, 在 H_0 下,

$$T_1 = \frac{T - N - 1}{NT}T_0 \sim F_{N, T-N-1}. \tag{5.30}$$

这提供了确定 T_0 精确分布的一种方法, 因为它关于 T_1 是线性的.

假设检验最常用方法是极大似然比检验 (maximum likelihood ratio test) 或 Wilks 检验 (Wilks test). 它比较了在整个参数空间下产生观测数据的似然和在零

假设下产生观测数据的似然, 其中零假设对参数施加了限制, 例如 $\boldsymbol{\alpha} = 0$. 当整个参数空间比零参数空间更有可能产生给定的数据时, 它就提供了拒绝零假设的证据. 因此, 似然比或等价地, 对数似然差, 提供了一个直观而又具有吸引力的方法来检验零假. 参见 2.5.4 节.

整个参数空间下的对数似然的最大值为

$$\max \ell(\boldsymbol{\alpha}, \boldsymbol{\beta}, \boldsymbol{\Sigma}) = \ell(\widehat{\boldsymbol{\alpha}}, \widehat{\boldsymbol{\beta}}, \widehat{\boldsymbol{\Sigma}}),$$

它是产生给定数据 $\{Y_t\}$ 似然的对数. 将 (5.27) 代入 (5.26), 我们得到

$$\ell(\widehat{\boldsymbol{\alpha}}, \widehat{\boldsymbol{\beta}}, \widehat{\boldsymbol{\Sigma}}) = -\frac{NT}{2} \log(2\pi) - \frac{T}{2} \log |\widehat{\boldsymbol{\Sigma}}| - \frac{T}{2}. \tag{5.31}$$

为了说明上式, 令 $\text{tr}(\boldsymbol{A})$ 表示一个方阵 $\boldsymbol{A}$ 的迹, 它就是 $\boldsymbol{A}$ 对角元素之和. (5.27) 代入 (5.26) 之后, (5.26) 的最后一项仅为 $\sum_{t=1}^{T} \widehat{\boldsymbol{\varepsilon}}_t^{\mathrm{T}} \widehat{\boldsymbol{\Sigma}}^{-1} \widehat{\boldsymbol{\varepsilon}}_t$. 求和的每一项都是一个数, 就等于它的迹. 利用 $\text{tr}(\boldsymbol{AB}) = \text{tr}(\boldsymbol{BA})$, (5.26) 的最后一项为

$$\sum_{t=1}^{T} \text{tr}\{\widehat{\boldsymbol{\varepsilon}}_t^{\mathrm{T}} \widehat{\boldsymbol{\Sigma}}^{-1} \widehat{\boldsymbol{\varepsilon}}_t\} = \sum_{t=1}^{T} \text{tr}\{\widehat{\boldsymbol{\Sigma}}^{-1} \widehat{\boldsymbol{\varepsilon}}_t \widehat{\boldsymbol{\varepsilon}}_t^{\mathrm{T}}\} = \text{tr}\left\{\widehat{\boldsymbol{\Sigma}}^{-1} \sum_{t=1}^{T} \widehat{\boldsymbol{\varepsilon}}_t \widehat{\boldsymbol{\varepsilon}}_t^{\mathrm{T}}\right\},$$

由 $\widehat{\boldsymbol{\Sigma}}$ 的定义, 这就是 T.

我们可以类似地推导零假设 $\boldsymbol{\alpha} = 0$ 下的极大似然. 在这种情形下, 除了截距现在已知为 0 外, 估计都满足与 (5.27) 相同的形式. 更具体地, 零假设下的极大似然估计为

$$\widehat{\boldsymbol{\beta}}_0 = \sum_{t=1}^{T} \boldsymbol{Y}_t Y_t^m \Bigg/ \sum_{i=1}^{T} (Y_t^m)^2, \quad \widehat{\boldsymbol{\Sigma}}_0 = T^{-1} \sum_{t=1}^{T} \widehat{\boldsymbol{\varepsilon}}_t^0 (\widehat{\boldsymbol{\varepsilon}}_t^0)^{\mathrm{T}}, \tag{5.32}$$

其中 $\widehat{\boldsymbol{\varepsilon}}_t^0 = \boldsymbol{Y}_t - \widehat{\boldsymbol{\beta}}_0 Y_t^m$ 为零假设下的残差. 再一次, 这些估计量可以通过分别进行不带截距项的边际回归 (5.21) 得到. 例如, $\widehat{\boldsymbol{\varepsilon}}_t^0$ 只不过是时刻 t 的残差组成的向量, 而这些残差是运行不带截距项的 (5.21) 得到的. 类似地, 极大似然函数值为

$$\ell(\mathbf{0}, \widehat{\boldsymbol{\beta}_0}, \widehat{\boldsymbol{\Sigma}_0}) = -\frac{NT}{2} \log(2\pi) - \frac{T}{2} \log |\widehat{\boldsymbol{\Sigma}}_0| - \frac{T}{2}. \tag{5.33}$$

应用 (5.31) 和 (5.33), 我们可得极大似然比检验统计量

$$T_2 = 2\{\max \ell(\boldsymbol{\alpha}, \boldsymbol{\beta}, \boldsymbol{\Sigma}) - \max_{H_0: \boldsymbol{\alpha}=0} \ell(\boldsymbol{\alpha}, \boldsymbol{\beta}, \boldsymbol{\Sigma})\}$$

$$= 2\{\ell(\widehat{\boldsymbol{\alpha}}, \widehat{\boldsymbol{\beta}}, \widehat{\boldsymbol{\Sigma}}) - \max \ell(\mathbf{0}, \widehat{\boldsymbol{\beta}_0}, \widehat{\boldsymbol{\Sigma}_0})\}$$

$$= T(\log |\widehat{\boldsymbol{\Sigma}}_0| - \log |\widehat{\boldsymbol{\Sigma}}|). \tag{5.34}$$

一般的似然比理论, 也称为 Wilks 定理, 表明检验统计量渐近服从 χ^2 分布, 其自由度与零假设下的参数约束个数相同, 此处为 N. 因此

$$T_2 \overset{a}{\underset{H_0}{\sim}} \chi_N^2.$$

一个更好的近似 (见表 5.2) 可以由以下调整获得:

$$T_3 = \frac{T - N/2 - 2}{T} T_2 \overset{a}{\underset{H_0}{\sim}} \chi_N^2. \tag{5.35}$$

可以证明

$$T_2 = T \log \left(1 + \frac{N T_1}{T - N - 1} \right). \tag{5.36}$$

因此, T_0, T_1, T_2 和 T_3 是等价的, 这是因为它们互为单调函数, 但是它们有不同的临界值. 我们将以上的结果总结成以下定理.

定理 5.3 多期模型 (5.24) 中 $\boldsymbol{\alpha}$ 和 $\boldsymbol{\beta}$ 的极大似然估计由 (5.27) 给出. 检验 $H_0 : \boldsymbol{\alpha} = 0$ 的极大似然比检验统计量由 (5.34) 给出, 其渐近零分布为 χ_N^2. 它的校正版本 (5.35) 有与其相同的渐近零分布.

T_0, T_2 和 T_3 的精确分布可由 T_1 的精确分布求得. 我们为什么对这个检验介绍如此多的版本呢? 当正态性假设成立时, 我们将使用 T_1. 然而正态性假设也许不成立. 在这种情形下, 我们将采用检验统计量 T_3, 原因是它没有明显地用到正态性假设. 因此, 出于实际目的, 考虑 T_1 和 T_3 就足够了. 前者当正态性假设成立时更精确, 而后者当正态性假设不满足时期望更精确. 通过金融收益率的加总高斯特征, 当使用月收益率时, 高斯假设并不是不合理的.

为了了解渐近近似的效果如何, 我们假设数据为正态, 因而 T_1 有精确的 F 分布. 以此结论作为参比标准, 我们可以度量检验统计量 T_0, T_2, T_3 渐近零分布 χ_N^2 的精确程度. 例如, 当 $N = 10$ 和 $T = 60$ 时, 通过应用近似分布 χ_{10}^2, χ_{10}^2 的上 0.05 分位数为 18.31, 即

$$P(T_0 \geqslant 18.31) \approx 5\%.$$

另外一方面, 检验的精确值为

$$P(T_0 \geqslant 18.31) = P\left(T_1 \geqslant \frac{T - N - 1}{NT} 18.31 \right) = P(T_1 \geqslant 1.495).$$

因为 $T_1 \sim F_{10,49}$, 所以精确的概率是 17.0%, 这在表 5.2 中的第一个单元给出. 因此 (5.29) 的近似效果确实非常差. 同样地, 对于 T_2 统计量, 使用 (5.36), 我们有

$$P(T_2 \geqslant 18.31) = P\{T_1 \geqslant 49/10[\exp(18.31/60) - 1]\}$$

$$= P(T_1 \geqslant 1.749) = 9.6\%,$$

这在表 5.2 中也有报告. 这是一个较为接近的近似. 但是与目标水平 5% 仍然有非常大的差异. 另一方面, 对于检验统计量 T_3,

$$P(T_3 \geqslant 18.31) = P(T_2 \geqslant 60/53 \cdot 18.31) = P(T_1 \geqslant 2.022) = 5.1\%,$$

这在表 5.2 中也有描述. 这是更为相近的近似. 表 5.2 总结了近似结果, 其中检验目标水平为 5%.

表 5.2　对于不同样本容量 T 和组合数目 N, 目标检验水平为 5%, 应用近似零分布 χ_N^2 的检验的经验水平

样本容量	$N = 10$			$N = 20$			$N = 40$		
	T_0	T_2	T_3	T_0	T_2	T_3	T_0	T_2	T_3
60	0.170	0.096	0.051	0.462	0.211	0.057	0.985	0.805	0.141
120	0.099	0.070	0.050	0.200	0.105	0.051	0.610	0.275	0.059
180	0.080	0.062	0.050	0.136	0.082	0.051	0.368	0.164	0.053
240	0.072	0.059	0.050	0.109	0.073	0.050	0.257	0.124	0.052

从表 5.2, 可以清楚地看到, 即使正态性假设成立, 由 χ_N^2 来近似 T_0 的分布非常差. 尽管检验的目标水平是 5%, 但是实际水平远远不是 5%. 当样本容量增加时, 近似会变得更好. 除了 $T = 60$ 和 $N = 40$ 的情形外, 用 χ_N^2 近似 T_3 的零分布是非常精确的. 这就是我们比 T_0 或 T_2 更喜欢使用 T_3 的原因.

例 5.5　为了检验 CAPM 的 Sharpe-Lintner 的版本, 我们用 S&P 500 指数作为市场投资组合的一个代理指标, 且用三个月的美国国债作为无风险资产的替代. 研究区间从 2001 年 1 月到 2011 年 1 月, 横跨 10 年的区间. 计算了三个公司——埃克森美孚 (Exxon), Johnson 和 Johnson (JNJ) 和通用电气 (CE) 的月超额收益率. 对于每个个体股票, 针对市场投资组合的超额收益率, 我们运用简单线性回归. 估计的市场 α 和 β 以及检验个体 $\alpha = 0$ 的 P 值列于表 5.3.

表 5.3　个体股票 α 和 β 与期望收益率

	Exxon	GE	JNJ
α	0.6848	-0.4155	0.2588
对于 $H_0: \alpha = 0$ 的 P 值	0.1076	0.4445	0.4585
β	0.5416	1.3848	0.4927
期望收益率 (月度)	0.3265%	0.4457%	0.3196%

由表 5.3 可知, 个体股票的 α 值统计上都很不显著, 这是因为它们对应的 P 值都大于 10%. 例如, 检验统计量 T_3 将三个检验综合为一个对 CAPM 的联合检

验. 通过三个单独拟合得到的残差向量, 容易计算得到

$$T_0 = 3.90, \qquad \text{d.f.} = 3, \qquad \text{P 值} = 27.2\%,$$

$$T_1 = 1.26, \qquad \text{d.f.} = 3, \qquad \text{P 值} = 29.1\%.$$

因此调整的极大似然比检验统计量为

$$T_3 = (T - N/2 - 2)\log\left(1 + \frac{NT_1}{T - N - 1}\right) = 3.727,$$

其自由度为 3, 相应的 P 值为 29.2%. 对于单只股票的收益率而言, 由于厚尾, 正态性假设也许不满足. 由 T_3 所得到的 P 值具有更高的可信度. 总之, 即使我们使用了 10 年的数据, 而不是通常推荐验证 CAPM 所使用的 5 年数据, 这个小例子并不能提供否定 CAPM 强有力的证据. 个体回归得到埃克森美孚股票的市场贝塔为 $\beta = 0.5416$. S&P 500 过去 15 年 (1996 年 2 月 — 2011 年 1 月) 的平均月度对数收益率是 $r_m = 0.391\%$, 且过去同样 15 年的平均无风险利率是 $r_f = 0.250\%$. 根据 CAPM (5.23), 我们有埃克森美孚的月度对数期望收益率为 0.3265%. 同样的计算应用到 GE 和 Johnson 和 Johnson 的期望收益率. 结果列于表 5.3.

注 5.2 对于线性模型, $y_t = a + bx_t + \varepsilon_t$, 最小二乘估计满足 [见 (5.27) 第一个方程]

$$\bar{y} = \widehat{a} + \widehat{b}\bar{x}.$$

现在, 令 x 和 y 分别是市场投资组合和一个资产的超额收益率, 我们有 $\bar{R} - \bar{r}_f = \widehat{a} + \widehat{b}(\bar{r}_m - \bar{r}_f)$ 或

$$\bar{R} = \widehat{a} + \bar{r}_f + \widehat{b}(\bar{r}_m - \bar{r}_f), \tag{5.37}$$

其中 $\bar{R}$ 是资产的平均收益率. 因此, 如果我们使用例 5.3 中同一时期 (2001—2011) 计算的 $\bar{r}_f$ 和 $\bar{r}_m$ 的 CAPM, 那么 CAPM 预测的月收益率为 $\bar{r}_f + \widehat{b}(\bar{r}_m - \bar{r}_f)$, 根据 (5.37), 这与实际的平均值仅差 $\widehat{a}$. 因此, CAPM 的预测值只不过是在 (5.37) 中由理论值 0 代替了 $\widehat{a}$. 如果我们使用不同时期的数据 (例如 15 年数据) 来计算 $\bar{r}_m$ 和 $\bar{r}_f$, 这种差异将很难量化.

5.5 实 证 研 究

5.5.1 概述

在 20 世纪 70 年代早期, 有关 CAPM 的实验证据大都是正面的. 没有充分的统计证据来否定 CAPM 零假设. 例如, 可参见 Jensen 等 (1972) 与 Fama 和 MacBeth (1973). 然而, 关于异象 (anomaly) 的文献在 20 世纪 70 年代末开始

出现. 异象可以认为是按照公司特征分类所构造的投资组合, 它比市场投资组合的代理指标具有更高的夏普比率. 例如, Basu (1977) 观察到 PE 效应: 低市盈率的公司具有比 CAPM 所预测的更高的样本收益; Banz (1981) 报告了规模效应: 低市值公司有更高的样本平均收益. Fama 和 French (1992, 1993) 也发现了价值效应和规模: 高账面市值或低市值的公司能够有比由 CAPM 所预测的更高的平均收益. 有些学者对投资风格效应也做了假设: 购买输家和卖出赢家的股票具有比 CAPM 预测的更高的平均收益 (De Bondt and Thaler, 1985; Jegadeesh and Titman, 1993). 对于更多的细节, 可见 Campbell 等 (1997).

对于上述发现, 也有不少争议. 首先, 市场投资组合的代理指标不够广泛. 市场投资组合应该包含更广泛的金融资产, 例如债券、不动产、境外资产等产品. 其次, 数据搜集和测量阶段存在着数据窥探 (data-snooping) 和偏差抽样 (bias sampling) 的问题. 数据窥探的例子包括选择特定的研究时期, 在该时期内 CAPM 模型表现的效果一般. 或者构造不同参数的投资组合, 仅报告不好的结果 (例如, 根据市场市值, 在底部买入 f 百分比的股票, 而在顶部则卖出 f 百分比的股票, 并且选择 f 使得 CAPM 失效). 第一种情况也可以视为偏差抽样, 当然这并不意味着上述实证研究中一定出现了数据窥探, 我们只是为了方便让读者了解数据窥探和偏差抽样的概念. 最后, CAPM 为单期模型, 但是应用了多期数据来检验模型. 当应用多期数据时, 模型 (5.24) 应该为时变系数 α_t 和 β_t (例如见图 5.3) 而不是常数 α 和 β.

我们概述了上述的实证研究结果和争议以帮助读者更好地理解 CAPM 以及实证研究中潜在的挑战. 我们在讨论中不支持任何一方. 但是, 普遍认为单独一个市场因子并不能捕捉各方面的风险. 多因子将会更好. 这便是下面一章的主题.

5.5.2 Fama-French 投资组合

为了应用 5.4 节介绍的检验统计量来检验 Sharpe-Lintner 版本的 CAPM, 我们使用 CRSP 值加权指数作为市场投资组合的一个代理指标. 月度国债收益率用作无风险利率的代理指标. 使用以下两个因子来构造六个市值加权投资组合 ($N = 6$): 市场股权 (划分为小和大两类) 和账面市值比 (标记为价值型、中立型和成长型). 第一个因子度量了规模效应, 第二个因子代表了价值效应. 这六个市值加权投资组合是由基于规模 (小和大) 的两个投资组合与基于账面市值比 (价值、中立、成长) 的三个投资组合的交叉构建而成:

大小	账面市值比		
	价值	中立	成长
小	小-价值	小-中立	小-成长
大	大-价值	大-中立	大-成长

数据可从 Kenneth French 的数据图书馆下载. 更多的细节可以在该网页上找到. 该研究聚集于战后时期的月度收益率, 从 1951 年 1 月开始到 2010 年 12 月. 加总高斯性质使得月度收益率的正态性假设更合理. 结果见下面的表 5.4. 检验期按 12 个 5 年期来划分.

表 5.4   检验 Shape-Lintner 的 CAPM 实证结果

时间	T_0	P 值	T_1	P 值	T_3	P 值
1/51-12/55	6.97	32.36	1.03	41.87	6.04	41.82
1/56-12/60	11.89	6.44	1.75	12.74	9.95	12.70
1/61-12/65	33.72	0.00	4.96	0.04	24.53	0.04
1/66-12/70	10.01	12.42	1.47	20.51	8.49	20.46
1/71-12/75	23.46	0.07	3.45	0.59	18.15	0.59
1/76-12/80	21.09	0.18	3.11	1.11	16.57	1.10
1/81-12/85	69.14	0.00	10.18	0.00	42.16	0.00
1/86-12/90	26.96	0.01	3.97	0.24	20.41	0.23
1/91-12/95	32.06	0.00	4.72	0.06	23.54	0.06
1/96-12/00	17.18	0.86	2.53	3.16	13.85	3.14
1/01-12/05	17.52	0.75	2.58	2.88	14.09	2.86
1/06-12/10	10.32	11.18	1.52	18.98	8.73	18.93

所有检验结果放在了一起. 在三个检验统计量中, T_3 零分布的 χ^2 近似最精确. 尽管 T_1 给出了精确 P 值, 但我们并不确定正态假设的合理性. 因此, 我们更相信由 T_3 统计量给出的 P 值. T_1 和 T_3 产生的结果近似相同.

多期出现了 P 值小于 5%, 这意味着许多检验结果是统计显著的. 然而统计显著的结果只能证明拒绝零假设 $H_0 : \alpha = 0$ 的证据很强, 但并不意味着与零的差异是重要的. 与特质噪声 Σ 水平相比, α 的估计值表明了偏离的重要性. 对于 6 个投资组合中的每一个组合, 我们在图 5.4 中给出了其估计值 $\hat{\alpha}_i$, 标准化的复相关系数 R^2, 12 个 5 年期的检验个体假设 $H_0 : \alpha_i = 0$ 的 t 统计量, 其中 $\hat{\sigma}_i^2$ 为第 i 个投资组合残差方差的估计.

由图 5.4 可以看出, 多数估计的 α 值小于特质噪声的一半, 使得统计套利 (statistical arbitrages) 更难. α 交替的符号使得这项工作甚至更难. 在 12 个 5 年期中, 六个投资组合零假设 $H_0 : \alpha_i = 0$ 的个体检验中大部分是不显著的. 然而, 综合 T_0, T_1 和 T_3 检验结果提供了偏离 CAPM 的证据, 尽管这种偏离不是很大. 例如, 如果使用 1% 的显著性水平, 许多检验结果的确统计意义下不显著.

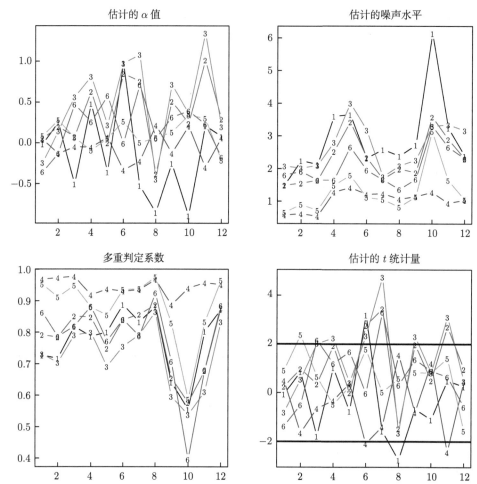

图 5.4　6 组 Fama-French 投资组合在 1951 年 1 月—2010 年 12 月的 12 个 5 年期间估计的 α, 特质噪声的标准差、多重可决系数 R^2 及 t 统计量. 这些结果在一个 5 年窗口期对每个 i 从边际回归 (5.21) 中得到的. 横轴是时期, 上面的图纵轴是最高一组月度收益率或百分比波动率. 投资组合 1—6 分别代表小-价值, 小-中立, 小-成长, 大-价值, 大-中立, 大-成长

5.5.3　进一步评论

我们以几个技术注释来结束本节. 首先, 个体股票的方差通常比投资组合的要大得多. 由于方差大, 所以个体股票通常都不足够强大以检测到与 CAPM 的较小偏差. 出于这个原因, 投资组合常常被用来验证 CAPM. 此外, 投资组合的收益率比单个股票表现得更像正态分布, 尤其对于月收益率而言. 对于投资组合的月收益率, 独立性和正态性假设是合理的. 这使得我们的检验统计上有效. 其次, 常系数 α 和 β 并不能期望在长时期内成立 (见图 5.3). 因此, 我们不能使用一个

长时间序列, 因为模型 (5.24) 是一个对多个时期成立的假设. 由于时间序列的长度, 通常为 $T = 60$ 个月, 所以我们使用投资组合来减少噪声. 现在, 以一个合理的精度保证渐近分布, 如 (5.35) 成立, 我们需要 $T - N/2$ 很大 [也可见 (5.30)]. 这限制了 N 的选择, 通常选择范围在 5—20 之间 [也可见表 5.2]. 由于这个限制, 我们不想使用个体股票, 而是使用具有更广泛代表性的投资组合. 由于使用了投资组合, 即使对于个体股票的特质噪声是相互独立的, (5.24) 中的 $\boldsymbol{\Sigma}$ 通常也不是对角阵.

需要新的计量经济技术来适应 $N > T$ 的情形. 当引进这样的技术时, 应该使用个体股票来检验 CAPM. Pesaran 和 Yamagata (2012) 与 Fan 等 (2013) 介绍了这样的新计量经济技术. 后者以功效提升技术提高了这样大面板检验的功效.

最后, 我们想要说明基于最近 10 年数据的 P 值趋于更大的问题. 这再次是由于在某些子区间内股票大的波动率的原因, 这些波动降低了检验的功效.

5.6　横截面回归

Blume 和 Friend (1973) 与 Fama 和 MacBeth (1973) 为了检验 Sharpe-Lintner 版本的 CAPM, 提出了下面的横截面回归. 这项技术的推广, 可参见 Gagliardinia 等 (2012). 注意, 在 CAPM 下, 由 (5.20), 我们有

$$\xi_j = E Y_{j,t} = \lambda \beta_j, \quad j = 1, \cdots, N, \tag{5.38}$$

其中 $\lambda = E Y_t^m > 0$ 为风险溢价. 这个简单关系导致了下面更简单的方法. 令 $\widehat{\xi}_j = T^{-1} \sum_{t=1}^{T} Y_{j,t}$ 为估计的超额收益率, 且

$$\widehat{\beta}_j = \frac{\mathrm{cov}\{(Y_{jt}, Y_t^m), t = 1, \cdots, T\}}{\mathrm{var}(Y_t^m, t = 1, \cdots, T)}$$

为第 j 个资产的市场贝塔的估计 [见 (5.19)]. 那么 (5.38) 建议下面的横截面回归:

$$\widehat{\xi}_j = c_0 + c_1 \widehat{\beta}_j + \varepsilon_j, \quad j = 1, \cdots, N. \tag{5.39}$$

令 $\widehat{c}_0$ 和 $\widehat{c}_1$ 为拟合系数. 如果 CAPM 成立, 那么对于横截面拟合, 下面的三条性质应该成立:

　　1. $\{(\widehat{\beta}_j, \widehat{\xi}_j)\}$ 具有线性趋势, 其复相关系数 R^2 较大.
　　2. $\widehat{c}_0$ 统计上不显著. 关于 $H_0 : c_0 = 0$ 检验的 P 值应该不太小.
　　3. 估计的风险溢价 $\widehat{c}_1$ 统计意义下为正.

横截面方法的一个缺点是 $\widehat{\beta}_j$ 不是我们所需的真实 β_j. $\widehat{\beta}_j$ 中变量的误差在估计 c_0 和 c_1 时产生偏差 (Carrol et al., 2006). 此外, 误差 $\{\varepsilon_j\}_{j=1}^N$ 可能不是外生的: ε_j 和 $\widehat{\beta}_j$ 的相关系数也许不为 0. 还有像截面相关性这样的问题, 使得 P 值计算不精确.

5.7　没有无风险资产的投资组合优化

在 5.3 节, 我们应用金融计量方法推导了存在无风险资产时的资本资产定价模型. 在这一节, 我们将使用数学方法, 在不假设存在无风险利率的条件下推导一个类似的结果. 这个结果适用于任意一组风险资产, 不必为整个市场. 4.3 节和此处的结果和方法对 CAPM 的含义给出了一种全面的看法.

我们继续使用 5.1 节中的记号. 所考虑的 p 个风险资产的收益率 $\boldsymbol{R}$ 具有均值 $\boldsymbol{\mu}$ 和协方差阵 $\boldsymbol{\Sigma}$. 令 $\boldsymbol{\alpha}$ 为配置向量, 满足 $\boldsymbol{\alpha}^{\mathrm{T}}\mathbf{1} = 1$, 其中 $\mathbf{1} = (1,\cdots,1)^{\mathrm{T}}$. 投资组合的优化用公式表示如下. 给定一个目标收益率 μ, 我们希望最小化投资组合的方差:

$$\min_{\boldsymbol{\alpha}} \boldsymbol{\alpha}^{\mathrm{T}}\boldsymbol{\Sigma}\boldsymbol{\alpha}, \qquad \text{s.t.} \;\; \boldsymbol{\alpha}^{\mathrm{T}}\boldsymbol{\mu} = \mu \;\text{和}\; \boldsymbol{\alpha}^{\mathrm{T}}\mathbf{1} = 1. \tag{5.40}$$

问题 (5.40) 与 5.1 节中问题的本质差异在于可能不存在无风险资产. 一个无风险利率资产的存在允许我们能去掉一个常数 [见 (5.1)], 从而使得问题变得更简单. 如果使用目标 (5.4), 从而只考虑无约束的二次优化 (5.4), 那么问题将进一步简化.

当存在一个无风险资产, 比如说第一个, 那么由定义, 其收益率的方差为 $\mathrm{var}(R_1) = 0$. 因此, $\boldsymbol{\Sigma}$ 的第一行和第一列必定为 0, 且投资组合的风险不依赖于 α_1. 对期望收益率的约束可以表示为对超额收益率的约束

$$\sum_{i=2}^{p} \alpha_i(\mu_i - \mu_1) = \mu - \mu_1,$$

从而第一个约束也不依赖于 α_1. 因此, 约束 $\boldsymbol{\alpha}^{\mathrm{T}}\mathbf{1} = 1$ 可以去掉, 并且问题 (5.40) 变为 5.1 节中的问题 (见注 5.1). 简言之, 问题 (5.40) 包含了问题 (5.4) 作为特殊情形.

通常使用拉格朗日乘子 (Lagrange multiplier) 法来处理有约束的最优化问题. 引入乘子 λ_1 和 λ_2, 最优化问题 (5.40) 变为无约束乘子问题: 最小化

$$\frac{1}{2}\boldsymbol{\alpha}^{\mathrm{T}}\boldsymbol{\Sigma}\boldsymbol{\alpha} + \lambda_1(\mu - \boldsymbol{\alpha}^{\mathrm{T}}\boldsymbol{\mu}) + \lambda_2(1 - \boldsymbol{\alpha}^{\mathrm{T}}\mathbf{1}).$$

对 $\boldsymbol{\alpha}$ 求导, 并令其为 0, 我们得到

$$\boldsymbol{\Sigma}\boldsymbol{\alpha}^* - \lambda_1\boldsymbol{\mu} - \lambda_2\mathbf{1} = 0,$$

或

$$\boldsymbol{\alpha}^* = \lambda_1 \boldsymbol{\Sigma}^{-1} \boldsymbol{\mu} + \lambda_2 \boldsymbol{\Sigma}^{-1} \mathbf{1}. \tag{5.41}$$

乘子 λ_1 和 λ_2 由

$$\boldsymbol{\alpha}^{*\mathrm{T}} \boldsymbol{\mu} = \mu \quad \text{和} \quad \boldsymbol{\alpha}^{*\mathrm{T}} \mathbf{1} = 1 \tag{5.42}$$

确定. 上述线性方程组的解容易获得.

把解 (5.41) 用目标期望收益率 μ 来显式地表示更有指导意义. 计算可得 (见 5.9 节的计算)

$$\boldsymbol{\alpha}^* = \boldsymbol{g} + \mu \boldsymbol{h}, \tag{5.43}$$

其中

$$\boldsymbol{g} = D^{-1}[B\boldsymbol{\Sigma}^{-1}\mathbf{1} - A\boldsymbol{\Sigma}^{-1}\boldsymbol{\mu}]$$

且

$$\boldsymbol{h} = D^{-1}[C\boldsymbol{\Sigma}^{-1}\boldsymbol{\mu} - A\boldsymbol{\Sigma}^{-1}\mathbf{1}],$$

其中 $A = \mathbf{1}^{\mathrm{T}}\boldsymbol{\Sigma}^{-1}\boldsymbol{\mu}, B = \boldsymbol{\mu}^{\mathrm{T}}\boldsymbol{\Sigma}^{-1}\boldsymbol{\mu}, C = \mathbf{1}^{\mathrm{T}}\boldsymbol{\Sigma}^{-1}\mathbf{1}, D = BC - A^2$. 因此, 最优投资组合的方差为

$$\sigma^2 = (\boldsymbol{g} + \mu \boldsymbol{h})^{\mathrm{T}}\boldsymbol{\Sigma}(\boldsymbol{g} + \mu \boldsymbol{h}). \tag{5.44}$$

右端为 μ 的一个简单二次函数. 简单的代数运算表明, (5.44) 可以写为 (这是 (5.48) 的一个特例; 计算见 5.9 节)

$$C\sigma^2 - C^2/D(\mu - A/C)^2 = 1. \tag{5.45}$$

这条抛物线在 (σ, μ) 的风险-收益空间中定义了一个有效前沿边界. 对于具有期望收益率为 μ 的任意投资组合, 其方差不可能比 σ 小. 参见图 5.5.

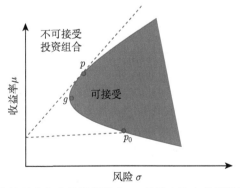

图 5.5 没有无风险资产的最小化方差投资组合. g 是最小化方差投资组合; p 是一个切点投资组合, 而 p_0 为其零-贝塔投资组合

例 5.6 我们来考虑例 5.1 中的三个风险资产 (去掉无风险资产). 协方差矩阵仍然与例 5.1 中相同. 基于期望收益率和协方差阵, 容易计算得到

$$A = 6.4757, \quad B = 0.7275, \quad C = 92.5366, \quad D = 25.3932,$$

$$g = \begin{pmatrix} 1.5052 \\ -0.4244 \\ -0.0807 \end{pmatrix}, \quad h = \begin{pmatrix} -4.7307 \\ 3.7627 \\ 0.9680 \end{pmatrix}.$$

因此, 对于任意给定的目标期望收益率 μ, 最优投资组合的配置为

$$\alpha^* = \begin{pmatrix} 1.5052 \\ -0.4244 \\ -0.0807 \end{pmatrix} + \mu \begin{pmatrix} -4.7307 \\ 3.7627 \\ 0.9680 \end{pmatrix}.$$

容易证明 $g_1 + g_2 + g_3 = 1$ 以及 $h_1 + h_2 + h_3 = 0$, 从而对任意 μ, 上述投资组合均是一个有效组合 (α 的分量之和是 1). 由 (5.44), 其相关的风险为

$$\sigma^2 = g^{\mathrm{T}} \Sigma g + 2\mu h^{\mathrm{T}} \Sigma g + \mu^2 h^{\mathrm{T}} \Sigma g$$

$$= 0.0287 - 0.5110\mu + 3.6442\mu^2.$$

该抛物线定义了由 (5.45) 给出的有效前沿边界. 例如, 如果目标收益率为 $\mu = 0$, 那么最小的投资组合方差为 0.0287, 并且其相关的标准差为 16.94%.

类似地, 对于 $\mu = 18.48\%$, 与例 5.1 中最优投资组合的期望收益率一样, 那么配置向量为

$$\alpha^* = (0.6310, 0.2709, 0.0982)^{\mathrm{T}},$$

即资产 1 为 63.10%, 资产 2 为 27.09%, 资产 3 为 9.82%. 其相关的方差为

$$0.0287 - 0.5110 * 0.1848 + 3.6442 * 0.1848^2 = 0.0589$$

且标准差为 24.27%. 与例 5.1 中具有相同的预期收益率 18.48% 的投资组合的标准差 24.15% 相比, 这里的最优投资组合具有更大的波动率.

上述结果是可以预料到的, 原因在于例 5.1 可以看作我们投资组合优化问题的一个特例, 其中该组合带有方差为零的第四个资产. 四维空间的优化结果比三维空间总会不差. 这也表明增加无风险债券能改善投资组合的效率.

现在我们强调有效前沿边界的一些性质. 首先, 由 (5.45),

$$\sigma^2 = C^{-1} + C(\mu - A/C)^2/D \geqslant C^{-1}. \tag{5.46}$$

因此, 全局最小方差为 $\sigma_g^2 = C^{-1}$. 它对应于有效前沿边界上的点 (σ_g, μ_g), 其中在 $\mu_g = A/C$. 这可以从 (5.46) 容易看出: 当 $\mu = A/C$ 时, 其中最后的不等式成为等式. 全局最小化方差投资组合的配置向量为 $\boldsymbol{\alpha}_g = \boldsymbol{g} + \mu_g \boldsymbol{h}$. 参见图 5.5. 它是风险最小化问题的解:

$$\min_{\boldsymbol{\alpha}} \boldsymbol{\alpha}^{\mathrm{T}} \boldsymbol{\Sigma} \boldsymbol{\alpha}, \qquad \text{s.t. } \boldsymbol{\alpha}^{\mathrm{T}} \mathbf{1} = 1. \tag{5.47}$$

全局最小化投资组合的期望收益率为 $\mu_g = A/C$.

任意期望收益率低于 μ_g 的有效投资组合在实际中均是无效的. 具有更低风险和更高收益率的全局最小方差投资组合优于这种组合. 由图 5.5 中可看出, 这样的投资组合是存在的, 并且从数学上求解了问题 (5.40). 因此, 当参数 μ 小于 μ_g 时, 尽管具有目标收益率的最优投资组合仍然存在, 但是这样的投资组合在实际中是不可行的. 因此, 在应用中, 我们需要确定全局最小方差投资组合的期望收益率 μ_g. 基于此, 可以确定可行的目标期望收益率 $\mu \geqslant \mu_g$.

例 5.6 (续) 当 $\mu = 0.05$, 投资组合的标准差为 11.10%. 这比 $\mu_g = 0$ 的投资组合更有效, 因为后者有更大的风险. 然而, 后者在期望收益率为 0 的投资组合中, 尽管不可行, 但仍然是最优的. 这就提出了一个问题: 目标收益率 5% 或 18.48% 是否足够大使得组合实际上是可行的? 应该将它们与全局最小方差投资组合的期望收益率 $A/C = 7.00\%$ 进行比较. 因此, 期望收益率为 5% 的最优投资组合是不可行的, 而期望收益率为 18.48% 的最优投资组合是可行的. 全局最小方差投资组合的标准差为 $\sqrt{1/C} = 10.40\%$. 这是基于例 5.1 中的三个风险资产构造的具有最小可能风险的投资组合. 我们并不知道那些投资组合的夏普比率, 因为这个例子中没有无风险投资组合.

我们在下面的定理中总结了上述结果和其他性质. 该定理揭示了, 对于有效前沿边界上的任意投资组合 p, 在有效边界上必定存在另一个投资组合 p_0, 使得这两个投资组合不相关. 后者可以通过作有效边界在点 p 处的切线, 与纵轴相交, 将其转动到水平位置, 与有效边界相交而得到 (见图 5.5). 投资组合 p 称作正切投资组合, 且 p_0 称为与它有关的零-贝塔组合.

定理 5.4 对任意给定的 p 个风险资产, 其 $\boldsymbol{\Sigma} > 0$,

(i) 存在一个全局最小投资组合 g, 其配置向量为 $\boldsymbol{\alpha}_g = \boldsymbol{g} + \mu_g \boldsymbol{h}$, 期望收益率为 $\mu_g = C/A$, 具有最小可能的方差 $\sigma_g^2 = 1/C$.

(ii) 对于有效边界 (5.45) 上的任意投资组合 p, 存在一个零-贝塔投资组合 p_0, 与 p 不相关. 这样一个零-贝塔投资组合可以由图 5.5 的几何图形来获得, 其期望收益率由 (5.49) 给出.

证明　我们只需要证明第二个结果. 首先, 任意两个组合收益率的协方差为

$$\mathrm{cov}(\boldsymbol{\alpha}_1^{\mathrm{T}}\boldsymbol{R}, \boldsymbol{\alpha}_2^{\mathrm{T}}\boldsymbol{R}) = \boldsymbol{\alpha}_1^{\mathrm{T}}\boldsymbol{\Sigma}\boldsymbol{\alpha}_2.$$

特别地, 具有配置向量 $\boldsymbol{\alpha}_1 = \boldsymbol{g} + \mu\boldsymbol{h}$ 和 $\boldsymbol{\alpha}_2 = \boldsymbol{g} + \mu_q\boldsymbol{h}$ 的两个前沿边界投资组合收益率 R_p 和 R_q 的协方差为

$$\mathrm{cov}(R_p, R_q) = (\boldsymbol{g} + \mu\boldsymbol{h})^{\mathrm{T}}\boldsymbol{\Sigma}(\boldsymbol{g} + \mu_q\boldsymbol{h}).$$

代入 $\boldsymbol{g}$ 和 $\boldsymbol{h}$ 的定义, 并展开上式, 我们容易看到, 每一项都可以用 A 或 B 或 C 的形式来表示. 通过繁琐代数计算 (具体见 5.9 节), 我们可得

$$\mathrm{cov}(R_p, R_q) = C/D \cdot (\mu - A/C)(\mu_q - A/C) + C^{-1}. \tag{5.48}$$

对每一个前沿边界组合 p, 存在一个 p_0, 其期望收益率为

$$\mu_{p_0} = \frac{A}{C} - \frac{D}{C^2(\mu_p - A/C)}, \tag{5.49}$$

与投资组合 p 不相关. 这可以通过令 (5.48) 为 0 并求解 μ_q 容易得到. 解由 (5.49) 给出.

有待于建立对零-贝塔投资组合的几何解释. 让我们首先确定斜率. 由 (5.45), 有

$$\sigma d\sigma - C/D \cdot (\mu - A/C)d\mu = 0.$$

因此, 在点 p 处斜率为

$$\frac{d\mu_p}{d\sigma_p} = \frac{\sigma_p D}{C\mu_p - A},$$

其中 μ_p 和 σ_p 表示 p 的期望收益率和波动率. 由 (5.46) 容易证明

$$\mu_p - \frac{d\mu_p}{d\sigma_p}\sigma_p = \mu_p - \frac{\sigma_p^2 D}{C\mu_p - A}$$

$$= \mu_p - \frac{D\{C^{-1} - C/D \cdot (\mu_p - A/C)^2\}}{C\mu_p - A}$$

$$= \mu_{p_0}.$$

这建立了零-贝塔投资组合的几何结构, 并完成了证明.　　　　　　　□

例 5.6 (续)　对于期望收益率 $\mu_p = 18.48\%$ 的最优投资组合, 其零-贝塔组合具有期望收益率

$$\mu_{p_0} = \frac{A}{C} - \frac{D}{C^2(\mu_p - A/C)} = 4.415\%.$$

与其有关的配置向量为 $\boldsymbol{\alpha}_{p_0}^* = (1.2963, -0.2583, -0.0380)^{\mathrm{T}}$, 投资组合的风险为 11.53%. 容易验证零-贝塔投资组合与期望收益率 $\mu_p = 18.48\%$ 的最优投资组合不相关:

$$(0.6310, 0.2709, 0.0982)\boldsymbol{\Sigma}(1.2963, -0.2583, -0.0380)^{\mathrm{T}} = 0.$$

类似于 (5.16), 任意随机变量 Y 能够分解为

$$Y = \beta_0 + \beta_1 X_1 + \beta_2 X_2 + \varepsilon, \quad E\varepsilon = 0,$$

其中 ε 为与 X_1 和 X_2 不相关的特质噪声:

$$\mathrm{cov}(X_1, \varepsilon) = 0, \qquad \mathrm{cov}(X_2, \varepsilon) = 0.$$

通过取 $X_1 = R_{p_0}$, $X_2 = R_p$, 对基于收益率向量 $\boldsymbol{R}$ 的 p 个风险资产所构造的收益率为 R_a 的每个投资组合, 应用上述分解, 我们有以下结果.

定理 5.5 对基于风险资产 $\boldsymbol{R}$ 所构造的任意投资组合的收益率 R_a, 如果 $\mu \neq \mu_g$, 即正切投资组合 R_p 不是全局最小方差投资组合, 它都可以分解为

$$R_a = \beta_1 + \beta_2 R_{p_0} + \beta_3 R_p + \varepsilon, \tag{5.50}$$

其中 ε 为特质噪声, 与 R_p 以及对应的零-贝塔组合 R_{p_0} 不相关. 此外

$$\beta_1 = 0, \quad \beta_2 = 1 - \beta_3, \quad \beta_3 = \mathrm{cov}(R_a, R_p)/\sigma_p^2,$$

其中 $\sigma_p^2 = \mathrm{var}(R_p)$. 换句话说,

$$ER_a - ER_{p_0} = \beta_{ap}E(R_p - R_{p_0}), \tag{5.51}$$

其中 $\beta_{ap} = \mathrm{cov}(R_a, R_p)/\sigma_p^2$ 是投资组合 R_a 关于正切投资组合 R_p 的贝塔.

证明 令 $\mu_a = ER_a$, $R_a^* = (\boldsymbol{g} + \mu_a \boldsymbol{h})^{\mathrm{T}} \boldsymbol{R}$ 是期望收益率为 μ_a 的正切投资组合. 记 $\varepsilon = R_a - R_a^*$. 因为 R_a 和 R_a^* 均是基于 $\boldsymbol{R}$ 构造的投资组合, 所以我们可以写成 $\varepsilon = \boldsymbol{b}^{\mathrm{T}} \boldsymbol{R}$, 对于某个系数向量 $\boldsymbol{b}$. 因为 ε 是一个零期望收益率 $E\varepsilon = 0$ 的多空组合, 所以系数向量必定满足

$$\boldsymbol{b}^{\mathrm{T}} \mathbf{1} = 0, \qquad \boldsymbol{b}^{\mathrm{T}} \boldsymbol{\mu} = 0.$$

因此, 利用 $\boldsymbol{g}$ 和 $\boldsymbol{h}$ 的定义, 我们有

$$\mathrm{cov}(\varepsilon, \boldsymbol{g}^{\mathrm{T}} \boldsymbol{R}) = \boldsymbol{b}^{\mathrm{T}} \boldsymbol{\Sigma} \boldsymbol{g} = \boldsymbol{b}^{\mathrm{T}} (B\mathbf{1} - A\boldsymbol{\mu})/D = 0$$

且

$$\operatorname{cov}(\varepsilon, \boldsymbol{h}^{\mathrm{T}} \boldsymbol{R}) = \boldsymbol{b}^{\mathrm{T}} \boldsymbol{\Sigma} \boldsymbol{R} = \boldsymbol{b}^{\mathrm{T}} (C\boldsymbol{\mu} - A\boldsymbol{1})/D = 0.$$

于是, 由 (5.43), ε 与包括 R_p 与 R_{p_0} 在内的所有正切投资组合不相关.

接下来, 通过取 w^* 满足

$$w^*\mu + (1 - w^*)\mu_{p_0} = \mu_a \quad \text{或} \quad w^* = (\mu_a - \mu_{p_0})/(\mu - \mu_{p_0}),$$

容易看出 $R_a^* = w^* R_p + (1 - w^*) R_{p_0}$. 结合上面的结果, 我们有

$$R_a = R_a^* + \varepsilon = w^* R_p + (1 - w^*) R_{p_0} + \varepsilon,$$

其中 ε 与 R_p 和 R_{p_0} 不相关. 因此

$$\beta_1 = 0, \quad \beta_2 = w^*, \quad \beta_3 = 1 - w^*.$$

这就证明了第一个结论.

表达 β_3 的另一种方法如下. 由分解式 (5.50), 回想一下, R_p 与 R_{p_0} 零相关, 我们有

$$\operatorname{cov}(R_a, R_p) = \operatorname{cov}(\beta_1 + \beta_2 R_{p_0} + \beta_3 R_p + \varepsilon, R_p) = \beta_3 \sigma_p^2,$$

这可得到 $\beta_3 = \operatorname{cov}(R_a, R_p)/\sigma^2$. 类似地, 有

$$\beta_2 = \operatorname{cov}(R_a, R_{p_0})/\sigma_{p_0}^2.$$

上述结果也表明 $\beta_2 = w^*$ 以及 $\beta_3 = 1 - w^*$. 这就完成了定理的证明.   □

现在让我们来解释定理 5.5 的结果. 首先, 定理 5.5 可以写成

$$R_a - R_{p_0} = \beta_{ap}(R_p - R_{p_0}) + \varepsilon. \tag{5.52}$$

任意投资组合相对于零-贝塔投资组合的超额收益率等于其贝塔乘以正切投资组合相对于零-贝塔投资组合的超额收益率再加上特质噪声. 当 p 个风险资产由当时所有可交易的资产组成时, 分解式 (5.52) 为 CAPM 在没有无风险利率债券情形下的推广. 正切投资组合起到了市场投资组合类似的作用, 其零-贝塔投资组合表现得像无风险债券. 对任意投资组合 a, 定义其

$$\text{夏普比率} = E(R_a - R_{p_0})/\sigma_a, \tag{5.53}$$

其中 $\sigma_a = \text{SD}(R_a)$. 由此定义, 正切投资组合 p 的斜率就是投资组合 p 的夏普比率. 在所有可行的投资组合中, 它使得夏普比率最大化 (见图 5.5). 从 (5.51) 中容易看出

$$\frac{E(R_a - R_{p_0})}{\sigma_a} = \frac{\beta_{ap}(ER_p - ER_{p_0})}{\sigma_a}$$

$$= \frac{\text{cov}(R_a, R_p)(ER_p - ER_{p_0})}{\sigma_p^2 \sigma_a}$$

$$= \text{Corr}(R_a, R_p) \cdot p \text{ 的夏普比率}.$$

5.8 带有未知无风险利率的 CAPM

当 (5.52) 应用于所有可交易的资产时, 我们称这个风险资产集合的正切组合为市场投资组合 R^m. 这导致了 Black (1972) 版本 [见 (5.51)] 的没有无风险资产的 CAPM:

$$E\boldsymbol{R} - \gamma \mathbf{1} = \boldsymbol{\beta}(ER^m - \gamma), \tag{5.54}$$

其中 $\boldsymbol{R}$ 是个体股票或投资组合的收益率向量, R^m 是市场投资组合的收益率, 且 $\gamma = ER_{p_0}$ 是与市场投资组合不相关的零-贝塔投资组合 p_0 的期望收益率. 将 γ 视作无风险利率, 这与 Sharpe-Lintner 版本的 CAPM 相同. 然而, 与 Sharpe-Linter 版本 CAPM 不同的是, 零-贝塔投资组合的期望收益率 γ 是未知的.

模型 (5.54) 为 (5.51) 对市场上所有资产的一个应用. 当市场上资产数目很大时, 可以预料, 市场投资组合的零-贝塔投资组合近似于无风险, 即 $R_{p_0} \approx ER_{p_0}$, 记为 γ. 在这种情形下, 分解式 (5.52) 变为

$$\boldsymbol{R} - \gamma \mathbf{1} = \boldsymbol{\beta}(R^m - \gamma) + \boldsymbol{\varepsilon}, \tag{5.55}$$

其中 $\boldsymbol{\varepsilon}$ 为与市场组合不相关的特质噪声. 这便是 Black 版本的 CAPM.

5.8.1 验证 Black 版本的 CAPM

为了验证 Black 版本的 CAPM, 我们需要假设模型 (5.55) 对于多期也成立. 令 $\{\boldsymbol{R}_t\}$ 和 $\{R_t^m\}$ 分别为 N 个给定资产和市场投资组合的已观测到的收益率向量和收益率. 我们假定统计模型

$$\boldsymbol{R}_t = \boldsymbol{\alpha} + \boldsymbol{\beta} R_t^m + \boldsymbol{\varepsilon}_t, \qquad E(\boldsymbol{\varepsilon}_t) = 0, \tag{5.56}$$

其中 $\text{cov}(R_t^m, \boldsymbol{\varepsilon}_t) = 0$ 和 $\text{var}(\boldsymbol{\varepsilon}_t) = \boldsymbol{\Sigma}$. 这是模型 (5.55) 在 $\boldsymbol{\alpha}$, $\boldsymbol{\beta}$ 和 $\boldsymbol{\Sigma}$ 各期保持不变的假设下, 从一期到多期的推广.

当 Black 版本的 CAPM 成立时, (5.54) 表明期望收益率

$$E(\boldsymbol{R}) = \gamma \boldsymbol{1} + \boldsymbol{\beta}(ER^m - \gamma).$$

另一方面, 模型 (5.56) 表明 $E(\boldsymbol{R}) = \boldsymbol{\alpha} + \boldsymbol{\beta}ER^m$. 上面的两式相等, CAPM 便加上了如下约束

$$\boldsymbol{\alpha} = \gamma(\boldsymbol{1} - \boldsymbol{\beta}).$$

这就是我们希望验证的目标. 因此, 假设检验问题变为

$$H_0 : \boldsymbol{\alpha} = \gamma(\boldsymbol{1} - \boldsymbol{\beta}); \quad H_1 : \boldsymbol{\alpha} \neq \gamma(\boldsymbol{1} - \boldsymbol{\beta}), \tag{5.57}$$

形式看上去与 Sharpe-Lintner 版本的 CAPM (5.25) 不同. 这是由于用了与回归不同的数据: 原始收益率对超额收益率.

5.8.2　检验统计量

如果 $\boldsymbol{\epsilon}_t \sim_{\text{i.i.d.}} N(0, \boldsymbol{\Sigma})$, 那么如 (5.26), 似然函数为

$$\ell(\boldsymbol{\alpha}, \boldsymbol{\beta}, \boldsymbol{\Sigma}) = -\frac{NT}{2}\log(2\pi) - \frac{T}{2}\log|\boldsymbol{\Sigma}|$$

$$-\frac{1}{2}\sum_{t=1}^{T}(\boldsymbol{R}_t - \boldsymbol{\alpha} - \boldsymbol{\beta}R_t^m)^{\mathrm{T}}\boldsymbol{\Sigma}^{-1}(\boldsymbol{R}_t - \boldsymbol{\alpha} - \boldsymbol{\beta}R_t^m). \tag{5.58}$$

可以导出极大似然比检验. 特别地, 除数据现在为原始收益率 $\{\boldsymbol{R}_t\}$ 和 $\{R_t^m\}$ 外, 全模型下的 (无约束) MLE 与 Sharpe-Lintner 版本 (5.27) 的相同. 这导致了协方差估计 $\widehat{\boldsymbol{\Sigma}}$.

零假设 $H_0 : \boldsymbol{\alpha} = \gamma(\boldsymbol{1} - \boldsymbol{\beta})$ 下的 MLE 没有显式解. 这是由于参数 γ 的估计, 使得约束是非线性的. 但是它可以通过迭代下面的方程进行求解. 对于给定的 $\widehat{\boldsymbol{\Sigma}}_0$ 和 $\widehat{\boldsymbol{\beta}}_0$, γ 的估计为

$$\widehat{\gamma} = (\boldsymbol{1} - \widehat{\boldsymbol{\beta}}_0)^{\mathrm{T}}\widehat{\boldsymbol{\Sigma}}_0^{-1}(\bar{\boldsymbol{R}} - \widehat{\boldsymbol{\beta}}_0\bar{R}_m) / (\boldsymbol{1} - \widehat{\boldsymbol{\beta}}_0)^{\mathrm{T}}\widehat{\boldsymbol{\Sigma}}_0^{-1}(\boldsymbol{1} - \widehat{\boldsymbol{\beta}}_0). \tag{5.59}$$

通过将 $\boldsymbol{\alpha} = \gamma(\boldsymbol{1} - \boldsymbol{\beta})$ 代入到 (5.58), 然后关于 γ 求导并令其为 0, 将容易证明上述式子成立. 我们把这部分证明留给读者推导 (练习 5.11).

基于无风险利率估计 $\widehat{\gamma}$, 问题现在变为 Sharpe-Lintner 版本. 具体地, 对给定的 $\widehat{\gamma}$, 我们计算 [见 (5.32)]

$$\widehat{\boldsymbol{\beta}}_0 = \sum_{t=1}^{T}(R_t^m - \widehat{\gamma})(\bar{\boldsymbol{R}} - \widehat{\gamma}\boldsymbol{1}) \bigg/ \sum_{t=1}^{T}(R_t^m - \widehat{\gamma})^2. \tag{5.60}$$

对每个给定的 $\widehat{\gamma}$ 和 $\widehat{\beta}_0$, 估计的协方差阵 $\widehat{\Sigma}_0$ 为

$$\widehat{\Sigma}_0 = T^{-1} \sum_{t=1}^{T} \widehat{\varepsilon}_t^0 (\widehat{\varepsilon}_t^0)^{\mathrm{T}}, \tag{5.61}$$

其中 $\widehat{\alpha}_0 = \widehat{\gamma}(1 - \widehat{\beta}_0)$ 以及

$$\widehat{\varepsilon}_t^0 = R_t - \widehat{\alpha}_0 - \widehat{\beta}_0 R_t^m = (R_t - \widehat{\gamma}\mathbf{1}) - \widehat{\beta}_0 (R_t^m - \widehat{\gamma}).$$

类似于 (5.34), 极大似然比统计量为

$$T_4 = T[\log|\widehat{\Sigma}_0| - \log|\widehat{\Sigma}|] \overset{a}{\sim}_{H_0} \chi^2_{N-1}, \tag{5.62}$$

其中 N 为用来建立回归的资产个数. T_4 的渐近零分布为自由度为 $N-1$ 的 χ^2 分布. 这是由于零假设下约束的个数为 $N-1$ (回想一下, γ 也是一个自由参数). 像检验统计量 T_3 一样, 可以进行校正来改进近似的精确性. 用 $(T - N/2 - 2)$ 代替 T_4 中的因子 T, 得到

$$T_5 = (T - N/2 - 2)[\log|\widehat{\Sigma}_0| - \log|\widehat{\Sigma}|] \overset{a}{\sim}_{H_0} \chi^2_{N-1}.$$

以上似然比检验执行非常简单. 从全模型的 MLE $\widehat{\beta}$ 和 $\widehat{\Sigma}$ 开始, 我们可以通过取 $\widehat{\beta}_0 = \widehat{\beta}$ 和 $\widehat{\Sigma}_0 = \widehat{\Sigma}$ 作为初值来计算 $\widehat{\gamma}$. 然后我们可以迭代计算 $\widehat{\beta}_0$, $\widehat{\Sigma}_0$ 和 $\widehat{\gamma}$. 注意到 MLE $\widehat{\Sigma}$ 是基于全模型得到的估计. 不管零假设成立与否, 它都应该是 Σ 的一个相合估计. 因此, 当零假设为真时, 它应该接近 $\widehat{\Sigma}_0$. 换言之, $\widehat{\Sigma}$ 是 $\widehat{\Sigma}_0$ 的一个好的初值. 几步迭代就足够了.

我们通过以下几个步骤来总结检验 Black 版本的 CAPM 的执行.

1. 拟合线性模型 (5.56) 来得到 $\widehat{\alpha}$, $\widehat{\beta}$ 和 $\widehat{\Sigma}$.

2. 使用这些估计作为初值, 由 (5.59) 计算 $\widehat{\gamma}$, 由 (5.60) 计算 $\widehat{\beta}_0$, 由 (5.61) 计算 $\widehat{\Sigma}_0$.

3. 将步骤 2 重复多次以得到零假设下的估计 $\widehat{\Sigma}_0$.

4. 计算检验统计量 T_5, 并通过 χ^2_{N-1} 分布计算相应的 P 值.

我们现在通过下面的玩具例子来说明上面的方法.

例 5.7 我们现在使用例 5.5 中的数据检验 Black 版本的 CAPM. 本质的差别在于无风险利率是未知的, 需要由给定的数据来估计. 使用 Exxon, GE 和 JNJ 月收益率数据, 对 2001 年 2 月到 2011 年 1 月间的 S&P 500 指数的收益率作回归的残差的协方差阵为

$$\widehat{\Sigma} = \begin{pmatrix} 21.097 & -2.699 & -0.844 \\ -2.699 & 34.570 & 2.656 \\ -0.844 & 2.656 & 14.301 \end{pmatrix}.$$

把此矩阵和 $\widehat{\boldsymbol{\beta}} = (0.543, 1.387, 0.493)^{\mathrm{T}}$ 作为 (5.59) 的初值, 得到 $\widehat{\gamma}_0 = 1.041\%$ 作为市场潜在的无风险利率. 用这个无风险利率, 我们现在可以运行 Sharpe-Lintner 版本的 CAPM, 有

$$\widehat{\boldsymbol{\Sigma}}_0 = \begin{pmatrix} 21.166 & -2.721 & -0.894 \\ -2.721 & 34.579 & 2.670 \\ -0.894 & 2.669 & 14.333 \end{pmatrix}, \qquad \widehat{\boldsymbol{\beta}}_0 = \begin{pmatrix} 0.531 \\ 1.390 \\ 0.501 \end{pmatrix}.$$

由估计的 $\widehat{\boldsymbol{\Sigma}}_0$ 和 $\widehat{\boldsymbol{\beta}}_0$, 我们现在可以使用 (5.59) 再一次计算 γ_0. 我们将这两迭代多次, 得到

$$\widehat{\boldsymbol{\Sigma}}_0 = \begin{pmatrix} 21.164 & -2.720 & -0.894 \\ -2.720 & 34.579 & 2.670 \\ -0.894 & 2.669 & 14.333 \end{pmatrix}, \qquad \widehat{\boldsymbol{\beta}}_0 = \begin{pmatrix} 0.531 \\ 1.390 \\ 0.501 \end{pmatrix},$$

以及 $\gamma_0 = 1.049\%$. 收敛速度非常快. 然后便能计算出检验统计量 T_5, $T_5 = 0.665$, 相应的自由度为 2. 这给出了 χ_2^2 下的 P 值 0.7172. 因此我们没有足够的证据拒绝 Black 版本的 CAPM.

上面的例子得出了市场潜在的无风险利率为每月 1.0487%. 这要比三个 3 个月国债的平均月利率 0.17% 高得多. 有几个原因可以解释这个差异. 首先, 我们仅仅使用了三只股票而不是整个市场的股票来计算 $\widehat{\gamma}_0$. 使用基于市场构造的几个投资组合来估计 $\widehat{\gamma}_0$ 会更好些. 其次, 变化着的市场条件, 从高科技泡沫的爆发 (2001), 到房地产泡沫 (2006), 次贷危机 (2007) 以及金融危机 (2008), 很难令人相信时齐模型 (5.56) 成立 (例如, 参见图 5.3 的时变 β). 最后, 单因子也许不足以捕捉所有的横截面风险. 进一步的分析可见例 5.5. 我们无意来给出市场潜在无风险利率 (译者注: 原文为风险利率) 一个更好的估计. 这纯粹是一个关于如何使用 Black 版本的 CAPM 的教学示例.

5.9　补　　充

现在我们在下面两个小节中提供 (5.43) 和 (5.45) 式的详细计算.

5.9.1　(5.43) 的证明

将 $\boldsymbol{\alpha}^*$ 的表达式 (5.41) 代入 (5.42), 我们有

$$\lambda_1 \boldsymbol{\mu}^{\mathrm{T}} \boldsymbol{\Sigma}^{-1} \boldsymbol{\mu} + \lambda_2 \boldsymbol{\mu}^{\mathrm{T}} \boldsymbol{\Sigma}^{-1} \mathbf{1} = \mu,$$

$$\lambda_1 \mathbf{1}^{\mathrm{T}} \boldsymbol{\Sigma}^{-1} \boldsymbol{\mu} + \lambda_2 \mathbf{1}^{\mathrm{T}} \boldsymbol{\Sigma}^{-1} \mathbf{1} = 1.$$

用 5.7 节的记号, 最后两个方程可以写为

$$\lambda_1 B + \lambda_2 A = \mu,$$
$$\lambda_1 A + \lambda_2 C = 1.$$

解 λ_1 和 λ_2, 我们有

$$\lambda_1 = D^{-1}(C\mu - A), \quad \lambda_2 = D^{-1}(-A\mu + B).$$

将 λ_1 和 λ_2 代入 (5.41), 我们得到

$$\boldsymbol{\alpha}^* = D^{-1}(C\mu - A)\boldsymbol{\Sigma}^{-1}\boldsymbol{\mu} + D^{-1}(-A\mu + B)\boldsymbol{\Sigma}^{-1}\mathbf{1}$$
$$= D^{-1}(-A\boldsymbol{\Sigma}^{-1}\boldsymbol{\mu} + B\boldsymbol{\Sigma}^{-1}\mathbf{1}) + \mu D^{-1}(C\boldsymbol{\Sigma}^{-1}\boldsymbol{\mu} - A\boldsymbol{\Sigma}^{-1}\mathbf{1})$$
$$= \boldsymbol{g} + \mu\boldsymbol{h}.$$

证明完毕.

5.9.2 (5.48) 的证明

由 5.7 节中的记号, 有

$$\boldsymbol{g}^{\mathrm{T}}\boldsymbol{\Sigma}^{-1}\boldsymbol{g} = D^{-2}\big[B\boldsymbol{\Sigma}^{-1}\mathbf{1} - A\boldsymbol{\Sigma}^{-1}\boldsymbol{\mu}\big]\boldsymbol{\Sigma}\big[B\boldsymbol{\Sigma}^{-1}\mathbf{1} - A\boldsymbol{\Sigma}^{-1}\boldsymbol{\mu}\big]$$
$$= D^{-2}\big[B^2\mathbf{1}^{\mathrm{T}}\boldsymbol{\Sigma}^{-1}\mathbf{1} - AB\boldsymbol{\mu}^{\mathrm{T}}\boldsymbol{\Sigma}^{-1}\mathbf{1} - AB\mathbf{1}^{\mathrm{T}}\boldsymbol{\Sigma}^{-1}\boldsymbol{\mu} + A^2\boldsymbol{\mu}\boldsymbol{\Sigma}^{-1}\boldsymbol{\mu}\big]$$
$$= D^{-2}(B^2 C - 2A^2 B + A^2 B)$$
$$= D^{-2}(B^2 C - A^2 B) = B/D,$$

以及

$$\boldsymbol{g}^{\mathrm{T}}\boldsymbol{\Sigma}^{-1}\boldsymbol{h} = D^{-2}\big[B\boldsymbol{\Sigma}^{-1}\mathbf{1} - A\boldsymbol{\Sigma}^{-1}\boldsymbol{\mu}\big]\boldsymbol{\Sigma}\big[C\boldsymbol{\Sigma}^{-1}\boldsymbol{\mu} - A\boldsymbol{\Sigma}^{-1}\mathbf{1}\big]$$
$$= D^{-2}(ABC - ACB - ABC + A^3)$$
$$= -A/D.$$

此外,

$$\boldsymbol{h}^{\mathrm{T}}\boldsymbol{\Sigma}^{-1}\boldsymbol{h} = D^{-2}\big[C\boldsymbol{\Sigma}^{-1}\boldsymbol{\mu} - A\boldsymbol{\Sigma}^{-1}\mathbf{1}\big]\boldsymbol{\Sigma}\big[C\boldsymbol{\Sigma}^{-1}\boldsymbol{\mu} - A\boldsymbol{\Sigma}^{-1}\mathbf{1}\big]$$
$$= D^{-2}(C^2 B - 2ACA + A^2 C)$$
$$= D^{-2}(C^2 B - A^2 C)$$

$$= C/D.$$

因此, 我们有

$$\mathrm{cov}(R_p, R_q) = \mu_p \mu_q \boldsymbol{h}^{\mathrm{T}} \boldsymbol{\Sigma}^{-1} \boldsymbol{h} + (\mu_p + \mu_q) \boldsymbol{g}^{\mathrm{T}} \boldsymbol{\Sigma}^{-1} \boldsymbol{h} + \boldsymbol{g}^{\mathrm{T}} \boldsymbol{\Sigma}^{-1} \boldsymbol{g}$$

$$= D^{-1} \big[C \mu_p \mu_q - A(\mu_p + \mu_q) + B \big]$$

$$= D^{-1} \big[C(\mu_p - A/C)(\mu_q - A/C) - A^2/C + B \big]$$

$$= C/D \cdot (\mu_p - A/C)(\mu_q - A/C) + C^{-1}.$$

这就完成了证明.

5.10　习　　题

5.1 假设 Jack 拥有一个期望收益率为 10%, 波动率为 20% 的一个投资组合, Jill 拥有一个期望收益率为 15% 和波动率为 30% 的投资组合. 此外, 无风险利率是 5%.

(a) 谁的投资更有效?

(b) 假设 Jack 希望通过自筹资金计划来增加他的杠杆, 使其持有的资产与 Jill 的相同. 如果他的初始投资是 1000 美元, 那么在他增加杠杆之后, 以美元计, 他的期望收益率和波动率是多少?

5.2 令 s_A 和 s_B 分别为投资组合 A 和 B 的夏普比率. 令 r_A 和 r_B 为这两个投资组合的期望收益率, 它们的标准差分别记为 σ_A 和 σ_B. 假设通过自筹资金, 投资组合 A 以无风险利率 r_f 借 $(\sigma_B/\sigma_A - 1)$ 加杠杆 (或去杠杆) 于投资组合 A, 使得其风险与投资组合 B 相同. 证明: 加杠杆投资组合 A 的超额收益率为 $s_A \sigma_B$, 并且如果 $s_A > s_B$, 则在 A 上的杠杆组合的期望收益率比投资组合 B 的大. 这表明夏普比率测度了投资组合的有效性.

5.3 假设三个共同基金 (保守型、成长型和进取型) 年对数收益率分别为 15%, 20%, 30%, 波动率 (标准差) 分别为 20%, 30%, 50%. 任意两个基金之间的相关性为 0, 并且无风险利率是 5%.

(a) 这三个共同基金的最小方差投资组合是什么?

(b) 若期望收益率设定为 15%, 寻求三个基金的最优投资组合配置. 给出这个组合相应的标准差.

(c) 计算 (a) 中组合的夏普比率. 它与组合 (b) 的夏普比率比较会怎么样?

5.4 资产 1 和资产 2 的协方差阵为

$$\boldsymbol{\Sigma} = \begin{pmatrix} 0.01 & -0.02 \\ -0.02 & 0.05 \end{pmatrix}.$$

(a) 拥有 10% 的资产 1 和 90% 的资产 2 的投资组合 A 与拥有 60% 的资产 1 和 40% 的资产 2 的投资组合 B, 两者的协方差是多少?

(b) 假设资产 1 和资产 2 的超额收益率分别为 7% 和 10%, 那么投资组合 A 和投资组合 B 的夏普比率分别是多少?

(c) 拥有 w 的资产 1 和 $1-w$ 的资产 2 的组合的方差是多少?

(d) 推导最小方差投资组合.

5.5 假设两个共同基金 (保守型和进取型) 的期望收益率分别为每年 8% 和 20%, 波动率 (标准差) 分别是 20% 和 50%. 另外, 两个共同基金的相关系数是 0.6, 且无风险利率是 4%.

(a) 就夏普比率而言哪个基金更有效? 证明你的论断.

(b) 假设共同基金的市场贝塔分别为 0.5 和 1.5, 且严格的单因子模型成立. 由模型来推导特质噪声和市场组合的方差.

(c) 假设一个投资组合是由 10% 的无风险债券, 50% 的保守型基金和 40% 的进取型基金组成. 那么该投资组合的市场贝塔是多少?

5.6 假设 n 个风险资产的超额收益率服从具有不相关噪声的 CAPM:

$$Y_i = \beta_i Y^m + \varepsilon_i,$$

它们和一个无风险债券一起用来跟踪市场投资组合. 根据最小化跟踪误差的方差来构造最优投资组合配置问题.

5.7 令 $\boldsymbol{Y}$ 是风险资产的超额收益率. 记 $X = \boldsymbol{a}^{\mathrm{T}} \boldsymbol{Y}$ 是配置向量为 $\boldsymbol{a}$ 的投资组合. 记 $\boldsymbol{\Sigma} = \mathrm{var}(\boldsymbol{Y})$ 和 $\boldsymbol{\mu} = E\boldsymbol{Y}$. 考虑如下分解 (回归)

$$\boldsymbol{Y} = \boldsymbol{\alpha} + \boldsymbol{\beta} X + \boldsymbol{\varepsilon}, \quad E\boldsymbol{\varepsilon} = 0, \quad \mathrm{cov}(\boldsymbol{\varepsilon}, X) = 0.$$

(a) 证明如果 $\boldsymbol{a} = c\boldsymbol{\Sigma}^{-1}\boldsymbol{\mu}$ (均值方差有效性下的最优投资组合), 那么 $\boldsymbol{\alpha} = 0$.

(b) 反之, 如果 $\boldsymbol{\alpha} = 0$, 则存在一个常数 c 使得 $\boldsymbol{a} = c\boldsymbol{\Sigma}^{-1}\boldsymbol{\mu}_0$.

5.8 使用 5.7 节的记号, 证明

(a) 向量 $\boldsymbol{g}$ 是一个配置向量, 即 $\mathbf{1}^{\mathrm{T}}\boldsymbol{g} = 1$.

(b) 由 $\boldsymbol{h}$ 形成的投资组合为一个多空组合, 即 $\mathbf{1}^{\mathrm{T}}\boldsymbol{h} = 0$.

5.9 应用拉格朗日乘子方法直接推导最小方差投资组合, 即

$$\boldsymbol{\alpha}^{\mathrm{T}}\boldsymbol{\Sigma}\boldsymbol{\alpha}, \quad \text{s.t.} \quad \boldsymbol{\alpha}^{\mathrm{T}}\mathbf{1} = 1.$$

给出最小方差以及相关的配置向量.

5.10 考虑如下投资组合最优化问题, 其无风险资产的收益率是 r_0:

$$\min \boldsymbol{\alpha}^{\mathrm{T}}\boldsymbol{\Sigma}\boldsymbol{\alpha}, \quad \text{s.t.} \quad \boldsymbol{\alpha}^{\mathrm{T}}\boldsymbol{\mu} + (1 - \boldsymbol{\alpha}^{\mathrm{T}}\mathbf{1})r_0 = \mu.$$

即在期望收益率为 μ 的约束下, 我们使得由收益率向量为 μ 的风险资产的配置向量 $\boldsymbol{\alpha}$ 和收益率为 r_0 的无风险债券配置向量 $(1 - \boldsymbol{\alpha}^{\mathrm{T}}\mathbf{1})$ 构成的投资组合的方差最小化.

(a) 最优解为

$$\boldsymbol{\alpha} = P^{-1}(\mu - r_0)\boldsymbol{\Sigma}^{-1}\boldsymbol{\mu}_0,$$

其中 $P = \boldsymbol{\mu}_0^{\mathrm{T}}\boldsymbol{\Sigma}^{-1}\boldsymbol{\mu}_0$ 是夏普比率的平方, $\boldsymbol{\mu}_0 = \boldsymbol{\mu} - r_0\mathbf{1}$ 为超额收益率向量.

(b) 投资组合的方差是 $\sigma^2 = (\mu - r_0)^2/P$.

(c) 当 $r_0 < \mu$ 时, 证明 $r_0 + P^{1/2}\sigma = \mu$, 也就是风险资产 $\boldsymbol{\alpha}$ 的最优配置是正切组合.

5.11 证明: 给定 $\boldsymbol{\Sigma}_0$ 和 $\mathbf{B}_0$ 时, 由 (5.59) 给出的 $\widehat{\gamma}_0$ 为极大似然估计.

5.12 下载 2001 年 1 月到 2014 年 12 月期间如下 8 只股票的月收益率: Dell, Ford, GE, IBM, Intel, Johnson & Johnson, Merck, Microsoft. 使用三个月国债利率作为无风险利率替代指标, 并且把 S&P 500 指数作为市场投资组合的替代指标.

(a) 如果一个投资者希望投资 20% 的无风险资产, 使用 2001 到 2011 的月度数据来构造 8 只股票的最优配置.

(b) 如果在接下来的 2 年时间里 (在 2011 年 12 月投资) 配置固定, 根据收益率、波动率 (标准差) 和夏普比率, 将该投资组合在接下来 6 个月、1 年、2 年、3 年期间的表现与 S&P 500 股票进行比较.

(c) 使用 2011 年的数据来创造 8 只股票的值加权投资组合. 作为一个替代指标, 例如, 作为一个代理, Dell 股票的权重与其全年交易量和未调整收盘价乘积之和成比例. 如果资产的 20% 分配给 3 个月的国债, 试给出配置的百分比. 根据收益率、波动率 (标准差) 和夏普比率, 将该投资组合在接下来 6 个月、1 年、2 年、3 年期间的表现与 S&P 500 股票进行比较.

(d) 创造一个投资组合, 该投资组合的 20% 投资于无风险债券, 80% 平均投资于 8 只股票. 根据收益率、波动率 (标准差) 和夏普比率, 将该投资组合在接下来 6 个月、1 年、2 年、3 年期间的表现与 S&P 500 股票进行比较.

5.13 验证表 5.4 中的结果.

第 6 章　因子定价模型

在第 5 章, 我们提供了一些经验证据, 表明市场投资组合的代理指标不能完全解释横截面风险. 像企业特征这样的其他因子对横截面风险能够有额外的解释力. 因此, 需要更多的因子来更好地解释横截面风险.

为此, 在本章中首先引入多因子模型来更好地捕捉横截面风险, 它为 CAPM 模型的一个推广; 然后介绍验证因子模型的计量经济方法, 同时也将讨论因子构建方法.

6.1　多因子定价模型

6.1.1　多因子模型

令 $f_1, \cdots, f_K$ 为 K 个影响市场收益的共同因子, $R_1, \cdots, R_p$ 为 p 个风险资产的收益率. 如第 5 章, 对任意给定风险资产的收益率 R, 考虑如下最小二乘问题: 关于 $\{\beta_j\}_{j=0}^K$, 最小化

$$E(R - \beta_0 - \beta_1 f_1 - \cdots - \beta_K f_K)^2.$$

对 β_j 求偏导得

$$-E(R - \beta_0 - \beta_1 f_1 - \cdots - \beta_K f_K) f_j. \tag{6.1}$$

令 a, $\{b_j\}_{j=1}^p$ 为最小二乘问题的解, 且

$$\varepsilon = R - a - b_1 f_1 - \cdots - b_K f_K.$$

于是, 令 (6.1) 为零, 则有

$$E\varepsilon = 0, \quad E f_j \varepsilon = 0.$$

注意

$$R = a + b_1 f_1 + \cdots + b_K f_K + \varepsilon.$$

将以上分解应用于每一个风险资产, 我们得到如下 **多因子模型**:

$$R_i = a_i + b_{i1} f_1 + \cdots + b_{iK} f_K + \varepsilon_i, \tag{6.2}$$

其中

$$E\varepsilon_i = 0, \quad E\varepsilon_i f_j = 0, \quad j = 1, \cdots, K. \tag{6.3}$$

这里, **因子载荷** $\{b_{ij}\}$ 是市场贝塔在多因子模型下的推广, 即 b_{ij} 表示第 i 个风险资产的收益对第 j 个因素的敏感度. 多因子模型 (6.2) 让我们看到风险是如何被分解的.

令 $\boldsymbol{a} = (a_1, \cdots, a_p)^{\mathrm{T}}$ 以及 $\boldsymbol{B} = (b_{ij})$ 为 $p \times K$ 载荷矩阵, 则 (6.2) 和 (6.3) 可以写为矩阵形式

$$\boldsymbol{R} = \boldsymbol{a} + \boldsymbol{B}\boldsymbol{f} + \boldsymbol{\varepsilon}, \quad E(\boldsymbol{\varepsilon}) = 0, \quad \mathrm{cov}(\boldsymbol{\varepsilon}, \boldsymbol{f}) = 0. \tag{6.4}$$

其中 $\boldsymbol{R} = (R_1, \cdots, R_p)^{\mathrm{T}}$ 为 p 个可交易资产的收益率向量, $\boldsymbol{\varepsilon} = (\varepsilon_1, \cdots, \varepsilon_p)^{\mathrm{T}}$ 为异质噪声向量, 且

$$\mathrm{cov}(\boldsymbol{\varepsilon}, \boldsymbol{f}) = E(\boldsymbol{\varepsilon} - E\boldsymbol{\varepsilon})(\boldsymbol{f} - E\boldsymbol{f})^{\mathrm{T}} = E(\boldsymbol{\varepsilon}\boldsymbol{f}^{\mathrm{T}}).$$

常用的因子有市场投资组合的替代指标、公司特征、交易市场变量和宏观经济变量. 公司特征的例子包括 "规模"、"价值"(由市场价值比率度量)、"市盈率"、"市销率" 等. 例如, 规模效应可以由小市值公司 (后百分之十) 和大市值公司 (前百分之十) 构成的投资组合的收益率差来测度; 类似地可以定义价值效应和市盈率效应, 其中市值分别由市场价值比率和市盈率来代替. 交易市场变量包括 "到期风险溢价", 定义为长期利率和短期利率之利差; "违约风险", 由高级和低级债券的利差测度; "流动性价差", 为月回购利率与月国债利率之差, 用来测度短期流动性风险; "汇率" 以及 "波动率指数", 如 VIX 指数、到期风险溢价违约风险; 流动性价差 VIX 指数, 它是 S&P 500 指数货币期权一个月的隐含波动率, 由芝加哥期权期货交易所波动率指数计算和发布. 图 6.1 描绘了 2001 年 1 月 29 日至 2011 年 2 月 28 日期间这些因子的日时间序列图. 宏观经济变量包括通货膨胀率、失业率、工业生产增长率和住房价格指数等. 这些都是典型的不可交易的. 下面为 2004 年 2 月 23 日至 2011 年 2 月 28 日间这些因子的相关矩阵:

$$
\begin{pmatrix}
 & \text{SPX} & \text{Vol} & \text{ExR} & \text{Mat} & \text{Def} & \text{Liq} & \text{Size} & \text{Tbill} \\
\text{SPX} & 1.00 & -0.13 & 0.00 & 0.00 & 0.01 & -0.05 & 0.34 & 0.00 \\
\text{Vol} & -0.13 & 1.00 & -0.18 & 0.46 & 0.81 & 0.32 & -0.06 & -0.56 \\
\text{ExR} & 0.00 & -0.18 & 1.00 & -0.26 & 0.10 & -0.34 & -0.01 & 0.31 \\
\text{Mat} & 0.00 & 0.46 & -0.26 & 1.00 & 0.41 & -0.04 & 0.01 & -0.96 \\
\text{Def} & 0.01 & 0.81 & -0.10 & 0.41 & 1.00 & 0.06 & 0.01 & -0.54 \\
\text{Liq} & -0.05 & 0.32 & -0.34 & -0.04 & 0.06 & 1.00 & -0.02 & 0.04 \\
\text{Size} & 0.34 & -0.06 & -0.01 & 0.01 & 0.01 & -0.02 & 1.00 & -0.02 \\
\text{Tbill} & 0.00 & -0.56 & 0.31 & -0.96 & -0.54 & 0.04 & -0.02 & 1.00
\end{pmatrix}
$$

其中, SPX 为 S&P 500 收益率, Vol 为波动率风险, ExR 为汇率风险, Mat 为期限风险, Def 为违约风险, Liq 为流动性风险, Size 为规模效应, Tbill 为短期利率.

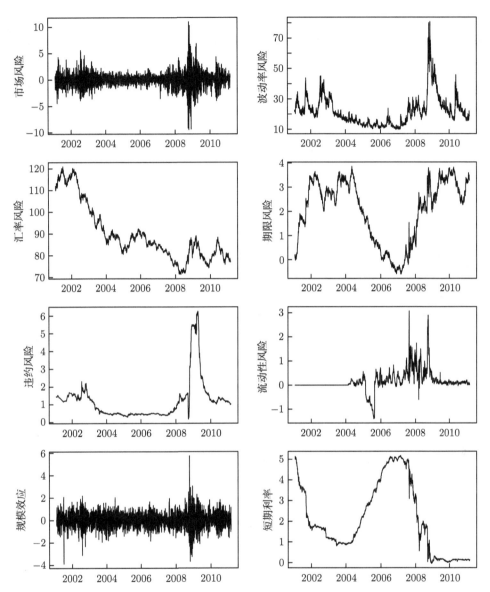

图 6.1 2001 年 1 月 29 日至 2011 年 2 月 28 日, 市场风险因子的日时间序列图. 市场风险为
S&P 500 的收益率; 波动率风险为 VIX 指数; 汇率风险为美元价值指数; 期限风险是美国 10
年期长期国债和 3 个月短期国债的利差; 违约风险为 AAA 级公司债券和 BBB 级公司债券的
利差; 流动性风险为月度回购利率和月度国债利率的差 (从 2004 年 2 月 4 日开始); 规模效应
为 S&P 500 指数和罗素 2000 指数收益率之差. 还给出了 3 个月短期国债利率, 标记为短
期利率

例 6.1   Fama 和 French (1993) 考虑了如下因子: CRSP 值加权指数的超额收益率、大市值和小市值公司收益率之差 (规模效应) 以及高和低市场价值比率的公司收益率之差 (价值效应). 特别地, 他们将 CRSP 数据库中的所有股票用 "市值" (大和小) 与 "账面市值比"(价值型的、中性的和成长型的) 进行了分类, 参见 5.5.2 节. 他们构造了下面三个因子:

1. SMB (小减大) 为三个小市值公司股票投资组合的平均收益率减去三个大市值公司股票投资组合的平均收益率:

$$\text{SMB} = \frac{1}{3}(\text{Small Value} + \text{Small Neutral} + \text{Small Growth})$$
$$- \frac{1}{3}(\text{Big Value} + \text{Big Neutral} + \text{Big Growth}).$$

其中, Small Value、Small Neutral、Small Growth 分别对应反应: 小盘股价值型股票平均收益、小盘股中性股票平均收益、小盘股成长型股票平均收益, 类似地, Big Value、Big Neutral、Big Growth 分别对应反应: 大盘股价值型股票平均收益、大盘股中性股票平均收益、大盘股成长型股票平均收益.

2. HML (高减低) 为两个价值型公司股票投资组合的平均收益率减去两个成长型公司股票投资组合的平均收益率:

$$\text{HML} = \frac{1}{2}(\text{Small Value} + \text{Big Value})$$
$$- \frac{1}{2}(\text{Small Growth} + \text{Big Growth}).$$

3. 市场投资组合的超额收益率, 这为 NYSE, AMEX 和 NASDAQ 所有股票值的加权收益率减去一个月国库券利率.

关于这些投资组合, 请参见 5.5.2 节. 这个模型通常称为 **Fama-French 三因子模型**. 注意, SMB 和 HML 为多空投资组合, 从而期望它与市场投资组合的相关性小. 构建 SMB 和 HML, 使得它们间的相关性也很小. 基于 1951 年 1 月至 2010 年 12 月的月度数据计算的三个因子的相关阵为

$$\begin{pmatrix} 1.000 & 0.266 & -0.257 \\ 0.266 & 1.000 & -0.213 \\ -0.257 & -0.213 & 1.000 \end{pmatrix}.$$

图 6.2 给出了三个因子在同一个时期的实现.

从统计学的角度来看, 因子越多, 市场投资组合的近似程度就越好, 并且定价误差能够减少. 此外, ε 也变得更加外生和异质. 这正是多因子模型的优势和灵活性之所在.

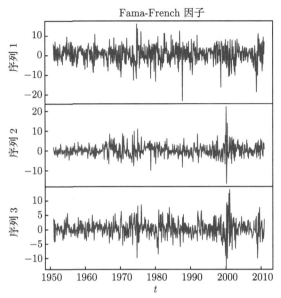

图 6.2　1951 年 1 月至 2010 年 12 月, Fama-French 三因子时间序列图. 序列 1,2 和 3 分别表示市场的超额收益率、SMB 的收益率以及 HML 的收益率

6.1.2 因子定价模型

像 CAPM 一样, 金融经济理论假定了多因子模型的收益率. 假设 $\mu = E(\boldsymbol{R})$ 为期望收益率, γ_0 为无风险利率. 根据 Merton (1973) 利率的 ICAPM 模型, 风险资产的预期收益率应该满足形式:

$$\mu = \gamma_0 \mathbf{1} + \boldsymbol{B}\boldsymbol{\lambda}_K, \tag{6.5}$$

其中 $\boldsymbol{\lambda}_K$ 为**风险溢价**向量. 与 (5.51) 和 (5.54) 比较, 当因子可交易时, 它就为风险因子相对于无风险利率的超额收益向量, 即 $\boldsymbol{\lambda}_K = E(\boldsymbol{f} - \gamma_0 \mathbf{1})$. **多因子定价模型** (6.5) 显然为 CAPM 模型的推广. 它假定任意资产的超额期望收益率等于其风险因子的载荷与风险溢价的乘积.

Ross (1976) 利用套利定价理论 (APT) 也推导出了上述的多因子定价模型. APT 不需要识别市场投资组合, 且不用多个风险因子. 在大的经济中没有套利的情形下, Ross (1976) 证明了 (6.5) 近似成立. Connor (1984) 引入了竞争均衡下的套利定价理论, 给出了精确定价模型 (6.5).

自然出现了几个问题: 如何利用多因子定价模型预测一个公司的期望收益率和波动率? 如何实证检验上述定价理论? 如何选取因子?

在结束本节前, 我们想要说明多因子模型 (6.4) 和多因子定价模型 (6.5) 的区别. 多因子模型 (6.4) 是一个统计分解式, 并且总是对的. 它将资产的收益分解

为依赖于因子收益的部分以及异质分量收益的部分. 另一方面, 多因子定价模型
(6.5) 为一个金融经济学模型, 它由金融经济学理论导出. 它的有效性依赖于所使
用的因子, 并且需要验证.

6.2   多因子模型的应用

在提供因子定价模型的理论见解的基础上, 我们来给出因子模型的两个重要
应用: 预测公司的期望收益率, 并且估计资产的协方差阵.

为简单起见, 假定因子都是可交易的, 并且存在一个无风险资产, 其收益率为
r_f. 于是, 根据 (6.5), 对于任意资产, 因为风险溢价现在为 $\boldsymbol{\lambda}_K = (E\boldsymbol{f} - r_f\boldsymbol{1})$, 所以

$$ER = r_f + \beta_1(r_{F,1} - r_f) + \cdots + \beta_K(r_{F,K} - r_f).$$

因此, 期望收益率的一个估计为

$$\widehat{\mu} = \bar{r}_f + \widehat{\beta}_1(\bar{r}_{F,1} - \bar{r}_f) + \cdots + \widehat{\beta}_K(\bar{r}_{F,K} - \bar{r}_f), \tag{6.6}$$

其中, $\bar{r}_f$ 为平均无风险利率, $\bar{r}_{F,i}$ 为第 i 个因子的平均收益率, $\widehat{\beta}_i$ 为第 i 个因子的
因子载荷. 这个期望收益率可以用来进行资本预算, 它可以帮助判断一个新的项目
是否可以增加公司价值, 参见 Copeland 等 (2005). 它也可以用于对一个基金或者
一个策略的表现进行评价. 一个基金跑赢市场可能是由于它和具有正收益的其他
风险因子的相关性所致. 因此, 其收益率应该与基于收益率 (6.6) 的因子模型以及
该基金的波动率进行比较.

在 5.3 节中, 我们已经讨论过了估计大协方差矩阵的挑战. 当不加以参数模型
限制时, 它就会涉及太多的参数. 由因子模型 (6.4), 我们有

$$\text{var}(\boldsymbol{R}) = \boldsymbol{B}\text{var}(\boldsymbol{f})\boldsymbol{B}^{\text{T}} + \text{var}(\boldsymbol{\varepsilon}). \tag{6.7}$$

如果这些因子能够捕捉横截面风险, 我们就可以假设 $\text{var}(\boldsymbol{\varepsilon})$ 为对角阵或者稀疏矩
阵. 这将大大减少 $\boldsymbol{\Sigma} = \text{var}(\boldsymbol{R})$ 中参数的个数. 它使得我们可以应用高维稀疏协
方差阵估计的最新研究成果. 参见 Fan 等 (2008) 及 Fan 等 (2011). 我们将细节
放在 7.2 节中. 注意, $\text{var}(\boldsymbol{f})$ 为一个低维矩阵 (例如, 三因子模型为 3×3). 由于利
用了多因子模型 (6.4), 所以公式 (6.7) 总是成立的.

多因子模型还可以用于投资组合的套期保值. 利用投资组合与风险因子的相
关性, 我们可以基于可交易的因子来构建一个套期保值的投资组合. 此外, 我们也
可以对因子加以冲击, 看投资组合在压力测试下表现如何. 6.5 节给出了这样的例
子. 在例子中, 我们构造一个主因子. 这个因子综合了图 6.1 给出的 7 个风险因子,

且都与市场因子不相关. 基于对市场因子和综合因子的冲击, 我们可以给出一个
压力测试, 来看投资组合是如何应对这些冲击的.

正如 6.1.2 节末所述, 多因子模型 (6.4) 总是成立的, 而多因子定价模型 (6.5)
是一个需要检验的理论. 第一个应用 (6.6) 中, 我们使用多因子定价模型 (6.5), 但
是在后面的三个应用中, 我们只需要多因子模型 (6.4).

6.3 带有可交易因子的模型验证

多因子定价模型 (6.5) 假设了一个关于收益来源的完美理论. 它是基于几个
理论假设推导出来的, 因此需要检验它是否与市场数据相符. 为了验证该模型, 我
们需要假设模型 (6.2) 在多个时期也成立. 换句话说, 第 i 个投资组合的收益率由

$$R_{it} = a_i + b_{i1}f_{1t} + \cdots + b_{iK}f_{Kt} + \varepsilon_{it}, \quad t = 1, \cdots, T$$

给出, 或者以矩阵形式

$$\boldsymbol{R}_t = \boldsymbol{a} + \boldsymbol{B}\boldsymbol{f}_t + \boldsymbol{\varepsilon}_t, \quad E\boldsymbol{\varepsilon}_t = 0, \quad \mathrm{cov}(\boldsymbol{R}_t, \boldsymbol{f}_t) = 0. \tag{6.8}$$

将 (6.4) 直接应用到每一期将得到时变系数 $\boldsymbol{a}_t$ 和 $\boldsymbol{B}_t$. 然而, 模型 (6.8) 假定
这些系数与时间无关. 这是一个使得计量推断可行的一个假设.

假设 $E\boldsymbol{R}_t$ 和 $E\boldsymbol{f}_t$ 在检验期为常数, 于是模型 (6.8) 意味着 $\boldsymbol{\mu} = E\boldsymbol{R} = \boldsymbol{a} +$
$\boldsymbol{B}E\boldsymbol{f}$. 令其等于 (6.5) 式, 注意到可交易因子风险溢价为 $\boldsymbol{\lambda}_K = E(\boldsymbol{f} - \gamma_0 \boldsymbol{1})$, 于是
检验目标现在变为

$$H_0 : \boldsymbol{a} = \gamma_0(\boldsymbol{1} - \boldsymbol{B}\boldsymbol{1}). \tag{6.9}$$

6.3.1 存在无风险资产的情形 *

现在我们假设存在一个无风险资产, 在时刻 t 无风险利率为 $r_{f,t}$. 在此情形下,
用超额收益率更容易表示该问题. 令

$$\boldsymbol{Y}_t = \boldsymbol{R}_t - r_{f,t}\boldsymbol{1}, \quad \boldsymbol{X}_t = \boldsymbol{f}_t - r_{f,t}\boldsymbol{1},$$

其中 $\boldsymbol{Y}_t$ 为 N 个检验组合的超额收益率 (不一定是所有的 p 个资产). 于是, 多因
子模型可参数化为

$$\boldsymbol{Y}_t = \boldsymbol{\alpha} + \boldsymbol{B}\boldsymbol{X}_t + \boldsymbol{\varepsilon}_t. \tag{6.10}$$

在这个参数化下, 假设 (6.9) 变为 $H_0 : \boldsymbol{\alpha} = 0$.

6.3.2　风险溢价的估计

当存在无风险资产时, 风险溢价特别容易估计. 它由同时期的已观测到的风险溢价的样本均值来估计. 更确切地讲,

$$\widehat{\boldsymbol{\lambda}}_K = \bar{\boldsymbol{X}} = T^{-1} \sum_{t=1}^{T} \boldsymbol{X}_t. \tag{6.11}$$

估计量的方差为 $\mathrm{var}(\boldsymbol{\lambda}_K) = T^{-1}\mathrm{var}(\boldsymbol{X})$, 这可由

$$\widehat{\mathrm{var}}(\widehat{\boldsymbol{\lambda}}_K) = T^{-1}\widehat{\boldsymbol{\Sigma}}_X \tag{6.12}$$

来估计, 其中 $\widehat{\boldsymbol{\Sigma}}_X$ 为 $\{\boldsymbol{X}_t\}_{t=1}^{T}$ 的样本协方差阵, 由

$$\widehat{\boldsymbol{\Sigma}}_X = T^{-1} \sum_{t=1}^{T} (\boldsymbol{X}_t - \bar{\boldsymbol{X}})(\boldsymbol{X}_t - \bar{\boldsymbol{X}})^{\mathrm{T}}$$

给出.

例 6.2　利用 1951 年 1 月到 2010 年 12 月 60 年的月度数据, 对于例 6.1 的 Fama-French 因子模型, 估计的年化风险溢价以及标准差分别为

$$\widehat{\boldsymbol{\lambda}}_K = \begin{pmatrix} 6.736 \\ 2.309 \\ 4.368 \end{pmatrix}, \qquad \widehat{\mathrm{SE}} = \begin{pmatrix} 1.946 \\ 1.310 \\ 1.231 \end{pmatrix}.$$

标准差可由 (6.12) 计算的估计协方差阵对角元素的平方根来得到, 协方差阵由

$$\mathrm{var}(\widehat{\boldsymbol{\lambda}}_K) = \begin{pmatrix} 3.788 & 0.678 & -0.617 \\ 0.678 & 1.715 & -0.343 \\ -0.617 & -0.343 & 1.514 \end{pmatrix}$$

给出. 结果表明, 尽管存在 2008 年的金融危机, 2007 年的次贷危机和 2000 年的科技股泡沫的影响, 但在过去的 60 年里, 在标准误差为 1.946% 的情况下, 市场投资组合的超额收益率大约为 6.736%. 这就是相对于无风险债券, 承担股票市场风险的风险溢价. 类似地, SMB 和 HML 的风险溢价的估计分别为 2.309% 和 4.368%, 相应的标准差分别为 1.310% 和 1.231%. 这也表明估计预期收益率是多么难. 的确如此, 尽管我们用了 60 年的数据, 但是标准差还是比较大. 这是由于相对于预期收益率, 存在较大的随机误差. 在计算 SMB 和 HML 的风险溢价时, 我们直接计算了这些因子过去 60 年的原始收益率, 没有减去无风险利率. 这是由于它们基本上是没有资本成本 (除了保证金要求) 的多空投资组合. 事实上, 无风险利率在多空投资组合里相互抵消了.

6.3.3 检验统计量

为了推导似然比检验, 我们进一步假设 (6.10) 式中的 $\boldsymbol{\varepsilon}_t \sim_{\text{i.i.d.}} N(0, \boldsymbol{\Sigma})$. 在此假设之下, 容易推出似然函数. 它类似于 (5.26), MLE 类似于 (5.27). 例如, 条件对数似然函数与 (5.26) 相同, 只是式中的 $\boldsymbol{\beta} \boldsymbol{Y}_t^m$ 现在由 $\boldsymbol{B} \boldsymbol{X}_t$ 来代替, 即

$$\ell(\boldsymbol{\alpha}, \boldsymbol{B}, \boldsymbol{\Sigma}) = -\frac{NT}{2} \log(2\pi) - \frac{T}{2} \log |\boldsymbol{\Sigma}|$$

$$- \frac{1}{2} \sum_{t=1}^{T} (\boldsymbol{Y}_t - \boldsymbol{\alpha} - \boldsymbol{B} \boldsymbol{X}_t)^{\mathrm{T}} \boldsymbol{\Sigma}^{-1} (\boldsymbol{Y}_t - \boldsymbol{\alpha} - \boldsymbol{B} \boldsymbol{X}_t). \tag{6.13}$$

我们不是遵循同样的数学常规, 而是从最小二乘的角度提供另外一种方法, 或者更确切地说, 是用经验矩代替理论矩的**矩方法**. 注意到, 由 (6.10) 可得

$$\text{cov}(\boldsymbol{Y}_t, \boldsymbol{X}_t) = \boldsymbol{B} \text{cov}(\boldsymbol{X}_t, \boldsymbol{X}_t) = \boldsymbol{B} \text{var}(\boldsymbol{X}_t),$$

这意味着

$$\boldsymbol{B} = \text{cov}(\boldsymbol{X}_t, \boldsymbol{X}_t) \text{var}(\boldsymbol{X}_t)^{-1}.$$

将它们用样本矩替代, 并注意到

$$\boldsymbol{\alpha} = E\boldsymbol{Y}_t - \boldsymbol{B} E\boldsymbol{X}_t, \quad \boldsymbol{\Sigma} = \text{var}(\boldsymbol{\varepsilon}_t),$$

我们可得条件极大似然估计

$$\widehat{\boldsymbol{B}} = \left[\sum_{t=1}^{T} (\boldsymbol{Y}_t - \bar{\boldsymbol{Y}})(\boldsymbol{X}_t - \bar{\boldsymbol{X}})^{\mathrm{T}} \right] \left[\sum_{t=1}^{T} (\boldsymbol{X}_t - \bar{\boldsymbol{X}})(\boldsymbol{X}_t - \bar{\boldsymbol{X}})^{\mathrm{T}} \right]^{-1},$$

$$\widehat{\boldsymbol{\alpha}} = \bar{\boldsymbol{Y}} - \widehat{\boldsymbol{B}} \bar{\boldsymbol{X}}, \tag{6.14}$$

$$\widehat{\boldsymbol{\Sigma}} = T^{-1} \sum_{t=1}^{T} \widehat{\boldsymbol{\varepsilon}}_t \widehat{\boldsymbol{\varepsilon}}_t^{\mathrm{T}},$$

其中 $\widehat{\boldsymbol{\varepsilon}}_t = \boldsymbol{Y}_t - \widehat{\boldsymbol{\alpha}} - \widehat{\boldsymbol{B}} \boldsymbol{X}_t$ 为 t 时刻的残差向量.

注 6.1 令 $\widehat{\alpha}_i$ 和 $(\widehat{b}_{i1}, \cdots, \widehat{b}_{ik})$ 为第 i 个资产的边际多元回归拟合:

$$Y_{it} = \alpha_i + b_{i1} X_{1t} + \cdots + b_{iK} X_{Kt} + \varepsilon_{it}, \qquad t = 1, \cdots, T, \tag{6.15}$$

具有第 t 个残差项 $\widehat{\varepsilon}_{it}$. 则 (6.14) 式中的 $\widehat{\boldsymbol{\alpha}}, \widehat{\boldsymbol{B}}$ 和 $\widehat{\boldsymbol{\varepsilon}}_t$ 可由边际回归构造如下:

$$\widehat{\boldsymbol{\alpha}} = \begin{pmatrix} \widehat{\alpha}_1 \\ \vdots \\ \widehat{\alpha}_N \end{pmatrix}, \quad \widehat{\boldsymbol{B}} = \begin{pmatrix} \widehat{b}_{11} & \cdots & \widehat{b}_{1K} \\ \vdots & & \vdots \\ \widehat{b}_{N1} & \cdots & \widehat{b}_{NK} \end{pmatrix}, \quad \widehat{\boldsymbol{\varepsilon}}_t = \begin{pmatrix} \widehat{\varepsilon}_{1t} \\ \vdots \\ \widehat{\varepsilon}_{Nt} \end{pmatrix}.$$

换句话说, 模型 (6.10) 的 MLE 可通过对回归模型 (6.15) 的边际最小二乘拟合, 并以矩阵形式适当排列而得到. 当 K 相对于 T 比较大时, 容易出现模型过拟合. 对于大约 5 到 10 年的月度收益率数据, 常常选取大约 3 到 5 个因子.

零假设 $H_0 : \boldsymbol{\alpha} = 0$ 下的极大似然估计可类似地导出. 它们由

$$\widehat{\boldsymbol{B}}_0 = \left[\sum_{t=1}^{T} \boldsymbol{Y}_t \boldsymbol{X}_t^{\mathrm{T}} \right] \left[\sum_{t=1}^{T} \boldsymbol{X}_t \boldsymbol{X}_t^{\mathrm{T}} \right]^{-1},$$

$$\widehat{\boldsymbol{\Sigma}}_0 = T^{-1} \sum_{t=1}^{T} \widehat{\boldsymbol{\varepsilon}}_t^{\mathrm{o}} \widehat{\boldsymbol{\varepsilon}}_t^{\mathrm{oT}}$$

给出, 其中 $\widehat{\boldsymbol{\varepsilon}}_t^{\mathrm{o}} = \boldsymbol{Y}_t - \widehat{\boldsymbol{B}}_0 \boldsymbol{X}_t$. 正如注 6.1, $\widehat{\boldsymbol{B}}_0$ 中的元素和 $\widehat{\boldsymbol{\varepsilon}}_t^{\mathrm{o}}$ 中的残差可以通过无截距项 $\boldsymbol{\alpha}$ 的边际回归模型 (6.15) 得到.

正如 (5.34) 式, 容易推导出似然比检验统计量为

$$T(\log |\widehat{\boldsymbol{\Sigma}}_0| - \log |\widehat{\boldsymbol{\Sigma}}|).$$

根据 Wilks 定理, 由于零假设下约束的个数为 N, 所以渐近零分布为 χ_N^2. 为了提高逼近的精确度, 我们建议使用修正的似然比检验统计量:

$$T_0 = (T - N/2 - K - 1)(\log |\widehat{\boldsymbol{\Sigma}}_0| - \log |\widehat{\boldsymbol{\Sigma}}|) \overset{a}{\underset{H_0}{\sim}} \chi_N^2, \tag{6.16}$$

其中 "$\overset{a}{\underset{H_0}{\sim}}$" 表示零假设下的近似分布为. 这是 (5.35) 推广到 K 因子模型.

基于 (6.14) 式的估计 $\widehat{\boldsymbol{\alpha}}$ 的 Wald 检验容易推导出. 由于估计 $\widehat{\boldsymbol{\alpha}}$ 关于 $\boldsymbol{Y}_t$ 是线性的, 所以容易导出其协方差阵, 从而 Wald 检验统计量也易推导出. 这里省略了细节. Wald 检验统计量为

$$T_1 = \frac{T - N - K}{N} [1 + \bar{\boldsymbol{X}}^{\mathrm{T}} \widehat{\boldsymbol{\Sigma}}_X^{-1} \bar{\boldsymbol{X}}]^{-1} \widehat{\boldsymbol{a}}^{\mathrm{T}} \widehat{\boldsymbol{\Sigma}}^{-1} \widehat{\boldsymbol{a}} \underset{H_0}{\sim} F_{N, T-N-K}, \tag{6.17}$$

其中 $\widehat{\boldsymbol{\Sigma}}_X$ 为 (6.12) 中 $\{\boldsymbol{X}_t\}$ 的样本协方差阵. 如果 $\boldsymbol{\varepsilon} \sim N(0, \boldsymbol{\Sigma})$, 那么这个零分布就是精确分布, 而不是渐近分布. 可以证明这个检验等价于似然比检验 T_0. 这是单因子模型 —— CAPM 检验统计量 (5.30) 的一个推广.

例 6.3　Fama 和 French (1993) 考虑了以下五个可能的因子. 除了例 6.1 中的 3 个因子外, 他们还考虑了另外两个因子:

- 期限结构因子 (长短期债券的利率差);
- 违约风险因子 (高低等级债券的利率差).

他们使用了 25 个股票投资组合和 7 个债券投资组合, 即 $N = 32$. 股票投资组合是基于股票市值和账面-市值比率的双向排序法而构成, 每个因子按照五分位数分

为五组. 这导致 5×5 投资组合 (见 5.5 节). 债券投资组合包含 5 个美国国债和 2 个企业债券. 研究跨度为 1963/07—1991/12, 即 $T = 354$. 他们分别考虑了两因子模型 (SMB 和 HML), 三因子模型 (SMB, HML 和市场投资组合) 及五因子模型. 表 6.1 给出了基于 Wald 检验统计量 T_1 的 P 值. Fama 和 French 发现, 从两因子模型到五因子模型, 有一些改进. 当检验只有股票构成的投资组合时, 三因子模型是必需的; 当再包含债券投资组合时, 需要五因子模型.

表 6.1   Wald 检验结果

K	2	3	5
P 值	0.010	0.039	0.025

6.3.4 应用 Fama-French 投资组合的一个实证研究

在下面的例子中, 我们应用极大似然比检验来验证更广泛时期内的 Fama-French 三因子模型.

例 6.4 验证 1951 年 1 月—2010 年 12 月 12 个 5 年期内的 Fama-French 三因子模型. 与 5.5 节中相同的 6 个 Fama-French 投资组合用作测试投资组合. 对于每一个投资组合, 我们首先进行边际回归 (6.15). 图 6.3 展示了相关结果. 它们类似于 5.5 节定义的量. 所不同的是我们现在用的是三因子模型而不是单因子模型.

与 CAPM 模型比起来, 这里残差的方差要显著地小很多. 对比图 5.4, 意味着多重 R^2 明显地大, 给出了更好的拟合. 的确如此, 与 CAPM 模型的 0.816 比起来, 平均的多重 R^2 现在为 0.972. 所估计的 α 的量级要比 CAPM 的显著地小. 更小的 α 和残差方差的估计表明三因子模型可以更好地拟合横截面风险. 然而它们的比率相互抵消了这个优势. 结果是, t 统计量只有稍微变小, 检验 $\alpha_i = 0$ 的 P 值也只有稍微地改进. 从图 6.3 可以明显地看出, 投资组合 2 (中小市值型) 和投资组合 6 (大幅增长型) 在 1986—1990 和 1991—1995 两个时期的 α 具有统计显著性, 从而在这些时期拒绝了 Fama-French 模型. 利用修正的极大似然比检验统计量 T_0, 基于修正的极大似然比检验 (6.16) 的检验结果, 可参见表 6.2.

注意, 这里是由 6 个投资组合构建的 Fama-French 因子模型. 也许有人会说它们并不是好的测试投资组合. 实际上, 我们这里包含它们以便与 5.5 节的 CAPM 模型的结果比较. 为了缓解这个问题, 我们现在使用例 6.3 Fama-French 的 25 个投资组合. 就检验结果而言, 有些改善. 其他特征也非常相似. 例如, 多重 R^2 为同一数量级 (见图 6.4). 这再一次表明, Fama-French 三因子模型比 CAPM 模型能更好地捕捉横截面风险.

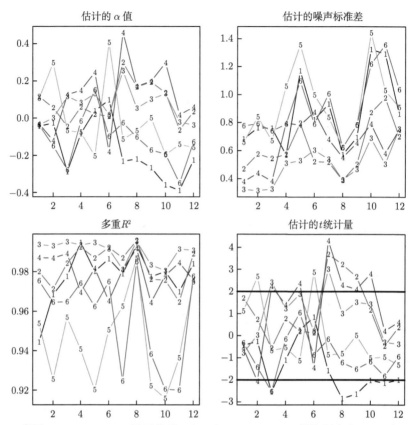

图 6.3　利用 Fama-French 三因子模型, 对 6 个 Fama-French 投资组合在 1951 年 1 月到 2010 年 12 月期间的 12 个 5 年内的 α、噪声标准差、多重 R^2 和 t 统计量的估计. 投资组合 1—6 分别为小市值、中小市值、小幅增长、大市值、中大市值和大幅增长型

表 6.2　检验 Fama-French 模型 (Wald 检验) 的实证结果

时间	6 个组合		25 个组合	
	T_0	P 值	T_0	P 值
1/51-12/55	5.540	47.662	23.334	55.809
1/56-12/60	14.329	2.617	40.620	2.516
1/61-12/65	13.193	4.008	26.865	36.267
1/66-12/70	7.857	24.877	21.672	65.459
1/71-12/75	15.818	1.477	28.404	28.958
1/76-12/80	11.584	7.193	27.922	31.146
1/81-12/85	21.191	0.170	39.871	3.006
1/86-12/90	18.917	0.431	49.111	0.274
1/91-12/95	21.008	0.183	52.873	0.093
1/96-12/00	16.601	1.087	38.276	4.347
1/01-12/05	7.512	27.609	27.292	34.145
1/06-12/10	12.133	5.907	39.530	3.257

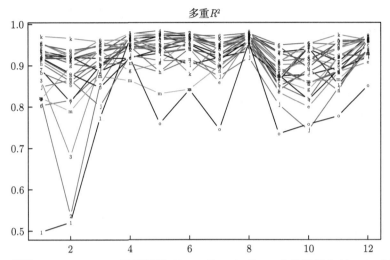

图 6.4 利用 Fama-French 三因子模型, Fama-French 的 25 个投资组合在 1951 年 1 月到 2010 年 12 月的 12 个 5 年期的多重 R^2

我们也将 Wald 检验应用到上述相同的数据集, 在 12 个 5 年期内来验证 Fama-French 三因子模型. 结果大致相同, 因此这里忽略了. 代之以我们给出了 6 个 10 年期, 基于 Wald 检验的结果. 1981—1990 和 1991—2000 两个时期的 P 值 表明, 这两个时期存在小但统计显著的 α.

概括来讲, Fama-French 三因子模型比 CAPM 模型更好地拟合市场数据. 它 们给出了更小的 α 的估计值和更大的多重 R^2. Fama-French 三因子模型能很好 地捕捉横截面风险. 然而, 对某些特别的时期, 似乎有较小但统计显著的 α. α 的 值太小了以至于不能用于有意义的统计套利 (表 6.3).

表 6.3 Fama-French 模型检验的实证结果 (Wald 检验)

时间	6 个组合		25 个组合	
	T_0	P 值	T_0	P 值
1/51-12/60	2.243	4.416	1.745	2.972
1/61-12/70	3.150	0.685	0.803	72.901
1/71-12/80	1.070	38.468	0.571	94.413
1/81-12/90	6.796	0.000	3.158	0.003
1/91-12/00	5.135	0.011	2.690	0.032
1/01-12/10	2.442	2.960	1.579	6.101

6.3.5 不存在无风险资产情形 *

当无风险资产未知时, 我们只能直接用原始收益率 $\boldsymbol{R}_t$ 对可交易风险因子进 行回归, 并由数据直接推断预期无风险利率. 这是 Black 版本的 CAPM 模型的一个推广, 只是现在不止有一个因子. 因为我们用的是原始收益率, 而不是超额收益率, 所以零假设现在变为 (6.9).

通过适当的符号变化, 模型 (6.8) 的极大似然估计与模型 (6.10) 的相同. 这使得我们能够获得模型 (6.10) 的 $\widehat{\boldsymbol{\Sigma}}$. 零假设下的估计需要更多的工作. 由于非线性约束 (6.9), 它没有显式表达式.

正如 5.8.2 节, 零假设下的极大似然估计可以通过迭代方法求出. 给定估计的 $\widehat{\boldsymbol{B}}_0$ 和 $\widehat{\boldsymbol{\Sigma}}_0$, 系数 $\widehat{\gamma}_0$ 由

$$\widehat{\gamma}_0 = \left[(\mathbf{1} - \widehat{\boldsymbol{B}}_0\mathbf{1})^{\mathrm{T}}\widehat{\boldsymbol{\Sigma}}_0^{-1}(\mathbf{1} - \widehat{\boldsymbol{B}}_0\mathbf{1})\right]^{-1}\left[(\mathbf{1} - \widehat{\boldsymbol{B}}_0\mathbf{1})^{\mathrm{T}}\widehat{\boldsymbol{\Sigma}}_0^{-1}(\bar{\boldsymbol{R}} - \widehat{\boldsymbol{B}}_0\bar{\boldsymbol{R}}_K)\right] \tag{6.18}$$

来确定, 其中 $\bar{\boldsymbol{R}}$ 和 $\bar{\boldsymbol{f}}$ 分别为 $\{\boldsymbol{R}_t\}_{t=1}^T$ 和 $\{\boldsymbol{f}_t\}_{t=1}^T$ 的均值. 嵌入 $\boldsymbol{\alpha} = \gamma_0(\mathbf{1} - \boldsymbol{B}\mathbf{1})$, 上述估计量使得 (6.13) 中关于 γ_0 的对数似然函数取得最大值. 这是 (5.59) 式的推广. 具体的推导过程留给读者.

现在, 给定 $\widehat{\gamma}_0$, 情形与 5.2 节的相同, 容易得到 $\widehat{\boldsymbol{B}}_0$ 和 $\widehat{\boldsymbol{\Sigma}}_0$. 特别地,

$$\widehat{\boldsymbol{B}}_0 = \left[\sum_{t=1}^T(\boldsymbol{B}_t - \widehat{\gamma}_0\mathbf{1})(\boldsymbol{f}_t - \widehat{\gamma}_0\mathbf{1})^{\mathrm{T}}\right]\left[\sum_{t=1}^T(\boldsymbol{f}_t - \widehat{\gamma}_0\mathbf{1})(\boldsymbol{f}_t - \widehat{\gamma}_0\mathbf{1})^{\mathrm{T}}\right]^{-1}$$

和

$$\widehat{\boldsymbol{\Sigma}}_0 = T^{-1}\sum_{i=1}^T\widehat{\boldsymbol{\varepsilon}}_t^o\widehat{\boldsymbol{\varepsilon}}_t^{o\mathrm{T}},$$

其中, $\widehat{\boldsymbol{\varepsilon}}_t^o = (\boldsymbol{R}_t - \mathbf{1}\widehat{\gamma}_0) - \widehat{\boldsymbol{B}}_0(\boldsymbol{f}_t - \mathbf{1}\widehat{\gamma}_0)$. 我们现在可以迭代上面两个方程, 直到收敛为止.

上面的过程建议了一种非常简单的算法来计算极大似然比检验. 从无约束模型开始, 我们获得 $\widehat{\boldsymbol{B}}_0$ 和 $\widehat{\boldsymbol{\Sigma}}_0$ 的初始值. 迭代上述步骤若干次, 便很快收敛. 修正的极大似然比检验统计量现在由

$$T_0 = (T - N/2 - K - 1)(\log|\widehat{\boldsymbol{\Sigma}}_0| - \log|\widehat{\boldsymbol{\Sigma}}|) \overset{a}{\underset{H_0}{\sim}} \chi_{N-1}^2$$

给出, 这是 (5.62) 的推广. 自由度现在为 $N - 1$, 它为 (6.9) 中约束条件的个数.

可交易风险因子的风险溢价为 $\boldsymbol{\lambda}_K = E\boldsymbol{f} - \gamma_0\mathbf{1}$, 可由

$$\widehat{\boldsymbol{\lambda}}_K = T^{-1}\sum_{t=1}^T\boldsymbol{f}_t - \widehat{\gamma}_0\mathbf{1} \tag{6.19}$$

来估计, 其中第一部分就是风险因子的平均收益率, 第二部分为估计的无风险利率. 因此估计的误差来自两个部分. 实际上, 可以推导出

$$\widehat{\mathrm{var}}(\widehat{\boldsymbol{\lambda}}_K) = T^{-1}\widehat{\boldsymbol{\Sigma}}_X + \widehat{\mathrm{var}}(\widehat{\gamma}_0)\mathbf{1}\mathbf{1}^{\mathrm{T}}, \tag{6.20}$$

其中

$$\widehat{\mathrm{var}}(\widehat{\gamma}_0) = \left[(\mathbf{1} - \widehat{\boldsymbol{B}}_0 \mathbf{1})^{\mathrm{T}} \widehat{\boldsymbol{\Sigma}}_0^{-1} (\mathbf{1} - \widehat{\boldsymbol{B}}_0 \mathbf{1}) \right]^{-1}.$$

我们省略了细节. 风险溢价估计的标准差只不过是 (6.20) 中对角元素的平方根.

例 6.5 检验不存在无风险资产情况下的 Fama-French 模型, 其中测试组合为 1951 年 1 月—2010 年 12 月 25 个 Fama-French 投资组合, 即 $N = 25$. 零假设下的 MLE 由上面的算法计算. 收敛极其快, 两次迭代后, 算法基本就收敛了. 通过计算, 极大似然比检验统计量 $T_0 = 33.401$, 自由度为 24, P 值为 9.59%. 拒绝该模型的证据的确是弱.

估计的年化无风险利率为 $\widehat{\gamma}_0 = 0.117\%$, 其标准差为 1.623%. 这与同期一个月国债平均年化利率 2.204%, 标准差 2.131% 形成了对比. 估计的年化风险溢价为 $\widehat{\boldsymbol{\lambda}}_K = (3.170\%, 4.142\%, 0.044\%)^{\mathrm{T}}$, 相应的标准差分别为 8.579%, 4.146% 和 4.871%. 标准差是基于估计的协方差阵 (6.20) 的对角线元素的平方根计算的, 协方差阵由

$$\widehat{\mathrm{var}}(\widehat{\boldsymbol{\lambda}}) = \begin{pmatrix} 73.601 & 15.209 & 19.540 \\ 15.209 & 17.191 & 7.600 \\ 19.540 & 7.600 & 23.723 \end{pmatrix}$$

给出. 注意, 由于 2007 年的次贷危机和 2008 年的金融危机, 市场投资组合在这一时期的风险溢价低.

6.4 宏观经济变量因子 *

现在我们简要讨论当风险因子为不可交易的宏观经济变量时, 验证多因子定价模型的经济计量方法. 这样的宏观经济变量例子包括国内生产总值增长率、债券收益率变化和不可预期的通货膨胀率. 这些因子是可观测的, 尽管为低频的, 但它们是不可交易的. 因此风险溢价是未知的, 并且不能表示为 $\boldsymbol{\lambda}_K = E\boldsymbol{f} - \gamma_0 \mathbf{1}$.

基本假设仍为因子模型 (6.8), 其 MLE 可类似于 6.3.5 节来计算. 这里主要的差别在于, 这里的风险溢价 $\boldsymbol{\lambda}_K$ 不同于 $E\boldsymbol{f}_K - \gamma_0 \mathbf{1}$, 并作为未知参数. 由多因子定价模型 (6.5) 和回归模型 (6.8), 我们有

$$\boldsymbol{\mu} = \gamma_0 \mathbf{1} + \boldsymbol{B}\boldsymbol{\lambda} = \boldsymbol{a} + \boldsymbol{B}E\boldsymbol{f}_K.$$

于是多因子定价模型对回归系数施加了约束

$$\boldsymbol{a} = \gamma_0 \mathbf{1} + \boldsymbol{B}\boldsymbol{\gamma}_1, \tag{6.21}$$

其中 $\gamma_1 = \lambda_K - E\boldsymbol{f}$. 检验目标现在变为 (6.21) 式.

零假设 (6.21) 的 MLE 现在有 K 个额外参数 γ_1. 尽管如此, 6.3.5 节的思想仍然可以用来获得零假设下的 MLE. 我们忽略了细节.

利用估计的 $\widehat{\boldsymbol{\Sigma}}$ 和 $\widehat{\boldsymbol{\Sigma}}_0$, 我们可以得到修正的极大似然比检验统计量 T_0. 渐近零分布仍为 χ^2 分布. 自由度为 $N - K$ 或 $N - K - 1$, 取决于无风险利率是已知还是未知. 例如, 当 γ_0 未知时, (6.21) 中约束的个数为 $N - K - 1$, 也是零假设下的自由度.

6.5   因 子 选 择

因子选择方法主要有两种. 一种是基于金融经济学理论. 另一种是套利定价理论驱动的统计方法, 通过因子分析和主成分分析方法, 从一组广泛的资产收益率中构建因子. 例如, 像公司特征、宏观经济和金融市场变量等这样的变量的确具有经济学基础. 这些都是已知的因子, 可以通过人为或者统计变量选择方法进行选择.

无论因子是如何选择的, 无论是经济或市场变量, 或统计构建的变量, 所选择的因子的线性组合都是等价的. 例如, 在 Fama-French 模型中, 人们也许定义了两个因子

$$f_1 = \mathrm{SMB} + \mathrm{HML}, \qquad f_2 = \mathrm{SMB} - 2 * \mathrm{HML}.$$

由因子 f_1 和 f_2 生成的线性空间与因子 SMB 和 HML 生成的线性空间相同. 一般地, 对于任意的非奇异矩阵 $\boldsymbol{A}$, 由 K 因子向量 $\boldsymbol{f}$ 生成的线性空间等价于由 $\boldsymbol{A}\boldsymbol{f}$ 生成的线性空间.

主成分分析 (PCA) 和因子分析是两个经典的统计工具, 在多元统计分析中具有重要地位, 很多多元统计教材中都可以找到. 很多统计和计量经济软件包中都包含 PCA 和因子分析. 因此我们这里只是简要地介绍. 当变量 (资产) 数目较小时, 这两种分析非常不同; 但当变量数目很大时, 它们就近似相同了. 我们将在 7.2.7 节进一步详细解释. 读者要想深入了解主成分分析和因子分析, 请参考 Anderson (2003).

6.5.1   主成分分析

给定 $\{\mathbf{X}_t\}_{t=1}^T$ 中的 p 个时间序列, 它们通常是相关的, 可以由称为主成分的主要联动方向来概括. 这可以是 5.1 节中概述的风险因子, 在那里我们试图用几个主成分来概括多个因子. 这也可以为一个大的资产收益率的集合, 我们设法识别出能解释横截面风险的关键因子. 无论出于什么目的, 我们的出发点就是基于时间序列 $\{\boldsymbol{X}_t\}$ 计算的样本协方差阵 $\widehat{\boldsymbol{\Sigma}}$.

注意到 $\{b^{\mathrm{T}}X_t\}_{t=1}^{T}$ 的样本协方差为 $b^{\mathrm{T}}\widehat{\Sigma}b$. 主方向是在正则化条件 $\|b\|^2 = b^{\mathrm{T}}b = 1$ 下, 寻找使得样本协方差最大的 b. 换句话说, 第一个主成分 ξ_1 定义为

$$\xi_1 = \arg\max_{\|b\|=1} b^{\mathrm{T}}\widehat{\Sigma}b. \tag{6.22}$$

注意, ξ_1 的符号并不能唯一确定. 如果 ξ_1 是主成分, 那么 $-\xi_1$ 也是主成分.

为了理解为什么选择最大化而不是最小化变化方向, 让我们想象要将学生的家庭作业成绩、期中成绩和期末成绩概况成一个总体表现指标. 这样一个概况就是家庭作业、期中成绩和期末成绩的线性组合. 这样的线性组合应该选择在正则化约束条件下使得总体表现变化最大, 以便我们区分学生的成绩. 因此我们利用主成分作为一个测度. 换句话说, 主成分概括了一个班级的总体表现因子. 在类似的应用中, S&P 500 指数成分股收益率的主成分与 S&P 500 指数的收益率高度相关. 它概括了市场因子的表现. 关于这个的理论证明, 例如, 可参见 Fan 等 (2013).

对于散点图为椭圆形的二元正态数据, 其主成分方向是椭圆的长轴. 椭圆的短轴方向就是现在我们要定义的第二主成分.

第二主成分定义为与第一主成分垂直, 且使得方差最大的方向, 即

$$\xi_2 = \arg\max_{b^{\mathrm{T}}\xi_1=0,\|b\|=1} b^{\mathrm{T}}\widehat{\Sigma}b. \tag{6.23}$$

注意到约束 $b^{\mathrm{T}}\xi_1 = 0$ 等价于 $b^{\mathrm{T}}\widehat{\Sigma}\xi_1 = 0$, 从而 $\{\xi_1^{\mathrm{T}}X_t\}$ 与 $\{\xi_2^{\mathrm{T}}X_t\}$ 不相关. 上述结论的第一部分的数学证明源于 (6.24) 的结论 $b^{\mathrm{T}}\widehat{\Sigma}\xi_1 = \lambda_1 b^{\mathrm{T}}\xi_1$, 第二部分可见习题 6.2.

一般地, 第 k 个主成分定义为与前 $k-1$ 个主成分垂直, 且使得方差最大的方向.

回忆一下, 任意对称矩阵都有下面的谱分解:

$$\widehat{\Sigma} = \lambda_1\xi_1\xi_1^{\mathrm{T}} + \cdots + \lambda_p\xi_p\xi_p^{\mathrm{T}}, \tag{6.24}$$

其中, $\{\xi_j\}_{j=1}^{p}$ 是标准正交的, 即

$$\xi_j^{\mathrm{T}}\xi_k = 0, \quad i \neq j, \quad \|\xi_j\| = 1.$$

假设特征值 $\{\lambda_j\}_{j=1}^{p}$ 已经按降序排列. 于是容易证明, 相应的特征向量 ξ_k 就是第 k 个主成分:

$$\widehat{\Sigma}\xi_k = \lambda_k\xi_k.$$

对于任意两个向量, 可以证明 (见习题 6.2) 样本协方差

$$\mathrm{cov}(\{\xi_j^{\mathrm{T}}X_t\}, \{\xi_k^{\mathrm{T}}X_t\}) = \xi_j^{\mathrm{T}}\widehat{\Sigma}\xi_k, \quad j \neq k.$$

由此和 (6.24) 可知, 主成分之间互不相关

$$\text{cov}(\{\boldsymbol{\xi}_j^{\text{T}}\mathbf{X}_t\}, \{\boldsymbol{\xi}_k^{\text{T}}\mathbf{X}_t\}) = \boldsymbol{\xi}_j^{\text{T}}\widehat{\boldsymbol{\Sigma}}\boldsymbol{\xi}_k = \lambda_k \boldsymbol{\xi}_j^{\text{T}}\boldsymbol{\xi}_k = 0, \quad \forall j \neq k.$$

此外, 第 j 个主成分的方差为

$$\text{var}(\{\boldsymbol{\xi}_j^{\text{T}}\mathbf{X}_t\}) = \lambda_j.$$

注意, 由 (6.24),

$$\text{tr}(\widehat{\boldsymbol{\Sigma}}) = \lambda_1 + \cdots + \lambda_p,$$

这可看作总方差. 前 k 个最大的主方向 $\{\boldsymbol{\xi}_k^{\text{T}}\mathbf{X}_t\}_{t=1}^T$ 对总方差的贡献为 $\lambda_1 + \cdots + \lambda_k$. 因此, 由前 k 个主成分解释的总变化的比例为

$$p_k = \frac{\lambda_1 + \cdots + \lambda_k}{\lambda_1 + \cdots + \lambda_p}. \tag{6.25}$$

特别地, p_1 为第一个主成分单独解释的总变化的比例, 并且 $p_2 - p_1$ 为第二主成分解释的总变化的比例, 以此类推. 对于许多应用, 几个主成分就能解释 80% 以上的总变化, 达到了显著的降维和很好的解释能力.

上述的 PCA 是基于样本协方差阵引入的, 也可以基于样本相关阵. 结果一般不同, 但解释类似. 基于相关阵的主成分是基于边际标准化的变量. 它们与所使用的单位无关. 注意, 对于相关阵, 由于 $\text{tr}(\widehat{\boldsymbol{\Sigma}}) = p$, 所以 (6.25) 变为

$$p_k = p^{-1}(\lambda_1 + \cdots + \lambda_k).$$

因此, 第 j 个主成分解释了 λ_j/p 的变化, 并且每个主成分的平均贡献为

$$p^{-1}\sum_{j=1}^p \lambda_j/p = 1/p.$$

谱分解 (6.24) 和主成分分析容易由 R-函数实现:

```
> res = eigen(S);  xi = res$vectors; lam = res$values
```

其中, S 是给定的样本协方差阵或相关阵.

现在我们利用主成分分析将 6.1 节介绍的 8 个风险因子综合为 2 个风险因子. 一个为市场因子, 另一个为图 6.1 所示的其他 7 个风险因子的主成分. 当然, 这两个因子是高度相关的. 但是, 我们希望构建一个不相关的因子, 它可以概括其他 7 个风险因子. 我们在下面的例子中分析这个数据.

例 6.6   我们现在来分析图 6.1 给出的风险因子. 所使用的数据是从 2004 年 2 月 23 日到 2011 年 2 月 28 日. 为了获得与市场投资组合的不相关的风险因子,

我们首先利用其他 7 个因子对 S&P 500 的收益率进行回归, 得到残差向量. 残差向量与市场投资组合不相关. 然后我们计算残差向量的相关阵 $(p = 7)$, 并作谱分解 (6.24). 前两个主成分是标准化因子 (均值为 0, 方差为 1) 的线性组合, 权重由表 6.4 给出. 这些权重是分解 (6.24) 中的 $\boldsymbol{\xi}_1$ 和 $\boldsymbol{\xi}_2$, 对应的特征值为 $\lambda_1 = 3.002$ 和 $\lambda_2 = 1.010$. 第一主成分解释了大约 $\lambda_1/p = 42.86\%$ 的变化; 第二主成分解释了大约 $\lambda_2/p = 14.44\%$ 的变化, 这与平均值 $1/7$ 大约相同.

图 6.5 给出了 S&P 500 收益率和第一主成分 $\{\boldsymbol{\xi}_1^{\mathrm{T}}\mathbf{X}_t\}_{t=1}^{T}$ 的实现. 它们从结

表 6.4 市场投资组合特殊因子的主成分

		Vol	ExR	Mat	Def	Liq	Size	Tbill
第一主成分	$\boldsymbol{\xi}_1$	0.479	-0.230	0.481	0.450	0.111	0.008	-0.521
第二主成分	$\boldsymbol{\xi}_2$	0.154	-0.492	-0.263	-0.049	0.779	-0.015	0.238

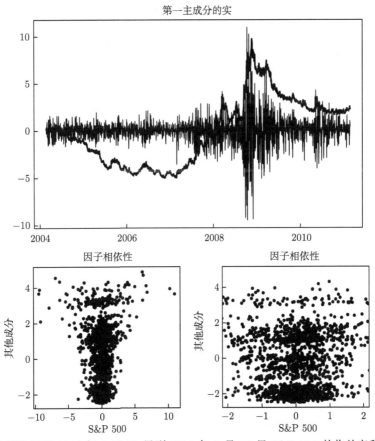

图 6.5 上面的图是 2004 年 2 月 23 日到 2011 年 2 月 28 日 S&P 500 的收益率和第一主成分的实现. 下面的图表明这两个因子几乎独立. 右下图是左下图的放大图

构上讲是不相关的. 事实上, 正如图 6.5 下面一行的图所示, 它们几乎是独立的. 实际上, 它们具有负的尾部相关性. 当 S&P 500 显著下降时, 主成分倾向为正.

　　上面的计算是基于整个数据集. 为了看看前两个主成分解释的方差的比例是如何随时间变化的, 对于每一个给定的 t, 我们将数据时间跨度限制在时间区间 $[t-w,t]$, 并重复上面的分析. 结果见图 6.6.

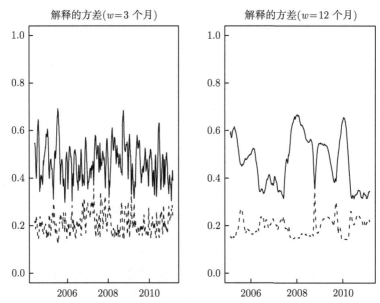

图 6.6　前两个主成分解释的方差的比例, 其中利用了活动时间窗口分别为 3 个月 (左图) 和 1 年 (右图) 来估计相关阵

　　为了看看这两个风险因子的预测能力如何, 我们利用 100 个 Fama-French 投资组合作为测试集. 我们分别用这 100 个投资组合对 S&P 的收益率和 PCA 作回归, 时间从 2004 年 1 月 23 日到 2010 年 12 月 31 日. 图 6.7 给出了这 100 个投资组合的多重 R^2. 我们还给出了 6.1 节介绍的关于所有 8 个因子回归的多重 R^2.

　　市场投资组合解释了大部分收益率的变化. 不幸的是, 主成分并没有提升很多解释能力, 但是其他 7 个因子的确有附加的预测能力.

　　关于该问题的分析还有更多可能的改进. PCA 看起来相对光滑, 对于日频率的市场收益率, 我们不能期望它有过多的预测能力. 一种可能是考虑月收益率, 另外是利用风险因子的收益率和滞后变量. 我们不再做进一步的详细分析.

6.5.2　因子分析 *

　　因子分析的目标是从数据中提取未知的因子及其因子负荷. 假设有 K 个因子解释了资产收益的所有协方差, 从而特殊噪声的协方差阵 Σ 为对角阵. 这是一个严格的因子结构, 是由 Ross (1976) 发展 APT 时提出来的.

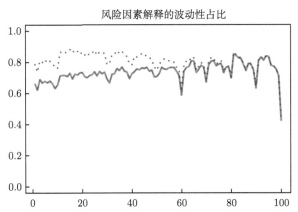

图 6.7　100 个 Fama-French 投资组合对 S&P 500 收益率 (实线)、S&P 500 和 PCA(实线) 及全部 8 个风险因子回归 (点线) 的多重 R^2 图 (两条实线高度重合)

对于因子结构 (6.4), 协方差阵由 (6.7) 给出. 令 $\Sigma_f = \mathrm{var}(\boldsymbol{f})$ 和 $\boldsymbol{B}^* = \Omega_K^{\frac{1}{2}}\boldsymbol{B}$. 于是

$$\mathrm{var}(\boldsymbol{R}) = \boldsymbol{B}^{\mathrm{T}}\Sigma_f\boldsymbol{B} + \Sigma_\epsilon = \boldsymbol{B}^{*\mathrm{T}}\boldsymbol{B}^* + \Sigma_\epsilon.$$

换句话说, $p \times K$ 负荷阵 $\boldsymbol{B}$ 仅在 $K \times K$ 非奇异阵的意义下是可识别的, 并且 $\boldsymbol{B}^*$ 在正交变换下唯一. 它对应于正交因子 $\boldsymbol{f}^* = \Sigma_f^{-1}\boldsymbol{f}$ 的负荷矩阵, 其中 $\mathrm{var}(\boldsymbol{f}^*) = \boldsymbol{I}_K$. 不失一般性, 假设 $E\boldsymbol{f} = 0$. 于是 (6.4) 中 $\boldsymbol{a} = E\boldsymbol{R}_t$, 可由样本均值向量 $\hat{\boldsymbol{a}} = \bar{\boldsymbol{R}}$ 来估计.

将似然函数 (6.13) 修改为当前的记号, 在正态假设下, 极大似然估计就是寻找 $\boldsymbol{B}$ 和 $\boldsymbol{f}$ 最小化

$$\sum_{t=1}^{T}(\boldsymbol{R}_t - \bar{\boldsymbol{R}} - \boldsymbol{B}\boldsymbol{f}_t)^{\mathrm{T}}\Sigma^{-1}(\boldsymbol{R}_t - \bar{\boldsymbol{R}} - \boldsymbol{B}\boldsymbol{f}_t). \tag{6.26}$$

回想一下严格的因子模型假设, 用 $\{\boldsymbol{B}\boldsymbol{f}_t\}$ 的估计, Σ 的估计是一个对角阵, 由个体资产的残差方差构成.

为了求解 (6.26), 我们考虑普通的最小二乘而不是广义最小二乘 (6.26):

$$\sum_{t=1}^{T}(\boldsymbol{R}_t - \bar{\boldsymbol{R}} - \boldsymbol{B}\boldsymbol{f}_t)^{\mathrm{T}}(\boldsymbol{R}_t - \bar{\boldsymbol{R}} - \boldsymbol{B}\boldsymbol{f}_t). \tag{6.27}$$

本节最后我们将证明, 由 $\boldsymbol{B}$ 的列生成的空间与数据 $\{\boldsymbol{R}_t\}$ 的样本协方差阵的前 K

个主成分 $\{\boldsymbol{\xi}_j\}_{j=1}^K$ 生成的空间相同. 换句话说, $\{\boldsymbol{R}_t - \bar{\boldsymbol{R}}\}_{t=1}^T$ 在主成分

$$\boldsymbol{f}_t = (\boldsymbol{\xi}_1, \cdots, \boldsymbol{\xi}_K)^{\mathrm{T}}(\boldsymbol{R}_t - \bar{\boldsymbol{R}}), \quad t = 1, \cdots, T$$

方向上的投影为由数据估计的实现的因子. 这是非标准化的主成分.

利用所得因子, 由 (6.14), 我们有负荷阵

$$
\begin{aligned}
\boldsymbol{B} &= \sum_{t=1}^T (\boldsymbol{R}_t - \bar{\boldsymbol{R}})(\boldsymbol{R}_t - \bar{\boldsymbol{R}})^{\mathrm{T}} \boldsymbol{\Theta}_K \left[\sum_{t=1}^T \boldsymbol{\Theta}_K^{\mathrm{T}}(\boldsymbol{R}_t - \bar{\boldsymbol{R}})(\boldsymbol{R}_t - \bar{\boldsymbol{R}})^{\mathrm{T}} \boldsymbol{\Theta}_K \right] \\
&= \widehat{\boldsymbol{\Sigma}} \boldsymbol{\Theta}_K [\boldsymbol{\Theta}_K^{\mathrm{T}} \widehat{\boldsymbol{\Sigma}} \boldsymbol{\Theta}_K]^{-1} \\
&= (\lambda_1 \boldsymbol{\xi}_1, \cdots, \lambda_K \boldsymbol{\xi}_K) [\mathrm{diag}(\lambda_1, \cdots, \lambda_K)]^{-1} \\
&= \boldsymbol{\Theta}_K,
\end{aligned}
$$

其中 $\boldsymbol{\Theta}_K = (\boldsymbol{\xi}_1, \cdots, \boldsymbol{\xi}_K)$.

因为在可识别的条件下, 最小二乘估计量为相合估计, 所以我们实际上获得了问题 (6.26) 一个好的初始值

$$\boldsymbol{f}_t = (\boldsymbol{\xi}_1, \cdots, \boldsymbol{\xi}_K)^{\mathrm{T}}(\boldsymbol{R}_t - \bar{\boldsymbol{R}}), \qquad \boldsymbol{B} = (\boldsymbol{\xi}_1, \cdots, \boldsymbol{\xi}_K).$$

如果不打算使用 MLE, 我们的确可以把这些主成分当作因子. Fan 等 (2013) 证明了, 当投资组合的规模很大时, 主成分分析和因子分析近似相同.

MLE (6.26) 可以通过迭代求因子 $\boldsymbol{f}$、因子负荷阵 $\boldsymbol{B}$ 和残差方差阵 $\boldsymbol{\Sigma}$ 而求解. 例如, 给定 $\boldsymbol{f}$, 负荷阵可以通过 (6.14), 适当修改记号而求出. 另一方面, 给定负荷阵 $\boldsymbol{B}$ 和残差方差阵 $\boldsymbol{\Sigma}$, 极小化 (6.26) 等价于对每一个 t, 在广义最小二乘中分别极小化

$$(\boldsymbol{R}_t - \bar{\boldsymbol{R}} - \boldsymbol{B} \boldsymbol{f}_t)^{\mathrm{T}} \widehat{\boldsymbol{\Sigma}}^{-1} (\boldsymbol{R}_t - \bar{\boldsymbol{R}} - \boldsymbol{B} \boldsymbol{f}_t),$$

这给出解

$$\widehat{\boldsymbol{f}}_t = (\widehat{\boldsymbol{B}}^{\mathrm{T}} \widehat{\boldsymbol{\Sigma}}^{-1} \widehat{\boldsymbol{B}})^{-1} \widehat{\boldsymbol{B}}^{\mathrm{T}} \widehat{\boldsymbol{\Sigma}}^{-1} (\boldsymbol{R}_t - \bar{\boldsymbol{R}}),$$

其中 $\widehat{\boldsymbol{\Sigma}}$ 是 $\boldsymbol{\Sigma}$ 的估计. 给定 $\boldsymbol{B}$ 和 $\boldsymbol{f}$, 回想一下严格因子模型的假设, $\boldsymbol{\Sigma}$ 的 MLE 为对角阵, 由每只股票残差的方差组成. 当目标 (6.26) 不再减小时, 迭代就停止.

在上迭代过程中, 我们没有加可识别条件. 这无关紧要, 因为我们的目的是最小化 (6.26). 尽管在不加可识别条件时, 因子可能不收敛, 但是由因子生成的线性空间应该收敛.

当去掉正态性假设时, (6.26) 就变成了最小二乘估计. 它仍然提供了由因子生成的线性空间的一个相合估计.

现在我们来证明, 由前 K 个主成分向量生成的空间为最小二乘问题 (6.27) 的解. 为此, 令 $\boldsymbol{A}$ 为一个 $p \times (p-K)$ 矩阵, 其列生成的空间为 $\boldsymbol{B}$ 的列生成的空间的正交补. 于是存在向量 $\boldsymbol{\eta}_{1t}$ 和 $\boldsymbol{\eta}_{2t}$, 使得 $\boldsymbol{R}_t - \bar{\boldsymbol{R}}$ 可以分解为

$$\boldsymbol{R}_t - \bar{\boldsymbol{R}} = \boldsymbol{A}\boldsymbol{\eta}_{1t} + \boldsymbol{B}\boldsymbol{\eta}_{2t}. \tag{6.28}$$

将上式代入 (6.27), 并利用正交性 $\boldsymbol{A}^{\mathrm{T}}\boldsymbol{B} = 0$, 可得

$$\sum_{t=1}^{T} \boldsymbol{\eta}_{1t}^{\mathrm{T}}(\boldsymbol{A}^{\mathrm{T}}\boldsymbol{A})\boldsymbol{\eta}_{1t} + \sum_{t=1}^{T} (\boldsymbol{\eta}_{2t} - \boldsymbol{f}_t)^{\mathrm{T}}\boldsymbol{B}^{\mathrm{T}}\boldsymbol{B}(\boldsymbol{\eta}_{2t} - \boldsymbol{f}_t).$$

关于 $\boldsymbol{f}_t$ 极小化上式, 则有

$$\sum_{t=1}^{T} \boldsymbol{\eta}_{1t}^{\mathrm{T}}(\boldsymbol{A}^{\mathrm{T}}\boldsymbol{A})\boldsymbol{\eta}_{1t}.$$

注意到 $\boldsymbol{\eta}_{1t} = (\boldsymbol{A}^{\mathrm{T}}\boldsymbol{A})^{-1}\boldsymbol{A}^{\mathrm{T}}(\boldsymbol{R}_t - \bar{\boldsymbol{R}})$, 从而上式可以改写为

$$\sum_{t=1}^{T} (\boldsymbol{R}_t - \bar{\boldsymbol{R}})^{\mathrm{T}}\boldsymbol{A}(\boldsymbol{A}^{\mathrm{T}}\boldsymbol{A})^{-1}\boldsymbol{A}^{\mathrm{T}}(\boldsymbol{R}_t - \bar{\boldsymbol{R}}) = (T-1)\mathrm{tr}(\widehat{\boldsymbol{\Sigma}}C),$$

其中 $C = \boldsymbol{A}(\boldsymbol{A}^{\mathrm{T}}\boldsymbol{A})^{-1}\boldsymbol{A}^{\mathrm{T}}$ 为 $\boldsymbol{A}$ 的列生成的空间上的投影矩阵.

关于 $\boldsymbol{B}$ 极小化上式等价于关于 $(n-K)$ 维空间上的投影矩阵 C 极小化上式. 由谱分解 (6.24), 容易看出, C 对应于由最小的 $(p-K)$ 个特征值的特征向量生成的 $(p-K)$ 维空间. 因此 $\boldsymbol{B}$ 的列向量对应于由前 K 个最大特征值的特征向量.

6.6　习　　题

6.1 考虑多因子模型

$$\boldsymbol{Y} = \boldsymbol{\alpha} + \boldsymbol{B}\boldsymbol{X} + \boldsymbol{\varepsilon}, \qquad E\boldsymbol{\varepsilon} = 0, \quad \mathrm{cov}(\boldsymbol{X}, \boldsymbol{\varepsilon}) = E\boldsymbol{X}\boldsymbol{\varepsilon}^{\mathrm{T}} = 0.$$

(a) 求 $\mathrm{var}(\boldsymbol{Y})$, 并加以证明.

(b) 求 $\mathrm{var}(\boldsymbol{A}\boldsymbol{Y})$.

6.2 对任意两个投资组合, $\{\boldsymbol{a}^{\mathrm{T}}\boldsymbol{R}_t\}_{t=1}^{T}$ 和 $\{\boldsymbol{b}^{\mathrm{T}}\boldsymbol{R}_t\}_{t=1}^{T}$, 证明其样本协方差为

$$\mathrm{cov}(\{\boldsymbol{a}^{\mathrm{T}}\boldsymbol{R}_t\}, \{\boldsymbol{b}^{\mathrm{T}}\boldsymbol{R}_t\}) = \boldsymbol{a}^{\mathrm{T}}\widehat{\boldsymbol{\Sigma}}\boldsymbol{b},$$

其中 $\widehat{\boldsymbol{\Sigma}}$ 是 $\{\boldsymbol{R}_t\}_{t=1}^{T}$ 的样本协方差阵.

6.3 令 $\boldsymbol{Y}_t$ 为 N 个资产的超额收益率向量. 考虑多元线性回归模型

$$\boldsymbol{Y}_t = \boldsymbol{\alpha} + \boldsymbol{\beta} Y_t^m + \boldsymbol{\varepsilon}_t,$$

其中 $\boldsymbol{\varepsilon}_t \sim N(0, \boldsymbol{\Sigma})$, $\mathrm{cov}(Y_t^m, \boldsymbol{\varepsilon}_t) = 0$.

(a) 推导 $\boldsymbol{\alpha}$ 和 $\boldsymbol{\beta}$ 的 MLE (不需要求解 $\boldsymbol{\Sigma}$ 的 MLE, 因为这很难, 你只需要默认 $\widehat{\boldsymbol{\Sigma}}$ 为 MLE 即可).

(b) 证明零假设 $H_0 : \boldsymbol{\alpha} = 0$ 下的极大似然比检验统计量为

$$T_2 = T[\log(|\widehat{\boldsymbol{\Sigma}}_0|) - \log(|\widehat{\boldsymbol{\Sigma}}|)],$$

其中 $\widehat{\boldsymbol{\Sigma}}_0$ 为零假设 H_0 下的 MLE. 给出 $\widehat{\boldsymbol{\Sigma}}_0$ 的具体表达式.

6.4 考虑多因子模型

$$\boldsymbol{Y}_t = \boldsymbol{a} + \boldsymbol{B}\boldsymbol{X}_t + \boldsymbol{\varepsilon}_t,$$

其中 $\boldsymbol{X}_t$ 为可观测因子, $E\boldsymbol{\varepsilon}_t = 0$, $\mathrm{cov}(\boldsymbol{X}_t, \boldsymbol{\varepsilon}_t) = 0$.

(a) 基于 3 个因子, 60 个月的 20 个投资组合, 计算得到 $|\widehat{\boldsymbol{\Sigma}}_0| = 2.375$, $|\widehat{\boldsymbol{\Sigma}}| = 1.624$. 试检验多因子模型是否与经验数据一致, 即 $H_0 : \boldsymbol{a} = 0$.

(b) 假设股票 GE S&P 500 指数 (X_1), 规模效应 X_2 和账面市值比效应 X_3 的贝塔值分别为 1.3, 0.3, -0.4. 进一步假设过去 10 年的平均无风险利率为 4%, S&P 500 指数的平均收益率为 11%, 大市值和小市值公司股票的平均收益率差为 3%, 高账面和低账面市值公司的平均收益率差为 2%. 应用 Fama-French 模型, 股票 GE 的期望收益率为多少?

6.5 考虑多因子模型

$$\boldsymbol{Y}_t = \boldsymbol{a} + \boldsymbol{B}\boldsymbol{X}_t + \boldsymbol{\varepsilon}_t,$$

其中 $\boldsymbol{X}_t$ 为可观测因子.

(a) 假设 CAPM 成立, 且在过去 5 年, 平均无风险利率为 3.5%, CRSP 值加权指数的平均收益率为 12.5%. 如果一只股票 (相对指数) 的贝塔值为 1.3, 那么这只股票的期望收益是多少?

(b) 基于 15 个股票投资组合在 60 个月时期内, 在无风险利率未知的条件下, 对 5 个因子的回归, 计算得到 $|\widehat{\boldsymbol{\Sigma}}_0| = 2.425$, $|\widehat{\boldsymbol{\Sigma}}| = 1.742$. 试检验多因子模型与经验数据是否一致, 即 $H_0 : \boldsymbol{a} = 0$.

(c) 假设严格多因子模型成立, 从而 $\mathrm{var}(\boldsymbol{\varepsilon}_t) = \boldsymbol{\Sigma}_0$ 为对角阵, 并且 $\boldsymbol{X}_t$ 与 $\boldsymbol{\varepsilon}_t$ 不相关. 根据过去 T 天的数据 $\{(\boldsymbol{X}_t, \boldsymbol{Y}_t) : t = 1, \cdots, T\}$, 如何估计 $\boldsymbol{Y}$ 的协方差阵?

6.6 考虑一篮子债券. 令 $X_i = 1$ 表示第 i 个债券在未来两年里将会违约, 违约概率 $p_i = P(X_i = 1)$ 一般是已知的 (根据债券评级). 挑战性在于对违约的相关性进行建模. 假设这些债券具有共同的不可观测的风险因素 $Z \sim N(0,1)$, 并且在 Z 给定的条件下, 违约事件是相互独立的, 其概率为

$$P(X_i = 1|Z) = \exp(a_i + b_i Z),$$

其中 b_i 为因子载荷, a_i 为截距项. 证明

$$EX_i X_j = p_i p_j \exp(b_i b_j / 2).$$

提示: $EX_i X_j = E[P(X_i = 1, X_j = 1|Z)]$, $E \exp(bZ) = \exp(b^2/2)$.

6.7 验证表 6.2 中的结果.

6.8 利用 100 个过去 5 年的 Fama-French 投资组合, 通过基于相关矩阵的主成分分析法, 构造三个共同因子. 给出每个主成分解释的方差. 然后, 每个 Fama-French 投资组合对这 3 个主成分做回归, 给出残差方差的分布 (直方图). 也给出在同一时期, 这 100 个投资组合的方差分布.

第 7 章 投资组合配置与风险评估

Markowitz (1952, 1959) 关于投资组合选择的开创性工作是现代金融的基石, 完美的定价理论就是建立在这一基础之上的. 但是, 投资组合选择的应用面临许多挑战, 如期望收益率估计的精确性和波动率矩阵估计的稳定性. 当候选资产池非常大的时候, 这个问题变得更具有挑战性. 例如, 在新兴市场里的 1000 只股票中, 为了能够有效地选取数十只股票用于投资和监测, 我们需要 1000 阶的协方差阵的估计. 然而, 基于过去一年的日数据的样本协方差阵必然是退化的, 从而不能直接应用最优投资组合配置的公式.

本章涵盖了投资组合配置和风险评估的实证方面. 重点将放在金融资产池较大的情况, 因为误差累积的问题更严重, 尽管该方法也适用于候选池中等或较小的情况.

我们如何评估一个大的投资组合的风险? 估计大协方差阵时, 误差会累积吗? 它们是如何影响投资组合优化的? 我们如何选取投资组合的一个子集来进行投资? 我们如何跟踪一个投资组合? 一个给定的投资组合是不是有效的? 这些问题都是本章将要讨论的话题.

7.1 大型投资组合的风险评估

对于一个给定具有配置向量 $\boldsymbol{w}$ 的投资组合, 其基础资产是收益率为 $\boldsymbol{R}$ 的 p 个风险资产, 有许多种度量来测度风险. 关于一致风险度量的定义请参见 Artzner 等 (1999). 这里, 我们特别关心时刻 t 投资组合的标准差 $\sqrt{\mathrm{var}_t(\boldsymbol{w}^{\mathrm{T}}\boldsymbol{R}_{t+1})}$. 由于时刻 t 没有特别的作用, 所以省略了对现在时刻 t 的依赖. 因此, 投资组合的风险为 $\sqrt{R(\boldsymbol{w})}$, 其中

$$R(\boldsymbol{w}) = \boldsymbol{w}^{\mathrm{T}}\boldsymbol{\Sigma}\boldsymbol{w}, \quad \boldsymbol{\Sigma} = \mathrm{var}(\boldsymbol{R}). \tag{7.1}$$

投资组合风险依赖于未知的波动率矩阵 $\boldsymbol{\Sigma}$. 由历史数据可以得到估计 $\widehat{\boldsymbol{\Sigma}}$, 并且可以计算估计的风险 $\sqrt{\widehat{R}(\boldsymbol{w})}$, 其中

$$\widehat{R}(\boldsymbol{w}) = \boldsymbol{w}^{\mathrm{T}}\widehat{\boldsymbol{\Sigma}}\boldsymbol{w}. \tag{7.2}$$

我们将这个风险称为感知风险或者经验风险, 因为它是我们估计的风险, 而不是实际风险. 它们有什么不同呢? 让我们首先来看看要估计的元素的个数.

估计高维协方差阵本质上具有挑战性. 假设股票池中有 2000 只股票需要操作或选择, 那么协方差阵中有超过 2 百万个自由参数! 然而, 一年的日收益率只能有大约 252 个样本. 在这种情形下, 样本协方差阵是退化的. 此外, 样本间隔的延长在协方差阵的估计时将产生更大的偏差, 这是由于资产收益率的随机动态结构是随着时间进化的. 由于这个原因, 通常采用一个较短的抽样间隔, 比如三个月或者半年, 来估计波动率矩阵. 由于统计偏差和随机误差两者矛盾的要求, 精确地估计波动率矩阵构成了重大挑战. 由于投资组合的风险评估涉及数百万计的估计的协方差, 所以数百万计的估计误差的累积将会产生毁灭性的影响.

7.1.1 投资组合的稳定性

于是问题就出现了, 哪类投资组合能够避免大的噪声累积? 这就需要我们定义投资组合的稳定性. 我们称 L_1-范数

$$\|\boldsymbol{w}\|_1 = |w_1| + \cdots + |w_p|$$

为具有配置向量 $\boldsymbol{w}$ 的投资组合的总风险敞口. 它与总空头头寸有内在联系. 这个概念分别由 Brodie 等 (2009), DeMiguel 等 (2008), Fan 等 (2012)[①]独立提出. 令

$$\boldsymbol{w}^+ = \sum_{w_i \geqslant 0} w_i, \qquad \boldsymbol{w}^- = \sum_{w_i < 0} |w_i|$$

分别表示总的多头和空头头寸, 并且 $c = \|\boldsymbol{w}\|_1$. 于是 $c = w^+ + w^-$. 因为全部投资组合为 100% , 所以我们有 $w^+ - w^- = 1$. 解上面两个方程可得

$$w^- = (c-1)/2, \quad w^+ = (c+1)/2.$$

因此, 最小总风险敞口 $c \geqslant 1$. 不含空头的所有投资组合具有最小总风险敞口 $c = 1$.

例 7.1 考虑以下容量为 4 的 5 个投资组合:

$$\boldsymbol{w}_1 = \begin{pmatrix} 0.25 \\ 0.25 \\ 0.25 \\ 0.25 \end{pmatrix}, \quad \boldsymbol{w}_2 = \begin{pmatrix} 0 \\ 0.50 \\ 0.25 \\ 0.25 \end{pmatrix}, \quad \boldsymbol{w}_3 = \begin{pmatrix} -0.5 \\ 0.5 \\ 0.5 \\ 0.5 \end{pmatrix}, \quad \boldsymbol{w}_4 = \begin{pmatrix} -0.5 \\ 0.5 \\ 1.5 \\ -0.5 \end{pmatrix}, \quad \boldsymbol{w}_5 = \begin{pmatrix} -8 \\ 25 \\ -7 \\ -9 \end{pmatrix}.$$

$\boldsymbol{w}_1$ 和 $\boldsymbol{w}_2$ 是不含空头交易的投资组合, 此时 $c = 1$. 投资组合 $\boldsymbol{w}_1$ 更多元化, 并且受个体影响以及建模误差更具稳健性. 第三个投资组合的总风险敞口 $c = \|\boldsymbol{w}_3\|_1 =$

---

① 这篇文章更早的版本于 2008 年在线出现.

2. 因此总的空头头寸 $w^- = (c-1)/2 = 0.5$, 总的多头头寸 $w^+ = (c+1)/2 = 1.5$.
因为总风险敞口大, 所以它较不稳定 (L_1-范数类似于标准差, 但是它度量偏离 0 而
不是偏离均值的程度). 这从投资组合的权重也能看出. 由于 $c = \|w_4\|_1 = 3$, 所以
总的空头头寸为 $(c-1)/2 = 1$. 它更加激进, 且更不稳定. 显然, 最不稳定和最投
机的投资组合是 $c = \|w_5\|_1 = 49$. 总的空头头寸 $w^- = (c-1)/2 = 24$, 总的多头
头寸 $w^+ = (c+1)/2 = 25$. 尽管这个投资组合理论上是可行的, 但是由于其投机
性本质, 它在实际中是不可行的. 由于这个原因, 通过金融经纪公司的监管要求和
边际要求, 它是不允许的.

上面的例子表明, 总风险敞口与投资组合的稳定性和投机性有关. 我们有理
由相信, 估计误差不会累积得非常快, 除非总风险敞口非常大. 定理 7.1 证实了这
一点. 首先, 如果 $\widehat{\Sigma}$ 是 Σ 的一个无偏估计, 那么 $\widehat{R}(w)$ 也是无偏估计. 这简单地
由

$$E\widehat{R}(w) = w^{\mathrm{T}}(E\widehat{\Sigma})w = R(w)$$

可得. 无偏性意味着估计方法没有任何系统偏差: 重复使用该方法多次, 平均意义
下给出正确的估计. 然而, 估计误差可能很大.

7.1.2 稳定性和风险近似

下面的定理给出了风险近似的一个界, 这表明风险近似误差依赖于总风险参
数 c.

定理 7.1(风险逼近)   对于容量为 p, 配置向量为 w 的任意一个投资组合, 有

$$|R(w) - \widehat{R}(w)| \leqslant e_{\max}c^2, \tag{7.3}$$

其中 $e_{\max} = \max_{i,j}|\widehat{\sigma}_{ij} - \sigma_{ij}|$, 也可由 $|\widehat{\Sigma} - \Sigma|_\infty$ 来表示.

该定理的证明出奇地简单. 风险差为 $\left|\sum_{i,j}(\widehat{\sigma}_{i,j} - \sigma_{i,j})w_i w_j\right|$, 其上界

$$\sum_{i,j}\left|\widehat{\sigma}_{i,j} - \sigma_{i,j}\right|\left|w_i\right|\left|w_j\right| \leqslant e_{\max}\sum_{i,j}|w_i||w_j| = e_{\max}\left(\sum_{i=1}^{p}|w_i|\right)^2.$$

这就完成了定理的证明.

让我们来讨论这个定理的含义. 首先, 结论对任意投资组合的规模成立, 即
使 p 比样本容量 T 大, 并且对任意矩阵 $\widehat{\Sigma}$ (甚至非半定) 亦成立. 当 c 的大小适
中 ($\leqslant 2$ 或 3) 时, 噪声的累积影响很小, 这是因为 $e_{\max}$ 以投资组合规模 p 的对
数阶增大 (见 7.3 节的定理 7.4). 特别地, 在不含空头交易的投资组合集合中, 定
理 7.1 中的上界是最紧的. 风险差被最大的分量估计误差所控制.

为了加深理解, 我们考虑一个模拟例子, 在该例中我们知道真正的风险是什么.

例 7.2 考虑 4 个资产, 它们均具有年 10% 的预期收益率和年 30% 的波动率. 它们之间具有 $\rho = 0.5$ 相同的相关性. 对每一个模拟, 数据由多元正态分布抽取, 共产生 3 个月的日频数据 $(T = 63)$. 我们将模拟重复 1000 次. 图 7.1 描绘了这四个资产在三个月期间的模拟收益率. 日预期收益率为 0.1/252 或 4 基点, 在日波动率为 $0.3/\sqrt{252}$ 或 189 基点的情形下, 这是不可见的. 由于 $\rho = 0.5$ 的正相关, 四个资产收益的协动性是能够看见的.

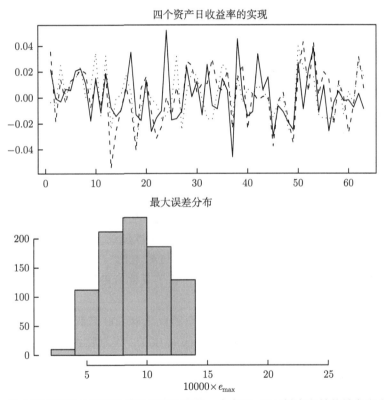

图 7.1　四个资产在三月期间的模拟日收益率的一个实现, 以及样本方差的最大成分估计误差 $e_{\max}$ 1000 次模拟得到的分布

具体考虑例 7.1 给出的 5 个投资组合的风险评估. 利用基于过去三个月的日收益率的样本方差来评估风险. 将此重复 1000 次. 那么, 如前所述, 我们可得到投资组合风险的无偏估计. 即在 1000 个估计 $\widehat{R}(\boldsymbol{w})$ 中, 它们的平均值应该近似于 $R(\boldsymbol{w})$, 对于任意的 $\boldsymbol{w}$. 对于例 7.1 中构建的 5 个具体的投资组合, 的确如此.

无偏性指的是估计的投资组合方差的总体平均和估计的投资组合风险的平均

值的确接近于真实风险. 它没有说明估计误差的典型大小. 根据表 7.1 可以计算出均方绝对误差 $|R(\boldsymbol{w})^{1/2} - \widehat{R}(\boldsymbol{w})^{1/2}|$ 的平均值. 这也应与投资组合的真实风险 $R(\boldsymbol{w})^{1/2}$ 进行比较. 正如定理 7.1 所示, 估计误差的上界依赖于最大的分量估计误差 $e_{\max}$. 图 7.1 展示了 $e_{\max}$ 的分布. 真实风险随着总风险的增加而增大, 估计误差的模式也是如此.

表 7.1　五个投资组合的真实风险和平均估计误差 (年化百分比)

投资组合	$\boldsymbol{w}_1$	$\boldsymbol{w}_2$	$\boldsymbol{w}_3$	$\boldsymbol{w}_4$	$\boldsymbol{w}_5$
真实风险	23.72	24.88	30.00	42.43	607.45
平均估计风险	23.73	24.86	29.95	42.33	606.04
平均估计误差	1.73	1.75	2.14	2.91	43.00

实际中, 投资组合的选择往往是由最近市场条件所决定的. 当 $\boldsymbol{w}$ 通过数据选择时 (例如, 通过优化), 所得到的配置记为 $\widehat{\boldsymbol{w}}$. 它有助于区分几个概念. 投资组合 $\widehat{\boldsymbol{w}}$ 的真实风险为 $R(\widehat{\boldsymbol{w}})^{1/2} = \sqrt{\widehat{\boldsymbol{w}}^{\mathrm{T}}\boldsymbol{\Sigma}\widehat{\boldsymbol{w}}}$. 这依赖于未知波动率矩阵 $\boldsymbol{\Sigma}$. 感知风险为 $\widehat{R}(\widehat{\boldsymbol{w}})$, 这是已知的. 由于 $\widehat{\boldsymbol{w}}$ 也依赖于数据, 所以它不再是 $R(\widehat{\boldsymbol{w}})$ 的无偏估计. 它们可能差别非常大. 前者可能小到为 0, 而后者通常比 0 大得多. Fan 等 (2012) 的研究表明了这一点.

例 7.3　我们关注了罗素 3000 指数成分股中缺失数据最少的 1000 只股票在 2003—2007 年这五年间的表现. 罗素 3000 指数由 3000 家美国上市公司组成, 基于总市值, 约占美国股票市场的 98%. 进一步, 它还可以分为罗素 1000 指数和罗素 2000 指数. 前者包含了罗素 3000 指数中市值最大的首 1000 家公司股票, 大约占据了罗素 3000 指数中公司的市场总值的 92%. 后者包含了罗素 3000 指数中市值最小的 2000 家公司股票, 大约占据了罗素 3000 指数中公司的市场总值的 8%.

为了减轻选择偏差, 从 1000 只股票中随机选取 600 只股票. 这 600 只股票用来形成以下各种最优投资组合的股票池 ($p = 600$). 作为股票池. 在任意给定的时间, 过去两年 ($t = 504$) 的样本协方差阵用来估计波动率阵.

感知最小方差投资组合定义为

$$\widehat{\boldsymbol{w}}_{\mathrm{opt}} = \arg \min_{\boldsymbol{w}^{\mathrm{T}}\boldsymbol{I}=1} \widehat{R}(\boldsymbol{w}), \tag{7.4}$$

使得感知投资组合方差达最小. 我们来关注样本协方差阵 $\widehat{\boldsymbol{\Sigma}}$ 的情形. 由于波动率矩阵 $\widehat{\boldsymbol{\Sigma}}$ 的秩不大于 $T-1$, 故最小感知风险 $\widehat{R}(\widehat{\boldsymbol{w}}_{\mathrm{opt}}) = 0$, 因为 $p > T$. 我们可以作如下理解. 给定过去 T 天的数据, 让我们选择权重 $\widehat{\boldsymbol{w}}$, 使得过去 T 天中每一天的投资组合的收益率为 0. 这样的解是存在的, 其原因在于待确定的权重 $\boldsymbol{w}$ 个数为 $p-1 = 599$ 个, 而要满足方程的个数为 $T = 504$. 因此, 这样的投资组合的感知风险为 0. 当然, 实际风险 $R(\widehat{\boldsymbol{w}}_{\mathrm{opt}})$ 远比 0 要大. 它的表现就像是从资金池中随机选取的一个投资组合, 风险在 20%—30% 左右, 这是 VIX 在此期间的典型读数. 因此, 感知风险 $R(\widehat{\boldsymbol{w}}_{\mathrm{opt}})$ 不是真实风险的一个无偏估计.

上述巨大差异是由于在优化问题 (7.4) 中缺乏对总风险敞口的控制. 因此, Fan 等 (2012) 基于总风险敞口约束下考虑了以下投资组合最优化问题:

$$\widehat{\boldsymbol{w}}_{\mathrm{opt},c} = \arg \min_{\boldsymbol{w}^{\mathrm{T}} \boldsymbol{I}=1, \|\boldsymbol{w}\|_1 \leqslant c} \widehat{R}(\boldsymbol{w}), \tag{7.5}$$

这是投资组合选择的一个特例. 对于真实数据, 真实风险是未知的. 我们通过以下度量作为替代. 每月初, 对于给定的 c, 根据 (7.5) 我们优化投资组合, 然后持有这个投资组合一个月. 记录这个投资组合的日实际收益率. 对于从 2005 年到 2007 年的三年测试期, 或者大约 765 个交易日的实际收益率, 我们这样来做. 这些收益率的标准差可以看作为总风险敞口约束 c 下的实际风险. 图 7.2 给出了不同 c 的实际风险. 波动率矩阵也可以通过 RiskMetrics 和 Fama-French 三因子模型来估计. 我们将在 7.2 节中提供这些方法的细节.

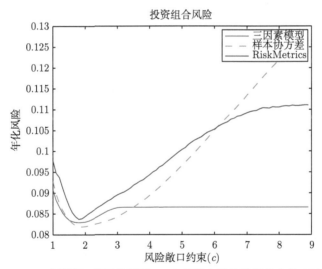

图 7.2 在 2003—2007 年期间, 使用从罗素 3000 指数中缺失数据最少的 1000 只股票中随机选择的 600 只资产, 计算总风险敞口约束 c 的最小方差投资组合的实际风险. 协方差矩阵由样本协方差、RiskMetrics 和 Fama-French 三因素模型估计. 改编自 Fan 等 (2012)

首先, 最优无空头交易的投资组合约有 9.3% 的风险, 然而感知最优投资组合 (7.4) 平均有 23% 的风险 (对应于 $c = \infty$ 时的图形). 这证明了 Jagannathan 和 Ma (2003) 观测到的一个现象: 最优无空头交易投资组合优于感知最优投资组合. 显然, 在 $c \geqslant 2$ 之后, 风险首先降低, 然后随着总风险敞口 c 的增加而稳步增加. 这与定理 7.1 一致. 当 c 较小时, 风险近似误差较小. 另一方面, 当 c 增大时, 可行投资组合的空间增大, 理论最优投资组合的风险减小. 对于小 c, 增加 c 的好处在于可以减缓噪声积累. 当 c 足够大时, 增加投资组合空间所获得的收益逐渐消失 (回顾收益递减规律), 而噪声积累却稳步增长. 这就解释了感知最优投资组合的风险曲线. 它还回答了 Jagannathan 和 Ma (2003) 提出的问题: 为什么施加一个错误约束会有帮助.

图 7.2 也揭示了大协方差阵的估计在风险截面中发挥了作用. 特别地, 通过因子模型估计的协方差阵表现较稳定, 并且当 $c \geqslant 3$ 时, 风险曲线不会随着 c 的增加而增加.

7.1.3　风险评估误差

给定投资组合 $\boldsymbol{w}$, 其风险可由 $\widehat{R}(\boldsymbol{w})^{1/2}$ 估计. 估计误差是否可忽略? 风险评估中如何量化估计误差? 当然, (7.3) 给出了一个上界. 然而, 这个上界太粗糙了以至于在许多应用中没有用. 例如, 对于投资组合 $\boldsymbol{w}_3$, 估计日投资组合方差的误差上界为 $e_{\max}c^2 = 4e_{\max}$, 约为 $4 * 10^{-4}$ (参见图 7.1). 年化前投资组合方差的典型估计 (见表 7.1) 为 $(0.2995/\sqrt{252})^2 = 0.00036$. 应用这个上界, 真实的日投资组合方差位于区间 $[0.0000, 0.00076]$, 或者年化投资组合标准差位于区间 $[0, 0.4376]$. 尽管包含了真实风险值 0.3000, 但是这样宽的区间意义不大. 对于 $\boldsymbol{w}_1$ 应用同样的计算, 典型估计的风险为每年 23.73%. 然而, (7.3) 的误差上界表明, $\boldsymbol{w}_1$ 的真实年化投资组合的风险位于区间 $[0.176, 0.286]$, 对许多应用而言仍然太宽.

上面的观察导致 Fan 等 (2015) 引入了高置信水平上界 (H-CLUB) 的概念. 对于真实方差 $R(\boldsymbol{w}) = \boldsymbol{w}^{\mathrm{T}}\boldsymbol{\Sigma}\boldsymbol{w}$ 的每一个估计 $\widehat{R}(\boldsymbol{w}) = \boldsymbol{w}^{\mathrm{T}}\widehat{\boldsymbol{\Sigma}}\boldsymbol{w}$, 以及给定的 $\tau \in (0,1)$, H-CLUB $\widehat{U}(\tau)$ 定义为当样本容量 $T \to \infty$ 时, 满足

$$P(|\widehat{R}(\boldsymbol{w}) - R(\boldsymbol{w})| \leqslant \widehat{U}(\tau)) \to 1 - \tau. \tag{7.6}$$

通常, 取 $\tau = 0.05$, 这样 $\widehat{U}(\tau)$ 近似为估计标准差的两倍. (7.3) 中的上界 $e_{\max}\|\boldsymbol{w}\|_1^2$ 对应于 $\tau = 0$ 时的 H-CLUB. 根据 Fan 等 (2015) 中的表 3, 对于介于 1 至 2 之间的总风险敞口约束 $\|\boldsymbol{w}\|_1$, 这通常是 $\widehat{U}(0.05)$ 的 5 至 20 倍.

表 7.2　相对于 10000 个投资组合的风险估值的平均值及标准差

$c = 1$	$c = 1.2$	$c = 1.4$	$c = 1.6$	$c = 1.8$	$c = 2$
$T = 200$					
4.84%	4.81%	4.66%	4.75%	4.73%	4.77%
(1.00%)	(1.01%)	(0.94%)	(1.00%)	(0.99%)	(0.96%)
$T = 400$					
3.48%	3.48%	3.48%	3.49%	3.52%	3.48%
(0.51%)	(0.49%)	(0.48%)	(0.53%)	(0.51%)	(0.56%)

Fan 等 (2015) 对下一节中的几个常用风险估计构建了 H-CLUB. 为简单起见, 我们这里只介绍基于样本协方差阵的方法. 对应给定的投资组合 $\boldsymbol{w}$, 定义其收益率平方的自回归函数为

$$\gamma_T(h) = \text{cov}((\boldsymbol{w}^{\text{T}}\boldsymbol{R}_t)^2, (\boldsymbol{w}^{\text{T}}\boldsymbol{R}_{t+h})^2).$$

这可由以样本版本来估计:

$$\widehat{\gamma}(h) = T^{-1} \sum_{t=1}^{T-h} ((\boldsymbol{w}^{\text{T}}\boldsymbol{R}_t)^2 - \boldsymbol{w}^{\text{T}}\boldsymbol{S}\boldsymbol{w})((\boldsymbol{w}^{\text{T}}\boldsymbol{R}_{t+h})^2 - \boldsymbol{w}^{\text{T}}\boldsymbol{S}\boldsymbol{w}),$$

其中 $\boldsymbol{S}$ 为样本协方差阵, $\boldsymbol{w}^{\text{T}}\boldsymbol{S}\boldsymbol{w}$ 为收益率平方 $\{(\boldsymbol{w}^{\text{T}}\boldsymbol{R}_t)^2\}_{t=1}^T$ 的均值. 令 $z_{\tau/2}$ 为标准正态分布的上侧 $\tau/2$ 分位数. 对于某个大的 L, 它随 T 增加而发散, 但是发散速度低于 T, 令

$$\widehat{\sigma}^2 = \widehat{\gamma}(0) + 2\sum_{h=1}^{L} \widehat{\gamma}(h), \quad \widehat{U}(\tau) = \frac{z_{\tau/2}\widehat{\sigma}}{\sqrt{T}}. \tag{7.7}$$

关于解释, 参见习题 7.2. Fan 等 (2015) 证明了对于样本协方差阵, $\widehat{U}(\tau)$ 是 H-CLUB, 即它满足 (7.6). 将其转换为投资组合风险 (代替投资组合方差), 运用 Delta 方法 (2.51), 我们可得

$$P(|\widehat{R}(\boldsymbol{w})^{1/2} - R(\boldsymbol{w})^{1/2}| \leqslant \widehat{U}(\tau)/\sqrt{4\boldsymbol{w}^{\text{T}}\boldsymbol{S}\boldsymbol{w}}) \to 1 - \tau. \tag{7.8}$$

换句话说, $\widehat{U}(\tau)/\sqrt{4\boldsymbol{w}^{\text{T}}\boldsymbol{S}\boldsymbol{w}}$ 为投资组合风险的 H-CLUB.

风险评估中的估计误差是否可忽略呢? 让我们比较相对误差

$$\text{RE} = 0.5(\widehat{U}(0.05)/\sqrt{4\boldsymbol{w}^{\text{T}}\boldsymbol{S}\boldsymbol{w}})/R(\boldsymbol{w})^{1/2} \approx \frac{\widehat{\sigma}}{2\sqrt{T}R(\boldsymbol{w})},$$

这是一半的 H-CLUB 除以投资组合风险, 其中 $\widehat{\sigma}$ 由 (7.7) 给出. 这个 RE 表示估计投资组合风险的变异系数. Fan 等 (2015) 通过基于 Fama-French 三因子模型的大量模拟数据, 并根据 S&P 500 指数前 100 名成分股的日收益率校正参数, 获得了表 7.2 和表 7.3 所示的结果, 该结果基于 10000 个具有不同投资组合规模的测试投资组合. 好消息是, 相对误差约为 3%—5%, 这对于许多应用来说可以忽略不计.

7.1.4 具有给定风险敞口的代表性投资组合

为了产生表 7.2, Fan 等 (2015) 选取了具有给定风险敞口 c 的代表性投资组合. 换句话说, 他们必须从集合

$$\left\{\boldsymbol{w} \in R^p : \sum_{i=1}^{p} w_i = 1 \text{且} \sum_{i=1}^{p} |w_i| = c\right\} \tag{7.9}$$

中均匀地抽取投资组合权重 $\boldsymbol{w}$. 这不是一件容易的工作, 他们提供了一些简单的启发. 这样的模拟可以应用于投资组合优化和其他风险评估问题.

首先, 给定总风险敞口 c, 总多头和空头头寸分别为 $w^+ = (c+1)/2$ 和 $w^- = (c-1)/2$. 对于 $c = 1$, 没有空头头寸, 而对于 $c > 1$, 既有多头头寸, 也有空头头寸. 多头和空头头寸的身份 (或指数) 很难识别, 但以下抽样方案是一个合理的近似: 多头头寸由带有成功概率 $w^+/(w^+ + w^-) = (c+1)/(2c)$ 的伯努利试验 (p 次) 来确定. 一旦身份确定下来, 我们对其正则化, 问题归结为 $c = 1$ 的情形.

对于 $c = 1$ 的情形, 定义在集合 $\{\boldsymbol{w} \in R^p : \sum_{i=1}^p w_i = 1, w_i \geqslant 0\}$ 上的均匀分布可以由标准指数分布来产生:

$$w_i = \zeta_i / \sum_{i=1}^p \zeta_i, \qquad \zeta_i \sim_{\text{i.i.d.}} \text{标准指数分布}. \tag{7.10}$$

可以证明, (7.10) 产生 $\{w_i : \sum_{i=1}^p w_i = 1, w_i \geqslant 0\}$ 上的均匀分布.

上面的讨论导致以下简单的方法.

1. 由二项分布 $\text{Bin}\left(p, \dfrac{c+1}{2c}\right)$ 产生正整数 k, 它表示 $\boldsymbol{w}$ 中具有正权重的股票个数.

2. 由标准指数分布独立产生 $\{\zeta_i\}_{i=1}^k$, 并令 $w_i^+ = (c+1)\zeta_i/(2\sum_{j=1}^k \zeta_j)$. 这将给出 $\boldsymbol{w}_+ = (w_1^+, \cdots, w_k^+)$, 它为 $\boldsymbol{w}$ 中具有正权重的临时向量.

3. 类似产生临时负权重 $\boldsymbol{w}_- = (w_1^-, \cdots, w_{N-k}^-)$, 其中 $w_i^- = (1-c)\zeta_i^* / 2\sum_{j=1}^{N-k} \zeta_j^*$, $\{\zeta_j^*\}_{j=1}^{N-k}$ 由标准指数分布独立产生.

4. 将 $(\boldsymbol{w}_+, \boldsymbol{w}_-)$ 的随机排列作为投资组合权重 $\boldsymbol{w}$.

在上述算法中, 只有步骤 1 是启发式的; 其余的都基于坚实的数学原理.

7.2   大波动率矩阵估计

我们如何由金融收益率来估计时变波动率矩阵? 即使对 $p \gg T$ 时, 我们如何得到非退化的协方差阵? 其表现又如何? 本节中, 我们将逐步引入更复杂的方法来回答上述问题.

我们总假定对于 p 个资产, 在 T 个不同时期, 有收益率向量 $\{\boldsymbol{R}_t\}_{t=1}^T$. 我们的方法针对的是低频, 像日金融收益率. 对于大投资组合的高频金融数据分析, 例如, 可参见 Barndorff-Nielsen 等 (2011), 以及 Fan 等 (2012). 对于高频金融计量学充分和全面的叙述, 可参见 Ait-Sahalia 和 Jacod (2014).

7.2.1 指数平滑

指数平滑法是条件方差矩阵 $\boldsymbol{\Sigma}_t = \operatorname{var}_t(\boldsymbol{R}_{t+1})$ 的时变估计. 获得 $\boldsymbol{\Sigma}_t$ 估计的基本思想是通过考虑恰好时刻 t 之前的一段数据, 依时间将数据局部化, 即对给定的窗宽 h, 仅使用数据 $\{X_{t-j}\}_{j=0}^h$. 这方面的一个例子是仅使用数据 $\{X_{t-j}\}_{j=0}^h$ 的局部样本协方差阵. 这是一个随着 t 变化时, 窗宽为 h 的移动窗口. 当 t 变化时, 我们得到协方差阵的一个时变估计. 这种方法被用来计算图 7.2 中的 $\widehat{\boldsymbol{\Sigma}}_t$, 其中 $h = 501$. 资产数目 p 可以大于窗宽, 如例 7.3. 因此, 此类局部方法并没有解决之前提及的病态问题的意图. 所给出的协方差阵仍可能为非满秩的.

局部样本协方差方法赋予了一种径向权重分配方案: 一个数据点是否被使用取决于它是否落在从时刻 t 起的 h 时期内. 该思想的一种改进是使用像指数平滑这样的平滑权重方案: 对于给定的平滑参数 $\lambda < 1$, 它给出的估计 $\widehat{\boldsymbol{\Sigma}}_t$ 为

$$\widehat{\boldsymbol{\Sigma}}_t = (1-\lambda)(\boldsymbol{R}_t\boldsymbol{R}_t^{\mathrm{T}} + \lambda\boldsymbol{R}_{t-1}\boldsymbol{R}_{t-1}^{\mathrm{T}} + \lambda^2\boldsymbol{R}_{t-2}\boldsymbol{R}_{t-2}^{\mathrm{T}} + \cdots). \tag{7.11}$$

注意到, 总权重

$$(1-\lambda)\sum_{j=0}^{\infty}\lambda^j = 1.$$

正如 3.4 节, 每个分量的波动率为其收益率平方的指数平滑:

$$\widehat{\sigma}_{i,t}^2 = (1-\lambda)(r_{i,t}^2 + \lambda r_{i,t-1}^2 + \lambda^2 r_{i,t-2}^2 + \cdots).$$

远处观测的权重呈指数衰减. 有效的数据点是相当近的. 例如, 如果 $\lambda = 0.94$, 则 $\lambda^{40} = 0.084$, 比 1 小得多. 它是一种时域平滑: λ 越大, 有效数据窗宽越大, 估计的波动率矩阵就越平滑 (参见图 3.16). 这个估计可通过以下递推来计算:

$$\widehat{\boldsymbol{\Sigma}}_t = \lambda\widehat{\boldsymbol{\Sigma}}_{t-1} + (1-\lambda)\boldsymbol{R}_t\boldsymbol{R}_t^{\mathrm{T}}. \tag{7.12}$$

在实际操作中, 可将样本协方差阵作为初值 $\widehat{\boldsymbol{\Sigma}}_0$, 并抛掉若干期初始估计, 如 $\widehat{\boldsymbol{\Sigma}}_1, \cdots, \widehat{\boldsymbol{\Sigma}}_{10}$.

作为 t 的函数, 给出的估计 $\widehat{\boldsymbol{\Sigma}}_t$ 的平滑性由平滑参数 λ 来确定. λ 越大, 所得估计越平滑. λ 的增大将使有效局部数据点的数量增多, 因而减小了估计的方差, 但是也增加了估计的近似误差或偏差. 因此, 适当地选择 λ 对波动率矩阵的估计非常重要. RiskMetrics 建议取 $\lambda = 0.94$ 来计算日波动率矩阵, 取 $\lambda = 0.97$ 来计算月波动率矩阵. 注意, 当一个月定义为 25 个交易日时, 月波动率矩阵为 $5\widehat{\boldsymbol{\Sigma}}_{t,0.97}$, 其中 $\widehat{\boldsymbol{\Sigma}}_{t,0.97}$ 由基于 $\lambda = 0.97$ 的 (7.12) 和日收益率来计算. 图 7.1 中的 RiskMetrics 估计就是使用该方法得到的.

　　例 7.4　我们现在考虑从 2001 年 1 月 29 日到 2011 年 2 月 28 日的 10 年期窗口的波动率矩阵和波动率指数的变化, 如图 6.1 所示. 我们应用指数平滑 (7.12), 其中取 $\lambda = 0.94$, 初值 $\widehat{\Sigma}_0 = 0$. 这给出了日波动率矩阵的估计. 结果见图 7.3. 因为 $\lambda^{62} = 0.022$, 所以起初 3 个月 (63 天) 的估计会受到初值的影响. 之后的估计受到初值的影响不大. 如果样本协方差用作初值, 则初值的影响会更小. 参见练习 7.4. 这里, 相关性可以作为杠杆效应的一种度量, 其值在 -0.8 附近波动. S&P 500 指数的波动率在金融危机时期大幅增加, 波动率的变化在这一时期同样如此.

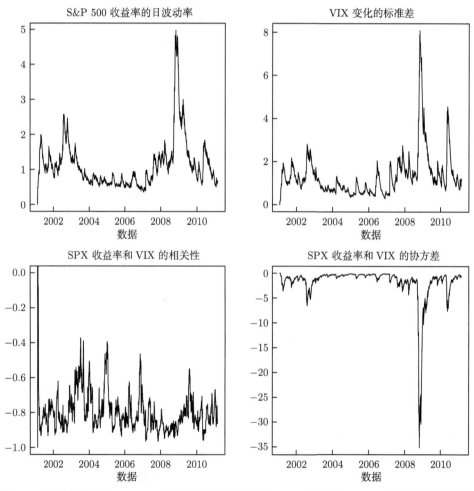

图 7.3　平滑参数为 $\lambda = 0.94$, 由指数平滑估计的 S&P 500 收益率与 VIX 变化的波动率矩阵

7.2.2 压缩正则化

指数平滑并没有解决病态问题. 它只是将局部波动率综合为一个时变估计. 处理病态问题最简单方法是压缩法. 基本假设为 $\boldsymbol{\Sigma}$ 是稀疏的, 其大部分非对角元素近似为零. 尽管这个假设对于许多金融应用也许并不成立, 但是它与多因子模型结合起来会产生一种有效的方法.

稀疏性假设最方便的探索方法是压缩法, 它将小的估计值元素设置为零 (Bickel and Levina, 2008). 对于给定的阈值参数 λ, 它被定义为

$$\widehat{\boldsymbol{\Sigma}}_\lambda = \left(\widehat{\sigma}_{i,j} I(|\widehat{\sigma}_{i,j}| \geqslant \lambda)\right). \tag{7.13}$$

这个方法简单, 但是有效. 通过置小估计的值为零, 这些值不需要估计, 并且对估计的方差不会有贡献. 稀疏性保证了压缩法导致的偏差也非常小.

简单的压缩估计 (7.13) 有很多种变形. 也可以应用 Antoniadis 和 Fan (2001) 的广义压缩准则 (Rothman et al., 2009). 简单压缩估计 (7.13) 或推广甚至没有考虑协方差的不同尺度. 解决这个问题的一个方法是对 t 类型的统计量进行压缩. 例如, 运用简单的压缩法, 我们可以定义自适应压缩估计 (Cai and Liu, 2011) 为

$$\widehat{\boldsymbol{\Sigma}}_\lambda = \left(\widehat{\sigma}_{i,j} I(|\widehat{\sigma}_{i,j}/\mathrm{SE}(\widehat{\sigma}_{i,j})| \geqslant \lambda)\right), \tag{7.14}$$

其中, $\mathrm{SE}(\widehat{\sigma}_{i,j})$ 为 $\widehat{\sigma}_{i,j}$ 的估计的标准差. 例如, 如果 $\widehat{\boldsymbol{\Sigma}}$ 为样本协方差阵, 则当收益率为鞅差序列时, $\widehat{\sigma}_{ij} = T^{-1}\sum_{t=1}^T r_{it}r_{jt}$ 且

$$\mathrm{SE}(\widehat{\sigma}_{i,j}) = T^{-1/2}\mathrm{SD}(\{r_{it}r_{jt}\}_{t=1}^T).$$

考虑尺度的一个更简单方法是将压缩应用于相关阵. 令 $\widehat{\boldsymbol{\Psi}}_\lambda$ 为已压缩的相关矩阵, 其中 λ 为压缩参数. 那么

$$\widehat{\boldsymbol{\Sigma}}_\lambda^* = \mathrm{diag}(\widehat{\boldsymbol{\Sigma}})^{1/2}\widehat{\boldsymbol{\Psi}}_\lambda \mathrm{diag}(\widehat{\boldsymbol{\Sigma}})^{1/2} \tag{7.15}$$

为波动率矩阵的一个估计. 特别地, 当 $\lambda = 0$ 时, $\widehat{\boldsymbol{\Sigma}}_\lambda^*$ 就是样本协方差阵; 而当 $\lambda = 1$ 时, 它为由样本方差构成的对角阵. 由于对标准化的尺度进行压缩, 所以这种形式更合适. 估计 (7.15) 等价于将依赖于熵的压缩

$$\lambda_{ij} = \sqrt{\widehat{\sigma}_{i,i}\widehat{\sigma}_{j,j}}\,\lambda.$$

应用到原来的协方差阵 $\widehat{\boldsymbol{\Sigma}}$. 现在我们通过下面的例子来说明压缩方法.

例 7.5　考虑 6.1 节中的八个风险因子. 这些因子在 2004 年 2 月 23 日至 2011 年 2 月 28 日期间的相关阵汇总如下:

$$
\begin{pmatrix}
 & \text{SPX} & \text{Vol} & \text{ExR} & \text{Mat} & \text{Def} & \text{Liq} & \text{Size} & \text{Tbill} \\
\text{SPX} & 1.00 & -0.127 & 0.001 & 0.004 & 0.007 & -0.053 & 0.342 & 0.003 \\
\text{Vol} & -0.127 & 1.00 & -0.184 & 0.456 & 0.805 & 0.324 & -0.057 & -0.555 \\
\text{ExR} & 0.001 & -0.184 & 1.00 & -0.258 & -0.104 & -0.342 & -0.011 & 0.312 \\
\text{Mat} & 0.004 & 0.456 & -0.258 & 1.00 & 0.409 & -0.036 & 0.013 & -0.960 \\
\text{Def} & 0.007 & 0.805 & -0.104 & 0.409 & 1.00 & 0.059 & 0.010 & -0.545 \\
\text{Liq} & -0.053 & 0.324 & -0.342 & -0.036 & 0.059 & 1.00 & -0.018 & 0.039 \\
\text{Size} & 0.342 & -0.057 & -0.011 & 0.013 & 0.010 & -0.018 & 1.00 & -0.017 \\
\text{Tbill} & 0.003 & -0.555 & 0.312 & -0.960 & -0.545 & 0.039 & -0.017 & 1.00
\end{pmatrix}.
$$

最小特征值和最大特征值分别为

$$
\lambda_{\min}(\widehat{\boldsymbol{\Sigma}}) = 0.024 \quad \text{且} \quad \lambda_{\max}(\widehat{\boldsymbol{\Sigma}}) = 2.994,
$$

于是条件数为 $2.994/0.024 = 124.75$. 由于 $T \gg p$, 因此这个问题是适定的. 应用压缩法, 取 $\lambda = 0.25$, 我们得到

$$
\begin{pmatrix}
 & \text{SPX} & \text{Vol} & \text{ExR} & \text{Mat} & \text{Def} & \text{Liq} & \text{Size} & \text{Tbill} \\
\text{SPX} & 1.00 & 0.00 & 0.00 & 0.00 & 0.00 & 0.00 & 0.34 & 0.00 \\
\text{Vol} & 0.00 & 1.00 & -0.18 & 0.46 & 0.81 & 0.32 & 0.00 & -0.56 \\
\text{ExR} & 0.00 & -0.18 & 1.00 & -0.26 & 0.00 & -0.34 & 0.00 & 0.31 \\
\text{Mat} & 0.00 & 0.46 & -0.26 & 1.00 & 0.41 & 0.00 & 0.00 & -0.96 \\
\text{Def} & 0.00 & 0.81 & 0.00 & 0.41 & 1.00 & 0.00 & 0.00 & -0.54 \\
\text{Liq} & 0.00 & 0.32 & -0.34 & 0.00 & 0.00 & 1.00 & 0.00 & 0.00 \\
\text{Size} & 0.34 & 0.00 & 0.00 & 0.00 & 0.00 & 0.00 & 1.00 & 0.00 \\
\text{Tbill} & 0.00 & -0.56 & 0.31 & -0.96 & -0.54 & 0.00 & 0.00 & 1.00
\end{pmatrix},
$$

样本相关阵中数值许多小的元素现在被替换为零. 注意到 $\lambda_{\min}(\widehat{\boldsymbol{\Sigma}}_\lambda^*) = 0.023$ 和 $\lambda_{\max}(\widehat{\boldsymbol{\Sigma}}_\lambda^*) = 2.974$. 在这个例子中, 压缩算子对谱性质的改变不是很多. 这主要是由于问题是适定的: $T \gg p$.

压缩法的优势在于避免了估计小的元素, 从而噪声不会累积. 确定一个参数是否需要估计比精确地估计它要容易得多. 事实上, 在一些正则条件下, Bickel 和 Levina (2008) 证明了

$$
\|\widehat{\boldsymbol{\Sigma}}_\lambda - \boldsymbol{\Sigma}\| = O_p\left(\sqrt{\frac{\log(p)s_1}{T}}\right), \qquad \|\widehat{\boldsymbol{\Sigma}}_\lambda^{-1} - \boldsymbol{\Sigma}^{-1}\| = O_p\left(\sqrt{\frac{\log(p)s_1}{T}}\right)
$$

并且

$$\|\widehat{\boldsymbol{\Sigma}}_\lambda - \boldsymbol{\Sigma}\|_F = O_p(\sqrt{\log(p)s_2/T}),$$

其中, s_1 为每行非零元素个数的最大值, s_2 为非零元素总数. 这里, 范数指的是算子范数

$$\|\boldsymbol{A}\| = \lambda_{\max}(\boldsymbol{A}^{\mathrm{T}}\boldsymbol{A})^{1/2},$$

即对称矩阵 $\boldsymbol{A}^{\mathrm{T}}\boldsymbol{A}$ 最大特征值的算数平方根, 以及 Frobenius 范数

$$\|\boldsymbol{A}\|_F = \mathrm{tr}(\boldsymbol{A}^{\mathrm{T}}\boldsymbol{A})^{1/2},$$

这是矩阵 $\boldsymbol{A}$ 的所有元素平方和的算术平方根. 众所周知

$$p^{-1/2}\|\boldsymbol{A}\|_F \leqslant \|\boldsymbol{A}\| \leqslant \max_i \sum_j |a_{ij}| \leqslant \|\boldsymbol{A}\|_F.$$

当 $\boldsymbol{\Sigma}$ 稀疏时, s_1 和 s_2 都小. 上述理论结果表明, 维数 p 的影响是有限的, 只以对数阶进入方程, 并且当 s_1 和 s_2 较小时, 可以精确地估计波动率矩阵. 因为波动率矩阵每个元素的估计误差阶为 $O_p(T^{-1/2})$, 所以, 如果位置已知, 那么非零元素的估计误差平方和的阶为 $O_p(s_2/T)$. 因此, 了解非零元素位置的代价的阶为 $\log(p)$.

7.2.3 半正定和正定矩阵空间上的投影

尽管具有良好的理论性质, 但是压缩估计 $\widehat{\boldsymbol{\Sigma}}_\lambda$ 未必是正定的. 这里, 我们首先提供将对称矩阵投影到半定矩阵空间上的两种简单方法. 第一种方法是进行特征值分解

$$\widehat{\boldsymbol{\Sigma}}_\lambda = \boldsymbol{\Gamma}^{\mathrm{T}}\mathrm{diag}(\lambda_1, \cdots, \lambda_p)\boldsymbol{\Gamma} \tag{7.16}$$

并计算

$$\widehat{\boldsymbol{\Sigma}}_\lambda^+ = \boldsymbol{\Gamma}^{\mathrm{T}}\mathrm{diag}(\lambda_1^+, \cdots, \lambda_p^+)\boldsymbol{\Gamma}, \tag{7.17}$$

其中 $\lambda_j^+ = \max(\lambda_j, 0)$ 为 λ_j 正的部分. L_2-投影为最小二乘问题的解: 关于 $\boldsymbol{S} \geqslant 0$, 最小化下面的最小二乘问题

$$\|\widehat{\boldsymbol{\Sigma}}_\lambda - \boldsymbol{S}\|_F^2, \quad \text{s.t.} \quad \boldsymbol{S} \geqslant 0. \tag{7.18}$$

第二种方法是计算

$$\widehat{\boldsymbol{\Sigma}}_\lambda^+ = (\widehat{\boldsymbol{\Sigma}}_\lambda + \lambda_{\min}^- \boldsymbol{I}_p)/(1 + \lambda_{\min}^-).$$

其中 $\lambda_{\min}^-$ 为 $\widehat{\boldsymbol{\Sigma}}_\lambda$ 的最小特征值的负部, 这当 $\lambda_{\min} < 0$ 时等于 $-\lambda_{\min}$, 否则为 0. 利用同一个矩阵 $\boldsymbol{\Gamma}$ 作为原始分解 (7.16), 两种投影方法都不会改变特征向量. 当应用于相关阵时, 第二种方法仍然给出相关阵.

上述投影方法给出了一个简单的解析解. 然而它未必是最优解. 例如, Qi 和 Sun (2006) 介绍了一种用于计算最近相关阵的算法: 对于给定的对称阵 $\boldsymbol{A}$, 极小化下式来求相关阵 $\boldsymbol{R}$:

$$\|\boldsymbol{A} - \boldsymbol{R}\|_F^2, \quad \text{s.t.} \quad \boldsymbol{R} \geqslant 0, \operatorname{diag}(\boldsymbol{A}) = \boldsymbol{I}_p. \tag{7.19}$$

为了将算法 (7.19) 应用于压缩估计 $\widehat{\boldsymbol{\Sigma}}_\lambda$, 我们首先计算标准化的输入

$$\boldsymbol{A} = \operatorname{diag}(\widehat{\boldsymbol{\Sigma}}_\lambda)^{-1/2} \widehat{\boldsymbol{\Sigma}}_\lambda \operatorname{diag}(\widehat{\boldsymbol{\Sigma}}_\lambda)^{-1/2},$$

然后应用 (7.19) 得到 $\widehat{\boldsymbol{R}}_\lambda$, 最后转换回协方差阵

$$\boldsymbol{\Sigma}_\lambda^* = \operatorname{diag}(\widehat{\boldsymbol{\Sigma}}_\lambda)^{1/2} \widehat{\boldsymbol{R}}_\lambda \operatorname{diag}(\widehat{\boldsymbol{\Sigma}}_\lambda)^{1/2}. \tag{7.20}$$

当然, 如果对相关阵进行压缩, 如例 7.5, 我们可取输入 $\boldsymbol{A} = \widehat{\boldsymbol{\Psi}}_\lambda$. 在最近相关阵投影后, 我们可以应用 (7.15) 将问题转换回来.

作为 (7.19) 的推广, 我们也可以求解下面的最优化问题:

$$\|\boldsymbol{A} - \boldsymbol{R}\|_F^2, \quad \text{s.t.} \quad \lambda_{\min}(\boldsymbol{R}) \geqslant \delta, \operatorname{diag}(\boldsymbol{R}) = \boldsymbol{I}_p, \tag{7.21}$$

其中 $\delta \geqslant 0$ 是给定的. 即, 我们希望求具有最小特征值 δ 的协方差阵 $\boldsymbol{S}$, 使得其最接近 $\boldsymbol{A}$. 当 $\delta = 0$ 时, 它即为问题 (7.19).

名称为 **nearPD** 的 R 包可以计算 (7.19), 相应的函数也为 nearPD.

7.2.4   惩罚似然正则化 *

Fan 和 Li (2001) 提出的惩罚似然方法是探索稀疏性的一种有效方法. 令 $\ell_T(\theta)$ 为基于样本容量 T, 具有 p 个参数的对数似然函数. 如果 θ 是稀疏的, 那么可通过惩罚似然函数

$$\operatorname{argmin}_\theta \left\{ -\frac{2}{T} \ell_T(\theta) + \sum_{j=1}^p p_\lambda(|\theta_j|) \right\} \tag{7.22}$$

来探索它, 其中 p_λ 为惩罚函数, 依赖于正则化参数 λ. 一个理想的选择是 L_0-惩罚: $p_\lambda(|\theta|) = \lambda I(\theta \neq 0)$. 这将引入如下最优子集的选择方法: 在由 m 个变量组成的子集中, 此时 (7.22) 的惩罚项为 λm, (7.22) 的最小化是由所有 $\binom{p}{m}$ 个子

集中具有极大似然值的 m 个变量的子集获得的. 这需要对所有整数值 m 来计算. 即使对于中等维数 p, 这也是不可能计算的. 这个问题的一个凸松弛是利用 L_1-惩罚 $p_\lambda(\theta) = \lambda|\theta|$, Tibshirani (1996) 称其为 LASSO. 然而, 由于 LASSO 压缩, 它会带来偏差. 为此, Antoniadis 和 Fan (2001) 以及 Fan 和 Li (2001) 引入了一族折叠凹惩罚函数, 如平滑截断绝对偏差 (SCAD). SCAD 是一个二次样条函数 (参见图 7.4), 其导函数为

$$p'_\lambda(t) = \lambda \left\{ I(t \leqslant \lambda) + \frac{(a\lambda - t)_+}{(a-1)\lambda} I(t > \lambda) \right\}, \tag{7.23}$$

其中常数 $a = 3.7$ 是由 Fan 和 Li (2001) 从贝叶斯角度建议取的. 其基本思想是, 当估计值超过值 a 时, 就不需要对它进一步惩罚了.

惩罚似然 (7.22) 可以通过局部线性近似的迭代重加权 LASSO 来计算.

给定第 k 次迭代估计 $\widehat{\theta}^{(k)}$, 有如下近似

$$p_\lambda(|\theta_j|) \approx p_\lambda(|\widehat{\theta}_j^{(k)}|) + p'_\lambda(|\widehat{\theta}_j^{(k)}|)(|\theta_j| - |\widehat{\theta}_j^{(k)}|).$$

图 7.4 显示了给定点的 SCAD 函数的近似值. 对称局部线性逼近 (虚线) 是折叠凸函数的凸优函数. 其他近似也是可能的, 例如图中的局部二次近似, 但它不是那么精确. Fan 和 Li (2001) 采用了局部二次近似, 而 Zou 和 Li (2008) 采用了局部线性近似. 采用局部线性近似, 目标函数变为

$$Q_{k+1}(\theta) = -\frac{2}{T}\ell_T(\theta) + \sum_{j=1}^{p} w_{k,j}|\theta_j| + c, \tag{7.24}$$

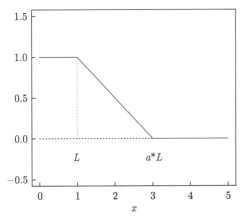
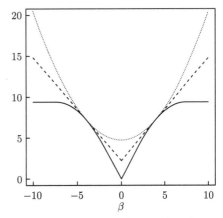

图 7.4 SCAD(左图) 和 SCAD 函数 (右图) 的导函数及其在给定点的对称局部线性近似和局部二次近似

其中 $w_{k,j} = p'_\lambda(|\widehat{\theta}_j^{(k)}|)$,

$$c = \sum_{j=1}^p \left[p_\lambda(|\widehat{\theta}_j^{(k)}|) - p'_\lambda(|\widehat{\theta}_j^{(k)}|)|\widehat{\theta}_j^{(k)}| \right]$$

为与 θ 无关的常数. (7.24) 为加权惩罚 L_1-似然.

由初值 $\widehat{\theta}^{(0)} = 0$ 开始, 注意到 $p_\lambda(0) = \lambda$, 则 $Q_1(\theta)$ 与 LASSO 具有相同的目标函数, 并且 $\widehat{\theta}^{(1)}$ 为 LASSO 估计. 下一步迭代减少偏差, 其中较大的分量接收较小的权重, 或者甚至零权重. 参见图 7.4 中的左图. 该算法是一种优化极小化算法, 每一次迭代都降低目标值. 为此, 令

$$Q(\theta) = -\frac{2}{T}\ell_T(\theta) + \sum_{j=1}^p p_\lambda(|\theta_j|)$$

为目标函数. 于是, 由于惩罚函数由上面近似, 我们有

$$Q(\widehat{\theta}^{(k+1)}) \leqslant Q_{k+1}(\widehat{\theta}^{(k+1)}) \leqslant Q_{k+1}(\widehat{\theta}^{(k)}) = Q(\widehat{\theta}^{(k)}).$$

第二个不等式成立是由于 $\widehat{\theta}^{(k+1)}$ 使得 $Q_{k+1}(\cdot)$ 最小化, 最后一个不等式成立是由于 Q_{k+1} 的定义. 换句话说, 目标值 $\{Q(\widehat{\theta}^{(k)})\}$ 是一个递减和收敛序列.

作为一个具体的例子, 我们现在将惩罚似然方法应用于下面例子中的协方差正则化.

例 7.6　令 $\boldsymbol{R}_t \sim N(\boldsymbol{\mu}, \boldsymbol{\Sigma})$. 于是其密度函数为

$$(2\pi)^{-p/2}|\boldsymbol{\Sigma}|^{-1/2}\exp(-(\boldsymbol{R}_t - \boldsymbol{\mu})^{\mathrm{T}}\boldsymbol{\Sigma}^{-1}(\boldsymbol{R}_t - \boldsymbol{\mu})/2).$$

将 $\boldsymbol{\mu}$ 和 $\boldsymbol{\Sigma}$ 视为 $\boldsymbol{\theta}$, 对数似然函数为

$$\ell_T(\boldsymbol{\mu}, \boldsymbol{\Sigma}) = -\frac{1}{2}\left\{ Tp\log(2\pi) + T\log|\boldsymbol{\Sigma}| + \sum_{t=1}^T (\boldsymbol{R}_t - \boldsymbol{\mu})^{\mathrm{T}}\boldsymbol{\Sigma}^{-1}(\boldsymbol{R}_t - \boldsymbol{\mu}) \right\}.$$

类似的表示可见 (5.26) (此处取 $\beta = 0$, $N = p$ 且 $\alpha = \mu$). 注意到

$$\sum_{t=1}^T (\boldsymbol{R}_t - \boldsymbol{\mu})^{\mathrm{T}}\boldsymbol{\Sigma}^{-1}(\boldsymbol{R}_t - \boldsymbol{\mu}) = \mathrm{tr}\left(\boldsymbol{\Sigma}^{-1}\sum_{t=1}^T (\boldsymbol{R}_t - \boldsymbol{\mu})(\boldsymbol{R}_t - \boldsymbol{\mu})^{\mathrm{T}} \right),$$

其中 $\mathrm{tr}(\boldsymbol{A})$ 为方阵 $\boldsymbol{A}$ 的对角元素之和, 称为矩阵 $\boldsymbol{A}$ 的迹, 并且

$$\sum_{t=1}^T (\boldsymbol{R}_t - \boldsymbol{\mu})(\boldsymbol{R}_t - \boldsymbol{\mu})^{\mathrm{T}} = T\widehat{\boldsymbol{\Sigma}} + (\bar{\boldsymbol{R}} - \boldsymbol{\mu})(\bar{\boldsymbol{R}} - \boldsymbol{\mu})^{\mathrm{T}},$$

其中 $\widehat{\boldsymbol{\Sigma}}$ 为样本协方差阵 (除以 T 而不是 $(T-1)$), $\bar{R}$ 为样本均值. 显然, 极大似然在 $\widehat{\boldsymbol{\mu}} = \bar{R}$ 处获得. 利用此结果, 忽略常数项, 则对数似然函数变为

$$-\frac{2}{T}\ell_T(\widehat{\boldsymbol{\mu}}, \boldsymbol{\Sigma}) = \log|\boldsymbol{\Sigma}| + \text{tr}(\boldsymbol{\Sigma}^{-1}\widehat{\boldsymbol{\Sigma}}), \tag{7.25}$$

这可以看作是 $\widehat{\boldsymbol{\Sigma}}$ 和 $\boldsymbol{\Sigma}$ 之间的散度.

我们现在准备应用惩罚似然 (7.22) 来估计稀疏协方差阵. 如果 $\boldsymbol{\Sigma} = (\sigma_{ij})$ 是稀疏的, 由 (7.25), 惩罚似然 (7.22) 变为

$$\log|\boldsymbol{\Sigma}| + \text{tr}(\boldsymbol{\Sigma}^{-1}\widehat{\boldsymbol{\Sigma}}) + \sum_{i<j} p_\lambda(|\sigma_{ij}|). \tag{7.26}$$

这里, 我们不用惩罚对角线元素, 原因为它们不是稀疏的. 在正定矩阵的类中, (7.26) 的最小化产生协方差矩阵的一个稀疏估计.

惩罚似然方法的一个优点是它允许我们探索稀疏性的其他方面. 例如, 如果 $\boldsymbol{\Sigma}^{-1}$ 是稀疏的, 那么令 $\boldsymbol{\Omega} = \boldsymbol{\Sigma}^{-1}$, 则似然函数 (7.25) 可以写为

$$-\log|\boldsymbol{\Omega}| + \text{tr}(\boldsymbol{\Omega}\widehat{\boldsymbol{\Sigma}}).$$

由于稀疏性现在 $\boldsymbol{\Omega} = (\omega_{ij})$ 的元素上, 所以惩罚似然函数 (7.22) 变为

$$-\log|\boldsymbol{\Omega}| + \text{tr}(\boldsymbol{\Omega}\widehat{\boldsymbol{\Sigma}}) + \sum_{i<j} p_\lambda(|\omega_{ij}|). \tag{7.27}$$

Rothman 等 (2008) 以及 Lam 和 Fan (2009) 对理论性质进行了深入研究.

7.2.5 带有可观测因子的因子模型

在金融应用中, 稀疏性假设不是一个合理的假设. 它可以与具有稀疏的异质噪声协方差阵的因子模型相结合. 关于这一主题的最早参考文献是 Fan 等 (2008), 他们使用严格因子模型来处理大协方差阵估计. 这对协方差阵加了一种结构: 它可以分解为一个低秩矩阵加上一个对角矩阵的和.

我们在 6.1 节证明了, 资产 i 在时刻 t 的收益率可以分解为 [参见 (6.2)]

$$R_{it} = a_i + b_{i1}f_{1t} + \cdots + b_{iK}f_{Kt} + \varepsilon_{it}, \quad t = 1, \cdots, T, \tag{7.28}$$

或者以矩阵形式 [参见 (6.4)]

$$\boldsymbol{R}_t = \boldsymbol{a} + \boldsymbol{B}\boldsymbol{f}_t + \boldsymbol{\varepsilon}_t, \tag{7.29}$$

其中 $\boldsymbol{\varepsilon}_t$ 为异质噪声向量, 具有

$$E\boldsymbol{\varepsilon}_t = 0 \quad \text{且} \quad \text{cov}(\boldsymbol{f}_t, \boldsymbol{\varepsilon}_t) = 0. \tag{7.30}$$

(7.29) 和 (7.30) 意味着波动率矩阵

$$\boldsymbol{\Sigma} \equiv \mathrm{var}(\boldsymbol{R}_t) = \boldsymbol{B}\,\mathrm{var}(\boldsymbol{f}_t)\boldsymbol{B}^{\mathrm{T}} + \mathrm{var}(\boldsymbol{\varepsilon}_t). \tag{7.31}$$

到目前为止, 我们还没有加任何假设. 模型 (7.29) 仅仅依赖于随机变量的分解. 严格因子模型假定 $\mathrm{var}(\boldsymbol{\varepsilon}_t)$ 为对角阵. 在这种情形下, 模型蕴含的波动率矩阵表示为一个低秩矩阵 ($\boldsymbol{B}\,\mathrm{var}(\boldsymbol{f}_t)\boldsymbol{B}^{\mathrm{T}}$ 的秩为 K) 与一个对角阵之和. 矩阵 $\boldsymbol{B}$ 有 $K \cdot p$ 个参数, $\mathrm{var}(\boldsymbol{\varepsilon})$ 有 p 个参数, $\mathrm{var}(\boldsymbol{f}_t)$ 有 $K(K+1)/2$ 个参数. 共有 $(p+1)K + K(K+1)/2$ 个参数. 从这个角度来看, 我们假设三因素模型适用于 $P = 2000$ 的股票. 在这种情形下, 因子模型蕴含的协方差阵 (7.31) 有 8006 个自由参数, 而原来的协方差阵有 2001000 个参数!

表达式 (7.31) 提出了一种简单的替代方法. 进一步假定因子是可观测的. 于是, 对于每一个资产 i, 运行多元回归 (7.28) 得到因子载荷 $\{\widehat{b}_{ij}\}_{j=1}^{K}$ 和残差方差 $\widehat{\sigma}_i^2$. 获得因子 $\{\boldsymbol{f}_t\}_{t=1}^{T}$ 的样本协方差阵 $\widehat{\boldsymbol{\Sigma}}_f$, 并基于以下估计来计算严格因子模型:

$$\widehat{\boldsymbol{\Sigma}}^{S} = \widehat{\boldsymbol{B}}\widehat{\boldsymbol{\Sigma}}_f\widehat{\boldsymbol{B}}^{\mathrm{T}} + \mathrm{diag}(\widehat{\sigma}_1^2, \cdots, \widehat{\sigma}_p^2), \tag{7.32}$$

所得的估计总是正定的, 即使当 $p \gg T$ 时亦如此. 其原因是最后一部分是正定的. 图 7.2 中基于因子模型的协方差矩阵就是指这种方法.

使用 (7.32) 到底有何好处? 与样本协方差矩阵相比, Fan 等 (2008) 证明了, 基于因子模型的估计在估计 $\boldsymbol{\Sigma}^{-1}$ 时具有更好的收敛速度, 并且与估计 $\boldsymbol{\Sigma}$ 具有相同的收敛速度. 这意味着, 基于因子模型的协方差阵在投资组合配置中更好 (也见图 7.2), 但在风险评估中并不会好太多.

为了深入了解这种结果, 让我们看看下面的示例.

例 7.7 我们考虑单因子模型, 因子载荷已知, 且 $\boldsymbol{B} = \boldsymbol{1}$. 我们还假设, 在理想情况下, 异质噪声的水平也是已知的, 且 $\mathrm{var}(\boldsymbol{\varepsilon}) = \boldsymbol{I}_{p_n}$. 在这种情形下, 由 (7.31) 可知

$$\boldsymbol{\Sigma} = \sigma_f^2 \boldsymbol{1}\boldsymbol{1}^{\mathrm{T}} + \boldsymbol{I}_{p_n},$$

仅有一个未知元素 $\sigma_f^2 = \mathrm{var}(f)$. 用样本版本替换后, 我们得到替代估计

$$\widehat{\boldsymbol{\Sigma}} = \widehat{\sigma}_f^2 \boldsymbol{1}\boldsymbol{1}^{\mathrm{T}} + \boldsymbol{I}_{p_n}.$$

现在, 容易看出, $\widehat{\sigma}_f^2$ 的估计误差会传导给协方阵的所有元素. 例如

$$\|\widehat{\boldsymbol{\Sigma}} - \boldsymbol{\Sigma}\|_2^2 = p^2 \big|\widehat{\sigma}_f^2 - \sigma_f^2\big|^2.$$

这与样本协方差阵具有相同的阶, 估计了 p^2 个元素. 注意到 $\boldsymbol{\Sigma}$ 的特征值为 $(1 + \sigma_f^2 p), 1, \cdots, 1$. 因此, 当 p 较大时, 绝对意义上来讲, 很难精确地估计最大特征值.

另一方面, $\boldsymbol{\Sigma}^{-1}$ 的特征值为 $(1 + \sigma_f^2 p)^{-1}, 1, \cdots, 1$, 它们可以精确地估计. 这就解释了为什么用因子结构可以更好地估计矩阵的逆.

为了从数值上说明上述理论, Fan 等 (2008) 进行了广泛地模拟研究. 为了报告结果, 我们需要两个矩阵间的距离或散度的一些度量. 有三种常用的矩阵距离或散度: 对于给定的 $\boldsymbol{\Sigma}$ 的估计 $\widehat{\boldsymbol{\Sigma}}$,

- 平方损失: $\|\widehat{\boldsymbol{\Sigma}} - \boldsymbol{\Sigma}\|_Q^2 = \mathrm{tr}[\widehat{\boldsymbol{\Sigma}}\boldsymbol{\Sigma}^{-1} - \boldsymbol{I}_p]^2/p$;
- 熵损失: $\mathrm{tr}(\widehat{\boldsymbol{\Sigma}}\boldsymbol{\Sigma}^{-1}) - \log|\widehat{\boldsymbol{\Sigma}}\boldsymbol{\Sigma}^{-1}| - p$;
- 范数损失: $\|\widehat{\boldsymbol{\Sigma}} - \boldsymbol{\Sigma}\|$, 这里的 $\|\cdot\|$ 可以是算子范数, 也可以是 Frobenius 范数.

注意, 平方损失为矩阵估计的相对损失, 这是因为它又可以写成

$$\|\boldsymbol{\Sigma}^{-1/2}\widehat{\boldsymbol{\Sigma}}\boldsymbol{\Sigma}^{-1/2} - \boldsymbol{I}_p\|_F^2/p.$$

参见练习 7.8.

例 7.8 Fan 等 (2008) 由三因子模型模拟了 p 个资产的收益率. 为了确定因子载荷, 他们根据市场数据校正了模型参数. 特别地, 他们使用了 30 个行业投资组合在 5/1/02—8/29/05 的 3 年日数据来拟合 Fama-French 三因子模型. 表 7.3 (左) 总结了估计的 30 个因子载荷向量, 给出了这 30 个三维因子负荷的样本均值向量和样本协方差阵. 这 30 个异质误差方差的均值为 0.6608, 标准差为 0.3275, 最小值为 0.195. 表 7.3 (右) 给出了 Fama-French 因子的样本均值和样本方差.

表 7.3 Fama-French 三因子模型模拟所用的参数汇总表

μ_B	Σ_B			μ_f	Σ_f		
0.783	0.0291	0.0239	0.0102	0.0236	1.251	-0.035	-0.204
0.518	0.0239	0.0540	-0.0070	0.0140	-0.035	0.316	-0.002
0.410	0.0102	-0.0070	0.0869	0.0207	-0.204	-0.002	0.193

利用以上参数, 三因子模型的 p 个资产的日收益率可以如下模拟: 对于给定的 p 和 T,

- 由 $N(\boldsymbol{\mu}_f, \boldsymbol{\Sigma}_f)$ 独立产生容量为 T 的因子 $\boldsymbol{f}_t$.
- 由 $N(\boldsymbol{\mu}_B, \boldsymbol{\Sigma}_B)$ 产生因子载荷 $\boldsymbol{b}_1, \cdots, \boldsymbol{b}_p$.
- 由 $[0.195, \infty)$ 条件下的伽马分布 $\mathrm{Gamma}(\alpha, \beta)$ 产生异质噪声 $\sigma_1, \cdots, \sigma_p$ 的水平. 选取参数 $\alpha = 3.3586$ 和 $\beta = 0.1876$ 来匹配经验数据的一阶矩和二阶矩. 简言之, 由 $\mathrm{Gamma}(3.3586, 0.1876)$ 分布产生 $\sigma_1, \cdots, \sigma_p$, 并在结果小于 0.195 时拒绝此结果.
- 对于每一个资产 i, 由 $N(0, \sigma_i^2)$ 产生 T 个异质噪声 $\{\varepsilon_{it}\}_{t=1}^T$.

■ 通过 (7.28) 计算日收益率 $\{R_{it}\}_{t=1}^{T}$.

基于三年期数据 ($T = 756$) 的 500 次模拟, 对基于因子的协方差阵与样本协方差阵, Fan 等 (2008) 检验了维数的影响. 图 7.5 展示了估计 Σ 的表现. 对于 Frobenius 范数, 样本协方差阵与基于因子模型的估计表现不相上下. 随着 p 的增加, 表现就变得差了. 对于平方损失和熵损失, 基于因子的估计好于样本协方差阵. 这是由于涉及协方差阵逆阵的原因.

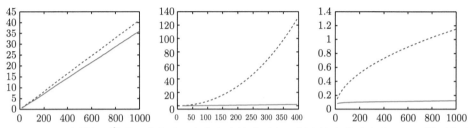

图 7.5　　500 次模拟, $\widehat{\Sigma}$ 的平均损失. 虚线和实线分别表示样本协方差阵和基于因子模型的估计. 从左至右, 分别为 Frobenius 范数、熵范数以及平方损失下的平均损失

图 7.6 总结了两种方法下 Σ^{-1} 估计的表现. 显然, 结果表明基于因子模型的方法更好, 与上面报告的理论结果一致.

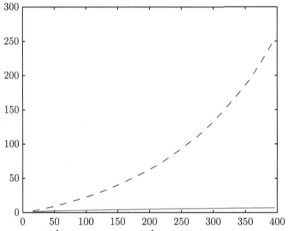

图 7.6　　500 次模拟估计 $\widehat{\Sigma}^{-1}$ 的平均损失 $\|\widehat{\Sigma}^{-1} - \Sigma^{-1}\|_F$. 虚线和实线分别表示样本协方差阵和基于因子模型的估计

7.2.6　带有可观测因子的近似因子模型

稀疏性和精确因子模型很少在金融实际中出现. 但是把它们结合起来会产生强大的方法. 代之以异质噪声的不相关假设, 近似因子模型仅将稀疏性加在 $\Sigma_\varepsilon =$

var(ε) 上. 可以通过 7.2.2 节的压缩方法或 7.2.4 节中的惩罚似然来探索稀疏性. 为了简便起见, 我们仅使用简单的压缩方法于相关阵: 计算残差 $\{\widehat{\varepsilon}_t\}_{t=1}^T$ 的样本协方差阵 $\widehat{\boldsymbol{\Sigma}}_\varepsilon$, 并构造如同 (7.15) 中的压缩估计 $\widehat{\boldsymbol{\Sigma}}_{\varepsilon,\lambda}^*$, 这将压缩规则应用于相关阵. 由 (7.31), 基于近似因子模型的波动率矩阵的估计为

$$\widehat{\boldsymbol{\Sigma}}_\lambda^A = \widehat{\boldsymbol{B}}\widehat{\boldsymbol{\Sigma}}_f\widehat{\boldsymbol{B}}^{\mathrm{T}} + \widehat{\boldsymbol{\Sigma}}_{\varepsilon,\lambda}^*, \tag{7.33}$$

其中 $\widehat{\boldsymbol{B}}$ 和 $\widehat{\boldsymbol{\Sigma}}_f$ 定义为 (7.32). 这个简单估计将因子模型技术与压缩估计结合起来, 由 Fan 等 (2011) 提出. 他们证明了估计依然具有良好的理论性质. 在正则化步骤中, 可以使用许多其他的方法来估计 var(ε) (如惩罚似然、自适应压缩). 我们注意到 (7.33) 不一定是半正定矩阵. 可以借鉴 7.2.3 节中的投影技术.

计算 (7.15) 时, 取压缩参数 $\lambda = 1$, 所得的 $\widehat{\boldsymbol{\Psi}}_\lambda$ 为单位阵, 并且 $\widehat{\boldsymbol{\Sigma}}_{\varepsilon,1}^*$ 为对角阵, 其对角元素为残差的方差. 因此, 此方法变为 7.2.5 节中的精确因子模型, 即有如同 (7.32) 的估计:

$$\widehat{\boldsymbol{\Sigma}}_1^A = \widehat{\boldsymbol{\Sigma}}^S.$$

另一方面, 对应 $\lambda = 0$ 的极值点, $\widehat{\boldsymbol{\Sigma}}_{\varepsilon,0}^*$ 恰好为残差向量的样本协方差阵 $\widehat{\boldsymbol{\Sigma}}_\varepsilon$. 因此, 由 (7.33) 以及分解式 (7.31) 可知

$$\widehat{\boldsymbol{\Sigma}}_0^A = \widehat{\boldsymbol{B}}\widehat{\boldsymbol{\Sigma}}_f\widehat{\boldsymbol{B}}^{\mathrm{T}} + \widehat{\boldsymbol{\Sigma}}_\varepsilon$$

为收益率 $\{\boldsymbol{R}_t\}_{t=1}^T$ 的样本协方差阵. 总之, 协方差估计族 (7.33) 包含了样本协方差阵和严格因子模型估计作为特例, 它们分别对应于 $\lambda = 0$ 和 $\lambda = 1$ 情形.

我们现在通过下面的例子来说明这种方法.

例 7.9 考虑 2010 年最后一个季度的 Fama-French 100 个投资组合的收益率. 我们希望基于 63 个日收益率来估计协方差阵. 样本协方差阵的最大特征值为 81.68, 解释了约 79.59% 的波动性 (定义参见 6.5.1 节). 这个主成分方向基本上为市场投资组合. 由于样本容量为 63, 样本协方差阵的秩至多为 62 (通常正好为 62). 这就意味着协方差阵有 38 个特征值为零. 图 7.7 给出了特征值的分布, 也称为谱分布. 协方差阵的严格因子模型估计总是正定的, 其谱分布也在图 7.7 中.

协方差阵的近似因子模型估计更加灵活. 当 $\lambda = 1$ 时, 它与严格因子模型估计相同. 我们取 $\lambda = 0.1$, 这将把数值小于 0.1 的异质误差的任意样本相关系数置为 0. 这会产生 2249 个零. 然而, 所导致的估计并不是半正定的. 其最小特征值为 -0.447. 我们应用 7.2.3 节中的方法, 进一步将得到的估计投影到半正定矩阵空间上.

　　图 7.7 总结了估计的协方差阵的谱分布. 所有估计的协方差阵的最大特征值大约为 80, 但图中没有给出. 每个谱分布都有几个不同的第二、第三、第四特征值. 这提供了存在第二、第三, 还可能第四个因子的证据, 这些因子解释了市场共同风险. 有趣的是, 尽管有各种压缩 ($\lambda = 0, 0.1$ 和 1), 但是这些显著的特征仍然保留在所有的谱估计中. 正则化只是改变了小的特征值及相应的特征向量, 这些量无法可靠地估计. 例如, 样本协方差对应于 $\lambda = 0$ 的正则化估计, 严格因子模型估计的协方差阵对应于 $\lambda = 1$ 的正则化估计. 这两个估计源自于异质噪声自相关矩阵 Ψ 的两个非常不同的估计. 此外, 投影方法通过因子 $(1 - \lambda_{\min}^{-}) = 1.447$ 压缩了所有特征值. 这些依然不会影响图中呈现的主要特征.

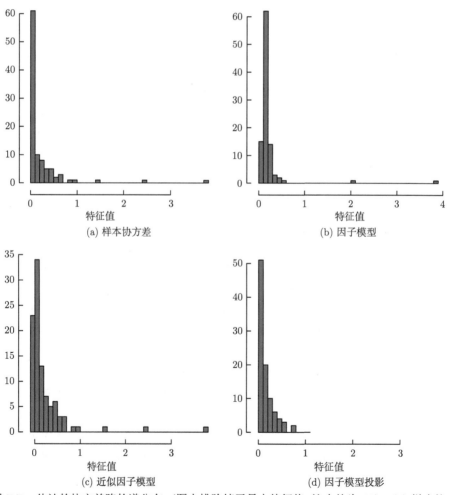

图 7.7　估计的协方差阵的谱分布 (图中排除掉了最大特征值, 这大约为 80): (a) 样本协方差; (b) 严格因子模型; (c) 近似因子模型; (d) 将 (c) 中估计投影到半正定矩阵空间上

7.2.7 带有不可观测因子的近似因子模型

在许多应用中, 如外国投资或外来资产类, 驱动收益率相关性的共同因子是未知的. 这些潜在的因子需要由给定的资产收益率来估计. 正如 6.5.1 节所讨论的, 主成分是估计这些特征向量自然的候选者.

为了估计大波动率矩阵 $\boldsymbol{\Sigma}$, Fan 等 (2013) 引入了下面简单方法, 称为主正交补压缩, 或简记为 POET. 对于给定的因子个数 K, 这个方法可通过下面步骤来实现.

1. 基于 T 期收益率来获得样本协方差阵 $\widehat{\boldsymbol{\Sigma}}$.
2. 对样本协方差进行奇异值分解, 得 $\widehat{\boldsymbol{\Sigma}} = \sum_{j=1}^{p} \widehat{\lambda}_j \widehat{\boldsymbol{\xi}}_j \widehat{\boldsymbol{\xi}}_j^{\mathrm{T}}$.
3. 计算残差协方差阵 $\widehat{\boldsymbol{Q}} = \sum_{j=K+1}^{p} \widehat{\lambda}_j \widehat{\boldsymbol{\xi}}_j \widehat{\boldsymbol{\xi}}_j^{\mathrm{T}}$.
4. 对于正则化参数 λ, 将 $\boldsymbol{Q}$ 正则化, 得到 $\widehat{\boldsymbol{Q}}_\lambda$. 例如, 我们可以对自相关矩阵进行如 (7.15) 压缩或 (7.14) 的自适应压缩.
5. 计算 POET 估计

$$\widehat{\boldsymbol{\Sigma}}_\lambda^P = \sum_{j=1}^{K} \widehat{\lambda}_j \widehat{\boldsymbol{\xi}}_j \widehat{\boldsymbol{\xi}}_j^{\mathrm{T}} + \widehat{\boldsymbol{Q}}_\lambda. \tag{7.34}$$

首先, POET 估计是一种非参数方法. 当潜在的协方差阵具有近似因子结构, 即 (7.31) 中的 $\mathrm{var}(\boldsymbol{\epsilon}_t)$ 稀疏时, 它的效果最好. 再者, 这种方法非常通用. 当 $\lambda = 0$ 时, $\widehat{\boldsymbol{\Sigma}}_0^P$ 为样本协方差阵; 而当 $\lambda = 1$ 时, 它变为基于严格因子模型的协方差阵: $\widehat{\boldsymbol{\Sigma}}_1^P = \widehat{\boldsymbol{\Sigma}}^S$. 当 $K = 0$ 时, 它变为诸如 Bickel 和 Levina (2008) 或者 Cai 和 Liu (2011) 中通常的压缩估计.

其次, 高估因子个数 K 带来的危害不大. Fan 等 (2013) 证明了, 如果真实 $K = 3$, 即使使用 $K = 10$, 所导致的估计对于 K 的选择表现稳健. 另一方面, 低估 K 会给 POET 估计带来许多偏差. 例如, 对于 $K = 1$ 或 $K = 2$, 估计甚至是不相合的. 数据驱动的 K 的选择是可能的. 参见 Bai 和 Ng (2002, 2008), Onatski (2010).

再次, POET 估计相对容易计算. 只要有软件来计算奇异值分解, 其他我们都可以解析地计算. 有称为 POET 的 R 软件包来计算 POET 估计.

最后, Fan 等 (2013) 证明了, 当资产数 p 充分大时潜在因子可以足够精确地估计, 并且 POET 估计表现得就像潜在因子是可观察的一样. 更精确地, 当 $p \log p \geqslant T$ 时, $\widehat{\boldsymbol{\Sigma}}_\lambda^P$ 表现得与 $\widehat{\boldsymbol{\Sigma}}_\lambda^A$ 一样.

初学者可以跳过本节余下的内容.

高维 PCA 和因子分析 *

当资产或变量的个数很大时, 为什么主成分分析和因子分析大致相同, 为了提供更多的见解, 让我们从因子模型 (7.29) 开始. 为简单起见, 我们假设 $\boldsymbol{a} = 0$;

否则, 我们可以从收益率和因子中减去均值. 于是, 对于任意 $K \times K$ 的非奇异矩阵 $\boldsymbol{H}$, 模型 (7.29) 可以写为

$$\boldsymbol{R}_t = \boldsymbol{B}\boldsymbol{f}_t + \boldsymbol{\varepsilon}_t = (\boldsymbol{B}\boldsymbol{H})(\boldsymbol{H}^{-1}\boldsymbol{f}_t) + \boldsymbol{\varepsilon}_t. \tag{7.35}$$

因为 $\boldsymbol{B}$ 和 $\boldsymbol{f}_t$ 都是未知的, 所有这会带来可识别性问题. 为了解决 $\boldsymbol{B}$ 和 $\boldsymbol{f}_t$ 之间的歧义, 我们加上可识别性约束: $\mathrm{var}(\boldsymbol{f}_t) = \boldsymbol{I}_K$ 且 $\boldsymbol{B}$ 的列是正交的. 在此正则条件下, 由 (7.31), 我们可得

$$\boldsymbol{\Sigma} = \boldsymbol{B}\boldsymbol{B}^{\mathrm{T}} + \boldsymbol{\Sigma}_\varepsilon, \quad \boldsymbol{\Sigma}_\varepsilon = \mathrm{var}(\boldsymbol{\varepsilon}). \tag{7.36}$$

令 $\boldsymbol{b}_1, \cdots, \boldsymbol{b}_K$ 为 $\boldsymbol{B}$ 的 K 个正交列, 按照范数 $\{\|\boldsymbol{b}_j\|\}_{j=1}^K$ 由大到小排序. 为简单起见, 假设 $\{\|\boldsymbol{b}_j\|\}_{j=1}^K$ 之间没有结. 那么, 显然标准化向量 $\boldsymbol{b}_j/\|\boldsymbol{b}_j\|$ 为 $\boldsymbol{B}\boldsymbol{B}^{\mathrm{T}}$ 的第 j 个特征值. 这也可从 $\boldsymbol{B} = (\boldsymbol{b}_1, \cdots, \boldsymbol{b}_K)$ 和正交假设

$$(\boldsymbol{B}\boldsymbol{B}^{\mathrm{T}})\boldsymbol{b}_j/\|\boldsymbol{b}\| = \left(\sum_{i=1}^{K} \boldsymbol{b}_i\boldsymbol{b}_i^{\mathrm{T}} \right) \boldsymbol{b}_j/\|\boldsymbol{b}_j\| = \|\boldsymbol{b}_j\|^2 \boldsymbol{b}_j/\|\boldsymbol{b}_j\|$$

容易看出. 上述等式也说明 $\|\boldsymbol{b}_j\|^2$ 是 $\boldsymbol{B}\boldsymbol{B}^{\mathrm{T}}$ 的第 j 个最大特征值. 它有多大? 由定义, $\|\boldsymbol{b}_j\|^2 = \sum_{i=1}^{p} b_{ij}^2$; 如果因子 j 是普遍的, 则 $\|\boldsymbol{b}_j\|^2$ 的阶为 p. 也就是说, 第 j 个因子对 p 个资产收益率具有不可忽略的影响, 意思是不可忽略部分 $|b_{ij}|$ 远远大于零.

　　根据线性代数, 众所周知, 矩阵 $\boldsymbol{B}\boldsymbol{B}^{\mathrm{T}}$ 的前 K 个特征值与矩阵 $\boldsymbol{B}^{\mathrm{T}}\boldsymbol{B}$ 的前 K 个特征值相同. 令 $\widetilde{\boldsymbol{b}}_i$ 为 $\boldsymbol{B}$ 第 i 行的转置. 则 $\boldsymbol{B}^{\mathrm{T}} = (\widetilde{\boldsymbol{b}}_1, \cdots, \widetilde{\boldsymbol{b}}_p)$ 且

$$\boldsymbol{B}^{\mathrm{T}}\boldsymbol{B} = p \cdot \frac{1}{p} \sum_{i=1}^{p} \widetilde{\boldsymbol{b}}_i\widetilde{\boldsymbol{b}}_i^{\mathrm{T}}.$$

我们假设因子 j 在下述意义下是普遍的: 当 $p \to \infty$ 时,

$$\frac{1}{p} \sum_{i=1}^{p} \widetilde{\boldsymbol{b}}_i\widetilde{\boldsymbol{b}}_i^{\mathrm{T}} \longrightarrow \boldsymbol{\Sigma}_B,$$

其中 $\boldsymbol{\Sigma}_B$ 为 $K \times K$ 正定阵, 具有正的特征值 $\lambda_1(\boldsymbol{\Sigma}_B), \cdots, \lambda_k(\boldsymbol{\Sigma}_B)$. 这种情况的一个例子为, $\widetilde{\boldsymbol{b}}_i$ 是来自均值为零, 方差为 $\boldsymbol{\Sigma}_B$ 总体的一个随机样本, 如例 7.8. 因此, 对于 $j \leqslant K$, (7.36) 中 $\boldsymbol{B}\boldsymbol{B}^{\mathrm{T}}$ 的第 j 个特征值近似为 $p \cdot \lambda_j(\boldsymbol{\Sigma}_B)$. 这可以使得那里的 $\boldsymbol{\Sigma}_\varepsilon$ 在适度假设 $\|\boldsymbol{\Sigma}_\varepsilon\| = o(p)$ 下是可忽略的.

令 λ_j 为 $\boldsymbol{\Sigma}$ 的第 j 个最大特征值, 对应的特征向量为 $\boldsymbol{\xi}_j, j = 1, \cdots, p$. 为了更直观, 我们暂先假设 $\boldsymbol{\Sigma}_\varepsilon = 0$, 从而 $\boldsymbol{\Sigma} = \boldsymbol{B}\boldsymbol{B}^{\mathrm{T}}$,

$$\text{对于 } j \leqslant K, \lambda_j = \|\boldsymbol{b}_j\|^2; \quad j > K, \quad \lambda_j = 0, \tag{7.37}$$

且

$$\boldsymbol{\xi}_j = \boldsymbol{b}_j / \|\boldsymbol{b}_j\|. \tag{7.38}$$

在这种情形下, POET 估计恰好是谱分解

$$\boldsymbol{\Sigma} = \sum_{j=1}^{K} \lambda_j \boldsymbol{\xi}_j \boldsymbol{\xi}_j^{\mathrm{T}}$$

的样本版本. 此外, 由 (7.35) 和 $\{\boldsymbol{b}_j\}$ 的正交性, 我们有

$$(\boldsymbol{b}_j / \|\boldsymbol{b}_j\|)^{\mathrm{T}} \boldsymbol{R}_t = \|\boldsymbol{b}_j\| f_{jt} + (\boldsymbol{b}_j / \|\boldsymbol{b}_j\|)^{\mathrm{T}} \boldsymbol{\varepsilon}_t,$$

其中 f_{jt} 为第 j 个因子在时刻 t 的实现. 最后一项为噪声 $\boldsymbol{\varepsilon}_t$ 对所有 p 个资产的加权平均, 当 p 较大时, 通常可以忽略. 因此

$$f_{jt} \approx \boldsymbol{\xi}_j^{\mathrm{T}} \boldsymbol{R}_t / \lambda_j^{1/2}. \tag{7.39}$$

即, 通过将收益率 $\boldsymbol{R}_t$ 投影到第 j 个主成分, 并除以相应特征值的平方根, 可恢复第 j 个实现的因子. 这表明大投资组合的主成分分析和因子分析是近似相同的.

我们现在考虑更一般情形的 $\boldsymbol{\Sigma}_\varepsilon$. 这种情形下, (7.37) 和 (7.38) 近似成立. 事实上, 由 Wely 定理, $\boldsymbol{\Sigma}$ 和 $\boldsymbol{B}\boldsymbol{B}^{\mathrm{T}}$ 的特征值的差被 $\|\boldsymbol{\Sigma}_\varepsilon\|$ 控制, 即

$$\text{对于} j \leqslant K, \left| \lambda_j - \|\boldsymbol{b}_j\|^2 \right| \leqslant \|\boldsymbol{\Sigma}_\varepsilon\|, \qquad \text{对于} j > K, |\lambda_j| \leqslant \|\boldsymbol{\Sigma}_\varepsilon\|. \tag{7.40}$$

因为对于 $j \leqslant K$, $\|\boldsymbol{b}_j\|^2 \approx p\lambda_j(\boldsymbol{\Sigma}_B)$, 所以当 $\|\boldsymbol{\Sigma}_\varepsilon\| = o(p)$ 时, 近似误差可忽略. 通过应用 Davis 和 Kahan (1970) 的 $\sin(\theta)$ 定理, 可以证明, 当对于 $j \leqslant K$ 时, 有

$$\left\| \boldsymbol{\xi}_j - \boldsymbol{b}_j / \|\boldsymbol{b}_j\| \right\| = O(p^{-1}\|\boldsymbol{\Sigma}_\varepsilon\|). \tag{7.41}$$

表达式 (7.40) 和 (7.41) 为 (7.37) 和 (7.38) 的推广. 它们要求

$$\sum_{j=1}^{K} \lambda_j \boldsymbol{\xi}_j \boldsymbol{\xi}_j^{\mathrm{T}} \approx \sum_{j=1}^{K} \boldsymbol{b}_j \boldsymbol{b}_j^{\mathrm{T}} = \boldsymbol{B}\boldsymbol{B}^{\mathrm{T}}.$$

这可由 POET 估计 (7.34) 的第一部分来估计. 谱估计 $\widehat{\boldsymbol{R}}$ 的剩余部分可估计 $\boldsymbol{\Sigma}_\varepsilon$. 因为假设 $\boldsymbol{\Sigma}_\varepsilon$ 是稀疏的, 所以正则化方法可以应用于 $\boldsymbol{\Sigma}_\varepsilon$. 由稀疏性假设容易给出算子范数 $\|\boldsymbol{\Sigma}_\varepsilon\|$ 的界. 参见 7.9 节.

上述方法是针对普遍因子或强因子而设计的. Fan 等 (2013) 建立了 POET 的渐近理论和相关方法. 有关弱因子的理论和方法, 可参见 Onatski (2012). 有关因子模型的其他重要处理方法, 包括使用主成分作为估计的因子以及动态因子模型, 可参见 Stock 和 Watson (2002, 2005), Bai (2003, 2009).

7.3   总风险敞口约束下的投资组合配置

Markowitz 的均值-方差最优投资组合求解如下最优化问题

$$\min_{\boldsymbol{w}} \ \boldsymbol{w}^{\mathrm{T}}\boldsymbol{\Sigma}\boldsymbol{w}, \quad \text{s.t.} \ \boldsymbol{w}^{\mathrm{T}}\boldsymbol{1}=1 \ \text{且} \ \boldsymbol{w}^{\mathrm{T}}\boldsymbol{\mu}=r_0.$$

最优解由 (5.43) 给出, 它依赖于涉及未知参数 $\boldsymbol{\mu}$ 和 $\boldsymbol{\Sigma}$ 的几个量

$$\boldsymbol{\Sigma}^{-1}\boldsymbol{\mu}, \quad \boldsymbol{\Sigma}^{-1}\boldsymbol{1} \ \text{和} \ \boldsymbol{\mu}^{\mathrm{T}}\boldsymbol{\Sigma}^{-1}\boldsymbol{\mu}.$$

尽管这项工作是现代金融学的基石, 但是它在实际应用时也面临了诸多挑战. 我们并不清楚在应用中, 能否足够精确地估计前面所提到的未知量. 最优配置非常敏感地依赖于估计的均值和波动率矩阵以及它们的估计误差. 它可能导致极其大的空头头寸. 当候选资产池很大时, 这些问题变得更加严重. 因此, 寻求更稳定和更稳健的最优投资组合是合理的.

7.3.1   总风险敞口约束下的投资组合选择

令 c 为可允许的最大总风险敞口, $U(\cdot)$ 为效用函数. Markowitz 工作的一个推广是对总风险敞口加一些约束, 在稳定的投资组合类中寻求最优投资组合. 这将导致下面的总风险敞口约束下效用的最优化问题:

$$\begin{aligned} \max_{\boldsymbol{w}} \quad & E[U(\boldsymbol{w}^{\mathrm{T}}\boldsymbol{R})] \\ \text{s.t.} \quad & \boldsymbol{w}^{\mathrm{T}}\boldsymbol{1}=1, \ \|\boldsymbol{w}\|_1 \leqslant c, \ \boldsymbol{A}^{\mathrm{T}}\boldsymbol{w}=\boldsymbol{a}. \end{aligned} \tag{7.42}$$

总风险敞口约束等价于总空头头寸 $\boldsymbol{w}^- \leqslant (c-1)/2$. 等式约束可以是对期望收益率的约束, 如 $\boldsymbol{A}=\boldsymbol{\mu}$. 但是期望收益率 $\boldsymbol{\mu}$ 很难精确地估计. 代之以, 可以对不同部分的投资配置加以约束. 我们还可在投资组合对某些已知因子 (如市场投资组合) 是中性这一约束下优化投资组合. 这些可以通过适当选择矩阵 $\boldsymbol{A}$ 纳入到框架 (7.42).

当 c 较小或适中时, 约束 $\|\boldsymbol{w}\|_1 \leqslant c$ 通常是有约束力的, 并且解通常是稀疏的. 这达到了资产选择的目的. 例如, 当 $c = 1$, 且效用为投资组合风险, 如图 7.2 所示, 在 600 只股票中, 最优无空头投资组合的平均股票数约为 53. 可以用任意的风险度量来替换 (7.42) 中的效用函数 (Artzner et al., 1999).

当 $c = \infty$ 时, 总风险敞口约束不再有约束力. 它变为 Markowitz 的效用最优化问题. 当 $c = 1$ 时, 投资组合不允许卖空. 这是最保守但最稳定的投资组合. 当 c 从 1 和 ∞ 变时, 它便构造了一个从最保守到最激进投资组合的连续解路径, 且具有不同效用截面. 参见图 7.2.

正如 5.2 节, 当收益率服从正态分布 $\boldsymbol{R} \sim N(\boldsymbol{\mu}, \boldsymbol{\Sigma})$, 且效用函数为指数函数 $U(w) = 1 - \exp(-Aw)$ 时, 则期望效用为

$$E[U(\boldsymbol{w}^{\mathrm{T}}\boldsymbol{R})] = 1 - \exp(-AM(\boldsymbol{\mu}, \boldsymbol{\Sigma})), \tag{7.43}$$

其中

$$M(\boldsymbol{\mu}, \boldsymbol{\Sigma}) = \boldsymbol{w}^{\mathrm{T}}\boldsymbol{\mu} - A\boldsymbol{w}^{\mathrm{T}}\boldsymbol{\Sigma}\boldsymbol{w}/2.$$

因此效用最大化等价于均值方差分析. 于是我们仅关注函数 M. 用定理 7.1 中相同的论证, 我们可以容易地得到效用近似

$$|M(\widehat{\boldsymbol{\mu}}, \widehat{\boldsymbol{\Sigma}}) - M(\boldsymbol{\mu}, \boldsymbol{\Sigma})| \leqslant \|\widehat{\boldsymbol{\mu}} - \boldsymbol{\mu}\|_\infty \|\boldsymbol{w}\|_1 + Ae_{\max}\|\boldsymbol{w}\|_1^2/2, \tag{7.44}$$

对于任意估计的期望收益率 $\widehat{\boldsymbol{\mu}}$ 和估计的波动率矩阵 $\widehat{\boldsymbol{\Sigma}}$. 无卖空投资组合给出了 $c = 1$ 时的最紧上界. 然而, 这通常会产生一个不足够多元化的最优投资组合. 对于图 7.2 中总结的实证研究, 当使用 RiskMetrics 时, 最优无空头投资组合中股票的平均数量仅为 31.

从现在开始, 就像文献中的许多论文一样, 我们将重点放在风险截面上. 理论和方法很容易扩展到效用最优化. 然而, 很难估计期望收益率, 这使得实证研究无法得出结论.

理论最优和感知最优配置向量分别定义为

$$\boldsymbol{w}_{\mathrm{opt}} = \arg \min_{\|\boldsymbol{w}\|_1 \leqslant c} R(\boldsymbol{w}), \quad \text{且} \quad \widehat{\boldsymbol{w}}_{\mathrm{opt}} = \arg \min_{\|\boldsymbol{w}\|_1 \leqslant c} \widehat{R}(\boldsymbol{w}). \tag{7.45}$$

这是一个二次规划, 可以很容易地用二次求解器求解. 配置向量 $\boldsymbol{w}_{\mathrm{opt}}$ 也称之为神谕配置, 这就好像一位知道 $\boldsymbol{\Sigma}$ 的神仙做了这个投资配置. 最好可能的实际风险为 $\sqrt{R(\boldsymbol{w}_{\mathrm{opt}})}$. 在实际中, 使用配置向量 $\boldsymbol{w}_{\mathrm{opt}}$, 它将被称为感知最优或经验最优配置向量. 感知最优风险是 $\sqrt{\widehat{R}(\widehat{\boldsymbol{w}}_{\mathrm{opt}})}$, 这可以计算且常常比神谕风险要小. 感

知最优投资的实际风险 $\sqrt{R(\widehat{\boldsymbol{w}}_{\mathrm{opt}})}$ 是未知的, 并且是我们的主要兴趣所在. Fan 等 (2012) 得到的下面定理揭示了, 当 c 和 $e_{\max}$ 不太大时, 这三个量非常接近.

定理 7.2 (最优风险近似)   令 $e_{\max} = |\widehat{\boldsymbol{\Sigma}} - \boldsymbol{\Sigma}|_{\infty}$. 则有

$$|R(\widehat{\boldsymbol{w}}_{\mathrm{opt}}) - R(\boldsymbol{w}_{\mathrm{opt}})| \leqslant 2e_{\max} c^2,$$

$$|R(\widehat{\boldsymbol{w}}_{\mathrm{opt}}) - \widehat{R}(\widehat{\boldsymbol{w}}_{\mathrm{opt}})| \leqslant e_{\max} c^2,$$

$$|R(\boldsymbol{w}_{\mathrm{opt}}) - \widehat{R}(\widehat{\boldsymbol{w}}_{\mathrm{opt}})| \leqslant e_{\max} c^2.$$

证明很直接, 我们将在 7.6 节中给出. 关于相对误差的有界性问题, 见练习 7.10. 定理 7.2 揭示了, 当 c 和 $e_{\max}$ 较小时, 前述的三个最优风险实际上非常接近. 因为 $\widehat{R}(\widehat{\boldsymbol{w}}_{\mathrm{opt}})$ 是已知的, 所以在 c 的一定范围内, 感知最优投资组合未知的神谕风险或者实际风险可以估计. 为了说明这点, 我们考虑下面的模拟研究. 在这个研究中, 我们知道了神谕风险.

例 7.10   由表 7.3 给出参数的三因子模型, 我们模拟了 $p = 200$ 和 $p = 500$ 个资产 252 天的日收益率. 对于模拟研究, 由于知道了真实协方差阵, 所以可以计算三个不同的风险. 估计的协方差阵是基于样本协方差阵的. 当 $p = 500$ 时, 它是退化的. 尽管如此, 当 c 较小时 (例如 $c \leqslant 1.5$), 感知最优风险表现依然良好. 见图 7.8. 这表明我们的带约束的优化问题可以处理 $p \gg T$ 的情形.

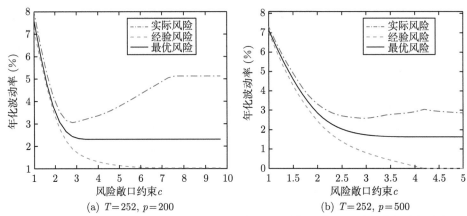

图 7.8   在总暴露参数 c 下, 理论最优投资组合的风险 (最优风险)、经验最优投资组合在暴露约束下的实际风险 (实际风险) 以及经验最优投资组合的感知风险 (经验风险), 摘自 Fan 等 (2012)

与定理 7.2 一致的是, 当 c 适中时, 这三种风险之间的差异很小, 并且随着 c 的增加, 差异一般会增加. 该图还解释了 Jagannathan 和 Ma (2003) 提出的 "为什么错误的约束也会有帮助" 问题. 随着 c 增加, 神谕风险减小. 然而, 当 c 充分大时, 约束不再具有约束力, 并且不论 c 如何, 神谕风险与全局最小方差投资组合的风险相同. 参见图 7.8 的实际风险水平部分. 另一方面, 随着 c 的增加, 投资组合变得越来越不稳定, 并且风险增大. 这就是较大的 c 并不一定导致最小的实际风险的原因. 实际上, 它们是远不是图 7.8 的最优.

我们想指出的是, 感知的最优风险通常低于实际风险. 对于 $p = 500$, 由于样本协方差阵的奇异性, 当 c 足够大时, 感知最优风险甚至能够取到零. 总风险约束阻止了这种情形的发生. 我们还想指出的是, 当 c 较大时, 实际风险状况不会像图 7.2 所示的那样迅速增加. 这主要是由于所使用的参数是从 30 个行业投资组合中校准的. 因此, 我们的模拟数据比图 7.2 中使用的个别股票更接近于投资组合.

定理 7.2 表明近似误差依赖于 $e_{\max}$, 即协方差矩阵的最大分量估计误差. 这个数量随着候选资产池的规模 p 的增长有多快? 下面的定理给出了这个问题的答案.

定理 7.3 如果对于一个充分大的 x, 存在正的常数 a, C 以及速度 b_T, 使得

$$\max_{i,j} P\{b_T|\sigma_{ij} - \widehat{\sigma}_{ij}| > x\} < \exp(-Cx^{1/a}),$$

那么

$$|\boldsymbol{\Sigma} - \widehat{\boldsymbol{\Sigma}}|_\infty = O_P\left(\frac{(\log p)^a}{b_T}\right).$$

该定理的证明比较简单, 我们将在 7.6 节中给出. 该定理指出, 如果每个元素都可以用收敛速度 b_T 来估计, 并且它具有指数尾部, 则投资组合的大小 p 的影响是有限的. 它仅以对数阶进入风险近似.

Fan 等 (2012) 给出了定理 7.3 条件成立的几种情形. 我们以他们的一个结果为例.

定理 7.4 假设 $\|\boldsymbol{R}_t\|_\infty$ 有界, 并且收益率是混合相依的, 且混合系数 $\alpha(q)$ 是指数衰减的, 即 $\alpha(q) = O(\exp(-Cq^{1/b}))$, 对于 $b < 2a-1$. 如果 $\log p = o(n^{1/(2b+1)})$, 则定理 7.3 的结论依然成立.

7.3.2 与协方差正则化的关系 *

为了更好地理解总风险约束有助于风险近似, 我们将其与协方差正则化联系起来.

由拉格朗日乘子法, 问题 (7.45) 就是最小化

$$\boldsymbol{w}^{\mathrm{T}}\widehat{\boldsymbol{\Sigma}}\boldsymbol{w}/2 + \lambda_1(\|\boldsymbol{w}\|_{1-c}) + \lambda_2(1 - \boldsymbol{w}^{\mathrm{T}}\boldsymbol{1}).$$

令 g 为函数 $\|w\|_1$ 的次梯度向量, g 的第 i 个元素取 -1, 1 或者区间 $[-1,1]$ 内的任一点, 分别依赖于 w_i 为正, 负, 或者 0. 于是一阶条件为

$$\hat{\boldsymbol{\Sigma}}\boldsymbol{w} + \lambda_1\boldsymbol{g} - \lambda_2\boldsymbol{1} = 0, \tag{7.46}$$

$$\lambda_1(c - \|\boldsymbol{w}\|_1) = 0, \qquad \lambda_1 \geqslant 0, \tag{7.47}$$

约束条件为 $\boldsymbol{w}^{\mathrm{T}}\boldsymbol{1} = 1$ 和 $\|\boldsymbol{w}\|_1 \leqslant c$. 令 $\tilde{\boldsymbol{w}}$ 为 (7.46) 和 (7.47) 的解. 我们将在 7.6 节中证明它也是无约束投资组合最优化问题 (7.48) 的解:

$$\min_{\boldsymbol{w}^{\mathrm{T}}\boldsymbol{1}=1} \boldsymbol{w}^{\mathrm{T}}\tilde{\boldsymbol{\Sigma}}_c\boldsymbol{w}, \tag{7.48}$$

其中

$$\tilde{\boldsymbol{\Sigma}}_c = \hat{\boldsymbol{\Sigma}} + \lambda_1(\tilde{\boldsymbol{g}}\boldsymbol{1}^{\mathrm{T}} + \boldsymbol{1}\tilde{\boldsymbol{g}}^{\mathrm{T}}), \tag{7.49}$$

$\tilde{\boldsymbol{g}}$ 为 $\tilde{\boldsymbol{w}}$ 处的梯度. 这类似于 Jagannathan 和 Ma (2003) 以及 DeMiguel 等 (2008). 协方差阵 (7.49) 为正则化的协方差估计. 换句话说, 总风险敞口约束投资组合最优化 (7.45) 等价于利用协方差阵 $\tilde{\boldsymbol{\Sigma}}_c$ 的全局最小方差投资组合 (7.48).

7.4　投资组合选择和追踪

总风险敞口约束也可应用到投资组合选择和追踪问题. 它约束了解的总风险.

7.4.1　与回归的关系

风险最小化与多元回归有着内在的联系. 令 $Y = R_p$ 和 $X_j = R_p - R_j$, 我们有

$$\text{var}(\boldsymbol{w}^{\mathrm{T}}\boldsymbol{R}) = \min_b E(\boldsymbol{w}^{\mathrm{T}}\boldsymbol{R} - b)^2$$

$$= \min_b E(Y - w_1 X_1 - \cdots - w_{p-1} X_{p-1} - b)^2, \tag{7.50}$$

因此, 投资组合风险最优化等价于回归问题, 即对于 $b, w_1, \cdots, w_{p-1}$, 最小化 $E(Y - w_1 X_1 - \cdots - w_{p-1} X_{p-1} - b)^2$. 在此情形下, 投资组合权重就变为回归系数 $\boldsymbol{w}^* = (w_1, \cdots, w_{p-1})^{\mathrm{T}}$. 一旦求得它, 那么有 $w_p = 1 - \boldsymbol{1}^{\mathrm{T}}\boldsymbol{w}^*$.

投资组合的总风险敞口为

$$\|\boldsymbol{w}\|_1 = \|\boldsymbol{w}^*\|_1 + |1 - \boldsymbol{1}^{\mathrm{T}}\boldsymbol{w}^*|.$$

约束 $\|\boldsymbol{w}\|_1 \leqslant c$ 与存在一个常数 d 使得 $\|\boldsymbol{w}^*\|_1 \leqslant d$ 是不同的. 例如, 当 $d = 0$ 时, 仅允许一只股票 R_p, 但 $c = 1$ 可挑选多只股票.

上述用法将在股票中产生不对称性. 更典型的用法是给定投资组合, 令 $Y = \boldsymbol{w}_0^{\mathrm{T}} \boldsymbol{R}$, 其中 $\boldsymbol{w}_0^{\mathrm{T}} \mathbf{1} = 1$. 这可以是等权投资组合, 或为基于这些股票的指数, 或为最优无空头的投资组合. 那么我们可以写为

$$\mathrm{var}(\boldsymbol{w}^{\mathrm{T}}, \boldsymbol{R}) = \min_b E(Y - \boldsymbol{w}^{\mathrm{T}} \boldsymbol{X} - b)^2, \tag{7.51}$$

其中 $\boldsymbol{X} = \boldsymbol{w}_0^{\mathrm{T}} \boldsymbol{R} \mathbf{1} - \boldsymbol{R}$. 问题就变为带约束的最小二乘问题: 对于满足 $\boldsymbol{w}^{\mathrm{T}} \mathbf{1} = 1$ 的 $\boldsymbol{w}$, 最小化 (7.51). 约束 $\boldsymbol{w}^{\mathrm{T}} \mathbf{1} = 1$ 告诉我们需要去掉变量 $\boldsymbol{X}$ 中的一元. 与变量 Y 相关性最弱的那个自然为候选变量, 比如说它为第 p 个变量.

令 $\boldsymbol{X}^* = (X_1, \cdots, X_{p-1})$. 带约束的最小二乘问题

$$\min_{b, \boldsymbol{w}^*} E(Y - \boldsymbol{w}^{*\mathrm{T}} \boldsymbol{X}^* - b)^2, \qquad \text{s.t. } \|\boldsymbol{w}^*\|_1 \leqslant d, \tag{7.52}$$

即 LASSO, 可以通过应用最小角度回归 (LARS) 快速求解. 该算法使人能够对于所有的 $d \geqslant 0$, 快速求解这个最优化问题. 作为 d 的函数, 这些结果称为解路径: $\{\boldsymbol{w}^*(d) : d \geqslant 0\}$. 例如, $d = 0$ 时不选择 $\boldsymbol{X}$ 的任何变量, 而非常小的 d 应该选择出 $\boldsymbol{X}$ 中与 Y 最相关的变量. 一般来说, 对于给定的 d, 该算法基本上能够选择出满足约束的预测 Y 的最优子集.

LARS 也为带有总风险敞口约束的优化问题 (7.45) 提供了一个近似解. 取 Y 为最优无空头投资组合, 应用 LARS 来获得 $\{\boldsymbol{w}^*(d) : d \geqslant 0\}$; 根据原始资产 $\{R_j\}_{j=1}^p$ 来计算投资组合 $\{Y, -\boldsymbol{w}^*(d)^{\mathrm{T}} \boldsymbol{X}^*\}$ 的总风险敞口. 令所得总风险敞口为 $c(d)$. 把投资组合 $\{Y, -\boldsymbol{w}^*(d)^{\mathrm{T}} \boldsymbol{X}^*\}$ 看作满足总风险敞口约束 $c(d)$ 的 (7.45) 的解. Fan 等 (2012) 表明了这种方法非常有效, 并且给出最优化问题 (7.45) 一个非常近似的解.

7.4.2 投资组合选择与追踪

如果 Y 为要追踪或复制的目标投资组合, 并且 $\{X_j\}_{j=1}^p$ 为候选资产, 那么惩罚最小二乘 (7.52) 可以看作求使得期望追踪误差达最小的投资组合. 令解为 $\boldsymbol{w}(d)$. 所选取的投资组合将 $\boldsymbol{w}(d)$ 分配给 $\{X_j\}_{j=1}^p$, 其余的分配给无风险债券. 当 d 增加时, 选取的资产个数也增加, 但是追踪误差却在减小. 总风险敞口 d 总是处于控制中.

惩罚最小二乘 (7.52) 也可以看作是提高现有投资组合 Y 的效率的一种尝试. 给定由金融资产 $\{X_j\}_{j=1}^p$ 构造的投资组合 Y, 它是有效的吗? 可以改进吗? 为了回答这些问题, 运行带有变量 $\{X_j\}_{j=1}^p$ 和 Y 的 LASSO. 惩罚最小二乘可以解释为根据投资组合风险来修正权重以改进 Y 的表现. 得到的投资组合现在为 $\{Y, -\boldsymbol{w}^*(d)^{\mathrm{T}} \boldsymbol{X}^*\}$. 如果投资组合 Y 是有效的, 则对于一定范围 d 的值, 回归系数 $\boldsymbol{w}^*(d)$ 应该很小. 感知风险路径 $\widehat{R}(d)$ 有助于决策制定.

我们通过下面的例子来说明上述思想.

例 7.11 令 Y 为 CRSP 指数的收益率, X 为取自 Kenneth French 数据实验室的十个行业投资组合. 它们是 "非耐用消费品"、"耐用消费品"、"加工业"、"能源"、"商业设备"、"电子通信"、"商店"、"保健"、"公用事业" 以及 "其他", 在图 7.9 的左图中用 1 到 10 标注. 假设我们的目标是应用 2005 年 1 月 8 日的这 10 个行业投资组合来改进 CRSP 的风险. 这当然是一个非常困难的任务. 因此, 我们利用此日期之前的 11 个投资组合一年的日收益率数据, 对不同的 d 来运行 LASSO (7.52). 结果见图 7.9.

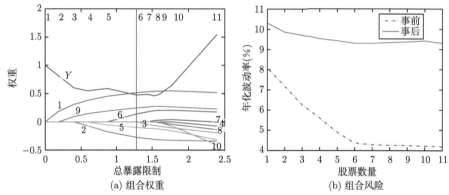

图 7.9   应用惩罚最小二乘的风险改进示例. (a) 对于 (7.52), 作为 d 的函数的解路径. 对于每个给定的 d, 图形的顶部为选入资产的个数. (b) 选取的投资组合的事前和事后风险 (年化波动率). 图形改编自 Fan 等 (2012)

当 $d = 0$ 时, 只有 CRSP 指数 Y 进入模型. 随着 d 的增大, 首先选入了投资组合 1 ("非耐用消费品") 来减少感知风险 (图 7.9(b) 虚线). 进一步增大 d 选入投资组合 9 到池中. 对于任意给定的 d 值, 我们给出了这 11 个投资组合的非零权重, 并且其和为 1 (参见图 7.9(a) 中的竖线). 图 7.9 展示了这些投资组合的事前风险 (感知风险).

为了评价这些投资组合的表现, 持有这些投资组合一年. 基于 2005 年 1 月 9 日至 2006 年 1 月 8 日的日收益率数据, 计算它们的实际风险或事后风险. 结果也在图 7.9 (b) 给出. 值得注意的是, 在 6 只股票加入模型之前, 事前和事后风险具有相同的递减模式. 以事前风险为指导, 我们会选择 4—6 个投资组合, 并且风险得到了改善 (小于 CRSP 指数).

7.5   实 证 研 究

我们通过应用两个数据集来说明方法的有效性:

- 从 2003—2007 年罗素 3000 指数中带有最小缺失数据的 1000 只股票中随机选取 600 只股票;
- 1998 年 1 月—2007 年 12 月的 100 个 Fama 投资组合.

为了评价表现, 投资组合总是按月优化, 并且按日记录所选投资组合的收益率. 这些结果出自 Fan 等 (2012), 我们不再赘述.

7.5.1 Fama-French 100 投资组合

由规模和账面市值比 (10×10) 形成的 Fama-French 100 投资组合数据可以从 Kenneth French 数据实验室下载. 应用了 1998—2007 年的 10 年期日收益率数据.

应用三种方法估计风险优化所需的协方差阵: 基于过去 252 天的样本协方差阵、应用过去一年日数据的严格因子模型, 以及 RiskMetrics $(\lambda = 0.97)$. 测试期为 1999 年 1 月起的 9 年, 以滚动方式进行评估. 所得结果见图 7.10 和表 7.4.

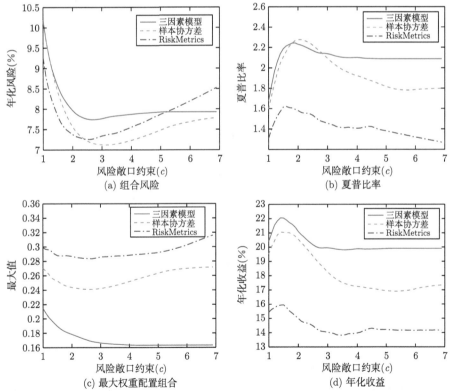

图 7.10 来自 Fama-French 100 投资组合的作为风险敞口约束 c 的函数的投资组合的特征. (a) 投资组合的年化风险. (b) 投资组合的夏普比率. (c) 配置的最大权重. (d) 投资组合的年化收益率

表 7.4　　Fama-French 100 投资组合的约束最优投资组合的事后风险和其他特征

方法	均值	标准差	夏普比率	最大权	最小权	多头	空头
样本协方差阵估计							
$c = 1$	19.51	10.14	1.60	0.27	−0.00	6	0
$c = 1.5$	21.04	8.41	2.11	0.25	−0.07	9	6
$c = 2$	20.55	7.56	2.28	0.24	−0.09	15	12
$c = 3$	18.26	7.13	2.09	0.24	−0.11	27	25
$c = \infty$	17.55	7.82	1.82	0.66	−0.32	52	48
基于因子的协方差阵估计							
$c = 1$	20.40	10.19	1.67	0.21	−0.00	7	0
$c = 1.5$	22.05	8.56	2.19	0.19	−0.05	11	8
$c = 2$	21.11	7.96	2.23	0.18	−0.05	17	18
$c = 3$	19.95	7.77	2.14	0.17	−0.05	35	41
$c = \infty$	19.90	7.93	2.09	0.43	−0.14	45	55
来自 RiskMetrics 的协方差阵估计							
$c = 1$	15.45	9.27	1.31	0.30	−0.00	6	0
$c = 1.5$	15.96	7.81	1.61	0.29	−0.07	9	5
$c = 2$	14.99	7.38	1.58	0.29	−0.10	13	9
$c = 3$	14.03	7.34	1.46	0.29	−0.13	21	18
未管理的指数							
等权	10.86	16.33	0.46	0.01	0.01	100	0
CRSP	8.2	17.9	0.26				

　　最优风险敞口 c 约为 2, 与协方差阵的估计方法无关. 有趣的是, 期望收益率和夏普比率的峰值也在 2 附近. 这也许是个巧合, 因为我们的方法只是优化了投资组合风险. 最优无空头投资组合中资产的平均个数约为 6 (参见表 7.4). 它没有足够分散化. 因此, 随着总风险敞口的增加, 它们的风险可以得到改善. 值得注意的是, 即使没有多元化, 最优无空头投资组合比等权投资组合具有更低的风险. 这与理论结果一致. 毕竟等权投资组合为一种无空头投资组合, 应该被最优无空头投资组合超越.

　　RiskMetrics 的表现最好, 这是由于应用了更窄的时间窗口来估计波动率, 减少了偏差. 因为单项资产本身为投资组合, 所以它们波动较小, 并且较短的时域平滑可以获得一个更好的波动率矩阵估计. 另一方面, 由于建模偏差, 因子模型表现得最差: 由于投资组合的构造, 我们不能期望严格因子模型近似成立. 但是它导致了协方差阵最稳定的估计. 事实上, 因子模型提供了最多元化的投资组合, 这是因为单项投资组合的最大配置具有最小权重 (参见图 7.10(c)).

　　当协方差阵由样本协方差阵或严格因子模型估计时, 存在全局最小投资组合, 即无总风险敞口约束的最优投资组合. 因此, 这些投资组合的风险也可计算. 这对应于表 7.4 的 $c = \infty$ 的行. 结果表明: 即使在我们的研究中全局最小投资组合存在, 但是由于估计大协方差阵时误差累积的原因, 带有总风险敞口约束的投资组合比它要好. 对总风险敞口的约束正则化了估计的协方差阵.

最后, 我们要指出的是, 当使用 RiskMetrics 时, 由于数据点的有效个数仅有约 3 个月, 所以全局最小方差投资组合不能稳定地计算.

7.5.2 罗素 3000 股票

现在我们将总风险敞口约束的投资组合优化技术应用到例 7.3 所述的罗素 3000 指数的 600 只个股. 因为个股比 7.5.1 节所研究的投资组合波动更大, 所以我们在估计协方差阵时把窗口期从一年增加到两年. 这影响样本协方差阵和基于因子模型的估计, 但不影响 RiskMetrics ($\lambda = 0.97$).

图 7.2 展示了结果. 表 7.5 提供了额外的信息. 最优无空头投资组合再一次没有足够多元化, 平均只选了 53 只股票. 它的风险可以通过增大总风险敞口值来改善, 并且最优风险在 $c = 2$ 的附近获得. 因子模型再次提供了最稳定的估计.

表 7.5   约束最优投资组合的事后风险和其他特征

方法	标准差	最大权	最小权	多头	空头
样本协方差阵估计					
不允许卖空	9.28	0.14	0.00	53	0
$c = 2$	8.20	0.11	-0.06	123	67
$c = 3$	8.43	0.09	-0.07	169	117
$c = 4$	8.94	0.10	-0.08	201	154
$c = 5$	9.66	0.12	-0.10	225	181
$c = 6$	10.51	0.13	-0.10	242	201
$c = 7$	11.34	0.14	-0.11	255	219
$c = 8$	12.20	0.17	-0.12	267	235
基于因子的协方差阵估计					
不允许卖空	9.08	0.12	0.00	54	0
$c = 2$	8.31	0.06	-0.03	188	120
$c = 3$	8.65	0.05	-0.03	314	272
$c = 4$	8.66	0.05	-0.03	315	273
$c = 5$	8.66	0.05	-0.03	315	273
$c = 6$	8.66	0.05	-0.03	315	273
$c = 7$	8.66	0.05	-0.03	315	273
$c = 8$	8.66	0.05	-0.03	315	273
来自 RiskMetrics 的协方差阵估计					
不允许卖空	9.78	0.40	0.00	31	0
$c = 2$	8.44	0.12	-0.06	119	63
$c = 3$	8.95	0.11	-0.07	191	133
$c = 4$	9.43	0.12	-0.09	246	192
$c = 5$	10.04	0.12	-0.10	279	233
$c = 6$	10.53	0.12	-0.11	300	258
$c = 7$	10.92	0.13	-0.11	311	272
$c = 8$	11.06	0.13	-0.10	315	277

另外一方面, RiskMetrics 使用了太小的时间窗来估计波动率, 从而导致估计有大
的方差. 因此, 在三种方法中它表现最差.

因为 $T = 504$, $p = 600$, 所以, 当用样本协方差阵或 RiskMetrics 估计协方
差阵时, 全局最小方差投资组合不存在. 它们表现得像随机投资组合. 我们可以
用 $c = 8$ 来作为全局最优投资组合的一个代理. 由于噪声积累, 它表现最差. 另外
一方面, 当应用因子模型时, 估计的协方差阵得到了很好的正则化. 因此, 全局最
小方差投资组合 (对应于 $c = \infty$) 存在. 可能由于因子模型导致的偏差, 其表现不
是最优的.

7.6　补　　充

我们现在给出定理 7.2、定理 7.3 和 (7.49) 的证明. 这些结果的推导很简单,
但为这些结论提供了数学见解.

7.6.1　定理 7.2 的证明

首先, 因为 $\boldsymbol{w}_{\mathrm{opt}}$ 使得函数 R 达最小, 所以有 $R(\widehat{\boldsymbol{w}}_{\mathrm{opt}}) - R(\boldsymbol{w}_{\mathrm{opt}}) \geqslant 0$. 类似
地, 有 $\widehat{R}(\widehat{\boldsymbol{w}}_{\mathrm{opt}}) - \widehat{R}(\boldsymbol{w}_{\mathrm{opt}}) \leqslant 0$. 由此可得

$$R(\widehat{\boldsymbol{w}}_{\mathrm{opt}}) - R(\boldsymbol{w}_{\mathrm{opt}})$$
$$= R(\widehat{\boldsymbol{w}}_{\mathrm{opt}}) - \widehat{R}(\widehat{\boldsymbol{w}}_{\mathrm{opt}}) + \widehat{R}(\widehat{\boldsymbol{w}}_{\mathrm{opt}}) - \widehat{R}(\boldsymbol{w}_{\mathrm{opt}}) + \widehat{R}(\boldsymbol{w}_{\mathrm{opt}}) - R(\boldsymbol{w}_{\mathrm{opt}})$$
$$\leqslant R(\widehat{\boldsymbol{w}}_{\mathrm{opt}}) - \widehat{R}(\widehat{\boldsymbol{w}}_{\mathrm{opt}}) + \widehat{R}(\boldsymbol{w}_{\mathrm{opt}}) - R(\boldsymbol{w}_{\mathrm{opt}}).$$

因为 $\|\boldsymbol{w}_{\mathrm{opt}}\|_1 \leqslant c$ 和 $\|\widehat{\boldsymbol{w}}_{\mathrm{opt}}\|_1 \leqslant c$, 所以上面的两项都不大于最大偏差. 换言之,

$$R(\widehat{\boldsymbol{w}}_{\mathrm{opt}}) - R(\boldsymbol{w}_{\mathrm{opt}}) \leqslant 2 \sup_{\|\boldsymbol{w}\|_1 \leqslant c} |\widehat{R}(\boldsymbol{w}) - R(\boldsymbol{w})|.$$

由定理 7.1, 我们得到

$$R(\widehat{\boldsymbol{w}}_{\mathrm{opt}}) - R(\boldsymbol{w}_{\mathrm{opt}}) \leqslant 2e_{\max}c^2.$$

这证明了定理 7.2 的第一个结论. 第二个不等式可以由定理 7.1 直接得到.

为了证明第三个不等式, 由 $R(\boldsymbol{w}_{\mathrm{opt}}) - R(\widehat{\boldsymbol{w}}_{\mathrm{opt}}) \leqslant 0$, 可得

$$R(\boldsymbol{w}_{\mathrm{opt}}) - \widehat{R}(\widehat{\boldsymbol{w}}_{\mathrm{opt}}) = R(\boldsymbol{w}_{\mathrm{opt}}) - R(\widehat{\boldsymbol{w}}_{\mathrm{opt}}) + R(\widehat{\boldsymbol{w}}_{\mathrm{opt}}) - \widehat{R}(\widehat{\boldsymbol{w}}_{\mathrm{opt}})$$
$$\leqslant R(\widehat{\boldsymbol{w}}_{\mathrm{opt}}) - \widehat{R}(\widehat{\boldsymbol{w}}_{\mathrm{opt}})$$
$$\leqslant e_{\max}c^2,$$

其中最后一个不等式由定理 7.1 得到. 类似地, 由 $\widehat{R}(\boldsymbol{w}_{\mathrm{opt}}) - \widehat{R}(\widehat{\boldsymbol{w}}_{\mathrm{opt}}) \geqslant 0$, 可知

$$R(\boldsymbol{w}_{\mathrm{opt}}) - \widehat{R}(\widehat{\boldsymbol{w}}_{\mathrm{opt}}) = R(\boldsymbol{w}_{\mathrm{opt}}) - \widehat{R}(\boldsymbol{w}_{\mathrm{opt}}) + \widehat{R}(\boldsymbol{w}_{\mathrm{opt}}) - \widehat{R}(\widehat{\boldsymbol{w}}_{\mathrm{opt}})$$

$$\geqslant R(\boldsymbol{w}_{\mathrm{opt}}) - \widehat{R}(\boldsymbol{w}_{\mathrm{opt}})$$

$$\geqslant -e_{\max}c^2.$$

结合后面两个结果, 可得第三个不等式.

7.6.2　定理 7.3 的证明

注意, 通过概率的并界, 对于任意的 $D > 0$, 我们有

$$P\{\sqrt{n}\|\boldsymbol{\Sigma} - \widehat{\boldsymbol{\Sigma}}\|_\infty > D(\log p)^a\} \leqslant p^2 \max_{i,j} P\{\sqrt{n}|\sigma_{ij} - \widehat{\sigma}_{ij}| > D(\log p)^a\}.$$

由假设, 上述概率的界为

$$p^2 \exp(-C[D(\log p)^a]^{1/a}) = p^2 p^{-CD^{1/a}},$$

当 D 足够大时, 这个界趋于零. 这完成了该定理的证明.

7.6.3　(7.48) 的证明

首先, 注意问题 (7.48) 的解为

$$\boldsymbol{w}_{\mathrm{opt}} = \tilde{\boldsymbol{\Sigma}}_c^{-1}\boldsymbol{1}/(\boldsymbol{1}^{\mathrm{T}}\tilde{\boldsymbol{\Sigma}}_c^{-1}\boldsymbol{1}).$$

由 $\tilde{\boldsymbol{\Sigma}}_c$ 的定义和 $\tilde{\boldsymbol{w}}^{\mathrm{T}}\boldsymbol{1} = 1$, 我们有

$$\tilde{\boldsymbol{\Sigma}}_c\tilde{\boldsymbol{w}} = \widehat{\boldsymbol{\Sigma}}\tilde{\boldsymbol{w}} + \lambda_1\tilde{\boldsymbol{g}} + \lambda_1\tilde{\boldsymbol{g}}^{\mathrm{T}}\tilde{\boldsymbol{w}}\boldsymbol{1}.$$

$$= \lambda_2\boldsymbol{1} + \lambda_1\tilde{\boldsymbol{g}}^{\mathrm{T}}\tilde{\boldsymbol{w}}\boldsymbol{1},$$

其中最后一个等式应用了 (7.46). 注意到 $\tilde{\boldsymbol{g}}^{\mathrm{T}}\tilde{\boldsymbol{w}} = \|\tilde{\boldsymbol{w}}\|_1$, 并应用 (7.47), 可得

$$\tilde{\boldsymbol{\Sigma}}_c\tilde{\boldsymbol{w}} = (\lambda_2 + \lambda_1 c)\boldsymbol{1}.$$

因此, $\tilde{\boldsymbol{w}} = (\lambda_2 + \lambda_1 c)\tilde{\boldsymbol{\Sigma}}_c^{-1}\boldsymbol{1}$, 这有同一个方向 $\boldsymbol{w}_{\mathrm{opt}}$. 由于 $\boldsymbol{1}^{\mathrm{T}}\tilde{\boldsymbol{w}} = 1$, 因此它们必然相等. 这就完成了证明.

7.7　习　　　题

7.1 具有如下权重的投资组合的总风险是多少?

$$\boldsymbol{w} = (-0.2, 0.3, 0.4, -0.2, 0.1, 0.2, 0, 0.4),$$

投资于过去十年 (2005 年 1 月 1 日至 2015 年 1 月 1 日期间每日数据) 的 "Dell",
"Ford", "GE", "IBM", "Johnson & Johnson", "Merck", "3-month Treasury Bill",
"S&P 500 指数" 的投资组合的风险是多少? 比较这个投资组合与等权投资组合.

7.2 令 $X_1, \cdots, X_T$ 为平稳时间序列, 自相关函数 $\gamma(h) = \mathrm{cov}(X_t, X_{t+h})$ 且
$\bar{X} = T^{-1} \sum_{t=1}^{T} X_t$. 证明

$$\mathrm{var}(\bar{X}) = T^{-2}[T\gamma(0) + 2(T-1)\gamma(1) + \cdots + 2\gamma(T-1)],$$

$$\lim_{T \to \infty} [T\mathrm{var}(\bar{X})] = \gamma(0) + 2\sum_{h=1}^{\infty} \gamma(h).$$

换言之, 对于充分大的整数 L, 有

$$\mathrm{var}(\bar{X}) \approx T^{-1}\left[\gamma(0) + 2\sum_{h=1}^{L} \gamma(h)\right].$$

7.3 从 (7.9) 式随机抽取规模 $p = 100$, 总风险 $c = 1.6$ 的 10000 个投资组合.
绘制 (w_1, w_2) 和 (w_{99}, w_{100}) 权重图.

7.4 应用指数平滑 (7.12) 来估计过去一年 S&P 500 指数收益率和 VIX 百分
比变动间的时变波动率矩阵, 其中参数 $\lambda = 0.94$, 初值分别为 $\widehat{\boldsymbol{\Sigma}}_0 = 0$ 和 $\widehat{\boldsymbol{\Sigma}}_0 = $ 样
本协方差阵. 给出图 7.3 中类似的结果, 并与之比较.

7.5 利用过去三个月的数据以及 $\lambda = 0.1$ 的估计 (7.15) (初始三个月不需要
估计), 对例 7.5 中八个风险因子的时变波动率矩阵进行估计. 给出汇率和 S&P
500 指数的类似于图 7.3 的结果. 运用 7.2 节中投影方法重复上述练习, 并比较这
些结果.

7.6 证明 (7.12).

7.7 证明 (7.18) 的解由 (7.17) 给出. 作为进一步推广, 给出如下问题的解: 对
于给定的 $\delta \geqslant 0$, 关于对称矩阵 $\boldsymbol{S}$ 最小化下式

$$\|\widehat{\boldsymbol{\Sigma}}_\lambda - \boldsymbol{S}\|_F^2, \quad \text{s.t.} \quad \lambda_{\min}(\boldsymbol{S}) \geqslant \delta.$$

即, 我们希望找到一个最小特征值不小于 δ 的协方差阵 $\boldsymbol{S}$, 使其最接近于 $\widehat{\boldsymbol{\Sigma}}_\lambda$.
当 $\delta = 0$ 时, 它就简化为问题 (7.18).

7.8 证明 $\mathrm{tr}[\widehat{\boldsymbol{\Sigma}}\boldsymbol{\Sigma}^{-1} - \boldsymbol{I}_p]^2 = \|\boldsymbol{\Sigma}^{-1/2}\widehat{\boldsymbol{\Sigma}}\boldsymbol{\Sigma}^{-1/2} - \boldsymbol{I}_p\|_F^2$.

7.9 对于任意的矩阵 $\boldsymbol{\Sigma}$, 其算子范数的界为 L_1-范数: $\|\boldsymbol{\Sigma}\| \leqslant \max_i \sum_{j=1}^{p} |\sigma_{ij}|$.
用此来证明, 如果对所有的 i, $\sigma_{ii} \leqslant C$, 则对所有的 $q \in [0,1]$, 有

$$\|\boldsymbol{\Sigma}\| \leqslant C^{1-q} \max_i \sum_{j=0}^{p} |\sigma_{ij}|^q.$$

最后一个因子为广义稀疏测度, 其中 $q = 0$ 为列向量中非退化元素的最大个数.

7.10 令 $\widehat{\boldsymbol{\Sigma}}$ 为真实波动率矩阵 $\boldsymbol{\Sigma}$ 的一个估计. 证明, 对于任意的投资组合配置 $\boldsymbol{w}$, 相对估计误差的界为

$$\left| \frac{\boldsymbol{w}^{\mathrm{T}} \widehat{\boldsymbol{\Sigma}} \boldsymbol{w}}{\boldsymbol{w}^{\mathrm{T}} \boldsymbol{\Sigma} \boldsymbol{w}} - 1 \right| \leqslant \| \boldsymbol{\Sigma}^{-1/2} \widehat{\boldsymbol{\Sigma}} \boldsymbol{\Sigma}^{-1/2} - \boldsymbol{I}_p \|.$$

7.11 假设我们 100 只可投资的股票, 标记为从 1 至 100, 并分类为 "非耐用消费品"、"耐用消费品"、"加工"、"能源"、"商业设备"、"电子通信"、"商店"、"保健"、"公用事业" 及 "其他". 令 $w_1, \cdots, w_{100}$ 为投资组合的权重. 如果前 10 只股票标记为 "非耐用消费品", 11 至 20 只股票标记为 "耐用消费品", 以此类推, 写下投资组合的约束条件:

(a)"保健行业股票" 不超过 15% 且 "能源股票" 不超过 30%;

(b)"电子通信" 不具风险;

(c)"耐用消费品" 具有风险, 但其的总风险为零.

7.12 令研究期限为 2001 年 1 月至 2015 年 1 月. 应用样本协方差阵、Fama-French 三因子模型和 $\lambda = 0.94$ 的 RiskMetrics 来获得每个月初 (定义为初始 252 天后的每 21 天) 的 "Dell", "Ford", "GE", "IBM", "Intel", "Johnson & Johnson", "Merck", "3-month Treasury Bill" 和 "S&P 500 指数" 的时变协方差阵. 优化投资组合, 并在接下来的 21 天持有. 计算这个投资组合的风险, 并与等权投资组合比较.

第 8 章　基于资本资产定价模型的消费

资本资产定价模型及其扩展、多因素定价模型都假设了投资者的短视行为,他仅会在下一期优化投资组合. 尽管在实践中受追捧, 但是, 这些模型是通过一期的组合选择来决定资产价格. 这是一个严重的缺陷.

本章阐述资产价格与投资者的消费、投资和储蓄决策的关系. 与金融衍生品定价相比 (Hull, 2014; Karatzas and Shreve, 1998; Mikosch, 1998), 金融衍生品从标的资产得出价格, 但并没有回答标的资产的价格从何而来, 本章简要介绍绝对定价, 从金融经济学的视角, 回答了哪些关键因素决定标的资产价格的问题. 关于这类绝对资产定价更彻底的讨论, 可参见 Cochrane (2005). 这与金融衍生品的相对定价相结合, 可提供对金融资产收益的全面了解.

8.1　效用最优化

假定投资者在时刻 t 消费数量 C_t、价格为 p_t 的代表性商品. 代表性商品指的是实际消费的物品和服务, 其包括食品、服装、汽油、汽车、电子、电信、儿童护理和洗衣等服务. 价格 p_t 指的是总的价格的加权平均. 进一步假设投资者具有外部收入 I_t, 这包括工资等收入, 以及 $\boldsymbol{\alpha}_t$ 份价格为 $\boldsymbol{S}_t$ 的股票. 这里, $\boldsymbol{S}_t$ 为时刻 t 的所有可交易资产的价格向量, $\boldsymbol{\alpha}_t$ 为它们相关的配置向量. 于是投资者在时刻 t 的总预算为金融股票销售和外部收入的和. 这施加在消费上的预算约束为

$$p_t C_t = I_t + (\boldsymbol{\alpha}_{t-1} - \boldsymbol{\alpha}_t)^{\mathrm{T}} \boldsymbol{S}_t. \tag{8.1}$$

注意, 这个公式允许储蓄金. 当 (8.1) 式中的第 2 项为负时, 实际上是把一些外部收入存起来, 投资到金融市场.

令 δ 为未来消费的主观折现因子, $U(\cdot)$ 为消费的效用函数. 跨期选择问题假定个人消费、储蓄和投资的目标为, 在预算约束 (8.1) 下, 对配置向量 $\{\boldsymbol{\alpha}_t\}$, 极大化折现期望效用

$$E_t \left(\sum_{j=0}^{\infty} \delta^j U(C_{t+j}) \right). \tag{8.2}$$

在 (8.2) 式中, E_t 表示在直到 t 时信息给定下的期望, 这因人而异. 未来的不确定性包括商品和服务的价格、外部收入和股票价格.

将 (8.1) 代入 (8.2) 式, 我们希望对于投资组合配置向量 $\{\boldsymbol{\alpha}_{t+j}\}_{j=0}^{\infty}$, 最大化

$$\max E_t\left[\sum_{j=0}^{\infty}\delta^j U\Big(\frac{I_{t+j}+(\boldsymbol{\alpha}_{t+j-1}-\boldsymbol{\alpha}_{t+j})^{\mathrm{T}}\boldsymbol{S}_{t+j}}{p_{t+j}}\Big)\right].$$

一阶条件可以通过对 $\{\boldsymbol{\alpha}_{t+j}\}$ 求导, 并令其为零而得到. 注意, $\boldsymbol{\alpha}_{t+j}$ 仅出现在第 $(j+1)$ 和 $(j+2)$ 项. 由 (8.2) 式, 这两项之和为 $\delta^j U(C_{t+j})+\delta^{j+1}U(C_{t+j+1})$, 其关于 $\boldsymbol{\alpha}_{t+j}$ 的偏导数为

$$\delta^j E_t\Big[U'(C_{t+j})\frac{\partial C_{t+j}}{\partial \boldsymbol{\alpha}_{t+j}}+\delta U'(C_{t+j+1})\frac{\partial C_{t+j+1}}{\partial \boldsymbol{\alpha}_{t+j}}\Big]. \tag{8.3}$$

由 (8.1) 式, 易得

$$\frac{\partial C_{t+j}}{\partial \boldsymbol{\alpha}_{t+j}}=-\frac{\boldsymbol{S}_{t+j}}{p_{t+j}},\quad \frac{\partial C_{t+j+1}}{\partial \boldsymbol{\alpha}_{t+j}}=\frac{\boldsymbol{S}_{t+j+1}}{p_{t+j+1}}.$$

由此, 并令 (8.3) 式为 0, 我们得到最优消费和投资决策应该满足以下方程组

$$-E_t\left[U'(C_{t+j})\cdot\frac{\boldsymbol{S}_{t+j}}{p_{t+j}}\right]+\delta E_t\left[U'(C_{t+1+j})\frac{\boldsymbol{S}_{t+j+1}}{p_{t+j+1}}\right]=0,$$

特别地, 考虑 $j=0$ 的情形, 可推导出以下欧拉条件

$$\boldsymbol{S}_t=E_t[M_{t+1}\boldsymbol{S}_{t+1}], \tag{8.4}$$

其中 M_{t+1} 为随机折现因子, 由

$$M_{t+1}=\frac{\delta U'(C_{t+1})p_t}{U'(C_t)p_{t+1}} \tag{8.5}$$

给出.

模型 (8.4) 为随机折现定价模型. 正如所看到的, 它对资产定价有许多深刻的含义. 若需要更全面的了解, 可见 Cochrane (2005).

将 (8.5) 应用于每种可交易的资产, 随机折现定价模型意味着, 任意个别资产 i 的当前价格为由同一个随机折现因子 M_{t+1} 的下一期价格的折现, 即

$$S_{i,t}=E_t[M_{t+1}S_{i,t+1}]. \tag{8.6}$$

上式两边同除以 $S_{i,t}$, 并利用 t 时 $S_{i,t}$ 是已知的事实, 可得第 i 个资产收益率满足

$$E_t[M_{t+1}(1+R_{i,t+1})]=1, \tag{8.7}$$

其中 $R_{i,t+1}$ 为 $t+1$ 期的简单收益率. 价格或收益依赖于通货膨胀率比值 p_{t+1}/p_t, 当时间单位比较小的时候, 这个影响可以忽略. 价格和收益率另一方面也依赖跨期边际替代率 $\delta U'(C_{t+1})/U'(C_t)$, 它可以表示为下一期的折现边际效用与当期消费的边际效用的比值.

如果下期存在收益率为 $r_{f,\,t+1}$ 的无风险资产, 由 (8.7) 可得

$$E_t M_{t+1} = (1 + r_{f,t+1})^{-1}. \tag{8.8}$$

上式的一个推广就是对任意与随机折现因子不相关的 "零贝塔" 资产 $S_{0,t}$, $\mathrm{cov}_t(S_{0,t+1}, M_{t+1}) = 0$, 我们有

$$S_{0,t} = E_t M_{t+1} S_{0,t+1} = (E_t M_{t+1})(E_t S_{0,t+1}),$$

其中我们用到了一个结论: 对于任何不相关的随机变量, 有 $E(XY) = (EX)(EY)$. 上式两边除以 $S_{0,t}$, 我们得到

$$E_t M_{t+1} = (1 + E_t R_{0,t+1})^{-1}, \tag{8.9}$$

(8.8) 式的一个推广, 其中 $R_{0,t+1}$ 为零贝塔资产的收益率.

注 8.1* 随机折现因子模型可以根据 "风险中性" 定价来解释. 由 (8.6) 和 (8.8), 第 i 只股票的价格为

$$S_{i,t} = E_t \left[\frac{S_{i,t+1}}{1 + r_{f,t+1}} M_{t+1} \right] \Big/ E_t M_{t+1} = E_t^* \frac{S_{i,t+1}}{1 + r_{f,t+1}}, \tag{8.10}$$

其中 E_t^* 为具有条件密度

$$\frac{dP_t^*}{dP_t} = \frac{M_{t+1}}{E_t M_{t+1}}$$

的随机变量的期望. 这可以从概率论中的变量的变化得到. 将概率测度 P^* 看作风险中性概率, (8.10) 式可以解释为, 当前的资产价格是关于风险中性概率预期折现的未来价格. 它与衍生品定价 (Hull, 2014) 有非常相似的解释, 即在风险中性的世界中预期的折现收益.

8.2　基于消费的资本资产定价模型

如果资产与商品的价格对于任何个体都是相同的, 那么将 (8.4) 式应用到每一个个体将得到

$$S_t = E_{j,t}[M_{j,t+1} S_{t+1}],$$

其中 $E_{j,t}$ 和 $M_{j,t+1}$ 分别表示第 j 个个体的期望和随机折现因子. 注意, 个体有不同的期望和不同的信息. 他们也有不同的时间偏好、效用和收入方式. 因此, 随机

折现因子会因人而异. 我们很难像 5.3.1 节那样, 通过加总个体的金融资产和商品消费的需求来推导总供给和总需求的均衡条件.

8.2.1 CCAPM

避免上述数学困难的一种方式是假设有一个具有理性预期的代表性的投资者, 使得欧拉条件

$$\boldsymbol{S}_t = E_t[M_{t+1}\boldsymbol{S}_{t+1}]$$

可以应用于总水平上. 这就是基于消费的资本资产定价模型 (CCAPM). 换句话说,

$$\boldsymbol{S}_t = E_t\left[\frac{p_t}{p_{t+1}}\delta\frac{U'(C_{t+1})}{U'(C_t)}\boldsymbol{S}_{t+1}\right], \tag{8.11}$$

其中 E_t, δ 和 U 分别表示期望、折现因子和代表性投资者的效用, p_t 为商品和服务的零售价格指数, C_t 为实物和服务的总消费. 模型具有 (8.4) 相同的形式, 但是解释是在总水平下. 例如, E_t 为给定代表性代理人收集到的时刻 t 以前的信息的条件期望, 并且消费现在指的是所有个体的平均消费.

图 8.1 给出了从 1881 年 1 月到 2011 年 2 月的消费者物价指数和通货膨胀率. 对于月度时间序列, 前者可被看作是 p_t, 而后者通货膨胀率可以当作 $\log(p_t/p_{t-1})$. 1980 年之后的通货膨胀率变化不大, 这归功于自 1979 年 10 月 6 日以来货币政策的变化, 美联储新任命的保罗·沃尔克 (Paul Volcker) 主席启动了货币供应量目标, 放弃了利率目标. 国内生产总值 (GDP) 可以看作为总消费 C_t 的代理, 这在图 8.2 也给出了.

注意, 由协方差的定义, 对于任意两个随机变量, 有

$$EXY = (EX)(EY) + \text{cov}(X,Y).$$

利用定义 (8.5), 由 (8.11) 式, 可得

$$\boldsymbol{S}_t = (E_tM_{t+1})(E_t\boldsymbol{S}_{t+1}) + \text{cov}_t(M_{t+1}, \boldsymbol{S}_{t+1}).$$

如果存在收益率 $r_{f,t+1}$ 的无风险资产, 那么由 (8.8) 式知

$$\boldsymbol{S}_t = (1 + r_{f,t+1})^{-1}E_t\boldsymbol{S}_{t+1} + \text{cov}_t(M_{t+1}, \boldsymbol{S}_{t+1}). \tag{8.12}$$

即, 当前价格依赖于折现值和风险溢价. 如果资产价格随着消费, 更精确的是折现因子, 增长而增长, 那么资产价格趋于高位. 跨期转移需要的资产越多, 它们的价格就越高 (回忆一下, 短期内通货膨胀率可以忽略). 模型 (8.12) 让我们了解价格从何而来.

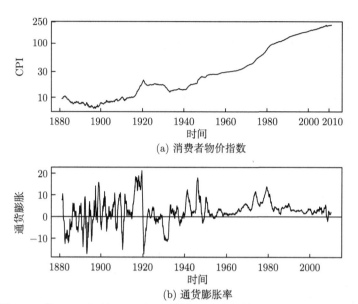

(a) 消费者物价指数

(b) 通货膨胀率

图 8.1   从 1881 年到 2011 年 (月数据) 消费者物价指数和通货膨胀率

图 8.2   1929 年至 2009 年间, 经通货膨胀调整后的美国 GDP, 单位: 万亿美元 (按照 2010 年度美元的年度数据)

8.2.2 幂效用

我们现在将进一步阐述, 通过考虑幂效用函数来看价格是如何确定的. 为简化记号, 我们将效用函数参数化

$$U(C) = \frac{C^{1-\gamma} - 1}{1 - \gamma},$$

其中 γ 为相对风险厌恶系数. 这个参数的优点为, 当 $\gamma \to 1$ 时, 有 $U(C) = \log C$. 对这个效用函数, 有 $U'(C) = C^{-\gamma}$, 并且 (8.11) 式变为

$$\boldsymbol{S}_t = E_t \Big[\delta \frac{p_t}{p_{t+1}} \Big(\frac{C_{t+1}}{C_t} \Big)^{-\gamma} \boldsymbol{S}_{t+1} \Big].$$

令 $\boldsymbol{R}_{t+1}$ 为经通货膨胀调整后的对数收益率向量,

$$\boldsymbol{R}_{t+1} = \log \boldsymbol{S}_{t+1}/\boldsymbol{S}_t - \log(p_{t+1}/p_t)\mathbf{1},$$

其中, 向量相除表示的是对应的每个分量相除, $\mathbf{1}$ 的维数与收益率向量维数相同, 全部元素由 1 组成. 上式两边同除以 $\boldsymbol{S}_t$, 我们可以将定价公式表示为

$$\delta E_t \exp(\boldsymbol{Y}_{t+1}) = 1, \qquad (8.13)$$

其中

$$\boldsymbol{Y}_{t+1} = \boldsymbol{R}_{t+1} - \gamma \Delta C_{t+1}, \qquad (8.14)$$

$\Delta C_{t+1} = \log C_{t+1}/C_t$ 为消费增长率.

为了进一步简化上述公式, 我们假定 $\boldsymbol{Y}_{t+1}$ 服从正态分布. 回忆一下, 对于 $Y \sim N(\mu, \sigma^2)$, 有

$$Ee^Y = \exp(\mu + \sigma^2/2) = \exp(EY + \mathrm{var}(Y)/2). \qquad (8.15)$$

将此公式应用于 (8.13) 的每一个分量, 可得

$$\delta \exp\{E_t Y_{i,t+1} + \mathrm{var}_t(Y_{i,t+1})/2\} = 1.$$

或等价地

$$E_t Y_{i,t+1} = -\log \delta - \mathrm{var}_t(Y_{i,t+1})/2.$$

再结合 $Y_{i,t+1}$ 的定义, 可得 Hansen-Singleton (1983) 公式

$$E_t R_{i,t+1} = -\log \delta + \gamma E_t \Delta C_{t+1} - \mathrm{var}_t(Y_{i,\,t+1})/2. \qquad (8.16)$$

上述公式适用于所有资产, 包括无风险资产. 对于无风险资产 0, 忽略通货膨胀率, 由 (8.14) 式, 可得

$$\mathrm{var}_t(Y_{0,t+1}) = \gamma^2 \mathrm{var}(\Delta C_{t+1}).$$

因此, 由 (8.16) 式, 我们有

$$r_{f,t+1} = -\log \delta + \gamma E_t \Delta C_{t+1} - \frac{\gamma^2}{2}\mathrm{var}_t(\Delta C_{t+1}), \qquad (8.17)$$

其中 $r_{f,t+1}$ 为经通货膨胀调整后的无风险利率. 这解释了无风险收益率的决定性因素: 时间偏好率 (对数折现因子)"$-\log \delta$"、预期消费增长 (未来消费的借款动机) 和增长的波动性 (预防性储蓄动机).

将 (8.16) 与 (8.17) 相减, 再次忽略通货膨胀率, 我们得到预期超额收益率

$$E_t(R_{i,t+1} - r_{f,t+1}) = -\frac{1}{2}\mathrm{var}_t(Y_{i,t+1}) + \frac{1}{2}\mathrm{var}_t(Y_{0,t+1})$$

$$= -\frac{1}{2}\mathrm{var}_t(R_{i,t+1} - \gamma\Delta C_{t+1}) + \frac{1}{2}\mathrm{var}_t(-\gamma\Delta C_{t+1}).$$

将第一个方差展开为方差和协方差两项, 可得

$$E_t[R_{i,t+1} - r_{f,t+1}] = -\sigma_i^2/2 + \gamma\mathrm{cov}_{ic}, \tag{8.18}$$

其中 $\sigma_i^2 = \mathrm{var}_t(R_{i,\,t+1})$, $\mathrm{cov}_{ic} = \mathrm{cov}(R_{i,\,t+1}, \Delta C_{t+1})$. 它清楚地描述了收益从何而来. 如果资产与消费增长正相关, 则其预期收益率趋于更高.

我们通过以下示例来结束这节. 它给我们关于定价公式 (8.17) 和 (8.18) 中每个量测度的一个想法.

例 8.1　我们现在以下面的从 1959 年 1 月至 2010 年 12 月的经验数据为例来说明上面的定价公式. CRSP 指数收益率用于作为股票的收益率. 这些数据与无风险利率一起来源于 Kenneth French 网站的数据库. 消费指的是非耐用品和服务. 因此, 消费增长为实际消费的对数的增量. 个人消费支出的数据来自圣路易斯联邦研究银行机构. 图 8.3 给出了其时间序列图.

基于从 1959 年 12 月至 2010 年 12 月, 过去 52 年的无重叠的月度数据, 表 8.1 给出了图 8.3 中的四个时间序列的描述统计量. 经通货膨胀调整的无风险利率的尖峰对应于美联储货币政策在 1979 年 10 月 6 日的变化.

首先, 由表 8.1, 预期超额年收益率为 $\log r_{E,t} = R_t - r_{f,t}$ 的均值为 5.105%, 标准差为 17.09%. 如果假设它们服从正态分布, 即 $\log r_{E,t} \sim N(0.05105, 0.1709^2)$, 那么, 由 (8.15) 可得

$$Er_E = \exp(0.0511 + 0.1709^2/2) = 1.0598.$$

换句话说, 在这 52 年的时间里, 实际收益率的期望值约为 5.98%, 标准差为 15.85%.

将经验数据代入 (8.18) 式, 可得

$$5.105 = -16.242^2/2 + 17.090\gamma,$$

从而 $\gamma = 8.541$. 类似地, 把上述量代入 (8.17) 式, 得到

$$1.216 = -\log\delta + \gamma \cdot 2.925 - \frac{\gamma^2}{2} \cdot 2.343^2,$$

或 $\log(\delta) = -154.17$.

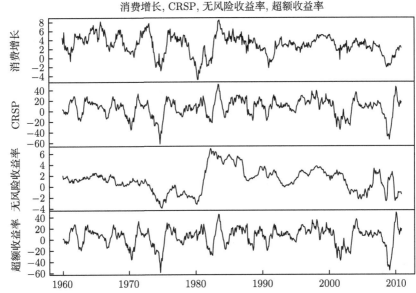

图 8.3 消费增长 (最上面的图), 经通货膨胀调整的 CRSP 指数的收益率 (第二个图), 经通货膨胀调整的无风险利率 (第三个图), 以及 CRSP 指数的超额收益率 (最后一个图), 时间从 1959 年 12 月到 2010 年 12 月. 数据是年化的, 并按月频率采样的

表 8.1　消费增长和资产收益的矩

变量	均值	标准差	与消费增长的相关系数	与消费增长的相关系数
消费增长	2.925	2.343	1.000	5.489
股票收益	6.321	16.242	0.449	17.090
无风险收益	1.216	2.166	0.308	1.564
股票 −RF 收益	5.105	15.853	0.418	15.526

注意, 直接应用上述结果并不能给出参数 γ 和 δ 的稳定估计. 结果对于指定的研究区间也非常敏感.

上面的例子只不过是资产定价模型中各种数量的一个示例. 用前面的方法来确定这些参数太粗糙, 以至不能使用. 虽然上述理论模型具有深刻意义, 但是过于简单, 以至于用市场数据和消费数据不能够很好地拟合. 模型的误拟合导致了 Mehra 和 Prescott (1985) 的股权溢价之谜: 美国股市的平均超额收益率太高, 以至于不容易被标准的资产定价模型解释. 这通常指的是校准后的风险厌恶参数过大. 在其他研究中, γ 可高达 30. 在其他拟合中, 也可得到正的 $\log\delta$, 导致 Weil (1989) 的无风险利率之谜: 给定一个正的平均消费增长, 一个低的无风险利率, 以及一个正的时间偏好率 ($\log\delta > 0$), 这样的投资者就会有强烈的愿望在未来借贷.

8.3　均值–方差边界

我们现在来证明随机折现定价模型也蕴含了 CAPM. 对于一个给定的配置向量为 $\boldsymbol{\alpha}_t$ 的投资组合, 其组合的价值为

$$W_t = \boldsymbol{\alpha}_t^{\mathrm{T}} \boldsymbol{S}_t.$$

这个投资组合的价值为 $W_{t+1} = \boldsymbol{\alpha}_t^{\mathrm{T}} \boldsymbol{S}_{t+1}$, 稍微有点滥用符号 W_{t+1}. 由随机折现模型 (8.4), 可得

$$
\begin{aligned}
W_t &= \boldsymbol{\alpha}_t^{\mathrm{T}} E_t M_{t+1} \boldsymbol{S}_{t+1} \\
&= E_t M_{t+1} W_{t+1} \\
&= \mathrm{cov}_t(M_{t+1}, W_{t+1}) + (E_t M_{t+1})(E_t W_{t+1}).
\end{aligned}
$$

回忆一下, 由 (8.8) $E_t M_{t+1} = (1 + r_{f,t+1})^{-1}$, 我们可得

$$E_t W_{t+1} - (1 + r_{f,t+1}) W_t = \mathrm{cov}_t(M_{t+1}, W_{t+1})/E_t M_{t+1}. \tag{8.19}$$

利用柯西-施瓦茨不等式, 便得

$$[E_t W_{t+1} - (1 + r_{f,\ t+1}) W_t]^2 \leqslant \mathrm{var}_t(M_{t+1}) \mathrm{var}(W_{t+1})/(E_t M_{t+1})^2.$$

因此, 上式的两边同除以 $\mathrm{var}(W_{t+1})$, 并利用 (8.8) 式, 我们得到

$$\frac{(E_t W_{t+1} - (1 + r_{f,\ t+1}) W_t)^2}{\mathrm{var}_t(W_{t+1})} \leqslant \frac{\mathrm{var}_t(M_{t+1})}{(E_t M_{t+1})^2}. \tag{8.20}$$

它表明单位风险的超额收益 (回报), 即夏普比率, 其上界为 $\mathrm{var}_t(M_{t+1})/(E_t M_{t+1})^2$. 这个上界并不是总能达到的. 如果存在一个投资组合, 其配置 $\boldsymbol{\alpha}_t^*$ 满足 $\boldsymbol{\alpha}_t^{*\mathrm{T}} \boldsymbol{S}_{t+1} = M_{t+1}$, 那么这个投资组合可以达到上界.

注 8.2　对于幂效用函数, 我们有 $M_{t+1} = p_t/p_{t+1} \cdot (C_{t+1}/C_t)^{-\gamma}$. (8.20) 的右端为

$$\frac{E_t(p_t/p_{t+1})^2 (C_{t+1}/C_t)^{-2\gamma}}{[E_t(p_t/p_{t+1})(C_{t+1}/C_t)^{-\gamma}]^2} - 1.$$

并不是任意可交易的投资组合都可以达到这个界, 其原因在于 M_{t+1} 不是一个投资组合的收益率.

是否存在基于一个投资组合构造的另外一个随机折现因子 M_{t+1}^*, 使得

$$\boldsymbol{S}_t = E_t[M_{t+1}^* \boldsymbol{S}_{t+1}]?$$

如果存在的话, 这样一个投资组合可以达到夏普比率的上界. 答案是肯定的, 正如 Hansen 和 Jagannathan (1991) 构造的如下: 令 $M_{t+1}^* = \boldsymbol{\alpha}_t^{*\mathrm{T}} \boldsymbol{S}_{t+1}$, 其中 $\boldsymbol{\alpha}_t^*$ 最小化

$$E_t(M_{t+1} - \boldsymbol{\alpha}_t^{\mathrm{T}} \boldsymbol{S}_{t+1})^2.$$

这是利用组合 $\boldsymbol{\alpha}_t^{\mathrm{T}} \boldsymbol{S}_{t+1}$ 对随机折现因子的最佳近似. 对 $\boldsymbol{\alpha}_t$ 求导并令其为零, 可得一阶条件为

$$E_t(M_{t+1} - \boldsymbol{\alpha}_t^{*\mathrm{T}} \boldsymbol{S}_{t+1}) \boldsymbol{S}_{t+1} = 0.$$

从而

$$E_t M_{t+1}^* \boldsymbol{S}_{t+1} = E_t M_{t+1} \boldsymbol{S}_{t+1} = \boldsymbol{S}_t.$$

于是, 由 (8.20), 对于任意投资组合, 其夏普比率的上界

$$\frac{(E_t W_{t+1} - (1 + r_{f,t+1}) W_t)^2}{\mathrm{var}_t(W_{t+1})} \leqslant \frac{\mathrm{var}_t(M_{t+1}^*)}{(E_t M_{t+1}^*)^2}.$$

投资组合 M_{t+1}^* 达到了最大夏普比率. 由 $W_t = M_t^*$ 的 (8.19) 式容易证明

$$E_t M_{t+1}^* - (1 + r_{f,t+1}) M_t^* = \mathrm{var}_t(M_{t+1}^*)/(E M_{t+1}^*).$$

正因如此, 称它为基准组合.

利用随机折现因子 M_{t+1}^*, 由 (8.19) 式可得

$$E_t W_{t+1} - (1 + r_{f,t+1}) W_t = \mathrm{cov}_t(M_{t+1}^*, W_{t+1})(1 + r_{f,\,t+1}).$$

特别地, 取 $W_t = M_t^*$, 基准投资组合的超额收益率为

$$E_t M_{t+1}^* - (1 + r_{f,t+1}) M_t^* = \mathrm{var}_t(M_{t+1}^*)(1 + r_{f,\,t+1}).$$

于是上述两个等式之比为

$$E_t W_{t+1} - (1 + r_{f,t+1}) W_t = \beta_t[E_t M_{t+1}^* - (1 + r_{f,\,t+1}) M_t^*], \tag{8.21}$$

其中 $\beta_t = \mathrm{cov}_t(M_{t+1}^* W_{t+1})/\mathrm{var}_t(M_{t+1}^*)$ 是 W_{t+1} 关于 M_{t+1}^* 的回归系数. 换句话说, 任意投资组合的超额收益为 β 乘以基准投资组合的超额收益. 按照回报讲, 将 (8.21) 式的两端同除以 W_t, 它可以表示为

$$E_t R_{t+1} - r_{f,t+1} = \beta_t^*[E_t R_{M,t+1}^* - r_{f,t+1}], \tag{8.22}$$

其中 $R_{M,t+1}^*$ 为基准投资组合的收益率, 而

$$\beta_t^* = \beta_t M_t^* = \frac{\mathrm{cov}_t(R_{M,\,t+1}^*, R_{t+1})}{\mathrm{var}_t(R_{M,\,t+1}^*)}$$

则为按照回报来讲的市场 β. 这的确与 Shape-Lintner 版本的 CAPM 相同, M_{t+1}^* 当作市场组合.

8.4　习　　题

8.1 如果一个资产与消费的增长成正相关, 那么股票价格趋向更高. 用定价公式简要解释.

8.2 基于 CAPM 的消费是什么? 随机折现因子的期望值是什么?

8.3 资产的价格是多少? 它与衍生定价的主要区别是什么?

8.4 在基于消费的 CAPM 的推导 Hansen-Singleton 公式中, 两个关键的假设是什么? 根据这个公式, 什么是无风险利率和预期超额收益率?

8.5 决定无风险利率的主要因素是什么?

8.6 股权溢价之谜和无风险利率之谜是什么?

8.7 如果按年的对数收益率 $r_t \sim N(8, 20^2)$, 那么预期的实际收益率 $E \exp(r_t) - 1$ 为多少?

第 9 章　现 值 模 型

本章给出随机折现定价模型, 由消费、储蓄和投资来推导资产的价格. 这一章专注于资产价格, 计算由收益率模型蕴含的资产的价格. 它给我们一个概念, 什么是股票的基本价格, 它们与股息支付和短期利率是如何相关的.

9.1　基 本 价 格

我们首先由预期收益率和股息支付来推导资产的价格. 回忆一下, 股票的简单收益率为

$$R_{t+1} = \frac{S_{t+1} + D_{t+1}}{S_t} - 1.$$

因此, 资产价格的现值满足

$$(1 + R_{t+1})S_t = S_{t+1} + D_{t+1}.$$

取条件期望, 可得

$$(1 + E_t R_{t+1})S_t = E_t S_{t+1} + E_t D_{t+1},$$

或等价地

$$S_t = (1 + E_t R_{t+1})^{-1}(E_t S_{t+1} + E_t D_{t+1}). \tag{9.1}$$

假定预期收益为一个非时变常数

$$E_t[R_{t+1}] = R. \tag{9.2}$$

这是一个不现实的假设, 尽管如此, 它却提供了资产的一个精算估值. 在模型 (9.2) 下, 我们有

$$S_t = (1 + R)^{-1}(E_t S_{t+1} + E_t D_{t+1}). \tag{9.3}$$

将上述公式迭代, 可得

$$S_t = (1 + R)^{-1} E_t D_{t+1} + (1 + R)^{-2} E_t D_{t+2} + (1 + R)^{-2} E_t S_{t+2}$$

$$= \sum_{i=1}^{K-1} (1 + R)^{-i} E_t D_{t+i} + (1 + R)^{-K} E_t S_{t+K}.$$

如果我们进一步假设

$$\lim_{K \to \infty} (1+R)^{-K} E_t S_{t+K} = 0, \tag{9.4}$$

那么通过取极限, 我们得到

$$S_t = \sum_{i=1}^{\infty} (1+R)^{-i} E_t D_{t+i}. \tag{9.5}$$

它表明, 股票的基本价格为股票永久支付的折现股息. 折现率为股票本身的预期收益率, 这假定为是时间的常数. 由于股息支付是股票的现金流, 所以 (9.5) 式又称为现金流折现模型, 由股票的长期预期收益率来折现. 它是股票在生命周期内支付的股息的现值, 也称为现值模型.

进一步假定, 预期股息以常数率 G 来增长:

$$E_t D_{t+i} = (1+G) E_t D_{t+i-1} = (1+G)^i D_t. \tag{9.6}$$

这个假设实际不成立, 但它提供了对股票现值的直观认识. 它被称为 Gordon (1962) 增长模型. 预期股票的收益率高于股息增长率, 即 $R > G$, 这一假设是合理的. 在假设 (9.6) 下, 我们有

$$S_t = E_t \left[\sum_{i=1}^{\infty} (1+R)^{-i} (1+G)^i D_t \right] = \frac{(1+G)D_t}{R-G}. \tag{9.7}$$

它表明股息与股价比为

$$D_t / S_t = (R-G)/(1+G).$$

股息与股价比也称为股息率.

我们现在来考虑价格过程 $\{S_t\}$ 与股息过程 $\{D_t\}$ 的联动性. 令 $\Delta D_{t+1+i} = D_{t+1+i} - D_{t+i}$. 则有

$$\sum_{i=0}^{\infty} (1+R)^{-i} \Delta D_{t+1+i}$$

$$= (1+R) \sum_{i=1}^{\infty} (1+R)^{-i} D_{t+i} - \sum_{i=0}^{\infty} (1+R)^{-i} D_{t+i}$$

$$= R \sum_{i=1}^{\infty} (1+R)^{-i} D_{t+i} - D_t.$$

由 (9.5), 最后的等式等于 $RS_t - D_t$. 因此

$$S_t - D_t/R = R^{-1}E_t\sum_{i=0}^{\infty}(1+R)^{-i}\Delta D_{t+1+i}. \tag{9.8}$$

价格过程 $\{S_t\}$ 与股息序列 $\{D_t\}$ 是协整的: 如果 $\{\Delta D_t\}$ 是平稳的, 那么 $\{S_t - D_t/R\}$ 也是平稳的. 多维时间序列 $\boldsymbol{Y}_t$ 协整的一般定义为, 每个分量都是单整时间序列, 但是存在一个线性组合 $\boldsymbol{a}^{\mathrm{T}}\boldsymbol{Y}_t$ ($\boldsymbol{a}\neq 0$ 称为协整向量), 这个组合是平稳的 (或者更为一般地低阶单整). 另外的例子是 S&P 500 指数及其期货. 两者都是随机游走, 但是它们的差是平稳. 这个概念是 Engle 和 Granger (1987) 引入的. 进一步细节, 可参见 4.3 节.

9.2　理　性　泡　沫

我们已经证明了, 在条件 (9.4) 下,

$$S_{D,t} = \sum_{i=1}^{\infty}(1+R)^{-i}E_tD_{t+i}$$

是定价方程 (9.3) 的唯一解. 如果没有增长假设 (9.4), 那么定价方程 (9.3) 的一般解是什么?

记 $S_t = S_{D,t} + B_t$. 那么由 (9.3), 可得

$$S_{D,t} + B_t = (1+R)^{-1}E_t(S_{D,t+1} + B_{t+1} + D_{t+1}).$$

由于 $S_{D,t}$ 为定价方程 (9.3) 的解, 即

$$S_{D,t} = (1+R)^{-1}E_t(S_{D,t+1} + D_{t+1}).$$

所以我们有

$$B_t = (1+R)^{-1}E_tB_{t+1}. \tag{9.9}$$

换句话说, 定价方程 (9.3) 的一般解为两个部分的和. 第一部分为 $S_{D,t}$, 称为基本价值. 第二部分为 B_t, 称为理性泡沫. 增长性条件 (9.4) 排除了这种可能性. 也就是在条件 (9.4) 下, (9.9) 的唯一解是 $B_t = 0$, 或定价方程 (9.3) 的解是唯一的, 就是基本价值 $S_{D,t}$.

没有增长解的情形下, B_t 一般会有爆炸性模式. 事实上, 由 (9.9), 可得

$$E_tB_{t+1} = (1+R)B_t.$$

利用双重期望公式,

$$E_tB_{t+n} = E_tE_{t+n-1}B_{t+n} = (1+R)E_tB_{t+n-1}.$$

迭代可得

$$E_t B_{t+n} = (1+R)^n B_t, \qquad 对任意 \ n > 0.$$

如果 $B_t \neq 0$, 这就是爆炸性的. "泡沫" 一词使我们想起历史上一些著名事件. 在这些事件中, 资产价格飙升, 高于基本价值能够容易解释的水平: 投资者押注其他投资者将在未来进一步推高股价. 由于这个原因, 称 B_t 为理性泡沫. 这是合理的, 因为 $S_t = S_{D,t} + B_t$ 仍然满足定价方程 (9.3).

Blanchard 和 Watson (1982) 给出了一个理性泡沫的例子. 在这个例子中, 泡沫以概率 θ 生长, 生长速度为 $\dfrac{1+R}{\theta} - 1$; 以概率 $1 - \theta$ 破灭. 换句话说,

$$B_{t+1} = \xi_{t+1} + \begin{cases} \dfrac{1+R}{\theta} B_t, & 概率为 \ \theta, \\[2mm] 0, & 概率为 \ 1 - \theta, \end{cases} \tag{9.10}$$

其中 $\{\xi_t\}$ 为鞅差, 即 $E_t \xi_{t+1} = 0$. 对这样一个泡沫,

$$E_t B_{t+1} = E_t \xi_{t+1} + (1+R) B_t = (1+R) B_t.$$

因此, 它满足方程 (9.9). 但是, 它具有爆炸性的行为. 例如, 如果 $\theta = 0.9$, $R = 0.1$, 那么泡沫以 90% 的概率增长, 其增长的平均速度为 $(1+R)/\theta = 22\%$. 泡沫破灭的概率为 10%, 因而预期等待的时间为 10 次. 因此, 平均生长长度为 9 次, 泡沫为 B_t 的 $1.22^9 \approx 6$ 倍. 此外, 甚至连续增长 20 次并不是一个小概率事件 (此概率为 $\theta^{20} = 12.2\%$), 并且这可以使泡沫变得非常大 (增长的 53.4 倍). 图 9.1 右端展示了这样的理性泡沫的一个实现.

(9.10) 中的任意鞅都会使得理性泡沫满足方程 (9.9). 但是, 鞅本身具有泡沫效应. 这两种泡沫行为会使得 B_t 看起来更像泡沫. 这样鞅的一个例子为

$$\xi_{t+1} = \begin{cases} (2|\xi_t| + 1)\mathrm{sgn}(\varepsilon_{t+1}), & 以概率 1/2, \\[2mm] 0, & 以概率 1/2, \end{cases}$$

其中 ε_{t+1} 与 ξ_t 独立. 于是, 对于对称的随机变量 ε_t, ξ_t 为鞅差:

$$E_t \xi_{t+1} = \frac{1}{2}(2|\xi_t| + 1) E_t \mathrm{sgn}(\varepsilon_{t+1}) = 0.$$

令 τ 为使得 $\xi_{t+1} = 0$ (泡沫破灭) 的首次时间. 那么

$$|\xi_{t+1}| = 2|\xi_t| + 1, \qquad 对于 \ t < \tau.$$

应用这个公式进行迭代, 可得

$$|\xi_{\tau-1}| = 2^{\tau-1}|\xi_0| + 2^{\tau-1} - 1.$$

在泡沫破灭前数量增长地非常快. 图 9.1(b) 展示了模拟时间序列的泡沫效应.

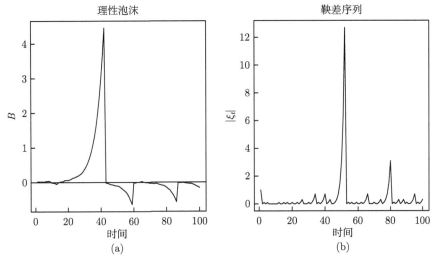

图 9.1　(a) 理性泡沫 B_t 对时间 t 图形, 其中 $\theta = 0.9$, $R = 0.1$, $\xi_t \sim N(0, 0.1^2)$; (b) 对于鞅差序列, $|\xi_t|$ 对时间 t 图形

9.3　时变预期收益率

定价方程 (9.3) 是基于常数收益率 (9.2) 这一不现实的假设. 如果预期收益率是时变的, 那么我们如何对资产进行定价? 为推广定价公式, 我们入一些符号.

令 $s_t = \log S_t$ 和 $d_t = \log D_t$ 分别为资产价格和股息支付的对数. 于是, 资产的对数收益率可写为

$$r_{t+1} = \log(S_{t+1} + D_{t+1})/S_t = s_{t+1} - s_t + \log(1 + D_{t+1}/S_{t+1}).$$

利用 $D_{t+1}/S_{t+1} = \exp(d_{t+1} - s_{t+1})$, 可得

$$r_{t+1} = s_{t+1} - s_t + \log\{1 + \exp(d_{t+1} - s_{t+1})\}. \tag{9.11}$$

对于给定的时间序列 $\{x_t\}$, 非线性时间序列 $\{f(x_t)\}$ 可通过在中心 $\bar{x}$ 处泰勒展开自然地线性化:

$$f(x_t) \approx f(\bar{x}) + f'(\bar{x})(x_t - \bar{x}). \tag{9.12}$$

为了应用泰勒展开式 (9.12), 令 $x_t = d_t - s_t$, θ 为股息价格比率的对数时间序列的平均值. 于是, 将泰勒展开 (9.12) 式应用于 $f(x_t) = \log(1 + \exp(x_t))$, 可得

$$\log\{1 + \exp(d_{t+1} - s_{t+1})\}$$

$$\approx \log(1 + \exp(\theta)) + \frac{\exp(\theta)}{1 + \exp(\theta)}(d_{t+1} - s_{t+1} - \theta)$$

将此代入 (9.11) 式, 经简单代数运算, 我们有

$$r_{t+1} = \kappa + \rho s_{t+1} + (1 - \rho)d_{t+1} - s_t,$$

其中 $\rho = (1 + \exp(\theta))^{-1}$ 以及 $\kappa = -(1 - \rho)\log(1 - \rho)$. 重新排列上述各项, 可得

$$s_t \approx \kappa + \rho s_{t+1} + (1 - \rho)d_{t+1} - r_{t+1}. \tag{9.13}$$

这就是 Campbell 和 Shiller (1988a, 1988b) 的近似现值模型. 当股息价格比率为常数时, 则近似模型就变为精确模型了.

图 9.2 描绘了经通货膨胀调整的 S&P 500 指数及其股息支付 (扩大 20 倍使其图形更可视化). 它还展示了年股息率. 股息是基于过去 12 个月里支付的总和来计算的. 这减少了股息支付的季节性. S&P 500 指数在 1881 年到 2010 年间的平均股息价格比率的年平均值为 4.35%, 标准差为 1.61%, 即是 $\theta \approx \log(0.0435)$. 这意味着对于年度数据, $\rho = (1 + 0.0435)^{-1} \approx 0.958$, 而对于月度数据, $\rho = (1 + 0.0435/12)^{-1} \approx 0.996$.

近似 (9.13) 式有多好? 下面的例子给出了实证研究.

例 9.1　我们称 (9.13) 式中的 s_t 和 $\kappa + \rho s_{t+1} + (1 - \rho)d_{t+1} - r_{t+1}$ 分别为精确和近似对数价格. 利用 S&P 500 股票指数在 1881—2011 年的每月的名义股息和价格, 精确和近似对数价格的月均值分别为 0.136% 和 0.136%, 标准差分别为 4.21% 和 4.20%, 以及相关系数为 0.99999. 因此在此情形下, 这个近似是非常精确的. 图 9.3 描绘了这期间的精确和近似的对数价格. 差别是无法区分的.

把 (9.13) 当作精确公式, 在增长条件

$$\lim_{j \to \infty} \rho^j s_{t+j} = 0$$

下, 应用 (9.13) 进行迭代, 可得

$$s_t = \frac{\kappa}{1 - \rho} + (1 - \rho)P_{dt} - P_{rt}, \tag{9.14}$$

其中 $P_{dt} = \sum_{j=0}^{\infty} \rho^j d_{t+1+j}$ 为未来的对数股息的折现值, 而 $P_{rt} = \sum_{j=0}^{\infty} \rho^j r_{t+1+j}$ 为未来的股票对数收益率的折现值. 定价公式 (9.14) 意味着, 今天的高股价一定是

未来高股息和低股票回报的某种组合. 即, 大的数值 s_t 必然意味着要么 P_{dt} 大, 或 P_{rt} 小, 或两者的某种组合.

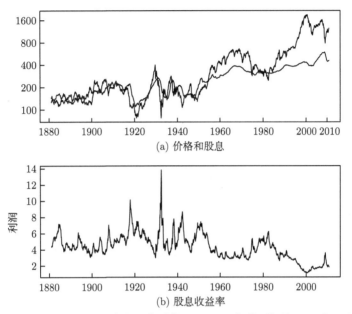

图 9.2 S&P 500 数据.(a) 经通货膨胀调整后的 S&P 500 指数 (按照 2011 年 3 月的美元) 和 股息支付 (扩大 20 倍使其更可视化).(b) S&P500 指数的年股息收益率 (%)

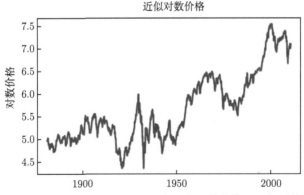

图 9.3 基于 S&P 500 指数从 1881 年到 2010 年间的对数价格和近似对数价格 (9.13) (两条 曲线非常接近, 几乎重合)

就股息价格比率而言, 两端取 E_t, (9.14) 可以写为

$$d_t - s_t = -\frac{\kappa}{1-\rho} + E_t P_{rt} - \sum_{j=0}^{\infty} \rho^j E_t \Delta d_{t+1+j}, \tag{9.15}$$

其中 $\Delta d_{t+1+j} = d_{t+1+j} - d_t$. 这可以通过应用 (9.14) 和以下的代数运算容易看出:

$$
\begin{aligned}
\sum_{j=0}^{\infty} \rho^j \Delta d_{t+1+j} &= \sum_{j=0}^{\infty} \rho^j d_{t+1+j} - d_t - \sum_{j=1}^{\infty} \rho^j d_{t+j} \\
&= \sum_{j=0}^{\infty} \rho^j d_{t+1+j} - d_t - \rho \sum_{j=0}^{\infty} \rho^j d_{t+j+1} \\
&= (1-\rho)P_{dt} - d_t.
\end{aligned}
$$

模型 (9.15) 式称为动态 Gordon 模型, 或股息比率模型. 回想一下, $\rho \approx 1$, P_{rt} 近似等于长期收益率, 最后一项为折现的预期股息增长率. 模型 (9.15) 表明, 股息价格比率是预期长期收益率的一个好的代理.

例 9.2 假设收益率 $\{r_t\}$ 服从 AR(1) 过程, 其预期收益率 r 为

$$
r_{t+1} = (1-\gamma)r + \gamma r_t + \eta_{t+1}, \qquad \eta_{t+1} \sim \text{IID}(0, \sigma^2).
$$

记 $r_t^* = r_t - r$. 于是, $\{r_t^*\}$ 服从 AR(1) 模型: $r_{t+1}^* = \gamma r_t^* + \xi_{t+1}$. 利用 $E_t r_{t+j}^* = \gamma^j r_t^*$ (见例 2.10), 可得

$$
E_t P_{rt} = E_t \left[\sum_{j=0}^{\infty} \rho^j (r + r_{t+j+1}^*) \right] = \frac{r}{1-\rho} + \frac{\gamma r_t^*}{1 - \rho\gamma}.
$$

如前所述, 由于 $\rho \approx 1$, 所以, 在 $\gamma = 0.5$ 时, 今日预期收益率增加 1% 将使得股票价格降低约 1%. 为了看清这一点, 如果 $r_t^* = 0.01$ (收益率 r_t 超过预期收益率 r 1%), 并且 $\gamma = 0.5$, 那么 P_{rt} 增加

$$
0.01\gamma/(1-\gamma) \approx 0.01,
$$

于是由 (9.14), s_t 降低 1%. 类似地, 当今日预期收益率增加 1% 时, 如果 $\gamma = 0.75$, 股票价格降低约 3%; 如果 $\gamma = 0.9$, 股票价格降低约 9%. 另一方面, 可以证明 (见练习 9.3)

$$
\text{var}_t(P_{rt}) = \frac{\sigma^2}{(1 - \gamma\rho)^2 (1 - \rho^2)},
$$

这通常很大, 使得资产收益率几乎不可预测. 这与第 2 章的实证是一致的.

如果假设股息支付的变动服从 AR(1) 模型, 那么我们可以获得类似的表达式. 我们把这个留下来作为练习 (见练习 9.4).

9.4 实证研究

根据股息价格比率模型 (9.15), 股息率近似为未来收益率的加权平均, 加上折现的预期股息增长率. 通常, 股息的预期变化非常小, 因此 $E_t \Delta d_{t+1+j}$ 这项的变化是可以忽略的. ρ 接近 1 意味着, 相比短期收益率而言, 股息率对于长期收益率有更强的预测能力.

为了提供一些实证, 我们应用 S&P500 指数从 1926 年到 2010 年的月度数据. 对于超过一个月的收益率, 我们应用重叠的月收益率: $Y_t^K = r_{t+1} + \cdots + r_{t+K}$. 这增加了样本量, 但也引入了相关性. 股息价格比率为上一年度支付的总股息除以当前的指数水平. 这减少了股息的季节性模式影响. 我们进行下面的简单线性回归:

$$Y_t^K = \alpha_K + \beta_K (d_t - s_t) + \eta_{t,K}, \tag{9.16}$$

其中 $\eta_{t,K}$ 为噪声, 它由股息价格比率解释不了. 由于重叠引起的相依性, 计算 t 统计量的标准公式不再适用. 计算标准差需要做一些调整: 9.5 节推导了最小二乘法估计 $\widehat{\alpha}_K$ 和 $\widehat{\beta}_K$ 的标准差公式. 在 Newey 和 West (1987) 的公式 (9.25) 的应用中, 我们取 $L = K$.

我们进行回归, 时间从 1926 年到 2010 年, 也分别包括了三个时间范围 K 不同的子区间: 1927—1950 年 (战争时期), 1951—1980 年 (战后) 和 1981—2010 年. 子时间区间的跨度大致相同. 1981 的划分大致对应于 1979 年 10 月 6 日美联储货币政策的变动. 1979 年 10 月后的两年的利率比前两年的 5 倍还要多.

回归分析的结果见表 9.1. 复相关系数 R^2 在短期内非常小, 但是随着预测时间长度 K 的增加而增加. 这与股息比率模型相吻合. 我们画出了股息价格比率 (或股息率) 的对数对多期收益率的散点图, 使我们对股息的预测能力有一个了解. 参见图 9.4—图 9.7. 当我们考虑整个时期 (1927—2010) 时, 复相关系数 R^2 甚至对于长期预测也相对较小. 这不足为奇. 我们并不期望静态模型 (9.16) 在这样一个长时间内成立. 实际上, 图 9.2 显示了这一时期随时间变化的股息率. 在 1981—2010 年, 股息率下降; 在 1951—1980 年, 股息率相对稳定, 而在 1927—1950 年, 股息率是波动的. 很难把这三个时期统一到同一个静态模型. 这就从统计上解释了当静态模型拟合于整个时期时, 复相关系数 R^2 为什么会如此小.

存在许多其他的变量有些能力来预测股票的收益. 这包括对公司至关重要的测度. 除股息率外, 市盈率和市销率也重要. 其他预测变量包括这样一些市场变量, 像长期和短期、低等级和高等级的企业债券或商业票据间的各种利差.

表 9.1　　在不同时间跨度上, S&P 500 指数的对数收益率关于股息价格比率的对数回归

	预测 (K)					
	1	3	12	24	36	48
1981/1 — 2010/12						
$\widehat{\beta}(K)$	0.007	0.025	0.127	0.267	0.380	0.488
$R^2(K)$	0.006	0.020	0.102	0.232	0.317	0.420
$t(\widehat{\beta}(K))$	1.441	1.904	2.316	3.049	4.044	5.882
1951/1 — 1980/12						
$\widehat{\beta}(K)$	0.015	0.053	0.243	0.449	0.586	0.684
$R^2(K)$	0.012	0.039	0.170	0.315	0.462	0.552
$t(\widehat{\beta}(K))$	2.408	3.139	3.114	2.783	4.206	6.793
1927/1 — 1950/12						
$\widehat{\beta}(K)$	0.000	0.029	0.206	0.593	0.937	1.241
$R^2(K)$	0.000	0.003	0.035	0.140	0.270	0.413
$t(\widehat{\beta}(K))$	-0.006	0.431	1.278	3.567	2.987	4.337
1927/1 — 2010/10						
$\widehat{\beta}(K)$	0.001	0.009	0.057	0.126	0.171	0.211
$R^2(K)$	0.000	0.002	0.015	0.037	0.049	0.058
$t(\widehat{\beta}(K))$	0.262	0.736	1.243	1.777	2.038	2.277

注: t 统计量由基于 Newey 和 West (1987) 计算标准差的方法来计算, 标准差的计算在 (9.25) 式中给出.

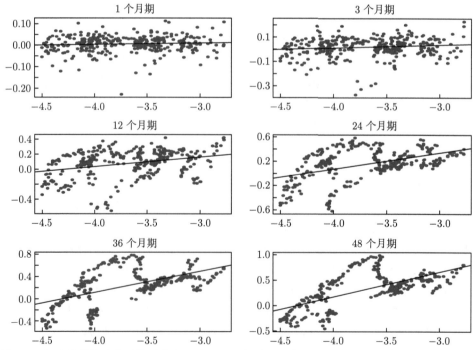

图 9.4　　股息价格比率的对数对未来 1 个月、3 个月、12 个月、24 个月、36 个月和 48 个月的收益率的散点图. 相关系数随着时间的增加而变大. 时间区间为 1981 年 1 月—2010 年 12 月

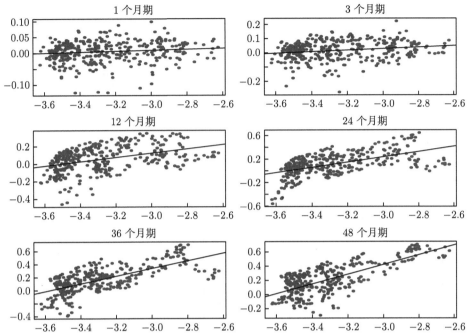

图 9.5　股息价格比率 (股息收益率) 的对数对未来 1 个月、3 个月、12 个月、24 个月、36 个月和 48 个月的收益率的散点图. 相关系数随着时间的增加而变大. 时间区间为 1951 年 1 月—1980 年 12 月

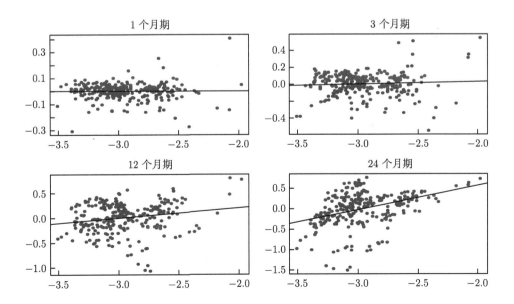

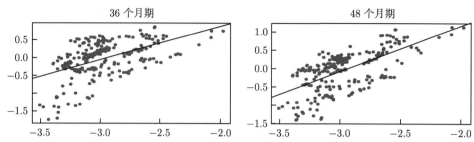

图 9.6   股息价格比率 (股息率) 的对数对未来 1 个月、3 个月、12 个月、24 个月、36 个月
和 48 个月的收益率的散点图. 相关系数随着时间的增加而变大. 时间区间为 1927 年 1
月—1950 年 12 月

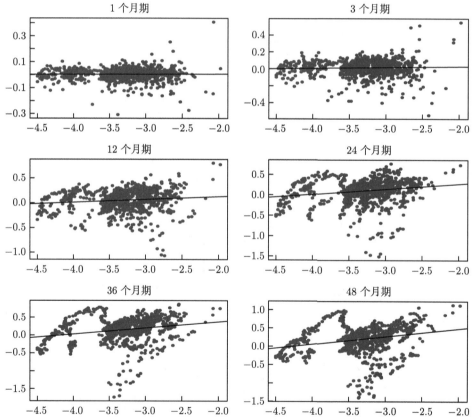

图 9.7   股息价格比率 (股息率) 的对数对未来 1 个月、3 个月、12 个月、24 个月、36 个月
和 48 个月的收益率的散点图. 当时间跨度越大, 相关系数随着时间跨度的增加而变大. 时间段
是从 1927 年 1 月—2010 年 10 月

作为例子, 让我们选取 3 个月的国债利率的变化作为响应变量. z_t 表示 3 个
月的国债利率. 令 X_t 为国债利率相对于前一年的平均国债利率的变化量:

$$X_t = z_t - \sum_{i=0}^{11} z_{t-i}/12.$$

图 9.8 总结了 1935 年 1 月至 2011 年 2 月的变化. 在 20 世纪 30 年代和 40 年代, 利率几乎没有任何变化, 这是因为在这一时期的大部分时间里, 利率都是由美联储盯住的. 由于这个原因, 我们仅考虑两个时期: 1951—1980 年和 1981—2010 年, 两者都是 30 年. 我们也考虑了从 1951 年到 2010 年的整个 60 年的时期.

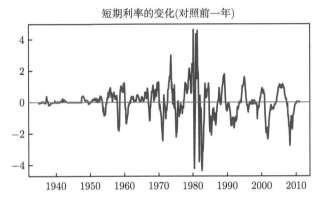

图 9.8　从 1935 年 1 月到 2011 年 2 月, 3 个月的国债利率相对于前一年的变化量

为了检验短期利率变化对未来收益的影响, 我们考虑回归问题

$$Y_t^K = a_K + b_K X_t + \eta_{t,K}, \tag{9.17}$$

这里, 去趋势的序列作为响应变量, $\eta_{t,\,K}$ 为回归误差. 表 9.2 给出了结果.

表 9.2　不同时间段, 对数股票收益率对短期利率变化的回归

	预测线 (K)					
	1	3	12	24	36	48
1981/01 — 2010/12						
$\widehat{\beta}(K)$	-0.0014	-0.0001	0.0057	0.0119	-0.0113	-0.0403
$R^2(K)$	0.0017	0.0000	0.0014	0.0031	0.0018	0.0183
$t(\widehat{\beta}(K))$	-0.7133	-0.0193	0.2087	0.5717	-0.4337	-1.3833
1951/01 — 1980/12						
$\widehat{\beta}(K)$	-0.0084	-0.0190	-0.0711	-0.0651	-0.0251	-0.0267
$R^2(K)$	0.0559	0.0732	0.1652	0.0701	0.0089	0.0088
$t(\widehat{\beta}(K))$	-5.0269	-3.8564	-3.4109	-2.1208	-0.9356	-0.8766
1951/01 — 2010/12						
$\widehat{\beta}(K)$	-0.0042	-0.0080	-0.0187	-0.0098	-0.0157	-0.0288
$R^2(K)$	0.0154	0.0139	0.0154	0.0023	0.0042	0.0115
$t(\widehat{\beta}(K))$	-3.1463	-2.0433	-1.0081	-0.6015	-1.0487	-1.4217

去趋势的短期利率 X_t 具有预测股票收益率的能力, 特别是对于短期的收益率. 预测能力集中在 1979 年美联储的货币政策变化之前的第一个子样本. 在这期间, 复相关系数 R^2 有一个驼峰结构. 尽管短期利率的变化对整个样本的确具有预测能力, 但是贡献主要是由于第一个子样本. 利率变化的预测能力比股息率的要小得多. 回归的符号大多为负. 这是预料之中的. 短期利率的增加对股票收益率具有不利的影响. 短期利率的变化对短期收益率 (持有期小于一年) 的影响倾向于比长期收益率要大.

9.5　相依情形下的线性回归

考虑时间序列线性回归模型 $Y_t = \boldsymbol{X}_t^{\mathrm{T}} \boldsymbol{\beta} + \varepsilon_t$.

写成矩阵形式, 我们有

$$\boldsymbol{Y} = \boldsymbol{X}\boldsymbol{\beta} + \boldsymbol{\varepsilon}. \tag{9.18}$$

于是, 最小二乘估计就是极小化

$$\sum_{t=1}^{T}(Y_t - \boldsymbol{X}_t^{\mathrm{T}}\boldsymbol{\beta})^2 = \|\boldsymbol{Y} - \boldsymbol{X}\boldsymbol{\beta}\|^2,$$

这给出估计

$$\widehat{\boldsymbol{\beta}} = \boldsymbol{S}_T^{-1}\boldsymbol{X}^{\mathrm{T}}\boldsymbol{Y}/T,$$

其中

$$\boldsymbol{S}_T = T^{-1}\boldsymbol{X}^{\mathrm{T}}\boldsymbol{X} = T^{-1}\sum_{t=1}^{T}\boldsymbol{X}_t\boldsymbol{X}_t^{\mathrm{T}}.$$

将 (9.18) 式代入上式, 可得

$$\widehat{\boldsymbol{\beta}} = \boldsymbol{\beta} + \boldsymbol{S}_T^{-1}\boldsymbol{X}^{\mathrm{T}}\boldsymbol{\varepsilon}/T = \boldsymbol{\beta} + T^{-1}\boldsymbol{S}_T^{-1}\sum_{t=1}^{T}\boldsymbol{X}_t\varepsilon_t. \tag{9.19}$$

时间序列的最小二乘估计与横截面回归的估计是相同的. 主要区别在于 $\widehat{\boldsymbol{\beta}}$ 的协方差阵的计算. 这类似于练习 7.2 的计算. 特别地, 下式的计算是不同的:

$$\mathrm{var}\left(T^{-1/2}\sum_{t=1}^{T}\boldsymbol{X}_t\varepsilon_t\right) = T^{-1}\sum_{t,t'=1}^{T}\mathrm{cov}(\boldsymbol{X}_t\varepsilon_t, \boldsymbol{X}_{t'}\varepsilon_{t'})$$

$$= \sum_{j=0}^{T-1}\boldsymbol{\Sigma}_{T,j}, \tag{9.20}$$

其中

$$\boldsymbol{\Sigma}_{T,j} = T^{-1} \sum_{t=1}^{T-j} [\text{cov}(\boldsymbol{X}_t \varepsilon_t, \boldsymbol{X}_{t+j} \varepsilon_{t+j}) + \text{cov}(\boldsymbol{X}_t \varepsilon_t, \boldsymbol{X}_{t+j} \varepsilon_{t+j})^{\text{T}}]. \tag{9.21}$$

在平稳性和混合的条件下, 可以证明

$$\lim_{T \to \infty} \boldsymbol{\Sigma}_{T,j} = \boldsymbol{\Sigma}_j \quad \text{和} \quad \lim_{T \to \infty} \boldsymbol{S}_T = \boldsymbol{\Sigma} \tag{9.22}$$

对于某些给定的极限矩阵成立, 从而 (9.20) 式的极限为 $\sum_{j=0}^{\infty} \boldsymbol{\Sigma}_j$. 此外, 可以证明, 在某些附加条件下, 下面的渐近正态性也成立:

$$T^{-1/2} \sum_{t=1}^{T} \boldsymbol{X}_t \varepsilon_t \to N \left(0, \sum_{j=0}^{\infty} \boldsymbol{\Sigma}_j \right).$$

把上述两式代入 (9.19) 式, 可得

$$T^{1/2}(\widehat{\boldsymbol{\beta}} - \boldsymbol{\beta}) \to N \left(0, \boldsymbol{\Sigma}^{-1} \sum_{j=0}^{\infty} \boldsymbol{\Sigma}_j \boldsymbol{\Sigma}^{-1} \right).$$

换句话说, $\widehat{\boldsymbol{\beta}}$ 的渐近协方差阵为

$$T^{-1} \boldsymbol{\Sigma}^{-1} \left(\sum_{j=0}^{\infty} \boldsymbol{\Sigma}_j \right) \boldsymbol{\Sigma}^{-1}. \tag{9.23}$$

特别地, 当数据相互独立时, 对于 $j > 0$, $\boldsymbol{\Sigma}_j = 0$, 从而渐近方差变为 $\boldsymbol{\Sigma}^{-1} \boldsymbol{\Sigma}_0 \boldsymbol{\Sigma}^{-1}$.

$\boldsymbol{\Sigma}$ 一个显然的估计为其样本均值 $\boldsymbol{S}_T$. 由 (9.21) 式, $\boldsymbol{\Sigma}_j$ 的一个自然估计为

$$S_{T,j} = T^{-1} \sum_{t=1}^{T-j} \widehat{\varepsilon}_t \widehat{\varepsilon}_{t+j} (\boldsymbol{X}_t \boldsymbol{X}_{t+j}^{\text{T}} + \boldsymbol{X}_{t+j} \boldsymbol{X}_t^{\text{T}}).$$

这不能应用于 j 非常接近于 T 的情形, 其原因在于计算均值时没有很多的数据点. 因此, 我们不得不在某个延时 L 上来截断 (9.23) 中的无穷和. 这导致 $\widehat{\beta}_j$ 的协方差阵的估计如下:

$$\widehat{\text{var}}(\widehat{\boldsymbol{\beta}}) = T^{-1} \boldsymbol{S}_T^{-1} \left(\sum_{j=1}^{L} S_{T,j} \right) \boldsymbol{S}_T^{-1}, \tag{9.24}$$

其中参数 L 为用户选择的. 注意, 尽管矩阵 (9.23) 式总为半正定的, 但是估计 (9.24) 式并非如此. (9.24) 中的求和为基本形式, 给出的权重为 0 或 1, 它取决于 $j \leqslant L$ 与否. 另一种方法是按照如下方式逐渐减少权重:

$$\widehat{\text{var}}(\hat{\boldsymbol{\beta}}) = T^{-1} \boldsymbol{S}_T^{-1} \left(\sum_{j=0}^{L} \frac{p-j}{p} S_{T,j} \right) \boldsymbol{S}_T^{-1}. \tag{9.25}$$

后者为 Newey 和 West (1987) 估计. 它总是半正定的.

9.6 习   题

9.1 理性泡沫是什么? 给出数学定义和简单解释.

9.2 协整的含义是什么? 给出协整时间序列的两个例子.

9.3 假设均值调整的收益率服从 AR(1) 模型:

$$r_{t+1}^* = \gamma r_t^* + \eta_{t+1},$$

其中 η_{t+1} 是均值为 0, 方差为 σ^2 的白噪声序列.

令 $P_{D\ t}^* = \sum_{j=0}^{\infty} \rho^j r_{t+1+j}^*$.

(a) 证明 $P_{Dt}^* = (1-\gamma\rho)^{-1}(\gamma r_t^* + \sum_{j=0}^{\infty} \rho^j \eta_{j+1+j})$.

(b) 从 (a) 式推导 $E_t P_{D\ t}^* = \gamma r_t^* / (1-\gamma\rho)$.

(c) 从 (a) 式中推导 $\text{var}_t(P_{Dt}^*) = \dfrac{\sigma^2}{(1-\gamma\rho)^2(1-\rho^2)}$.

9.4 假设对数股息增长 $\Delta d_{t+1} = d_{t+1} - d_t$ 服从 AR(1) 模型:

$$\Delta d_{t+1} = (1-\theta)d + \theta \Delta d_t + \varepsilon_{t+1},$$

其中 ε_t 是一个均值为零的白噪声序列. 进一步假设收益率服从以下 AR(1) 模型:

$$r_{t+1} = (1-\gamma)r + \gamma r_t + \eta_{t+1},$$

其中 η_{t+1} 是一个均值为零的白噪声序列.

(a) $E_t d_{t+j}$ 是什么?

(b) 预期折现对数股息率 $P_{D\ t} = \sum_{j=0}^{\infty} \rho^j E_t d_{t+1+j}$ 是什么?

提示: 简单的方法是证明

$$P_{Dt} = \sum_{j=0}^{\infty} \rho^j E_t \Delta d_{t+j+1} + d_t + \rho P_{Dt},$$

然后计算 $E_t \Delta d_{t+j+1}$ 或利用练习 9.3.

(c) 什么是股票的现值?

9.5 针对三个时期: 1927 年 1 月—1950 年 12 月, 1951 年 1 月—1980 年 12 月, 1981 年 1 月—2010 年 9 月, 在 6 个时间段: 1 个月、3 个月、12 个月、24 个月、36 个月和 48 个月, 来确定市盈率对于 S&P 500 指数收益率的预测能力. 特别地, 给出以下结果:

(a) 整个时期的市盈率的时间序列图.

(b) 回归系数与复相关系数 R^2.

(c) 利用市盈率和对数股息价格比率作为两个响应变量, 报告 (b) 中的结果. 也可尝试用标准差的 Newey-West 估计来计算 t 统计量, 但这是可选的.

参 考 文 献

Ahn, S.C. and Horenstein, A.R. (2013). Eigenvalue ratio test for the number of factors. *Econometrica*, **81**, 1203-1227.

Ait-Sahalia, Y., Fan, J. and Li, Y. (2013). The leverage effect puzzle: disentangling sources of bias in high.

Ait-Sahalia, Y. and Jacod, J. (2014). *High-Frequency Financial Econometrics*. Princeton University Press, Princeton, NJ.

Akaike, H. (1970). Statistical predictor identification. *Annals of the Institute of Statistical Mathematics*, **22**, 203-217.

Akaike, H. (1973). Information theory and an extension of the maximum likelihood principle. In *Second International Symposium in Information Theory* (B.N. Petroc and F. Caski, eds.). Akademiai Kiado, Budapest, pp. 276-281.

Anderson, T. W. (2003). An Introduction to Multivariate Statistical Analysis (3rd edition). John Wiley & Sons, New York.

Antoniadis, A. and Fan, J. (2001). Regularized wavelet approximations (with discussion). *Journal of American Statistical Association*, **96**, 939-967.

Appel, G. (2009). *Technical Analysis: Power tools for Active Investors*. FT Press, Upper Saddle River.

Artzner, P., Delbaen, F., Eber, J. and Heath, D. (1999). Coherent measures of risk. *Mathematical Finance*, **9**, 203-228.

Bai, J. (2003). Inferential theory for factor models of large dimensions. *Econometrica*, **71**, 135-171.

Bai, J. (2009). Panel data models with interactive fixed effects. *Econometrica*, **77**, 1229-1279.

Bai, J. and Ng, S. (2002). Determining the number of factors in approximate factor models. *Econometrica*, **70**, 191-221.

Bai, J. and Ng, S. (2008). Large dimensional factor analysis. *Foundations and Trends in Econometrics*, **3**, 89-163.

Banz, R.W. (1981). The relationship between return and market value of common stocks. *Journal of Financial Economics*, **9**, 3-18.

Barndorff-Nielsen, O., Hansen, P., Lunde, A. and Shephard, N. (2011). Multivariate realised kernels: consistent positive semi-definite estimators of the covariation of equity prices with noise and non-synchronous trading. *Journal of Econometrics*, **162**, 149-169.

Basu, S. (1977). Investment performance of common stocks in relation to their price-earnings ratios: A test of the efficient market hypothesis. *Journal of Finance*, **32**, 663-682.

Berkes, I., Horváth, L. and Kokoszka, P. (2003). GARCH processes: structure and estimation. *Bernoulli*, **9**, 183-371.

Berzuini, C., Bes, N.B., Gilks, W.R. and Larizza, C. (1997). Dynamic conditional independence models and Markov chain Monte Carlo methods. *Journal of American Statistical Association*, **92**, 1403-1412.

Bickel, P.J. and Levina, E. (2008). Covariance regularization by thresholding. *Annals of Statistics*, **36**, 2577-2604.

Black, F. (1972). Capital market equilibrium with restricted borrowing. *Journal of Business*, **45**, 444-454.

Black, F. (1976). Studies of stock price volatility changes. *Proceedings of the 1976 meetings of the business and economics statistics section, American Statistical Association*, 177181.

Blanchard, O.J. and Watson, M.W. (1982). Bubbles, rational expectations and financial markets. In *Crises in the Economic and Financial Structure: Bubbles, Bursts, and Shocks* (P. Wachtel, Ed.), Lexington Press, Lexington, MA.

Blume, M.E. and Friend, I. (1973). A new look at the capital asset pricing model. *Journal of Finance*, **28**, 19-34.

Bollerslev, T. (1986). Generalized autoregressive conditional heteroscedasticity. *Journal of Econometrics*, **31**, 307-327.

Bougerol, P. and Picard, N. (1992). Strict stationarity of generalized autoregressive processes. *Annals of Probability*, **4**, 1714-1730.

Box, G.E.P. and Pierce, D.A. (1970). Distribution of Residual Autocorrelations in Autoregressive-Integrated Moving Average Time Series Models, *Journal of American Statistical Association*, **65**, 1509-1526.

Brodie, J., Daubechies, I., De Mol, C., Giannoned, D. and Loris, I. (2009). Sparse and stable Markowitz portfolios. *Proceedings of the National Academy of Sciences USA*, **106**, 12267-12272.

Brown, C.M. (2012). *Technical Analysis for the Trading Professional* (2nd Edition). McGraw-Hill, New York.

Cai, T. and Liu, W. (2011). Adaptive thresholding for sparse covariance matrix estimation. *Journal of American Statistical Association*, **494**, 672-684.

Campbell, J.Y., Lo, A. and MacKinlay, A. C. (1997). *The Econometrics of Financial Markets*. Princeton University Press, Princeton, N.J.

Campbell, J.Y. and Shiller, R.J. (1988a). The dividend-price ratio and expectations of future dividends and discount factors. *Review of Economic Studies*, **1**, 195-227.

Campbell, J.Y. and Shiller, R.J. (1988b). Stock prices, earnings and expected dividends. *Journal of Finance*, **43**, 661-676.

Carmona, R. (2004). *Statistical Analysis of Financial Data in S-Plus.* Springer, New York.

Carmona, R. (2013). *Statistical Analysis of Financial Data in R.* Springer, New York.

Carroll, R.J., Ruppert, D., Stefanski, L.A. and Crainiceanu, C.M. (2006). *Measurement Error in Nonlinear Models: A Modern Perspective* (2nd ed.). Chapman and Hall, London.

Chen, M. and An, H. (1998). A note on the stationarity and the existence of moments of the GARCH models. *Statistica Sinica*, **8**, 505-510.

Cheung, Y.-W. and Lai, K.S. (1995). Lag order and critical values of the Augmented Dickey-Fuller test. *Journal of Business and Economic Statistics*, **13**, 227-280.

Christie, A. A. (1982). The stochastic behavior of common stock variances: Value, leverage and interest rate effects. *Journal of Financial Economics*, **10**, 407-432.

Choi, B.S. (1992). *ARMA Model Identification.* Springer-Verlag, New York.

Cochrane, J.H. (2005). *Asset Pricing.* Princeton University Press, Princeton.

Connor, G. (1984). A unified beta pricing theory. *Journal of Economic Theory*, **34**, 13-31.

Copeland, T. E., Weston, J.F. and Shastri, K. (2005). *Financial Theory and Corporate Policy* (4th ed.). Pearson Addison Wesley, Boston.

Cryer, J.D. and Chan, K.S. (2010). *Time Series Analysis with Applications in R.* Springer, New York.

Davies, N., Triggs, C.M. and Newbold, P. (1977). Significance levels of the Box-Piece portmanteau statistic in finite samples. *Biometrika*, **64**, 517-522.

Davis, C. and Kahan, W. (1970). The rotation of eigenvectors by a perturbation III. *SIAM Journal on Numerical Analysis*, **7**, 1-46.

Davis, R.A. and Mikosch, T. (2009). Probabilistic properties of stochastic volatility models. In T.G. Anderson, R.A. Davis, J.-P. Kreiss, and T. Mikosch (eds), *Handbook in Financial Times Series*, Springer, New York, 255-267.

De Bondt, W.F. and Thaler, R.H. (1985). Does the stock market overreact? *Journal of Finance*, **40**, 793-805.

DeMiguel, V., Garlappi, L., Nogales, F.J. and Uppal, R.(2008). A generalized approach to portfolio optimization: Improving performance by constraining portfolio norms. *Management Science*, **55**, 798-812.

Deo, R.S. (2000). Spectral tests of the martingale hypothesis under conditional heteroscedasticity. *Journal of Econometrics*, **99**, 291-315.

Dickey, D.A. and Fuller, W.A. (1979). Distribution of the estimators for autoregressive time series with a unit root. *Journal of American Statistical Association*, **74**, 427-431.

Ding, Z., Engle, R. and Granger, C. (1993). A long memory property of stock market returns and a new model. *Journal of Empirical Finance*, **1**, 83-106.

Durbin, J. and Koopman, S.J. (2012). *Time Series Analysis by State Space Methods* (2nd edition). Oxford University Press, Oxford.

Durlauf, S.N. (1991). Spectral based testing of the martingale hypothesis. *Journal of Econometrics*, **50**, 355-376.

Engle, R.F. (1982). Autoregressive conditional heteroscedasticity with estimates of the variance of U.K. inflation. *Econometrica*, **50**, 987-1008.

Engle, R.F. and Bollerslev, T. (1986). Modelling the persistence of conditional variances. *Econometric Reviews*, **5**, 1-50.

Engle, R.F. and Granger, C.W.J. (1987). Co-integration and error correction: representation, estimation, and testing. *Econometrica*, **55**, 251-276.

Engle, R.F., Lilien, D.M. and Robins, R.P. (1987). Estimating time varying risk premia in the term structure: the ARCH-M model. *Econometrica*, **55**, 391-407.

Fama, E.F., and MacBeth, J.D. (1973). Risk, return, and equilibrium: Empirical tests. *Journal of Political Economy*, **71**, 607-636.

Fama, E. and French, K. (1992). The cross-section of expected stock returns. *Journal of Finance*, **47**, 427-465.

Fama, E. and French, K. (1993). Common risk factors in the returns on stocks and bonds. *Journal of Financial Economics*, **33**, 3-56.

Fan, J., Fan, Y. and Lv, J. (2008). Large dimensional covariance matrix estimation via a factor model. *Journal of Econometrics*, **147**, 186-197.

Fan, J. and Li, R. (2001). Variable selection via nonconcave penalized likelihood and its oracle properties. *Journal of American Statistical Association*, **96**, 1348-1360.

Fan, J., Li, Y. and Yu, K. (2012). Vast volatility matrix estimation using high frequency data for portfolio selection. *Journal of American Statistical Association*, **107**, 412-428.

Fan, J., Liao, Y. and Mincheva, M. (2011). High dimensional covariance matrix estimation in approximate factor models. *Annals of Statistics*, **39**, 3320-3356.

Fan, J., Liao, Y. and Mincheva, M. (2013). Large covariance estimation by thresholding principal orthogonal complements (with discussion). *Journal of the Royal Statistical Society, Series B*, **75**, 603-680.

Fan, J., Liao, Y. and Shi, X. (2015). Risks of large portfolios. *Journal of Econometrics*, to appear.

Fan, J., Liao, Y. and Yao, J. (2013). Power enhancement in high dimensional cross-sectional tests. *Manuscript*, ssrn.com.

Fan, J., Qi, L. and Xiu, D. (2014). Quasi Maximum Likelihood Estimation of GARCH Models with Heavy-Tailed Likelihoods (with discussion). *Journal of Business and Economic Statistics*, **32(2)**, 178-191.

Fan, J. and Yao, Q. (2003). *Nonlinear Time Series: Nonparametric and Parametric Methods*. Springer, New York.

Fan, J., Zhang, J. and Yu, K. (2012). Vast portfolio selection with gross-exposure constraints. *Journal of American Statistical Association*, **107**, 592-606.

Fiorentini, G. and Sentana, E. (2013). Consistent non-Gaussian pseudo maximum likelihood estimators. Mimeo, CEMFI.

Francq, C., Lepage, G. and Zakoäian, J.-M. (2011). Two-stage non Gaussian QML estimation of GARCH models and testing the efficiency of the Gaussian QMLE. *Journal of Econometrics*, **165**, 246-257.

Franke, J., Hrdle, W. and Hafner, Ch. (2015). *Statistics of Financial Markets: An Introduction.* Springer-Verlag, Heidelberg.

Fuller, W.A. (1996). *Introduction to Statistical Time Series* (2nd edition). Wiley, New York.

Gagliardini, P., Ossola, E. and Scaillet, O. (2012). Time-varying risk premium in large cross-sectional equity datasets. *A manuscript*, ssrn.com.

Giraitis, L., Kokoszka, P. and Leipus, R. (2000). Stationary ARCH models: Dependence structure and central limit theorem. *Econometric Theory*, **16**, 3-22.

Gordon, M. (1962). *The Investment, Financing, and Valuation of the Corporation*, Irwin, Homewood, IL.

Gordon, N.J., Salmond, D.J. and Smith, A.F.M. (1993). A novel approach to no-linear and non-Gaussian Bayesian state estimation. *IEE Proceedings F (Radar and Signal Processing)*, **140**, 107-113.

Gourieroux, C. and Jasiak, J. (2001). *Financial Econometrics: Problems, Models, and Methods.* Princeton University Press, New Jersey.

Granger, C.W.J. (1969). Investigating causal relations by econometric models and cross-spectral methods. *Econometrics*, **37**, 424-438.

Granger, C.W.J. (1981). Some properties of time series data and their use in econometric models specification. *Journal of Econometrics*, **16**, 150-161.

Granger, C.W.J. and Newbold, P. (1974). Spurious regressions in Econometrics. *Journal of Econometrics*, **2**, 111-120.

Grossman, S.J. and Shiller, R. (1981). The Determinants of the Variability of Stock Market Prices. *American Economic Review*, **71**, 222-227.

Hall, P. and Yao, Q. (2003). Inference in ARCH and GARCH models with heavy-tailed errors. *Econometrica*, **71(1)**, 285-317.

Hallin, M. and Puri, M.L. (1988). Optimal rank-based procedures for time series analysis: testing an ARAM model against other ARMA models. *Annals of Statistics*, **16**, 402-432.

Hamilton, J.D. (1994). *Time Series Analysis.* Princeton University Press, Princeton.

Hannan, E.J. (1986). Remembrance of things past. In *The Craft of Probability Modeling* (J. Gani, ed.). Springer-Verlag, New York.

Hansen, L.P. and Jagannathan, R. (1991). Implications of security market data for models of dynamic economies. *Journal of Political Economy*, **99**, 225-262.

Hansen, L.P. and Singleton, K. (1983). Stochastic consumption, risk aversion and the temporal behavior of asset returns. *Journal of Political Economy*, **91**, 249-268.

Harvey, A.C. (1989). *Forecasting, Structural Time Series Models and the Kalman Filter.* Cambridge University Press, Cambridge.

Harvey, A.C., Ruiz, E. and Shephard, N. (1994). Multivariate stochastic variance models. *Review of Economic Studies*, **61**, 247-264.

Hatanaka, M. (1996). *Time-Series-Based Econometrics: Unit Roots and Cointegration.* Oxford University Press, Oxford.

Hong, Y. (1996). Consistent testing for serial correlation of unknown form. ECONO, **64**, 837-864.

Hong, Y. and Lee, Y.J. (2003). Consistent testing for serial correlation of unknown form under general conditional heteroscedasticity. *A Preprint*, Cornell University, Department of Economics.

Horowitz, J.L, Lobato, I.N., Nankervis, J.C. and Savin, N.E. (2006). Bootstrapping the Box-Pierce Q test: A robust test of uncorrelatedness. *Journal of Econometrics*, **133**, 841-862.

Hosking, J.R.M. (1981). Fractional differencing. *Biometrika*, **68**, 165-176.

Huang, C.F. and Litzenberger, R.H.(1988). *Foundations for financial economics*, North-Holland, N.Y.

Huang, D., Wang, H. and Yao, Q. (2008). Estimating GARCH models: when to use what? *Econometrics Journal*, **11**, 27-38.

Hull, J. (2014). *Options, Futures, and Other Derivatives* (Nine edition). Prentice Hall, Upper Saddle Review, New Jersey.

Hurvich, C.M. and Tsai, C.L. (1989). Regression and time series model selection in small samples. *Biometrika*, **76**, 297-307.

Jagannathan, R. and Ma, T. (2003). Risk reduction in large portfolios: Why imposing the wrong constraints helps. *Journal of Finance*, **58**, 1651-1683.

Jarque, C.M. and Bera, A.K. (1987). A test for normality of observations and regression residuals. *International Statistical Review*, **55**, 163-172.

Jegadeesh, N. and Titman, S. (1993). Returns to buying winners and selling losers: Implications for stock market efficiency. *Journal of Finance*, **48**, 65-91.

Jensen, M.C., Black, F. and Scholes, M.S. (1972). The capital asset pricing model: Some empirical tests. In *Studies in the Theory of Capital Markets* (Michael C. Jensen, ed.), Praeger Publishers Inc., New York.

Johansen, S. (1995). *Likelihood-Based Inference in Cointegration Vector Autoregressive Modes*. Oxford University Press, Oxford.

Kalman, R.E. (1960). A new approach to linear filtering and prediction problems. *Journal of Fluids Engineering*, **82**, 35-45.

Karatzas, I. and Shreve, S.E. (1998). *Methods of mathematical finance*. Springer, New York.

Kazakevičius V. and Leipus R. (2002). On stationarity in the ARCH (∞) model. *Econometric Theory*, **18**, 1-16.

Kim, J.-Y. (1998). Large sample properties of posterion densities, Bayesian information ceriterion and the likelihood principle in nonstationary time series models. *Econometrica*, **66**, 359-380.

Kitagawa, G. (1987). Non-Gaussian state space modeling of nonstationary time series (with discussion). *Journal of the Royal Statistical Society, Series B*, **82**, 1032-1063.

Kitagawa, G. (1996). Monte Carlo filter and smoother for non-Gaussian nonlinear state space models. *Journal of Computational and Graphical Statistics*, **5**, 1-25.

Kitagawa, G. (2010). *Introduction to Time Series Modelling.* CRC/Chapman & Hall, Boca Raton.

Konishi, S. and Kitagawa, G. (1996). Generalised information criteria in model selection. *Biometrika,* **83**, 875-890.

Lam, C. and Fan, J. (2009). Sparsistency and rates of convergence in large covariance matrices estimation. *Annals of Statistics,* **37**, 4254-4278.

Lam, C. and Yao, Q. (2012). Factor modeling for high-dimensional time series: inference for the number of factors. *Annals of Statistics,* **40**, 694-726.

Lee, A.W. and Hansen, B.E. (1994). Asymptotic theory for a GARCH(1,1) quasi-Maximum Likelihood Estimator. *Econometric Theory,* **10**, 29-52.

Lehmann, E.L. (1999). *Elements of Large-Sample Theory.* Springer, New York.

Lin, M.T., Zhang, J.L., Cheng, Q. and Chen, R. (2005). Independent particle filters. *Journal of American Statistical Association,* **100**, 1412-1421.

Lintner, J. (1965). The valuation of risky assets and the selection of risky investments in stock portfolios and capital budgets. *Review of Economics and Statistics,* **47**, 13-37.

Liu, J.S. and Chen, R. (1998). Sequential Monte Carlo methods for dynamic systems. *Journal of American Statistical Association,* **93**, 1032-1044.

Ljung, G.M. and Box, G.E.P. (1978). On a measure of a lack of fit in time series models. *Biometrika,* **65**, 297-303.

Lumsdaine, R. (1996). Consistency and asymptotic normality of the quasi-maximum likelihood estimator for IGARCH(1,1) and covariance stationary GARCH(1,1) models. *Econometrica,* **16**, 575-596.

Lütkepohl, H. (2006). *New Introduction to Multiple Time Series Analysis.* Springer, Berlin.

Markowitz, H.M. (1952). Portfolio selection. *Journal of Finance,* **7**, 77-91.

Markowitz, H.M. (1959). *Portfolio Selection: Efficient Diversification of Investments.* John Wiley & Sons, New York.

Marron, J.S. and Nolan, D. (1988). Canonical kernels for density estimation. *Statist. Prob. Lett.,* **7**, 195-199.

Mehra, R. and Prescott, E.C. (1985). The Equity Premium: A Puzzle. *Journal of Monetary Economics,* **15**, 145-161.

Merton, R.C. (1973). An intertemporal Capital Asset Pricing Model. *Econometrica,* **41**, 867-887.

Mikosch, T. (1998). *Elementary Stochastic Calculus with Finance in View.* World Scientific, Singapore.

Mikosch, T. and Straumann, T. (2006). Stable limits of martingale transforms with application to the estimation of GARCH parameters. *Annals of Statistics,* **34**, 493-522.

Nelson, D.B. (1990). Stationarity and persistence in the GARCH(1,1) model. *Econometric Theory,* **6**, 318-334.

Nelson, D.B. (1991). Conditional heteroscedasticity in asset pricing: A new approach. *Econometrica,* **59**, 347-370.

Newey, W. and West, K. (1987). A simple, positive semi-definite, heteroscedasticity and autocorrelation consistent covariance matrix. *Econometrica*, **55**, 703-708.

Onatski, A. (2010). Determining the number of factors from empirical distribution of eigenvalues. *Review of Economics and Statistics*, **92**, 1004-1016.

Onatski, A. (2012). Asymptotics of the principal components estimator of large factor models with weakly influential factors. *Journal of Econometrics*, 168, 244-258.

Peng, L. and Yao, Q. (2003). Least absolute deviations estimation for ARCH and GARCH models. *Biometrika*, **90**, 967-975.

Penzer, J., Wang, M. and Yao, Q. (2009). Approximating volatilities by asymmetric power GARCH functions. *Australian & New Zealand Journal of Statistics*, **51**, 201-225.

Pesaran, M. H. and Yamagata, T. (2012). Testing CAPM with a large number of assets. *Manuscript*.

Pfaff, B. (2006). *Analysis of Integrated and Cointegrated Time Series with R*. Springer, New York.

Phillips, P.C.B. (1986). Understanding spurious regressions in Econometrics. *Journal of Econometrics*, **33**, 311-340.

Phillips, P.C.B. (1991). Optimal inference in cointegrated systems. *Econometrica*, **59**, 283-306.

Phillips, P.C.B. and Perron, P. (1988). Testing for unit roots in time series regression. *Biometrika*, **75**, 335-346.

Phillips, P.C.B. and Yu, J. (2011). Dating the timeline of financial bubbles during the subprime crisis. *Quantitative Economics*, **2**, 455-491.

Pötscher, B.M. (1989). Model selection under nonstationarity: autoregressive models and stochastic linear regression models. *Annals of Statistics*, **17**, 1257-1274.

Qi, H. and Sun, D. (2006). A quadratically convergent Newton method for computing the nearest correlation matrix. *SIAM Journal on Matrix Analysis and Applications*, **28**, 360-385.

Rachev, S.T., Mittnik, S., Fabozzi, F.J., Focardi, S.M. and Jasic, T. (2013). *Financial Econometrics: From Basics to Advanced Modeling*. Wiley, New York.

Romano, J.P. and Thombs, L.A. (1996). Inference for autocorrelations under weak assumptions. *Journal of American Statistical Association*, **91**, 590-600.

Ross, S.A. (1976). The arbitrage theory of capital asset pricing. *Journal of Economic Theory*, **13**, 341-360.

Rothman, A.J., Bickel, P.J., Levina, E. and Zhu, J. (2008). Sparse permutation invariant covariance estimation. *Electron. J. of Stat.*, **2**, 494-515.

Rothman, A.J., Levina, E. and Zhu, J. (2009). Generalized thresholding of large covariance matrices. *Journal of American Statistical Association*, **104**, 177-186.

Ruppert, D. (2004). *Statistics and Finance: An Introduction*. Springer, New York.

Ruppert, D. (2010). *Statistics and Data Analysis for Financial Engineering*. Springer, New York.

Rydberg, T. H. (2000). Realistic statistical modelling of financial data. *International Statistical Review*, **68**, 233-258.

Schwarz, G.E. (1978). Estimating the dimension of a model. *Annals of Statistics*, **6**, 461-464.

Sentana, E. (2009). The econometrics of mean-variance efficiency tests: a survey. *Econometrics Journal*, **12**, C65-C101.

Shao, X. (2011). Testing for white noise under unknown dependence and its applications to diagnostic checking for time series models. *Econometric Theory*, **27**, to appear.

Sharpe, W.F. (1964). Capital asset prices: A theory of market equilibrium under conditions of risks. *Journal of Finance*, **19**, 425-442.

Shephard, N. (1996). Statistical aspects of ARCH and stochastic volatility. In *Time Series Models in Econometrics, Finance and Other Fields* (D.R. Cox, D.V. Hinkley and O.E. Barndorff-Nielsen, eds.). Chapman and Hall, London. pp. 1-67.

Shephard, N.G. and Anderson, T.G. (2009). Stochastic volatility: origins and overview. In T.G. Anderson, R.A. Davis, J.-P. Kreiss and T. Mikosch (eds), *Handbook in Financial Times Series*, Springer, New York, pp.233-254.

Shibata, R. (1980). Asymptotically efficient selection of the order of the model for estimating parameters of a linear process. *The Annals of Statistics*, **8**, 147-164.

Shumway, R.H. and Stoffer, D.S. (2011). *Time Series Analysis and Its Applications* (3rd edition). Springer, New York.

Stock, J.H. (1987). Asymptotic properties of least squares estimators of cointegrating vectors. *Econometrica*, **55**, 1035-1056.

Stock, J.H. and Watson, M.W. (2002). Forecasting using principal components from a large number of predictors. *Journal of American Statistical Association*, **97**, 1167-1179.

Stock, J.H. and Watson, M.W. (2005). Implications of dynamic factor models for VAR analysis. *NBER Working Paper No. W11467*.

Straumann, D. and Mikosch, T. (2006). Quasi-MLE in heteroscedastic times series: a stochastic recurrence equations approach. *Annals of Statistics*, **34**, 2449-2495.

Taylor, S.J. (1986). *Modelling Financial Time Series*. Wiley, New York.

Teräsvirta, T., Tjostheim, D. and Granger, C.W.J. (2010). *Modelling Nonlinear Economic Time Series*. Oxford University Press, Oxford.

Tiao, G.C. and Box, G.E.P. (1977). A canonical analysis of multiple time series. *Biometrika*, **64**, 355-366.

Tiao, G.C. and Box, G.E.P. (1981). Modeling multiple time series with applications. *Journal of American Statistical Association*, **76**, 802-816.

Tibshirani, R. (1996). Regression shrinkage and selection via lasso. *Journal of the Royal Statistical Society, Series B*, **58**, 267-288.

Tsay, R. (2010). *Analysis of Financial Time Series* (3rd edition). Wiley.

Tsay, R. (2013). *Multivariate Time Series Analysis: with R and Financial Applications*, Wiley.

Tsay, R. and Tiao, G. (1984). Consistent estimates of autoregressive parameters and extended sample autocorrelation function for stationary and nonstationary ARMA models. *Journal of American Statistical Association*, **79**, 84-96.

Tsay, R. and Tiao, G. (1985). Use of canonical analysis in time series model identification. *Biometrika*, **72**, 299-315.

Vasicek, O.A. (1977). An equilibrium characterization of the term structure. *Journal of Financial Economics*, **5**, 177-188.

Weil, P. (1989). The equity premium puzzle and the risk-free rate puzzle. *Journal of Monetary Economics*, **24**, 401-421.

Woodroofe, M. (1982). On model selection and the arc sine laws. *The Annals of Statistics*, **10**, 1182-1194.

Xiao, H. and Wu, W.B. (2011). Asymptotic inference of autocovariances of stationary processes. *A Preprint*.

Zou, H. and Li, R. (2008). One-step Sparse Estimates in Nonconcave Penalized Likelihood Models (with discussion). *Annals of Statistics*, **36**, 1509-1533.

《现代数学译丛》已出版书目

(按出版时间排序)

1 椭圆曲线及其在密码学中的应用——导引 2007.12 〔德〕Andreas Enge 著
   吴铤 董军武 王明强 译

2 金融数学引论——从风险管理到期权定价 2008.1 〔美〕Steven Roman 著
   邓欣雨 译

3 现代非参数统计 2008.5 〔美〕Larry Wasserman 著 吴喜之 译

4 最优化问题的扰动分析 2008.6 〔法〕J. Frédéric Bonnans 〔美〕Alexander Shapiro 著
   张立卫 译

5 统计学完全教程 2008.6 〔美〕Larry Wasserman 著 张 波 等 译

6 应用偏微分方程 2008.7 〔英〕John Ockendon, Sam Howison, Andrew Lacey & Alexander
   Movchan 著 谭永基 程 晋 蔡志杰 译

7 有向图的理论、算法及其应用 2009.1 〔丹〕J. 邦詹森 〔英〕G . 古廷 著 姚 兵 张
   忠辅 译

8 微分方程的对称与积分方法 2009.1 〔加〕乔治 W. 布卢曼 斯蒂芬 C. 安科 著 闫振亚 译

9 动力系统入门教程及最新发展概述 2009.8 〔美〕Boris Hasselblatt & Anatole
   Katok 著 朱玉峻 郑宏文 张金莲 阎欣华 译 胡虎翼 校

10 调和分析基础教程 2009.10 〔德〕Anton Deitmar 著 丁 勇 译

11 应用分支理论基础 2009.12 〔俄〕尤里·阿·库兹涅佐夫 著 金成桴 译

12 多尺度计算方法——均匀化及平均化 2010.6 Grigorios A. Pavliotis, Andrew M. Stuart 著
   郑健龙 李友云 钱国平 译

13 最优可靠性设计：基础与应用 2011.3 〔美〕Way Kuo, V. Rajendra Prasad, Frank
   A.Tillman, Ching-Lai Hwang 著 郭进利 闫春宁 译 史定华 校

14 非线性最优化基础 2011.4 〔日〕Masao Fukushima 著 林贵华 译

15 图像处理与分析：变分，PDE，小波及随机方法 2011.6 Tony F. Chan, Jianhong
   (Jackie) Shen 著 陈文斌，程 晋 译

16 马氏过程 2011.6 〔日〕福岛正俊 竹田雅好 著 何 萍 译 应坚刚 校